KB252662

다르마키르티의 철학과 종교

다르마키르티의 철학과 종교

DHARUMAKIRUTINI OKERU TETSUGAKUTOSYUKYO

by Toshihiko KIMURA

ⓒ Toshihiko KIMURA 1999, Printed in Japan

Korean translation copyright ⓒ 2011 by Sanzini Books.

First published in Japan by Daito Publishing Co., Inc.

Korean translation rights arranged with Daito Publishing Co., Inc.

through Imprima Korea Agency.

이 책의 한국어판 저작권은 Imprima Korea Agency를 통해
Daito Publishing Co., Inc.과의 독점계약으로 산지니에 있습니다.
저작권법에 의해 한국 내에서 보호를 받는 저작물이므로
무단전재와 무단복제를 금합니다.

다르마키르티의 철학과 종교

초판 1쇄 펴낸 날   2011년 4월 30일

지은이   키무라 토시히코
옮긴이   권서용
펴낸이   강수걸
펴낸곳   산지니
등록   2005년 2월 7일 제14-49호
주소   부산광역시 연제구 거제1동 1493-2 효정빌딩 601호
전화   051-504-7070 | 팩스   051-507-7543
sanzini@sanzinibook.com
www.sanzinibook.com

ISBN   978-89-6545-140-2   94150
       978-89-92235-87-7(세트)

* 책값은 뒤표지에 있습니다.
* 이 도서의 국립중앙도서관 출판시도서목록(CIP)은 e-CIP 홈페이지
  (http://www.nl.go.kr/ecip)에서 이용하실 수 있습니다.(CIP제어번호: CIP2011001519)
* 이 저서는 2007년 정부(교육과학기술부)의 재원으로 한국연구재단의 지원을 받아 수행된
  연구임(NRF-2007-361-AM0059)

산지니

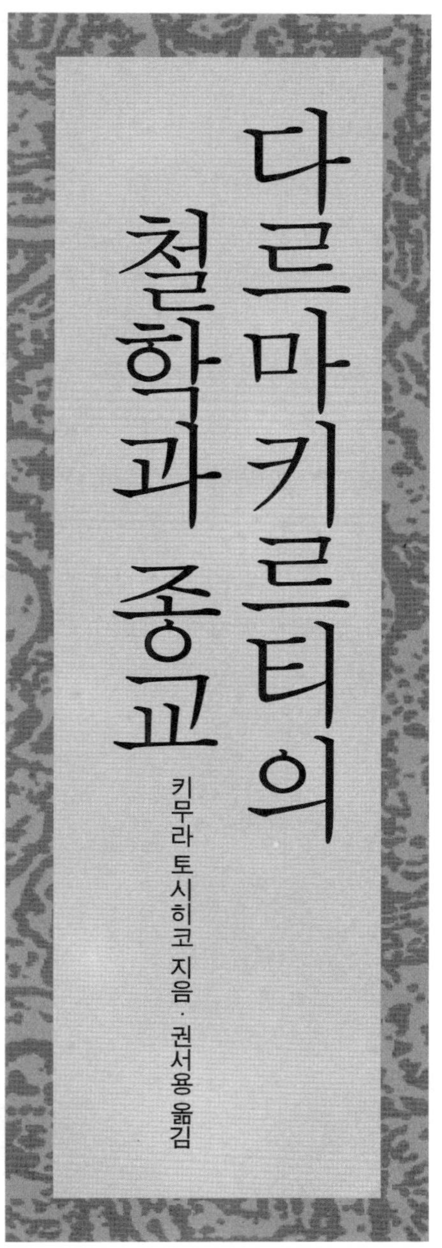

다르마키르티의 철학과 종교

키무라 토시히코 지음 · 권서용 옮김

산지니

한국어판 『다르마키르티의 철학과 종교』 발간을 기뻐하며

　고대로부터 일본은 불교뿐만 아니라 토목사업 등도 한반도 사람들에게 많은 것을 배웠다. 전자에 관해서는 백제의 성명왕(聖明王)이 사원건축을 일본에 권하였고, 또한 신라의 혜자(慧慈)법사가 성덕(聖德)태자에게 수나라 대흥선사(大興善寺)의 불교학을 전해주었다. 이후 일본은 불교국가의 길을 걷게 된다. 고려시대에는 개판(開板)된 대장경이 교토의 건인사(建仁寺)에 전해졌다. 필자가 소속해 있는 대본산(大本山) 묘심사(妙心寺)는 그것을 사경(寫經)하여 비로장(毘盧藏)에 소장하고 있다. 이 건인사의 구판(舊版)은 소실되었다. 도쿄의 증상사(增上寺) 등의 판본은 신판이며, 이것은 선본(善本)으로서 우리나라 『대정신수대장경』의 기초자료가 되었다.

　1997년 가을, 필자가 동북대학대학원(東北大學大學院)에 제출한 박사학위 논문 「다르마키르티의 인식과 종교적 권위-인도 철학학파와의 대론을 통해서」를 주체로 하여 그 다음해에 출판된 『다르마키르티의 철학과 종교』가 이와 같이 불교선진국인 한국에서 한국어로 번역된 것을 크게 기뻐하는 바이다. 전통이 있는 불교학출판사인 대동출판사를 통해서 심심한 감사의 인사를 전하고 싶다.

2010년 1월

키무라 토시히코(木村俊彦)

서론

제1장 문제의 소재

제2장 다르마키르티 연대론

제3장 다르마키르티에 있어서 시와 종교·철학

제1편 다르마키르티의 인식론·언어론·성전론

제1장 미망사학파와 다르마키르티의 인식론 논쟁

서론

제1장 문제의 소재

제1절 다르마키르티 연구사 I

다르마키르티(Dharmakīrti, 法稱)는 7세기 이후 인도철학사에 큰 충격을 준 불교철학자이자 논리학자이다. 그렇지만 다르마키르티의 주저 『프라마나바르띠카(Pramāṇavārttika)』(量評釋)는 너무나 난해해서 그것을 해명하는 작업은 지금까지 달팽이걸음이었다. 초기에 인도나 유럽 학자가 몰두한 것은 다르마키르티 인식논리학의 강요서 『니야야빈두(Nyāyabindu)』(正理滴論)와 그 주석의 출판·번역 및 주저 『프라마나바르띠카』의 각 장과 주석의 출판이었다. 여기서는 연구사 이전의 원전 출판과 번역의 역사를 기술하고자 한다.

티베트불교에는 9세기부터 13세기 초에 걸쳐 다르마키르티 학문이 전해져 많은 원전이 티베트어로 번역되었지만 중국에는 겨우 그 이름만이 전해졌을 뿐이다. 일본에는 러시아 체르바츠키(Th. Stcherbatsky)의 원전 출판·번역·연구를 통해 처음으로 다르마키르티의 사상이 전해졌다. 다르마키르티의 주저를 연구하기까지는 체르바츠키의 연구가 내외 학계에 많은 영향을 주고 있었기 때문에 다르마키르티 연구의 단서를 찾는 의미에서 그 인연을 살펴보고자 한다.

불교 원전을 많이 보존하고 있는 곳은 티베트와 네팔이지만 다르마키르티의 저작에 관해서는 인도의 특수한 사정이 있다. 그것은 다르마키르티의 논리학 등이 자이나 사원에서 학습되었기 때문에

서인도의 자이나 사원 서고에 주석과 함께 다르마키르티의 저작이 보존되고 있었던 것이다. 간바뜨의 자이나 사원 서고에 있었던 다르못타라(Dharmottara, 法上)의 주석 『니야야빈두디카』를 폼페이 대학의 피터슨(P. Peterson)이 왕립아시아협회(Royal Asiatic Society, RAS) 폼페이 지부에서 소장하고 있는 사본과 비교·대조하여 Bibliotheca Indica 128(Calcutta, 1889)에서 출판했다.

> Nyāyabinduṭīkā. of Dharmottarācārya, to which is added the Nyāyabindu, ed. by P. Peterson(Bib. Ind. 128, Calcutta 1889).

자이나 사본은 뷜러(G. Bühler)가 발견한 것으로 처음에는 다르못타라의 주석뿐이었다. 왕립아시아협회의 바오·다지·컬렉션에 있는 사본이 『니야야빈두』를 포함하고 있었다. 뒤에 다르마키르티의 주저 제1장 자주(自註)의 사본을 제공한 샤이사루멜의 자이나 사원에도 『니야야빈두디카』의 사본이 있고, 이것들은 그 뒤의 출판에 사용되었다. 복주(複註, Ṭippaṇī)는 자이나의 맛라바딘의 노트에서, 이것들은 다시 체르바츠키가 티베트어 번역과 함께 출판했다.

체르바츠키는 페테르부르크 대학에서 미나에프로부터 비교언어학을, 올덴베르크로부터 산스크리트어학을 배웠다. 그 뒤 오스트리아 비인 대학의 인도학 강좌에 초빙된 뷜러로부터 다르마샤스트라(Dharmaśastra)와 비(碑)문학, 문헌학을 배웠다. 또한 본 대학에서 야코비(H. Jacobi) 교수로부터 인도철학을 배운 뒤 페테르부르크 대학 동양어학부 교수로서 불교철학 연구에 생애를 바쳤다. 이미 많은 어학에 능통했던 체르바츠키는 라마교단에서 티베트어를 배우고 대장경을 배우는 것도 마다하지 않았다. 거기서 올덴베르크가 시작한 Bibliotheca Buddhica의 총서에 피터슨본 티베트어 번역으로부터 비교·대조를 끝낸 것 등을 출판한다. 거기에는 다르마키르티의 『산타나안타라싯디(Santānāntarasiddhi)』(타상속의 증명)의 티베트어 번역을 포함하여 다음과 같은 것들이 있다.

(1) Nyāyabindu. Буддийский учебннк лог ки, сочинение Да рмакирти и толкование иа него. Nyāyabinduṭīkā. сочинен ие Дармоттары Тибетский перевод санскритского текст а издал сввед. и примеч.

Ф. И. Щербатской . Т. 1—2. СПб., 1904, IV, 222 с. (BB. VIII).

(2) Nyāyabinduṭīkāṭippaṇī. Толкование на сочинение Дармо ттары

Nyāyabinduṭīkā.(正理一滴論釋) Санскрит. текст с примеч., изд.

Ф. И. Щербатской . СПб., 1909, IV, 43, 5, с. (BB. XI).

(3) Nyāyabindu — Буддий ский учебник логики. Сочинен ие Дармакирти и толкование на него.

Nyāyabinduṭīkā. Сочинение Дармоттары. Санскитский т екст издал с введ. и примеч.

Ф. И. Щербатской . Fasc. 1. Пг., 1918(BB. VII).

(4) Тибетский перевод сочинений Santānāntarasiddhi Dhar makīrti u Santānāntarasiddhiṭīka Vinītadeva

вместе с тибетским толкованием, составленным Агван ом Дандар—Лхарамбой Изд. (ипредисл.) Ф. И. Щербатско го. Пг., 1916, XVIII. 129 с. (BB. XIX).

(1)은 『니야야빈두』 와 다르못타라 주석의 티베트어 번역, (2)는
맛라바딘의 복주(複註), (3)은 『니야야빈두』 와 다르못타라 주석
의 교정판, (4)는 『타상속의 증명』 과 비니타데바(Vinītadeva) 주석
의 티베트어 번역이다.[1]

세계 학계가 다르마키르티 사상을 이해하기 위해서는 이 원전
출판 이외에 원전의 영역(英譯)과 연구가 필요했다. 그 단서가 된
체르바츠키의 러시아어 번역과 연구가 각각 (5)와 (6)이다.

(5) Теория познания и логика по учению позднейших будд
    истов. Ч. 1. Учебник логики Дармакирти с толкованием
    на него Пармоттары. Ч. 2. Учение о восприятии и умозак
    лючении. —СПб., 1903—1909 (Изд. Фак—та вост. языков
    Имп. СПб. ун—та, No. 14).
(6) То же : Ч. 2. СПб., 1909.[2]

비니타데바의 『니야야빈두주(註)』 는 티베트어 번역을 뿌샹(Lo
uis de la Valée Poussin)이 공간(公刊)하고, 그것을 와다나베 쇼우코
(渡辺照宏)가 번역했다.

---

1) 체르바츠키의 상세한 전기와 저서 목록은 소비에트연방 학사원 편집·발행 『F.
   I. 체르바츠키(Ф. И. Щербатской)』 (모스크바, 1988)에 의한다.
2) (6)의 독일어 번역이 Erkenntnistheorie und Logik nach der späteren Buddhiste
   n, übersetzt von O. Strauß (München 1924), 프랑스어 번역이 La théorie de
   la connaissance et la logique chez les bouddhistes tradifs, traduet par I.
   Manziarly et P.Masson-Oursel (Paris 1926)이다. 細川量雄 역 『인식론과 논리
   학』 (비매품)은 슈트라우스 번역의 중역이다.(覺証寺, 도쿄, 1965)

Louis de la Valée Poussin, Tibetan Translation of the Nyāya
bindu of Dharmakīrti with the Commentry of Vinītadeva(B
Ⅰ.171, 1907).
와다나베 쇼우코(渡辺照宏) 역 「調伏天造·正理一滴論釋일본
역)」(『인도고전연구』Ⅰ, 1970)

그러나 다르마키르티의 인식론과 논리학이 세계 학계에 널리 알
려지게 된 인연은 체르바츠키의 영역(英譯)과 폭넓은 영문 연구서
가 출판되었던 데에 의거한다. 연구 방향은 러시아어판과 영어판
모두 인도철학 학파들과의 비교를 중점으로 하고 있다.

Th. Stcherbatsky, Buddhist Logic, Vol. I (BB. XXⅠ, 1930);
Vol. Ⅱ (BB. ⅩⅩⅣ, 1932)
(Indo-Iranian Reprints, Gravehage 1958).

체르바츠키 본(本)에 의한 『니야야빈두디카』(『니야야빈두』
를 포함)의 일본어 번역이 처음으로 와다나베 쇼우코(渡辺照宏, 190
7~1977)에 의해 제3장 중간까지 번역되고,[3] 그 뒤를 이어 나카무라
하지메(中村元, 1912~1999)가 완역하였다.

와다나베 쇼우코(渡辺照宏), 「정리일적론 法上釋 일본어번역)」
(『지산학보』제9; 10; 11; 13호, 1935~1939년)
나카무라 하지메(中村元), 「인도논리학의 이해를 위해」I, 다르
마키르티 『논리학소론』(『법화문화연구』제7호, 1981)

---

3) 와다나베 쇼우코(渡辺照宏)가 『니야야빈두디카』 제1장을 번역한 것은 「법칭의 정
   리일적론」(『불교대학강좌』, 1934)이다.

나아가 『니야야빈두디카』에는 두르베카미슈라(Paṇḍita Durv
eka Miśra)의 복주(複註) 『다르못타라프라디파(Dharmottarapradī
pa)』가 있고, 상크리티야야나(Sāṅkṛtyāyana)가 티베트 사원에서
촬영한 사본을 토대로, 그 외 『니야야빈두디카』 사본도 비교·대
조한 다르못타라 주석과 함께 「Tibetan Sanskrit Work Series」의
일환으로 출판되었다.

Paṇḍita Durveka Miśra's Dharmottarapradīpa, ed.by Paṇḍita
Dalsukhbhai Malvaniya(TSWS.2,1955).

이에 의거해 키무라 토시히코(木村俊彦)가 『니야야빈두디카』
를 일본어로 번역했다.

키무라 토시히코(木村俊彦), 「다르못타라 주석 『니야야빈두』
일본역」(『다르마키르티 종교철학의 원전연구』 付篇 1, 木耳
社, 1981년)

다르마키르티 연구의 초기는 당연히 체르바츠키 판본에 의해 이
루어졌다. 다음과 같은 것이 있다.

S. C. Vidyābhūṣaṇa, A Bilingual Index to the Nyāyabindu
(BI. 1917) ;
E. Obermiller, Indices Verborum, Sanskrit-Tibetan and Tib
etan-Sanskrit to the Nyāyabindu of Dharmakīrti and Nyāya
binduṭīkā. of Dharmottara) (Leningrad 1927).

와다나베 쇼우코(渡辺照宏), 「법칭의 지식론」(『新更』 제3집, 1936년); 쿠지미야 다케오(釘宮武雄), 「유분별지의 구성 및 성질에 나아가서(상·하)」(『선학연구』 제19; 20호, 1932; 1933년).

체르바츠키가 『불교논리학』을 출판했을 무렵 프라우발너(E. Frauwallner)는 베를린 국립도서관에 있었던 티베트 대장경에 의거하여 다르마키르티의 주저 『프라마나바르띠카』의 제1장 중 아포하(apoha) 이론을 연구하기 시작했다. 그 성과는 아래의 기술과 같이 『비인동양학보』에 연재되었다.

E. Frauwallner, Beiträge zur Apohalehre, Text(WZKM. Bd. 37, 1930);
Übersetsung und Erleuterung(WZKM. 39; 40, 1932; 1933);
Zusammenfassung(WZKM. 42, 1932; 1935).

이 무렵 프라우발너는 디그나가와 니야야학파의 연구도 진행하면서 다르마키르티의 소책자에 관해서 티베트어 번역에 첨가하여 자이나 문헌에서 산스크리트 문장을 많이 회수하여 연구를 발표하였다.

E. Frauwallner, Dharmakīrti's Sambandhaparīkṣā(WZKM. 41, 1934).

이 방법은 티베트어 번역 대장경에 해당하는 산스크리트 문장을 인용한 다른 문헌으로부터 회수한 것으로, 박사 연구의 특징을 형성했다. 이 경우는 자이나의 바디데바의 『스야드바다라트나카라』에서 회수했다.

가네쿠라 엔죠(金倉圓照) 박사는 최초의 모노그라피(monograph)인『베단타철학(吠壇多哲學)의 연구』(도쿄, 1932년)에서 상카라가 논파하는 불교 학설 중 유식설의 주창자로서 다르마키르티를 상정하였다. 같은 해『철학잡지』제547호(1932년)에 발표했던『법칭(Dharmakīrti)의 단편』은 가네쿠라 박사 최초의 다르마키르티 연구였다. 3년 뒤 다르마키르티에 대한 연구는 2편으로 늘어났다. 아래 기술하는 그의 연구는 다분히 프라우발너의 연구에 영향을 받은 것이다.

「법칭에 있어서 결합의 관찰」(『종교연구』제12권 3호, 1935)
「법칭의 離와 자이나교설」(『불교학의 제문제』, 1935)
「법칭에 있어서 관념의 인식」(『현대불교』126호, 1935)

제2절 다르마키르티 연구사 Ⅱ

네팔의 상크리티야야나는 특히 다르마키르티 주저의 중요성을 감안하여 티베트어 번역을 산스크리트로 환원하고자 하였다. 네팔에는 이미 프라즈냐카라굽타(Prajñākaragupta)의 주석(疏)『프라마나바르띠카바샴(Pramāṇavārttikabhāṣyam)』이 있었지만 상크리티야야나는 티베트 사원 탐색을 발원하여 1928~1936년에 세 차례 조사를 시행한 끝에 사본 촬영에 성공하였다. 여기에는 다르마키르티 이후의 논서도 많이 포함되어 있었지만 상크리티야야나는 자신의 발원대로『프라마나바르띠카』와 그 주석관계를 자신의 손으로 교정·출판했다.[4]

최초로 네팔 사본도 이용하여 『프라마나바르띠카』의 본 게송 (偈頌)을 교정·출판했던 기념할 만한 텍스트가 아래 기술하는 것 이다.

Pramāṇavārttikam by Ācārya Dharmakīrti, ed. by Rāhula Sāṅkṛtyāyana(The Journal of the Bihar and Orissa Research Society, Vol. 24, Pts. 1·2, Patna 1938).

추리론(Svārthānumāna-pariccheda)을 제1장에 두고 자주(自註)의 장(章) 순서에 따르고 있다. 이 책 서문에서 상크리티야야나는 『프라마나바르띠카』 사본의 발견 경위와 의의에 관해서 기술하고 있다. 계속해서 마노라타난딘(Manorathanandin)의 주(註) 『프라마나바르띠카브르띠(Pramāṇavārttikavṛtti)』의 교정 텍스트를 파트나에 있는 '비하르와 오리사 연구소 저널'(JBORS)에 게재했다.

Pramāṇavārttikam with a Commentary by Manorathnandin, ed.by R.Sāṅkṛtyāyana (JBORS. Vol. 24, Pt. 3~Vol. 1. 26, Pt. 3, Patna 1938~1940)[PV Ⅱ로 약칭]

나아가 샤스트리(S. D. Shastri)는 사본의 필기자인 비붓띠찬드라(vibuddhicandra)의 주기(注記)와 비망록(Pvv.-Pariśiṣṭam)을 위

---

4) 상크리티야야나가 촬영한 네거필름에 관해서 비인의 무흐가 보고하였다. Michael Tolsten Much, A Visit to Rāhula Sāṅkṛtyāyana's Collection of Negatives at the Bihar Research Society : Texts from the Buddhist Epistemological School(WSTB. Ht. 18, Wien 1988)

의 상크리티야야나 텍스트에 의거하여 재편집해 출판했다. 이
책은 이것에 의거한다.

> Pramāṇavārttika of Ācārya-Dharmakīrti with the Comment
> ary 'Vṛtti' of Ācārya Manorathnandin.ed.by Swamy Dwarik
> adas Shastri(BBS. III, 1968).

상크리티야야나는 계속해서 다르마키르티의 추리론 자주(自註)
의 출판에 뜻을 두었지만 당시 완전한 사본을 얻지 못하고 카르나카
고민(Karṇakagomin)의 복주(複註)를 게재하여 자주는 4분의 3으로
환원한 산스크리트 원문을 충당했다. 그렇더라도 복주는 매우 유용
하다고 할 수 있다. 서문에 '600'이라는 다르마키르티 연대를 기술하
고 있는 것이 눈에 띈다. 그러나 그 근거는 기술되어 있지 않다.

> Ācārya-Dharmakīrteḥ Pramāṇavārttikam Svopajñavṛttyā K
> arṇakagomiviracitayā Taṭṭīkayā ca Sahitam, ed. by R. Sāṅkṛ
> tyāyana(Allahabad 1943).

상크리티야야나는 끝으로 '아란카라'로 유명한 프라즈냐카라굽타
(Prajñākaragupta)의 소(疏)를 출판했다. 이는 파트나의 자야스왈연
구소에서 공간(公刊)된다. 자신의 촬영으로 이루어진 사본의 출판
총서 *Tibetan Sanskrit Work Series* 제1권이 그것으로 충당되었다.

> Pramāṇavārttikabhāṣyam or Vārttikālaṅkāraḥ of Prajñākara
> gupta, ed.by Rāhula Sāṅkṛtyāyana(TSWS. Vol. 1, Patna
> 1953).

상크리티야야나가 손수 다루지 못했던 『프라마나바르띠카』 제1장의 자주(自註)에 관해서는 다음의 인연이 이어졌다. 1953년에 자이나 승려 뿐야비자야가 구자라트 주(州) 바단의 자이나 사원에 보관되어 있던 사본을 발견하였고, 그 사본은 말바니야(Malvaniya)의 손에 들어갔다. 이후 상크리티야야나가 촬영한 일부 사본을 함께 이용하여 아래 기술한 텍스트를 출판하기에 이르렀다.

Svārthānumāna-Pariccheda by Dharmakīrtiḥ, ed.by Dalsuk hbhai Malvaniya(HVNRSS. Vol. 2, Varaṇasi 1960).[PV I 로 약칭]

필자는 이것을 정본으로 하였다. 하지만 학계에서는 아래 기술한 텍스트를 많이 사용한다.

Pramāṇavārttikam of Dharmakīrti, The First Chapter with the Autocommentary, ed.by Raniero Gnoli(SOR. 23. Roma 1960).

이것은 위에 기술한 자이나 사원 사본의 복사본(사진 제공은 잔부비자야)과 투치(G. Tucci)가 가져온 네팔 사본을 사용한 것으로, 두 편집자 모두 티베트어 번역을 참조하고 있다. 바단의 자이나 서고 사본 목록번호는 판야비자야가 제시한 것(No. 1095)과 잔부비자야가 제시한 것(No. 1093)이 있는데, 이것은 사본이 2부 있었다는 말이 된다. 헤마찬드라에 있는 사원에서 특히 다르마키르티의 논리학을 연구했던 것으로 보인다. 자이나에는 아카란카에 의한 다르마키르

티의 대결(對決)이 현저하게 보인다.5)

다르마키르티의 소책자에 관해서는『바다니야야(Vādanyāya)』
(諍論法)에 산타라크시타의 주석(Vipañcitārthā)을 붙여 앞에서 언
급한 샤스트리가 BBS. 8에서 출판하고(Varaṇasi 1968) 책 말미에
프라바찬드라 주가 붙어 있는『상반다파리크샤(Sambandhaparīkṣ
ā)』(결합의 고찰)의 원전도 첨부되어 있다. 후자는 일찍이 프라우
발너가 연구한 것으로, 바이세시카를 비판한 것이었다. 나아가 앞서
기술한 가네쿠라 박사의「결합의 관찰」이 이것을 이어받아 연구
를 계속한 것이다.

E. Frauwallner, Sambandhaparīkṣā, Texts und Übersetzung
(WZKM. 40, Wien 1930).

『니야야빈두(Nyāyabindu)』(正理一滴論) 이외의 강요서에는
『프라마나비니쉬차야(Pramāṇaviniścaya)』(量決擇)와『헤투빈두
(Hetubindu)』(証因滴論)가 있다. 티베트어 번역에 의한 연구는 다
음 절에 양보하고, 여기서는 마지막으로 관련 출판물로서『헤투빈
두』에 대한 아르차타(Arcaṭa) 주(注)와 두르베카미슈라(Durvekam
iśra) 복주(復注)의 원전 출판을 제시하면 다음과 같다.

Hetubinduṭīkā of Bhaṭṭa Arcaṭa with the Sub-Commentary
entitled Āloka of Durveka Miśra, ed. by Sanghvi and Jinavij
aya(GOS. 113, Baroda 1949).

---

5) Nagin J. Shah, Akalaṅka's Criticism of Dharmakīti's Philosophy(Ahmedabad
   1937) 참조

이상이 다르마키르티 연구 자료가 되는 원전 출판 상황이다. 티베트어 번역으로부터 프라우발너에 의한 다르마키르티 연구도 초기의 상황에 맞춰 기술했다. 그 방법은 산스크리트 문헌에 인용되고 있는 다르마키르티의 글을 가능한 한 회수하는 것이었다. 그 외의 다르마키르티 강요서도 오스트리아 비인학파에 의해 그 방법이 계승되어 연구되었다.

제3절 다르마키르티 연구사 Ⅲ

『니야야빈두』 이외의 2종의 강요서, 『프라마나비니쉬차야』 와 『헤투빈두』 에 관해서는 그렇게 해서 아래에 기술한 연구가 제출되었다.

Tilmann Vetter, Dharmakīrti's Pramāṇaviniścayaḥ, 1. Kapitel ; Pratyakṣam(Wien 1966).
Ernst Steinkellner, Pramāṇaviniścayaḥ, Zweites Kapitel ; Svārthānumānam, Teil I, Tibetischer Text und Snskrittexte (Wien 1973), ibid. Teil II, Übersetzung und Anmerkungen(Wien 1979).

후자는 1권 색인에 티베트어 번역(나루딴·데루게·북경 3판을 비교·대조한 것)과 인도철학 문헌에서 인용·회수한 산스크리트 문장을 게재한 텍스트로서, 2권 색인에 독일어 번역과 번역자 주를 게재한 것이다. 슈타인켈너(E. Steinkellner)는 그 전에 같은 방법으로 『헤투빈두』를 연구하여 아래에 기술한 성과를 얻었다.

    E. Steinkellner, Dharmakīrti's Hetubinduḥ, Teil I(Wien 196
7); Teil II(1967).

    그런데 다르마키르티의 주저 『프라마나바르띠카』에 관한 연구
는 위에서 기술한 자료상황에 기초하여 일본인 학자가 주로 진행한
결과였다. 처음에 미야자와가 1955~1960년에 『인도학불교학연
구』에 각론을 게재하고,6) 나가토미 마사토시(永富正俊)가 1959년
JAOS에 『프라마나싯디장』(이하「종교론」으로 약칭)의 구성을
언급했다.7) 주저 제1장「추리(svārthānumānam)」에 대해서, 초단
(初段)을 나가사키 호쥰(長崎法潤)이 무커지(Mookerjee)와 공동으
로 영역했다.8) 그 후 아포하 학설의 일단을 오타 신카이(太田心海)
가 영어와 일본어로 번역했다.9) 그런데 각 장의 완성된 연구로는,

---

6) 宮坂有勝,「양평석(量評釋)에서 법칭(法稱)의 현량론(現量論)의 일고찰」(『인불
　연(印佛研)』제3권 2호, 1955),「양평석의 논리와 저작적 입장」(『인불연』5-2,
　1957),「양평석에 있어서 Pramāṇa-siddhi에 관하여」(『인불연』7-2, 1959),「P
　ramāṇaphala-vyavastha와 다르마키르티의 입장」(『인불연』8-1, 1960)
7) M. Nagatomi, The Framework of the Pramāṇavārttika, Book I (JAOS, Vol.7
　9, 1959)
8) S. Mookerjee and H. Nagasaki, The Pramāṇavārttikam of Dharmakīrti [Kāri
　kās1-51], Nālandā 1964)
9) A Translation of Pramāṇavārttika I and Svavṛtti (1), tr. by P. R. Vora
　and S. Ota(『佐賀龍谷短期大學紀要』제25호, 1979), 동(2) (동기요 26호, 1980)
　동(3)(동기요 28호, 1982), 太田心海,「바른 인식에 관한 평석-자기추리론 및 자주
　・번역(1)」(동기요 31호, 1985), 동(4)(동기요 34호, 1988년), Dharmakīrti's Criti
　cism of Sāṃkhya Theory of Universal, A Translation of Pramāṇavārttika
　I and Svavṛtti-Verses 163-180(동기요 27호, 1981). 長崎法潤의 영어번역에
　이어서 M본 183게송까지 영어와 일본어로 번역한 것. 말미의 부분은 발표가 거슬러
　올라간다.

토사키 히로마사(戶崎宏正)의 『프라마나바르띠카』 제3장 '지각'의 일본어 번역 연구 및 키무라 토시히코(木村俊彦)의 『프라마나바르 띠카』 제2장 '종교'의 일본어 번역 연구가 있다.

> 토사키 히로마사(戶崎宏正), 『불교인식론의 연구』(대동출판사) 상권 1979, 하권 1984.
> 키무라 토시히코(木村俊彦), 『다르마키르티 종교철학의 원전연 구』(목이사) 1983.

『프라마나비니쉬차야』의 제3장 「변증(parārthānumānam)」은 타니 타다시(谷貞志)[10]·이와타 다카시(岩田孝),[11] 제1장 「지각」 은 토사키 히로마사(戶崎宏正)[12] 등 여러 사람이 번역을 계속했다.

---

10) 谷貞志,「PramāṇaviniścayaⅢ 해석의 문제[1]」(『高知工業高等專門學校學術 紀要』 제18호, 1982), 동[2](동기요 21호, 1984), 동「The Problem of Interpretion on Pramāṇaviniścaya Ⅲ ad vv.1-3-With the Text and a Translation」(동기 요 26호, 1989, 1∼3 게송 부분은 중복, 4∼6 부분이 [2]에서 이하는 7∼63게송까지 의 영역). 谷貞志「The Problem of Interpretation on Pramāṇaviniścaya Ⅲ ad vv.7-21-with the Text and a Translation」(동기요 25호, 1986), 동ad vv.22-25 (동기요 27호, 1988), 동ad vv.26-27(동기요 28호, 1988), 동ad vv.28-29(동기요 29호, 1988), 동ad vv.30-32(동기요 30호, 1989), 동ad v.33(동기요 31호, 1989), 동ad vv.34-39(동기요 37호, 1993), 동ad vv.40-45(동기요 37호, 1993), 동ad vv.5 1-59(동기요 38호, 1994), 동ad vv.60-63(동기요 38호, 1994)

11) 岩田孝,「『지식론결택』 제3장 번역연구 ad vv.64-67(상)」(『동양의 사상과 종 교』 제6호, 1989), 동ad vv.64-67(하)(동지 7호, 1990), 동ad v.1(동지 10호, 1993), 동ad v.2(동지 11호, 1994). 두 부분은 더욱이「PramāṇaviniścayaⅢ(1)」(WZK S. Bd. 39, Wien 1995), 동(2)(Bd. 41, 1997)에 게재

12) 戶崎宏正,「법칭 저『프라마나비니쉬차야』 제1장 현량론의 번역(1)」(『철학연 보』 제45호, 1986), 동(2)(동지 46호, 1987), 동(3)(동지 47호, 1988), 동(4)(동지 48호, 1989), 동(5)(동지 49호, 1990), 동(7)(동지 50호, 1991), 동(8)(동지 51호, 1992), 동(9)(동지 52호, 1993). 나아가 戶崎宏正은「프라마나비니쉬차야와 니야야 빈두」(『成田山佛敎硏究所紀要』 11호, 1988)에서『프라마나바르띠카』와『프라 마나비니쉬차야』와『니야야빈두』의 지각론의 구성을 비교하여 저작순이 이와 같

오마에 후토시(大前太)는 『프라마나바르띠카』 제1장 자주(自註)를 일본어로 번역했는데 이는 M. 227게송(G. 224게)~287a게송(G. 283게)에 해당한다.13)

다르마키르티의 소책자 『산타나안타라싯디(Santānāntarasiddhiḥ)』에 관해서는 키타가와 히데노리(北川秀則)의 「불교에 있어서 타아 존재의 한 증명」 (『문화』 제18권 3호, 1934)이 있다. 그 외에 다르마키르티의 지각론·윤회설·아포하 이론이나 논리학에 대한 잡지 및 논문은 열 손가락으로 다 셀 수 없을 정도로 많다. 이 책에서 참조할 기회가 있다면 주기(注記)할 것이다. 주목할 만한 것은 관련 자료로서 샤키야붓디(Śākyabuddhi)의 주저 제1장 복주의 공간이 있고, 다음의 제1회 개시가 있다는 점이다.

A Study of the Pramāṇavārttikaṭīkā by Śākyabuddhi from the National Archives Collection, Kathmandu, Pt. I(Sanskrit Fragments Transcribed), ed. by M. Inami, K. Matsuda and T. Tani(Studia Tibetica, No. 3, 동양문고, 1992년)

세계의 다르마키르티 연구를 독려하고, 스스로 위에 기술한 강요서 연구에 이어서 다르마키르티 연구를 지속하고 있는 슈타인켈너는 또한 "Miszellen zur erkenntnistheoretisch-logischen Schule des Buddhismus"라는 제목의 논문을 『*Wiener Zeitschrift für die Kund e Südasiens*』지에 게재했다.14) 그 외에 아래에 기술한 다르마키르

다는 것을 고증하고 있다.

13) 大前太, 「다르마키르티의 성전관(1)」 (『철학연보』 제47집, 1988), 동(2)(『서일본종교학잡지』 제10호, 1988), 동(3)(『철학연보』 48집, 1989), 동(4)(동지 49집, 1990), 동(5)(『서일본종교학잡지』 12호, 1990), 동(6)(『伊原照蓮博士古稀記念論集』, 1991), 동(7)(『철학연보』 50집, 1991

티 논문이 있다.

> E. Steinkellner, Die Entwicklung des Kṣaṇikatvānumānam bei Dharmakīrti(WZKS. 12-13, 1968~1969); Wirklichkeit und Begriff bei Dharmakīrti(WZKS. 15, 1971),
> d., Buddhaparinirvāṇastotram(WZKS. 17, 1973),
> d., On the Interpretation of the Svabhāvahetuḥ(WZKS. 18, 1974),
> d., The Spiritual Place of the Epistemological Tradition in Buddhism(『남도불교』 제49호, 1982),
> d., On a Newly Identified Manuscript of the Hetubinduṭīka in the Asiatic Society of Bengal(JAS. Vol. 27~4, 1985),
> d., Is Dharmakīrti a Mādhyamika?(Earliest Buddhism and Madhyamaka, Leiden 1990),
> d., Dharmakīrti on the Inference of Effect(Kārya)(『季羨林敎授八十華誕紀念論文集[下]』 江西省, 1991).

그리고 슈타인켈너 교수를 포함한 비공식적인 '국제다르마키르티학회(International Dharmakīrti Conference)'라고 불리는 모임이 만들어져 슈타인켈너 교수가 일본의 교토(京都)에 체재 중인 1982년에 제1회 국제학술대회가 열렸고, 제2회 대회가 1989년에 비인에서 개최되었다. 그 기록과 함께 회의 취지에 찬동하는 국제적인 다르마키르티 연구자의 논문집이 오스트리아 학사원에서 발행되었다.

---

14) 이것은 널리 불교논리학파 관련 자료에 대한 보고이지만, WZKS. 23(1979); WZKS. 25(1981); WZKS. 28(1984); WZKS. 29(1985); WZKS. 33(1989); WZKS. 34(1990)에 있고, 다른 테마도 이어진다.

Studies in the Buddhist Epistemological Tradition, ed. by Ernst Steinkeller(Österreichische Akademie der Wissenschaften, Wien 1991).

이것은 최근 다르마키르티 연구에서 기념할 만한 결집이다. 번잡함을 무릅쓰고 목차를 게재하는데, 일본인에 대해서는 한자로 표기하였다. 일부는 다르마키르티가 주제가 아닌 다른 영역의 발표도 있지만, 기술하면 다음과 같다.

K. Bhattacarya, Marginal Note on *Antarvyāpti*

M. R. Chinchore, Post-Udayana Nyāya Reaction to Dharma kīrti's Vādanyāya-An Evaluation

G. Dreyfus, Dharmakīrti's Definition of *Pramāṇa* and its Interpreters

E. Franco, The Disjunction in *Pramāṇavārttika, Pramāṇasiddhi* Chapter 5c

B. S. Gillon, Dharmakīrti and the Problem of Induction

d., Word Order in the *Svārthānumāna* Chapter

稻見正浩, On *Pakṣābhāsa*

岩田孝, On the Classification of Three Kinds of Reason in *PramāṇaviniścayaⅢ-Reduction of Reasons to Svabhāvahetu* and *Kāryahetu*

D. Jackson, Sources for the Study of Tibetan *Pramāṇa* Tradition Preserved in the Bihar Research Society, Patna

梶山雄一, On the Authorship of the *Upāyahṛdaya*

谷貞志, Logic and Timeness in Dharmakīrti's Philosophy -
Hypothetical Negative Reasoning (*Prasṅga*) and Mo
mentary Existence (*Kṣaṇikatva*)

T. J. F. Tillemans, Dharmakīrti on Some Sophisms

A. Wayman, Dharmakīrti and the Yogācāra Theory of *Bīja*

이러한 다양한 주제가 현재의 다르마키르티 연구 현황을 보여주고 있다.

이렇게 해서 현재 다르마키르티가 제기하는 개별의 문제, 특히 논리학 관계의 논제가 많이 제시되었다. 그것들은 다르마키르티 텍스트의 일부를 자료로 한 것이지만, 전체의 원전 연구 위에서 체계적으로 이루어진 연구 성과는 아직 나타나고 있지 않다고 할 수 있다. 주저의 종교론에 대해서는 키무라의 앞의 책 원전 연구 뒤, 베터(Vetter)도 후반부만 독일어로 번역을 하고,15) 마찬가지로 오스트리아 비인 대학의 불교학연구실에서 다르마키르티에 이르는 인식론의 역사를 논한 연구가 제출되었다. 그 연구는 아래에 기술한 것이다.

Tilmann Vetter, Der Buddha und seine Lehre in Dharmakīrti
s Pramāṇvārttika(WSTB. 12, Wien 1984).

Vittorio A. v. Bijlert, Epistemology and Spiritual Authority
(WSTB. 20, Wien 1989).

---

15) 즉, Tilmann Vetter, Der Buddha und seine Lehre in Dharmakīrti's Pramāṇav
ārttika(Wien 1984), p.7에 의하면 필자의 일본어 번역에서 후반을 독일어로 옮긴
것이라 한다. 일반적으로 비인학파는 영어도 잘하지만 그와 더불어 비교적 일본어
도 잘 알고 있는 편이다. 서양의 언어에 의해서 이해가 한층 심화되었음을 알 수
있다.

후자는 종교론에 관해서 7게송까지를 번역한 것이며, 프라즈냐카라굽타소를 토대로 7게송까지 연구한 오노 모토이(小野基)의 성과물도 비인대학을 통과하여, 이 총서에서 출판될 예정이다.

이처럼 다르키르티 사상에 대해 부분적 연구는 이루어지고 있지만, 아직 종교론 전체의 체계적 구성과 붓다의 종교적 권위와 밀접한 성전(佛典)의 권위의 변증 등에 대한 전체적 종합이 이루어지지 않고 있다. 그 기초가 되는 『프라마나바르띠카』 제1장(추리론)16) 제3단 성전론의 본 게송이 완역되지 않았기 때문이다. 그것이 이 책이 지향하고 있는 큰 과제이기도 하다. 또한 다르마키르티에 대한 역사적 논의나 다르마키르티가 남긴 시(詩)의 분석에서도 불충분한 점이 있다. 이 방면은 인도의 통례와 같이 사료가 없고, 제한된 문헌의 미묘한 흔적을 찾아가는 곤란한 점이 있지만, 필자는 이것을 서론에서 제시했으며 제3회 국제다르마키르티학회에도 이 문제를 보고한 바 있다.17)

---

16) 'anumāna'를 필자는 '추론(推論)'이라 번역하고, 'svārthānumāna'를 '추지(推知)', 'parārhānumāna'를 '변증(辨證)'이라 번역한다. 'yukti'는 '논리(論理)'로 번역하는데 때로는 'pramāṇa'가 '논리'의 의미로 번역되는 것도 있다. 'pramāṇa'를 비인학파는 대체로 'Erkenntnismittel'이라 번역한다. 본론에서는 '인식근거' 또는 '인식수단'으로 번역하였다. 그러나 종교론에 관해서는 '종교적 권위'의 의미로 번역하였다. 일반적으로는 '권위'의 의미로 사용된다.(Vd.240, 6)

17) 제3회 국제다르마키르티학회는 카츠라 쇼류(桂紹隆) 교수의 주선으로 1997년 11월 4일부터 6일까지 3일 동안 히로시마시국제회의장에서 거행되었다. 해외 연구자 약 25명, 일본 국내 연구자 약 20명이 영어로 발표하고 참가자는 해외 유학생 약 30명을 포함해서 대략 100명 정도였다. 슈타인켈너 교수는 "아주 힘들었지만, 국제학술대회는 대단히 의미가 있었으며 아울러 대회장은 너무나 쾌적했다."라고 말한 바 있다.

제4절 연구과제와 연구방법

다르마키르티 연구는 지금 성전론(聖典論) 전체 게송의 해석과 언어론·언어인식론과의 관련 및 인도철학 학파들과의 교섭에서 나타나는 특징, 나아가 주저 종교론과 통합적 해석이 이 책의 저술 목적이다. 그것에 수반해서 다르마키르티의 역사적 위치 설정도 필요하다. 또한 다르마키르티에게는 시인의 면모도 있기 때문에, 그 해석이 역사적 해명까지는 아니지만, 전기(傳記)에 어느 정도는 공헌을 하고 있다. 서론의 제3장에서 살펴볼 것이다.

서론 제2장에서는 다르마키르티의 연대를 규명하였다. 지금까지 다르마키르티의 전기와 관련해서는 많은 자료나 시사적인 부분이 지적되었다. 그러나 그것들은 거의 심도 있게 검증되지 않은 채로 방치되었다. 이번에 우리가 그것들을 재검증하여 총괄한 결과, 다르마키르티의 연대에 관해서 흥미로운 결과를 얻게 되었다. 다른 주요 논사들도 다르마키르티 연대 연구의 부산물로서 그 연대를 추정하는 데 도움이 되었다.

본론은 ①다르마키르티의 성전론, ②다르마키르티의 종교론을 연구과제로 한다. 그리고 그것들을 각각 제1편과 제2편에 배치하였다. 구체적인 자료를 살펴보면, ①은 『프라마나바르띠카』 제1장의 제3단, ②는 『프라마나바르띠카』 제2장 전 게송이다. ①에 관해서는 다르마키르티의 언어론이 밀접하게 관련을 맺고 있고, 제2단 아포하 이론의 중요한 문제, 결국 그 처음과 끝을 연관 맺고 있는 인도 철학과 함께 보지 않으면 안 된다.

그리고 ①과 ②는 모두 다르마키르티의 인식론과 연관되어 그에 의해 설명하기 때문에 그 관점을 유지하면서, 종교론의 목적이 되고 있는 테마와 성전론의 목적이 되고 있는 테마를 통해 '붓다를 종교적 권위로 하는 변증'으로 보았다. 그래서 이 책의 제목을 『다르마키르티의 철학과 종교』라 했던 것이다.

나아가 다르마키르티가 논의한 방식을 보면 다른 종교나 학파와 논쟁을 통해 자신의 학설을 전개한 것이 많다. 즉, 다르마키르티를 이해하는 데는 인도철학에 해당하는 교설을 충분히 파악하는 것이 필수적이다. 따라서 제1편에서는 성전론의 상대 논의인 미망사학파의 근본교설을 다룬다. 경소(經疏)의 성전론은 베다의 기능을 복리(福利)의 인식근거로 하는 것이기 때문에 특히 타르카바다(Tarka-vada) 중에서도 전반의 제1~5경을 다룬다. 쿠마리라의 논의는 타르카바다의 광대한 평석인 『슈로카바르띠카(Ślokavarttika)』 가운데 특히 제2장을 살펴볼 것이다. 이것은 다르마키르티가 직접 보고서 논의하고 있는 텍스트이며, 그 본 게송의 해석에 즈음해서는 필요한 부분만을 살펴볼 것이다. 또한 프라바카라미슈라(Prabhākara miśra)와 주석자인 샤리카나다미슈라(Śālikanāthamiśra) 계통은 불교유심론(佛敎唯心論) 철학을 상대 논의로서 의식하고, 다르마키르티와 그 점에서 관련을 맺고 있기 때문에 제1편 제1장에서는 그것도 다룰 것이다.

제2편의 과제로는 『프라마나바르띠카』 종교론의 상대 논의로서, 다르마키르티가 파슈파타 계통의 신학을 강하게 의식하면서 논의를 진행하고 있다. 여기서 처음으로 파슈파타파의 근본경전을 파악하고, 니야야학파에서 전개된 신(神)·시바의 주재증명을 분석한다. 제2장에서 제4장까지는 종교론을 분석·해명한다. 제2장은 처음에 있는 인식론을 다루고, 붓다를 동시에 인식근거로 하는 것까지를 다룬다. 제3장에서는 디그나가가 『프라마나삼웃차야』 예배 게송에서 사용했던 붓다의 칭호, 즉 '종교적 권위자(pramāṇabhūta)'의 근거가 되는[18] '서원자(誓願者, jagddhitaiṣī), 교사(敎師, śāstā), 지자

(智者, sugata), 구제자(救濟者, tāyī)'에 대한 평석(評釋)을 다룬다. 제4장은 그 기초가 되는 내용인 불교 실천론을 다르마키르티가 어떤 방식으로 체계를 세우고 있는가에 대해 살펴볼 것이다.

이상 논의한 것들에 대해서 총괄적인 결론을 내리고, 약호는 말미에 주석한다. 여기서 직접적인 자료의 일람을 아래에 제시한다. 다르마키르티의 주저 『프라마나바르띠카』와 여러 주석의 텍스트에 붙인, 제1편에 있어서 본 게송은,

Svārthānumāna-Pariccheda by Dharmakīrti (HVNRSS.), e d. by Dalsukhbhai Malvaniya (Varaṇasi 1960) ; The Pramāṇ avārttikam of Dharmakīrti (SOR.), ed. by Raniero Gnoli (Ro ma 1960).(PV I) 자주(自註)는 이것에 준한다. 양자의 티베트어 역은 동북대학 도서관 소장인 데루게판(동북제대 목록 No. 4210 및 No. 4216)에 의한다. 복주(複註)는 Ācārya-Dharmakīrteḥ Pramāṇavārttikam Svopajñavṛttyā Karṇakagomiviracitayā Taṭṭīkayā ca Sahitam, ed. by R. Sāṅkṛtyāyana (Allahabad 1943).

제1편에 있어서 미망사학파 문헌,

Mīmāṃsādarśana(KSS), ed. by Ratna Gopal Bhaṭṭa(Varaṇa si, 1910), Jaiminīyasūtrabhāṣyam ; Ślokavārttika of Śrī Kum ārila Bhaṭṭa(RS.), ed. by Swami Dvarikadas Śastri(Varaṇas i, 1978); Prabhākaramiśraviracitā Bṛhatī(CSS.), ed. by A. Chi

---

18) Vibhūti. p.521, 5~13

nnaswami Śastri(Varaṇasi, 1929); Mahāmahopdhyāyamiśra
-Śālikanāthaviracitā Ṛjuvimlā(CSS.) ad hoc.

제2편에 있어서 종교론 본 게송,

Pramāṇavārttikam by Ācārya Dharmakīrti(JBORS. 24, 1 · 2,
ed.by Rāhula Sāṅkṛtyāyana. 주석본은 Pramāṇavārttikabhāṣ
yam(TSWS), ed. by R. Sāṅkṛtyāyana (Patna, 1953); Pramāṇ
avārttikam by Ācārya Dharmakīrti(BBS.), ed. by Swami Dw
arikadas Śastri(Varaṇasi, 1968); Pramāṇavārttika-pañjikā,
Tib.(No. 4217).

본 게송의 티베트어 번역은 제1편과 같다. 파슈파타 계통 문헌과
니야야학파 문헌에 관해서는 아래에 기술하는 것과 같다.

Pāśupatasūtras with Pañcārthabhāṣya of Kaundiniya(TSS.),
ed. by R. Anantakṛṣṇa Śastri(Trivandrum, 1940); Nyāyavārt
tika of Uddyotakara(KSS.), ed. by Vindhyeśvari Prasad Dvi
vedi(Varaṇasi, 1916); Nyāyavārttika-tātaparyaṭīkā by Vāca
spati Miśra(KSS.), ed. by Rājeśvara Śastri Dravid(Varaṇasi,
1925); Gaṇakārikāyā Patnaṭīkā(GOS.) ed. by Chimanlal D.
Dalal(Baroda, 1966); Kūrmapurāṇam, ed. by Rāmaśaṅkara
Bhaṭṭācārya(Varaṇasi, 1967).

참조한 번역과 연구는 그때마다 주기하고자 한다.

제2장 다르마키르티 연대론

제1절 문제의 소재

다르마키르티의 연대에 관해서는 상크리티야야나가 카르나카고민 주석의 출판 Kt(Allahabad, 1943) 서문의 대강의 연대표에서 'Dharmakīrti(600)'라고 썼던 것이 최초의 기술이었을 것이다. 그러나 일본에는 가네쿠라 엔죠(金倉圓照)의 『인도철학사요』(1948, p.209)에서 "법칭(法稱)은 650년경의 사람이다"라고 쓰여 있는 것이 최초의 기술이고 그 논거는 기술되어 있지 않다. 나카무라 하지메(中村元)의 『인도사상사』(1956, p.208)에 나오는 '650년경'은 이를 계승한 것이다. 디그나가에 관해서는 모두 우이 하쿠주(宇井伯壽)의 『인도철학연구 5』(1929, pp.142~145)에 의거해 기원후 400~480년경으로 기술한다. 고증의 시초는 가네쿠라의 「법칭에 있어서 관념의 인식」[19]에서 "법칭논사가 세상에 이름을 떨치던 시기는 삼장법사 현장(玄奘, 602~664)이 인도에서 당나라에 돌아간 뒤였기 때문에 전혀 중국에 전해지지 않았다"고 하고 있다. 다음에 『인도정신문화의 연구』(1944, p.357)에서 『남해기귀내법전(南海寄歸內法典)』(大正藏, No.2125)의 "가까이에는 진나(陳那)·호법(護法)·법칭(法稱)·계현(戒賢) …… 법칭은 인명(因明, 논리학)을 거듭 밝혔다"(p.229b)를 인용하고 있다. 이 두 자료에서 위에 기술한 결론을

---

19) 1935년의 『현대불교』에 게재한 것이라고 한다. 가네쿠라 엔죠(金倉圓照)의 『인도철학불교학연구[Ⅰ]』(1973년)에 보필·재록된다.

얻었던 것이다.

학계의 최근 상식은 동일한 방법으로 기원후 600~660년으로 한 프라우발너의 *Landmarks in the History of Indian Logic* (WZKSO. 5, 1961, p.137~138)에 의거하고 있다.[20] 그러나 논리적으로는 어떤 인물의 이름을 거론하지 않는 것이 반드시 그 인물의 비존재를 의미하는 것은 아니다. 현장은 디그나가의 『인명정리문론(因明正理門論)』을 번역하고, 중국에 인명(因明)의 분야도 소개한 공적이 있다. 다르마키르티가 현장(玄奘) 당시에 존재했다면 반드시 눈에 띄었을 것이고, 틀림없이 기록으로 남겼을 거라는 믿음이 있었다. 그러나 현장 당시, 또는 그 이전에 다르마키르티가 살아 있었다고 해도 다음 장에서 보는 것처럼 다르마키르티가 자신에 대한 낮은 평가를 한탄했다는 점으로 미루어 볼 때 현장이 다르마키르티를 정말 알지 못했을지도 모른다. 설령 알고 있었다 하더라도 낮게 평가했을 수도 있다. 혹은 무언가 다른 이유로 인해 다르마키르티의 이름을 기술하지 않았을 수도 있을 것이다. 의정(義淨)의 기술은 660년을 연대 가능한 최하한선으로 하는 데 불과하다.

현재 와다나베 쇼우코(渡辺照宏)의 「불교논리학파와 찰나멸설의 논증」(『철학연보』 제14집, 1953)은 자은학파(慈恩學派)가 다르마키르티의 '인과적 효과성(arthakriyāsāmarthya)'설을 전하고 있다는 취지를 제시하고 있다. 규기(窺基)의 제자인 혜소(惠沼)는 「성유식론료의등제일말(成唯識論了義灯第一末)」[21]에서 현장이 전한 게송에 의한 소위 삼류경(三類境)의 설을 해설하고 있다. 와다나베

---

20) 木村俊彦도 마찬가지다. Hajime Nakamura, Indian Buddhism, A Survey with Bibliographical Notes(Delhi 1986), p.304에도 프라우발너 연대론에 따른 나의 다르마키르티 학파 도표가 게재되어 있다.

21) 大正藏 No.1852, p.677c~678a

에 의하면 그 '자상(自相)'설은 다르마키르티 사상이었다고 한다.
현장이 전한 게송은 다음과 같다.

> 성경(性境)은 마음에 수반하지 않고, 독영(獨影)은 오직 견(見)에
> 따를 뿐이다. 대질(帶質)은 정본(情本)에 통하고, 성종(性種) 등
> 도 순응한다.

혜소(惠沼)에 의하면 성경(性境)이란 실종(實種)에서 생긴 것으
로 실(實)의 체(體)·용(用)이 있고, 능연(能緣)의 마음, 결국 인식지
는 그 자상을 얻기 때문에 성경(자연의 대상)이라 부른다고 한다.
또한 현량(現量)을 인연으로 할 때 경(境)의 자상(自相)을 얻기 때문
에 이 대상은 작용이 있다고 한다. 와다나베의 논문은 이것을 다르
마키르티의 '인과적 효과성(arthakriyāsāmarthya)'이라고 한다. 『성
유식론(成唯識論)』의 세계관과는 다르기 때문이다. '독영(獨影)은
오직 견(見)에 따른다'란, 의식만의 인연은 허공의 꽃과 같은 것이기
때문에 변계소집의 존재라는 의미이다. 제3구의 '대질(帶質)'이라
한 것은 자상을 얻지 못한 판단(adhyavasāya)을 지칭하고, 유부(有
覆) 혹은 무부(無覆), 결국 번뇌의 근원(情本)에 통하는 것도 있다면
현실적 존재(vastu)에서 나오는 것도 있다는 의미이다.[22]
　이 철학은 미륵(彌勒, Maitreya) 내지 호법(護法, Dharmpāla)에
유래하는 것이 아니라 다르마키르티에 유래한다는 것을 부정할 수

---

22) 소위 분별지는 부정(apoha)을 매개로 한 판단이며 대상지각은 아니다. 그러나
　　본론 제1편 제2장 제4절에서 논한 바와 같이 언어와 판단에 관한 중요한 인식이며
　　원래 현실적 존재와 관계가 없는 착각도 있다면 현실적 존재에 근거한 판단도 있다.
　　다르마키르티는 자주에서 분별적 인식(buddhi)은 일반자(sāmānya)를 나타내기
　　때문에 착각(bhrānti)이라고 하는 반대론자를 반박한다. 개체로부터 나온 판단은
　　착각이 아니다. 성전(聖典) 즉 부처님의 말씀도 현실적 존재에 근거한 것으로 정의
　　된다.

없다. 와다나베의 논문은 학계에서 무시당했지만, 이와 같이 해석해 보면 와다나베의 주장은 채택될 필요가 있다.

다음으로 오래된 가네쿠라의 논문 중에 다르마팔라(護法)가 다르마키르티(法稱)를 언급하고 있다고 지적한 부분이 있다. 그 해석의 진위를 다음 절에서 검토(그 후에 저자도 포함해서 이것을 검토한 자취가 학계에 없기 때문에)하기로 하고, 여기서는 다르마키르티 연대를 검토해보자. 우이 하쿠주(宇井伯壽)가 『인도철학연구 5』(도쿄, 1929) 「현장 이전의 인도 논사들의 연대」에서 호법의 연대를 530~561년으로 정한 것은, 프라우발너도 앞의 논문에서 그대로 채용하여 유명해졌지만,23) 산정근거가 빈약하며 의정이 『남해기귀내법전(南海寄歸內法典)』에 전하는 전승과도 모순된다.

‘즉, 그(바르트리하리)는 호법논사와 동시대의 인물이다. …… 세상을 떠난 지 40년이 지났다.’24) 결국 엔솔로지(anthology, 선집)의 편집자 바르트리하리는 다르마팔라(호법)와 동시대의 인물이고, 입적한 뒤부터 40년이 지났다고 말하고 있다. 의정은 673년에서 685년까지 나란다에 머물렀기 때문에 정확히 바르트리하리는 630년경에 죽었다. 따라서 다르마팔라의 연대도 이것에 준거한 것이다. 그러나 현장이 629년 나란다에 도착했을 때는 다르마팔라의 제자인 시라바드라가 그의 스승이 되었다. 또한 현장의 『대당대자은사삼장법사전(大唐大慈恩寺三藏法師傳)』에 의하면25) 나란다 승원에 대해 “호법보살이 계신 집의 북쪽에 있다”고 말하고, 도착 당시 다르마팔라의 생전이 눈에 선하다며 그리워하고 있다. 이것들이 우이 하쿠주 연대론의 호법 530~561년 설을 무리한 것으로 보는 증거들

---

23) 宇井伯壽, 『印度哲學研究5』 pp.128~132. Frauwallner, op. cit. pp.132~134
24) 大正藏 No.2125, p.229a~b
25) 大正藏 No.2053, p.237a

이다. 현장은 다르마팔라의 다른 제자들도 알고 있었다. 결국 현장이 도착하기 10년 전 정도에 죽은 것으로 보인다. 따라서 다르마팔라의 연대는 대략 550~620년으로 보는 것이 좋겠다. 다르마키르티를 인용했다고 하는 문장을 다음에 검토할 것이다.

제2절 다르마팔라와 다르마키르티

가네쿠라 박사는 「법칭의 양석송(量釋頌)과 자이나 교의」(『인도정신문화의 연구』, 1944, p.357)에서 다르마팔라가 다르마키르티를 인용하고 있는 데 대해 다음과 같이 지적했다.(『불교학의 제문제』, 1935)

아마 법칭의 이름이 한역불전에 기록되는 것은, 의정의 『남해기귀내법전(南海寄歸內法典)』 권 4에, 이에 멀리는 용맹(龍猛), 제파(提婆), 마명(馬鳴)의 무리들, 중간에는 세친(世親), 무착(無著), 승현(僧賢), 청철(淸哲, 三本에 의하면 弁으로 되어 있다)의 무리들, 가까이에는 진나(陳那), 호법(護法), 법칭(法称), 계현(戒賢) 및 사자월(獅子月), 안혜(安慧), 덕혜(德慧), 혜장(慧藏), 덕광(德光), 승광(勝光)의 무리들, 이들 위대한 선인들은 앞의 내외의 덕들을 갖추지 아니한 사람이 없으며 그들은 각각 욕심을 적게 하고 만족할 줄 알았으며 참으로 비교할 수가 없었다. 속류 외도의 무리 안에는 실로 이런 유의 성인들은 얻기 어렵다. 법칭이 거듭 인명을 밝혔고, 덕광은 이에 율장을 널리 폈다.(대정대장경, 제54권 p.229 中)라고 하고, 또한 호법의 『관소연연론석』(의정역)에, 又若自許不於識外緣其實事, 応有有法自相違過, 然不許

法稱(같은 책, 上 제31권 p.889 下)라고 설하고 있는 것에 불과한
것이다.

　의정의 기술도 가네쿠라 박사의 지적에 있는 유명한 부분이지만,
여기에는 후단의 호법기술이 문제가 된다. 대정신수대장경의 호법
『관소연연론석(觀所緣緣論釋)』 해당 부분은 다음과 같다. 아래 굵
은 글씨로 표기한 부분이 가네쿠라 박사의 인용구에서 잘못된 부분
이다.

> 又若自許不於識外緣其實事, 応有有法自相違過. **然法称不許. 斯
> 乃於他亦皆共許. 卽以爲喩.**
> [또한 만약 자신의 인식 외부에 현실적 존재(實有)를 조건으로
> 하지 않는다고 인정한다면, 응당 유법(有法)의 자상(自相)과 모
> 순하는 오류를 범할 것이다. 그러나 법칭은 인정하지 않는다. 이
> 에 곧 다른 학파에서도 모두 같이 인정하는 것을 가지고 비유로
> 삼는다.]

　즉, 디그나가는 『관소연론(Ālambanaparīkṣā=대상의 검토)』에
서 인식대상이 외계에 객관적으로 존재한다고 하는 견해에 대해서,
그 대상은 원자(paramāṇava)—하나하나는 눈에 보이지 않는다—
와, 원자의 집합—눈에 보이며 표상되지만 원자의 상태가 아니기
때문에 현실적 존재가 아니다—으로 나누어 각각을 논파한다. 이
텍스트 자체는 비니타데바(調伏天)의 주석과 함께 티베트어 번역으
로부터 야마구찌 스스무(山口益) 박사가 일본어로 번역하였다(「관
소연론의 원전해석」, 『세친유식의 원전해명』, 1953년 수록). 그
것에 근거해서 보면 디그나가는 제1게송에서 다음과 같이 극미설

(極微說)을 논파하고 있다.

> 근(根, indriya)에 의한 요별의 원인은 극미(極微, paramāṇava)
> 이지만 그것으로서 현현하지 않기 때문에, 그것의 경계(viṣaya)
> 는 극미가 아니다. 근과 같이.(pp.433~435, 원어 삽입은 필자)

감관이 대상을 지각하는 원인을 그대가 말한 원자라고 인정해도,
반드시 원자상태로 지각되는 것은 아니기 때문에 대상이 원자라고
할 수 없다는 논리이다. 이것이 제1게송이다.

다음에 제2게송에서 원자(극미) 집합설을 부정한다.

> 만약 그것(극미의 집합)과 유사하게 현현하는 것, 혹은 그것은
> 그것에 의해서 [생기는] 것이 아니다. 현실적 존재로서 존재하지
> 않기 때문이다. 두 개의 달과 같이.(pp.439~444)

즉, 디그나가는 그대의 입장에서 현재 지각되고 있는 것이 원자의
집합상태라고 말한다면, 실체인 원자는 지각의 원인이 아니라고 말
할 수 있다. 왜냐하면 집합 그것은 실체가 아니기 때문이다. 예를
들면 눈병환자가 두 개의 달을 보는 경우 두 개의 달은 실체가 아닌
것과 같다.

그런데 다르마팔라는 그 전에 소위 서문으로서 자신의 외경부정
론(外境否定論)을 게재하고, 그 근거로 새로운 다르마키르티의 논
리학을 사용했다는 상황을 가네쿠라 박사는 기술한다. 그 까닭은
①외경론자가 인식대상을 원자의 집합이라고 한다면 실체를 대상
으로 하지 않는 것이기에 디그나가의 입장과 모순된다. 논증에서
자기의 입장에 위배되지 않는 것 같다는 다르마키르티의 주의는

강요서 『니야야빈두』(Ⅲ, p.48)에 기술되어 있다. 즉, 다음과 같다.

'배척되지 않는 것'이란, 이 정의에 상응한다고 해도 정립하고자
하는 내용이 지각·추리·상식·자설과 당착(모순)하지 않는 것
을 가지고 주장명제로 삼는 것을 제시하기 위함이다.

다음으로 ②주장하는 사람[立論者]과 반대주장을 피력하는 사람
[反論者]이 함께 인정하는 유례(喩例)가 유효한 유례가 된다는 주의
에서, 다르마팔라의 이어지는 문맥의 방식은 다르마키르티의 입장
을 답습하고 있다. 『니야야빈두』(Ⅲ, p.123)에 "이것에 의해 유례의
과실도 설했다"고 말한다. 그것은 논리적 이유의 오류가 유례의 오
류와 관계있다는 것으로, 그 논리적 이유의 오류(疑似証因)에 대한
좋은 예가 의사적 논리적 이유이다. 의사적 논리적 이유는 주장하는
사람 혹은 반대주장을 피력하는 사람의 입장과 논리적 이유가 모순
된다는 것인데, 그것은 유례의 오류와도 관련이 있다. 다르마키르티
가 거론한 실례가 『니야야빈두』(Ⅲ, pp.59~60)에 기술되어 있다.
먼저 자이나교에 대해서 다음과 같이 언급한다.

나무들은 마음을 가지고 있다는 주장명제에서, 나무껍질을 모두
벗기면 죽기 때문이라는 논리적 이유를 반대논사는 인정하지 않
는다. 우리들(불교도)이 인정하는 죽음(maraṇa)의 정의는 인식
·감관·생명의 정지이기 때문이다. 그리고 그것은 나무에 존재
하지 않기 때문이다. [따라서 그 논리적 이유는 성립하지 않는다.]

다음으로 상키야학파의 '쾌락 등은 비정신이다(acetanāḥ sukhadā
yaḥ)'라는 주장에 대한 증명이다.

쾌락 등은 비정신이라는 주장에서 [그대가 논리적 이유로 사용하는 마음의] 생기성도, 무상성도 입론자인 상키야학파 자신은 인정하지 않는다.

상키야학파의 인중유과설(因中有果說)에서 마음(buddhi)은 물질원리로서 근본원질(pradhāna) 속에 가능성(śakti)으로 포함되어 있다. 따라서 불교도가 사용하는 비존재[無]에서 존재[有]가 발생하고 존재[有]에서 비존재[無]로 돌아가는 무상이라는 찰나유(刹那有)·찰나멸(刹那滅)의 개념은, 상키야학파에게는 성립하지 않는다. 이와 같은 지적은 유례에도 적용된다. 입론자와 반론자가 모두 인지하는 유례가 유효하다.

이와 같이 다르마팔라가 다르마키르티를 시사했다고 읽은 가네쿠라설(說)이 올바르다는 것을 확인했지만, 이에 대해 '법칭(法称)'을 '다르마키르티'로 읽지 않는 두 선학(先學)의 예가 있어 그것을 살펴보기로 하자.

우이 하쿠주 박사는 『진나저작의 연구』(1958)에서 이 『관소연론』을 훈독(訓讀)하였다. 다행히 호법의 주석을 포함한 훈독이었지만, 해당 부분은 다음과 같이 글자를 첨가하여 '법칭(法稱)'을 '다르마키르티'라고 읽지 않는다.

극미의 총상(總相)을 소연(인식대상)의 본성이라고 하면, 그것을 성립케 하고 또 자신의 인식 외부에 있는 현실적 존재(실유)를 조건으로 하지 않는다고 인정한다면 마땅히 유법자상상위의 오류를 범하게 된다. 그런데 법[法, 술어]은 불공허(不共許)로 칭하는 것은, 이에 곧 다른 학파에서도 역시 모두 함께 인정하는 것을 가지고 비유로 삼는다.

진하게 표시한 글자가 원전에 없는 부가된 글자이다. 첫째로 그것이 오류이다. 다음으로 공허(共許)라는 말이 유례에 해당한다는 것은 위에서 본 바와 같지만, 그것에 대응하는 것과 같이 앞 구절의 '연법칭불허(然法稱不許)'를 '그런데 법[술어]은 불공허(不共許)라 칭한다'라고 읽고 있다. 그리고 공(共)이라는 글자를 부가하여 '주어인 법이라는 술어는 입론자와 반론자 모두 인정하지 않는다'라고 해석하고 있다. 우이 하쿠주 박사가 말하는 법이라는 술어는 '식 이외에 그 현실적 존재를 조건으로 하지 않는다'라는 것이다. 이 '법'은 결국 디그나가의 유식론에서는 인정하고 있다 해도, 바이세시카학파 등의 입장과는 서로 다르다. 다시 말하면 '다 함께 인정하는 것이 아니다(不共許)'가 아니다. 유례의 주의는 논리적 이유에 대해서 말하고, 유법자상위과(有法自相違過)란 주장명제에 대해서 언급하고 있는 것이기 때문에 여기에도 우이 하쿠주의 번역은 혼란이 있다. '법칭'으로 읽지 않기 위해서 '모두 함께 인정하는 것은 아니라고 칭한다.'라고 하여 공(共)이라는 글자를 부가한 것으로 생각된다. 그러나 '법은 칭한다'라는 번역문의 원문은 고려하고 있지 않다. 주어-술어에 연계가 없기 때문이다.

다음으로 이 한역을 산스크리트로 환원함과 함께 영역한 샤스트리의 해석을 보자. Aiyaswami Śastri, Ālambanaparīkṣā and Vṛtti by Diṅnāga with the Commentary of Dharmapāla(1942, p.62)에 다음과 같은 번역이 있다.

But if you assume that there is no external thing which may serve as a cause to consciousness : [then] there is a fault

of the subject of your thesis being contradicted in its own
character. So also is your probandum(dharma = sādhyadhar
ma) unknown to us.

나아가 주기(註記)에는 이탤릭체의 환원 산스크리트를 포함한
문장을 다음과 같이 읽는다고 한다.

dharmiṇaḥ svarūpavirodhadoṣaḥ syāt / tathā dharmavacana
m aprasiddham /

즉, '만약 인식의 원인으로서 외경(外境)이 있다고 가정한다면
유법(有法)은 자상(自相)과 모순되는 과실이 있다. 논리적 귀결인
법(法)은 우리들에게 인정되지 않는다'라고 읽는 것이다. 후자의
문장을 'dharmavacanam aprasiddham'라 하는 것은 '법칭불성
(法稱不成)'이라는 번역문의 경우이다. '연법칭불허(然法稱不許)'
는 'tathā ca necchati Dharmakīrtiḥ' 라고 환원하지 않으면 안
된다. 그리고 이것이 전후 문맥에서 자연스럽다. 그런데도 우이
하쿠주 박사는 '그대의 논리적 귀결[술어]은 우리들에게 알려지지
않는다'라고 한다. 그러나 인식은 대상을 가지지 않는다는 것이
디그나가의 입장이기 때문에, '우리들에게'가 아니라 '너에게'이다.
반론자 자신의 입장과 상응하지 않는다는 주의가 원자의 집합을
인식의 대상이라고 주장하는 반론자에게 향하고 있는 것이다.

이렇게 해서 의정의 번역문 연법칭불허(然法稱不許)는 '이렇게
해서 다르마키르티는 인정하지 않는다'라고 해석할 수 있다. 다르
마팔라의 연대는 앞에서 기술한 것과 같이, 확실히 현장과의 관계
에서 550~620년으로 보는 것이 가장 적절하다. 자은학파(慈恩學

派)의 진위불명 기술을 포함하여 다르마팔라 32세 사망설이나 당시 106세의 시라바드라보다 한 살 정도 어리다고 하여 530~561년이라는 연대를 제시하지만, 현장은 단지 시라바드라가 30세 때 다르마팔라를 대신하여 외도를 논파했다고 언급할 뿐이다. 제자가 대신 논쟁한다는 것은 스승인 다르마팔라가 당시 고령에 가까웠다고 생각하는 것이 자연스럽다. 현장 자신의 기술이 얼마나 정확한가 하는 것은 『대당서역기(大唐西域記)』 권10, 안드라국이라는 항목에서 진나(陳那)에 대하여 기술한 부분을 보면 좋을 것이다. 'bhadantaśri-Dignāga-ācāryasya'라고 조각된 비석이 안드라 지방의 나가르주나 콘다에서 출토되어 그곳의 박물관에 보존되어 있다.26)

프라우발너에 의하면 다르마키르티는 대략 480~540년경으로 산정된 디그나가로부터, 프라샤스타파다, 웃또타카라, 쿠마리라 사이에 위치하여 하한연대는 다르마팔라가 된다. 프라우발너설보다 약 반세기 빠르지만, 또 하나의 논거가 수반두의 시극(詩劇) 『바사바닷타』에서 다르마키르티를 시사한 부분이다. 수반두의 연대는 비문에서 비교적 쉽게 555~625년경으로 산출할 수 있기 때문이다. 필자는 동시에 지금까지 제기되어온 시바라마주(註) 의문설 등에 대해서도 다음 절에서 답할 준비가 되어 있다.

제3절 수반두가 시사한 다르마키르티의 신연대

다음과 같은 내용이 이전부터 논의되어왔다. 즉, 수반두(Subandh

---

26) 水谷眞成 역 『대당서역기(大唐西域記)』 (1973), p.329; S. Sankaranarayanan, Date of Dignāga-Fresh Light(Deyadharma, Delhi 1986) 참조

uḥ)의 시극『바사바닷타』에서 웃자이니의 왕자 간다르파게투와
파타리푸트라의 왕녀 바사바닷타가 꿈에 서로를 애타게 그리워하
다 마침내 우연히 만났는데, 그때 바사바닷타의 모습을 비유를
들어 가사(śleṣa)로 노래하는 다음과 같은 구절이 있다.

> bauddhasaṅgatim ivālaṅkārabhūṣitām(Vāsavadattā, BI. 30,
> p.235)

이것은 '장엄하게 장식된 불교 법회와 같이'라고 해석할 수 있는
구절이다. 간다르파게투는 그와 같이 빛나는 바사바닷타를 보았다
고 노래하는 것이다. 바사바닷타도 장식으로 치장하여 빛나고 있
지만, 그 비유로 불교 법회(bauddhasaṅgati)를 사용하였기 때문에
'장식(alaṅkāra)'의 의미가 분명하지는 않았다. 시바라마는 다음과
같이 주석했다.

> bauddhasaṅgatim ivālaṅkāro Dharmakīrtikṛto granthaviśeṣa
> s tenabhūṣitām pakṣe' laṅkāro bhūṣaṇam tena bhūṣitām /27)

주기(註記)는 이것뿐이다. 이것을 인도 시론학자(詩論學者)는
"다르마키르티가 지은 훌륭한 텍스트인 '아란카라'라고 불리는 책으
로 장식된 불교 법회와 같이"라고 해석하여 전적으로 다르마키르티
가 시론을 썼는지의 여부에 대한 논의로 왜곡되어왔다는 것이 문제
이다. 그 전형이 J. L. Masson, Did Dharmakīrti Write the Kārik

---

27) The Vāsavadattā, A Romance by Subandhu, ed. by F. Hall(BI. 30, Reprint;
　　Osnabrúck 1980), Darpaṇam, p.235, 東京大學藏版

ās of the Alaṅkāraśekhara?이다.(뒤에서 기술)

이 논의의 배경에는 ‘아란카라’를 ‘다르마키르티가 쓴 책’이라 해석하는 독해방법이 전제되어 있고, 다른 한편으로 ‘시론에서 장엄된 불교집회’란 무엇인가 하는 문제를 은닉하고 있는 오류를 범한다. 이른바 논점 절취(竊取)의 오류이다. 그 이유는 불행하게도 이 논의가 오로지 인도 시론학자 사이에 행해졌기 때문이다. 불교 법회란 열반회와 같은 법요식(法要式)일 것이다. 그렇다면 바라문교의 찬가에 해당하는 찬불 게송 등으로 붓다를 장엄하는 것이 생각될 수 있다.28)

여기서 시바라마의 주기(注記)를 주의 깊게 읽어보면, ‘granthaviśeṣa’의 해석에 부딪힌다. *Apte’s Practical Sanskrit English Dictionary*에서 ‘grantha’를 찾아보면 ①엮은 것 ②책 ③재물 ④시(詩, 32자로 구성된 아누슈뚜부체의 시)이다. 여기서는 ④이다. 그렇다면 ‘다르마키르티의 시라는 장식으로 장엄된 불교 법회와 같이’라고 수반두가 노래한 것이 된다. 그것은 열반법회 등을 떠올리게 한다.

또 하나 지금까지 지적되지 않았는데, 필자가 디그나가의 시사라고 본 부분이 있다.

kaścid bauddhasiddhānta iva kṣapitaśrustivacanadarśano’bhavat /(Vd. p.297)

즉, 바사바닷타를 빼앗으려는 두 학파의 격렬한 전투를 노래한 것으로, ‘어떤 자는 성전·언명·철학을 타파당한 어떤 불교체계와 같이 문(聞)·언(言)·견(見)을 빼앗겼다’라고 한다. 이것은 다음에

---

28) Cf. Ernst Steinkellner, Buddhaparinirvāṇastotram(WZKS.17, 1973)

보는 것과 같은 웃또타카라나 쿠마리라와의 관계에서 그들이 논파한 디그나가를 시사한다고 생각된다.

다르마키르티를 시사하기 직전에 수반두는 웃또타카라의 이름을 제출해 'nyāyasthitim ivoddyotakarasvarūpām'라고 노래한다(p. 235). '웃또타카라=빛나는 것을 특징으로 하는 니야야학파의 상태와 같이 빛나는 그녀를 보고서'라는 의미이다. 시바라마는 여기서 '『니야아바르띠카』 작자'라고 주기한다. 웃또타카라의 뒤에 다르마키르티를 사용한 수반두를 우리는 서로 연관이 있는 것으로 보지만 그의 '철학에 대한 취미'는 여기에 머물지 않는다.

> kecij jaiminimatānusāriṇa iva tathāgatamatadhvaṃsinaḥ
> (p.144)

결국 바사바닷타의 신랑이 되기 위해 참가하는 남자들의 모습을 묘사하여 어떤 남자는 미망사학파의 논사가 불교를 타파한 것과 같이 곤란을 타파하여 바사바닷타를 얻었다고 노래한다. 물론 비유는 쿠마리라를 의미할 것이다. 수반두는 세 사람의 바르띠카 작자를 다 알고 있었음을 알 수 있다. 더욱이 앞의 다르마키르티 관련 비유 뒤에 '환희에 의해 이루어진 우파니샤드와 같이 기뻐하며 즐거워하는 그녀를'이라고 노래한다. 『바사바닷타』(p.299)에서는 자이나교를 비유로 사용한다. 『바사바닷타』(p.173)에서 타라여신에게 기도하는 붉은 옷의 비구니(bhikṣukī)를 비유로 제출하는 수반두는 철학과 종교에 강한 관심을 가지고 있었음을 알 수 있다. 특히 디그나가·웃또타카라·쿠마리라 세 사람을 그가 모두 다 알고 있었다는 것은 다르마키르티의 시사를 해석하고자 하는 우리들을 고무한다.

여기서 수반두의 연대가 밝혀지게 되면 다르마키르티의 하한선

도 확실하게 될 것이다.[29] 호른(Hoernle)은 『바사바닷타』의 제작
연대를 606~612년경으로 추정한다.[30] 호른의 논문에서는 수반두
의 지원자였던 비크라마디트야 왕이 야쇼다르만인 이유를 제시하
고 있기 때문에 수반두의 연대는 쉽게 추정할 수 있다. 수반두는
『바사바닷타』의 서시에서 다음과 같이 노래한다.

> 독수리가 마른 연못을 걷는 것처럼 저 은혜는 소진하고 새로운
> 왕들이 나타나신다.
> 비크라마디트야 왕께서 지상을 떠나셨다.
> sārasavattā vihatā navakā vilasanti carati no kaṅkaḥ /
> sarasīva kīrtiśeṣaṃ gatavati bhuvi vikramāditye //(Vd.k.7)

이 시에 근거해서 살펴보면 수반두는 583년에 사망한 야쇼다르만
왕 치하의 궁정시인이었다. 왕은 마라바국을 세운 비크라마디트야
왕의 Ⅱ세를 자기 이름으로 사용했다. 또한 현장은 마라바국의 계일
왕(戒日王)이라 전하고 있다. 정확히 60년 전의 일이라 한다. 수반두
는 왕의 사후에 여러 명의 왕이 마라바를 지배했다고 한다. 왕의
사후 그의 아들을 무너뜨린 칸야크쟈의 아들이 라즈나바르다나

---

29) 다르마키르티는 쿠마리라의 신의 존재증명을 비판하고, 쿠마리라는 웃또타카라의
   논리학을 비판한다.(G. P. Bhatt, Epistemology of the Bhāṭṭa School of Pūrva
   Mīmāṃsā, p.221) 웃또타카라는 프라샤스타파다의 바이세시카형이상학설을 전제
   로 신의 존재증명을 시도했다. 제2편 제1장 제4절 참조. 프라샤스타파다는 디그나가
   의 논리학에 빚을 지고 있다. 가네쿠라 엔죠(金倉圓照) 『인도의 자연철학』(교토,
   1971), pp.178~179. 이렇게 해서 상한은 정해진다.
30) A. F, R. Hoernle, Some Problems of Ancient Indian History Ⅳ, The Identity
   of Yaśodharman and Vikramāditya(JRAS.1917) p.139. 수반두에 관해서 이 논
   문이 하르샤 왕 즉위까지의 생존 및 제작 연대를 고찰하고 있는 것은 수용하기
   어렵다.

이며 605년에 즉위했다. 샤샹카 왕이 이것을 성토하였기 때문에 아우인 하르샤바르다나가 보복하여 즉위했다. 612년의 일이다. 이렇게 해서 결국 세 사람의 왕이 출현하게 된다. 궁정시인 바나(Bāṇa)는 수반두를 공경하여 '시극작가(ākhyāyikākāra)'라 불렀다.

여기서 호른에 의한 『바사바닷타』의 제작연대를 조금 늦게 615~620년경이라 하고, 5~10년 정도 되어 70세경 사망하였다고 한다면 비크라마디트야 왕이 사망했을 때 수반두의 나이는 28세 정도가 된다.(일반적으로 문인·승려·학자는 수명이 길기 때문에 70세 평균수명을 가정한다.) 수반두는 이렇게 해서 555~625년이 되며 디그나가의 480~540 사이에 프라사스타파다, 웃또타카라, 쿠마리라, 다르마키르티를 배치하면 아래와 같다.

프라사스타파다: 490~560

웃또타카라: 510~580

쿠마리라: 530~600

다르마키르티: 550~620

이 연대는 인도철학사에도 좀 더 상세한 지견을 가져올 것이다. 수반두가 가까운 연대의 논사 이름을 거론하지 않고 과거의 웃또타카라 이름은 거론한다는 굴절된 심리도 읽을 수 있는 듯하다. 이들 논사의 활동 지역을 마라바국으로 설정하면 파슈파타파(塗灰外道)가 많다고 하는 현장의 보고와 부합하여 쉽게 이해가 된다. 또한 현장은, 마가다국과 함께 이 마라바국은 학문과 예술이 융성하여 물자도 풍부하고 사람들도 온순하다고 말한다.(水谷 역 p.351 참조)

제4절 다르마키르티와 찬드라키르티의 신연대

우리는 다르마팔라가 다르마키르티를 시사했는가 하는 의문에서 이후에 가네쿠라 박사를 포함한 학계가 망각해왔던 의정 번역의 『관소연연론석』에 나타나는 문제의 기술과 일본어 번역의 신빙성을 확인했다. 그것은 다르마키르티와 다르마팔라의 연대가 서로 연관성이 있다는 것이다. 즉, 찬드라키르티의 기술에서 다르마팔라가 전자와 가까운 동시대인이라고 추정하는 것이다.

찬드라키르티는 아리야데바의 『사백론(Catuḥśataka, 四百論)』의 주석에서 서두에 다르마팔라를 '현대의 지자대덕(智者大德)'이라 부르고 있다.

> 이것은 현대의 지자에 의해서 2부로 구성되었다. 즉, 이『사백론』은 현대의 지자대덕이신 다르마팔라가 내용에 준해서 구분하여 2부로 한 것이다.
> de ḥdi da ltaḥi sñan dṅags mkhan gyis rnam gnyis byas / bstan bcos bźi brgya pa de ni da ltaḥi sñan dṅags mkhan btsun pa Chos skyoṅ gis ji ltar bkod pa phye nas rnam pa gnyis su byas te /[31)

이 『사백론주』의 서문은 야마구치 스스무(山口益) 박사가 「월칭조사백론석소(月稱祖四百論釋疏)의 서문에 관하여」(『중관불교논고(中觀佛敎論攷)』, 1944)에서 티베트대장경으로부터 번역했다. 앞 절에 기술한 가네쿠라 엔죠 박사의 논문과 같은 해로서, 마찬

---

31) 東北帝大目錄 No.3865, 31b, 7~8

가지로 그 중요성도 간과되어왔다. 다르마팔라의 연대론은 우이 하쿠주 박사의 「현장(玄奘) 이전 인도 논사들의 연대」 (『인도철학연구 5』, 1933)라는 논문이 학계에 강한 영향을 주고, 프라우발너에게도 영향을 끼쳤다. 따라서 이 두 편은 운명을 함께한다. 하라프라사드·사스트리가 발견·공간한 산스크리트 원전은 유감스럽게도 다르마팔라의 서론 부분이 빠져 있다.

다른 한편 찬드라키르티에 관해서는 막연하게 7세기 전반이라 언급되어왔지만(예를 들면 야마구치 스스무 박사의 뒤에 제시하는 책 p.4) 논거가 빠져 있다. 여기서 우선 동시대인이라는 것이 확정되었지만 인용되는 쪽이 인용하는 쪽보다 일반적으로 연장이다. 그리고 찬드라키르티는 다르마팔라를 『입중론소(入中論疏, Madhyamakāvatārabhāṣyam)』의 말미에서 바수반두와 디그나가가 나란히 하는 계보로서 찬탄하고 있다.[32] 찬드라키르티를 그 다르마팔라보다 20년가량 후배라고 하면 570~640이 된다.

찬드라키르티가 바비베카(淸弁)에 대해서 중관파의 전통을 지켜야 한다고 반박한 것은, 야마구치 스스무의 『월칭조중론석(月稱造中論釋) 1』(1968)에 유감없이 분석되어 제시되었다. 디그나가에게 대항한 웃또타카라, 바비베카, 쿠마리라를 우리는 '그룹A'라 부르고, 그들을 비판한 다르마키르티, 다르마팔라, 찬드라키르티를 '그룹B'라 부른다. 앞에서 제시한 프라우발너의 논문(p.137)에 의해서 디그나가를 480~540년이라 설정하면 다르마키르티와 다르마팔라는 550~620년(그러나 후자가 약간 후배)이 된다. 따라서 찬드라키르티는 570~640년이 된다. 그룹A의 세 사람은 두 연대의 중간에 들어간다. 이들의 새로운 연대는 우리들 연구의 부산물이다.

---

32) 東北帝大目錄 No.3862, 347b, 2~3(磯田熙文 교수의 가르침에 의한다.)

제5절 다르마키르티 신연대의 검증

제3절에서 우리는 다르마키르티의 연대를 550~620년으로 산정했으며 다르마팔라를 동시대의 후배로 보았다. 후자(다르마팔라)의 우이 하쿠주 연대론인 530~561년은 그 영향이 지대하여 그것이 다른 연대까지 좌우해왔기 때문에 여기서는 현장의 관계 외에 의정의 기술에서 검증해보고자 한다. 바르트리하리에 관해서 의정은 문법가와 혼동하고 있지만 애욕과 체념 사이를 왕래한 것은 'Śatakam'의 편집자답다. 'Śṛṅgāraśatakam'과 'Vairāgyaśatakam'인데, 문법가는 바로 바라문교도이며, 앤솔로지의 편집자(저자)는 시바 신앙을 보이고 있기 때문[33]에 다른 인물이다. 673~685년 사이에 나란다에 머물렀던 의정은 어느 시점인가 다르마키르티를 '이는 곧 호법논사와 동시대인이다. …… 입멸한 지 이미 40년이 지났다'라고 기술하고 있다.[34] 가장 이르게는 633년이 입멸시점이 되며, 다르마팔라가 620년경에 입멸했다고 보는 우리의 입장과 모순하지 않는다.

또한 의정은 다르마키르티에 관한 정보를 무행선사(無行禪師)라는 지기(知己)의 학습과 관련하여 전하고 있다. 623년에 입적한 길장의 상족(上足)이라는 것은 조금 연대가 부합하지 않지만, 의정이 나란다에 도착한 해에 56세인 그를 배웅했다는 것에서는 연대가 대단히 확실하다. 그가 나란다에서 두 번째 마을에 있는 티라다(Tiladda)라는 절에 체재하여 '인명(因明, 논리학)을 잘 이해하는 법장(法匠)에게 진나·법칭의 저작을 배운다'고 하였다.[35] 의정이 도착한

---

33) 中村元, 『언어의 형이상학』, 암파서점, 1957, p.16 참조

34) 大正藏 No.2125 『南海寄歸內法傳』 p.229a~b

35) 大正藏 No.2065 『大唐西域求法高僧傳』 p.9b

해에는 다르마키르티의 평가가 확고했다. 서론 제3장에서 논한 것처럼 다르마키르티 자신은 자신에 대한 낮은 평가를 한탄하고 있었기 때문에 660년경 사망에 이르기까지 아직 이렇다 할 정평은 기대할 수 없었을 것이다.

같은 정보를 『정원신정석교목록(貞元新定釋教目錄)』이라는 텍스트가 중국밀교개조의 한 사람인 금강지(金剛智, 바즈라보디)의 사적에 관해서 말하고 있다. 제자 학사인 여향(呂向)이 기록한 바에 따르면 금강지는 나란다에서 10세 때까지 문법을 배우고 '나이 15세에 서천축국에 가서 4년간 법칭의 사상을 배웠다'고 한다.[36] 741년 71세로 귀국하지 못하고 입적하였기 때문에 서인도(마라바국?)에서 다르마키르티의 저작을 공부한 것은 685∼689년경이 된다. 이때에는 이미 디그나가는 잊히고 있었다.

다르마팔라·수반두·의정·금강지가 전한 다르마키르티의 정보를 수집하고 나서 대략 550∼620년경이라는 새로운 연대를 검증할 수 있었다.

---

36) 大正藏 No.2157 『貞元新定釋教目錄』 p.875b

제3장 다르마키르티에 있어서 시와
종교 · 철학

제1절 다르마키르티의 생전 평가에 관해서

자갓따라 계통의 불교시인이라 불리는 비디야카라인 편자가 편집한 시집『수바시타라트나코샤』(Subhāṣitaratnakośa, 詞華集)는 상크리티야야나가 촬영한 사본에 포함되어 있다. 고카레(V. Gokhale)와 코삼비(D. Kosambi)의 교정출판이 이루어지게 된 것은, 카트만즈 사본과 토마스에 의해 이미 출간된 단간(斷簡, Kavīndravacanasamuccayaḥ, 조각 조각난 옛 문서나 편지의 묶음)과 비교·대조를 거친 이후의 일이다. 아래에 기술한 출판이다.

The Subhāṣitaratnakośa compiled by Vidyākara, ed. by D. D. Kosambi and V. V. Gokhale(HOS.42, 1957)

그런데 이 사화집(詞華集, anthology, 아름다운 시를 모은 책)에 다르마키르티의 시가 18수 정도 포함되어 있다. 원래『프라마나바르띠카』에 부가되어 있는 시와 아난다바르다나의『드바니아로카』(Dhvanyāloka=어감의 해명)에 수록된 두 편의 시는 알려져 있지만 이 사화집은 문자 그대로 다르마키르티 시의 보고(寶庫)이다.37)

---

37) 코삼비가 제시한 16편의 시 외에 'Vārttikakārasya'라는 간행기 형식의 시도 있다.

여기서 우리가 그것들을 채택한 까닭은, 다르마키르티의 서정시 중에 전기를 대신할 수 있는 것은 없는가 하는 점에서다. 그의 사상이나 이력이 서정시에 나와 있다면 그것은 우리에게 참고가 된다. 여기서는 이 글과 관련이 있다고 생각되는 시들을 살펴보고자 한다. 문제점에 근거해서 시를 분류하고, 우선 다르마키르티가 생전에 평가를 받지 못했다고 한탄하는 시부터 살펴보자. 이 시가 『프라마나바르띠카』의 서시(예배게송의 다음)에 나와 있다는 것은 이미 잘 알려져 있다.38) 이 시는 사화집에는 나와 있지 않다.

> 1. 무릇 책을 저술한 많은 어리석은 자들은 뛰어난 설에 대해 냉담할 뿐만 아니라 질투의 더러운 감정을 가지고 혐오하기조차 한다. 이러한 이유로 이 책은 타인에게 도움이 된다고는 생각할 수 없지만, 장기간에 걸친 선한 언어에 전념하여, 아니 더욱 몰두하여 마음은 이 책에 희망을 건다.
>
> prāyaḥ prākṛtasaktir apratibalaprajño janaḥ kevalaṃ nānart hy eva subhāṣitaiḥ parigato vidveṣṭy apīrśyamalaiḥ / tenāya ṃ na paropakāra iti naś cintāpi cetaś ciraṃ sūktābhyāsaviva rdhitavyasanam ity anubaddhaspṛham //

다르마키르티 생전에 그의 책이 무시당했을 뿐만 아니라 혐오의 대상이 되었다는 호소는 오히려 그가 유명했음을 역설적으로 말해준다. 이미 디그나가의 『프라마나삼웃차야』가 유명하였기 때문에

사화집이 출간될 무렵에는 편집자가 다르마키르티를 잘 아는 학계 상황이 아니었다. 게다가 코삼비조차 그 저서와는 다른 전문시인 다르마키르티를 상정하고 있었던 것이다. 따라서 본 장은 이 선행 학설을 바로잡는 것이기도 하다.

38) '이 책(ayam)'을 상크리티야야나는 디그나가의 『프라마나삼웃차야』라 해석하지만, 후자는 다르마키르티 당시 이미 안팎으로 유명한 상태라 잘못된 해석이다.

자주(自註) 위에 또 하나의 옥상옥(屋上屋)을 만드는 것과 같은 평석(varttika)이라는 반응이었을지도 모른다. 난해하다는 이유도 있었을 테지만, '평석'이라는 형식을 주제넘은 것으로 받아들였던 것은 아닌가 한다. 사실, 추리론에 다르마키르티 자신의 주석을 붙여서 『프라마나바르띠카』의 제1장으로 하고 나서는 한층 다르마키르티의 독자성을 주장하는 형식이 되었던 것이다. 프라우발너는 디그나가의 『프라마나삼웃차야』에 비해서 이 제1장이 너무나 독자적이었기 때문에 독립적인 텍스트를 『프라마나바르띠카』에 부가했다고 추측했던 것이다.39)

다음으로 보게 될 시는 아난다바르다나의 『드바니아로카』에 수록된 것이다.40) 주석자 아비나바굽타에 의하면 아난다바르다나는 다르못타라의 『프라마나비니쉬차야주해』에 복주를 썼다는 것이다.41) 더욱이 그의 예배게송은 비슈누 신에게 봉헌된다. 다르마키르티의 한탄에도 불구하고 9세기에는 이교도들도 다르마키르티를 연구하게 되었던 것 같다. 아비나바굽타는 재인식(再認識) 계통의 샤이바파로 유명하다.

   Ⅱ. 위대한 지적 능력에 의해서도, 거듭되는 노력에 의해서도, 이해되지 않은 채로 가라앉은, 보여진 적이 없는 최고원리(paramārth atattvam), 세상에서 수용되지 않고 똑같은 사람들에게 파악되지 않는 나의 체계는 바다에 강물이 가라앉는 것과 같이 내 몸이

---

39) Erich Frauwallner, Die Reihenfolge und Entwicklung der Werke Dharmakīr tis(Asiatica, Festschrift für F.Weller, Leipzig 1954), p.148

40) The Dhvanyāloka of Ānandavardhanācārya with the Dīdhiti Commentary (HSS.66), p.536

41) Ibid, p.584

쇠퇴함에 따라가는 것이다.

anadhyavasitāvagāhanam analpadhīśaktināpy adṛṣṭaparamā
rthatattvam adhikābhiyogair api / matam mama jagaty alab
dhasadṛśapratigrāhakam prayāsyati payonidheḥ paya iva sv
adehe jarām //

다음의 노래는 사화집(No.1726)에 수록되어 있다.

Ⅲ. 바르미키는 원숭이가 나르는 돌을 가지고 바다를 메우고, 비야
　사는 반두의 아들의 화살을 가지고 쏘며, 게다가 이들은 과장된
　것은 아니다. 우리들의 말은 저울로 재는 것과 같이 공명정대하
　지만 세간은 입만 열면 나의 책을 모독한다. 명성이여! 그대에게
　기도하노라.

śailair bandhayati sma vānarahṛtair vālmīkir ambhonidhiṃ
vyāsaḥ pārthaśarais tathāpi na tayor atyuktir udbhāvyate
/ vāgarthau ca tulādhṛtāv iva tathāpi asmannibandhān ayaṃ
loko dūṣayati prasāritamukhas tubhyam pratiṣṭhe namaḥ //

　서사시에는 있지도 않은 정경을 노래함에도 불구하고 세상 사람
들은 이것을 듣고서 정확을 기한 자신의 책이 비난의 표적이 되고
있다는 한탄이다. 다음 시도 명성(kīrti)에 대한 동경을 노래한다.
‘바르띠카의 작자(Vārttikakāra)’는 편집자가 생각하는 쿠마리라는
아니다.(No.997)

Ⅳ. 달보다도 전단향보다도 꽃이 핀 자스민보다도 우유의 호수보다
　도 용신보다도 시바의 웃음보다도 카르나타 여자의 흰 치아와

빛나는 화장보다도 아름답게 광휘로 빛나는 저 '명성'이여! 그대의 적은 그대의 완력에 의해 압도되어 삼계를 헤매고 있다.
sā candrād api candanād api daravyākoṣakundād api kṣīrābd
her api śeṣato'pi phaninaś caṇḍīśahāsād api / karṇāṭīsitadant
apatramahaso'py atyantam uddyotinī kīrtis te bhujavīryanirj
itaripo lokatrayam bhrāmyati //

이렇게 해서 다르마키르티는 명성을 얻기를 원했다. 그러나 그를 이해하는 자는 적었다. 그러나 저서는 물론 이와 같이 많은 시까지 남아 있다는 것은 그를 전하는 제자나 신자들이 존재했기 때문일 것이다. 자찬이나 명성으로 분류되는 노래지만, 다르마키르티를 이와 같이 생생하게 묘사한 노래가 남아 있어 다행스럽다. 물론 '명성(kīrti)'에 자신의 이름을 걸고 있다.

제2절 다르마키르티의 고독과 정진

사화집에는 다음의 노래가 '자찬(自讚)' 부에 들어 있다.(No.1729) 이 노래는 백만 인이라고 해도 나의 길을 간다고 하는 정진의 강한 의지를 표명한 것이다.

V. 앞에는 수레를 끄는 사람이 가는 일이 없고, 뒤에는 누구도 나를 쫓아오지 않는다. 그리하여 길에는 새로운 흔적이 남지 않는다. 왜 저들은 고독할까! 당연히 그럴 거야. 과거에 밟았던 길은 지금은 버려졌다. 그 딱딱하기 쉬운 길을 나도 단호하게 버리겠다.
vahati na puraḥ kaścit paścānna ko'py anuyāti māṃ na ca

navapadakṣuṇṇo mārgaḥ kathaṃ nv aham ekaikaḥ / bhavat
u viditam pūrvavyūḍho'dhunā khilatāṃ gataḥ sa khalu bahal
o vāmaḥ panthā mayā sphuṭam urjitaḥ //

이 '쉬운 길(vāmaḥ panthā)'은 '좌도(左道)'를 의미하는 사도(邪
道)이다. 성전론에서는 비법(非法)인 서계(誓戒)를 시사하고 있지
만, 자신은 고독한 정진을 결의하고 있다.[42] 같은 노래(No.645)도
정진의 결의이다. 이것들을 읽어보면 다르마키르티는 대사원이나
교단에 소속된 것이 아니라 홀로 수행하는 상태였던 것 같다. 자료
수집이나 연구 저작만으로도 상당한 비용을 요하는 것이지만 그
주변의 물질적인 사정은 서정시에서는 엿볼 수가 없다.

VI. 오랫동안 눈썹을 잡아당기고, 눈을 감는 것을 수행하도다. 애써
    웃음을 억제하는 것을 배우고, 침묵 속에서 수행하도다. 나 스스
    로 안심(입명)하기 위해서라도 이 마음을 굳게 하고자 한다. 자만
    심을 안에서 억제하고자 한다. 그렇지만 성취는 천명 속에 있다.
    bhrūbhaṅgo guṇitaś ciraṃ nayanayor abhyastam āmīlanam
    roddhuṃ śikṣitam ādareṇa hasitam maune 'bhiyogaḥ kṛtaḥ
    / dhairyaṃ kartum api sthirīkṛtam idaṃ cetaḥ kathañcinmayā
    baddho mānaparigrahaḥ parikare siddhis tu daive sthitā //

이 노래는 실천의 의지에 불타는 술회임에 반해, 다음 서정시는
세상을 하직하는 노래와 같은 메아리가 있다. 특히, 만년의 노래

---

42) G. 오버함마 교수는 E. 프라우발너 박사 추도의 전기 '에리히 프라우발너(28.12.18
    98-5, 1974)'의 마지막에 이 시가를 인용하였다.(WZKS.20, 1976)

혹은 유작의 게송일 것이다. 사화집(No.1213)에서 문자 그대로 '선 (善, sat)'의 부에 들어간다.

Ⅶ. 악인에게 원하는 것 없고, 청빈한 벗에게도 청하지 않고, 숨을
거두는 순간에도 사랑과 정리(正理)를 갖춘 청정한 삶이야말로
괜찮도다. 큰 불행을 만나도 위대한 선자(善者)의 자취를 좇을
것이다. 이 예사롭지 않은 칼날 위의 맹세, 누구에게 가르침을
받을 수 있을까.
asanto nābhyarthyāḥ suhṛd api na yācyas tanudhanaḥ priyā
vṛttirnyāyyā caritam asubhaṅge'py amalinam / vipady uccai
ḥ stheyam padam anuvidheyaṃ ca mahatāṃ satāṃ kenoddiṣ
ṭaṃ viṣamam asidhārāvratam idam //

이것에 대해서 다음 노래(No.1694)는 불교에 회심(回心)했을 때
의 깨달음을 노래한 것으로 청년기의 시일 것이다. '자찬'의 부에
넣는 것은 적절하지 않다.

Ⅷ. 풍부한 감로로 채워진, 너무나도 훌륭한 무니의 말 한마디, 만약
내가 사유의 그릇에 들어가지 않는다면, 어찌하여 내 마음에 들
어올 것인가. 열락(悅樂)에 이르러 사랑하는 사람과 헤어지고,
지옥불에 태워져 참을 수 없는 자, 설산의 동굴에서 평안을 얻는
다 하더라도 어떻게 견딜 수 있을 것인가.
munīndor vāgbinduḥ pravitatasudhāpūraparamo na ceccintā
pātre milati katham apy asya manasaḥ / kutaḥ prāpya prītiṃ
tuhinagirigarbhasthitijuṣo' py asahyaḥ sahyeta priyavirahad
āhavyatikaraḥ //

사유(cintā)의 발우에 들어가 검토하고 나서 마음(mana) 속에 거둔 것을 말하고 있다. 부처님의 말씀이 추론과 모순하지 않는 것을 강조하는 성전론은 이와 같은 입신(立身)의 과정을 거친 자에게는 필수의 요건임을 서정시를 통해서 느낄 수 있을 것이다. 이것은 문·사·수(聞·思·修)의 과정이기도 하다.

제3절 다르마키르티의 시 속에 있는 사상

코삼비는 이 시의 작자를 『프라마나바르띠카』의 저자와는 다르다고 보고 있지만, 시 중에는 명확하게 철학자 다르마키르티의 사상이 보인다. 사화집과 아난다바르다나에 의해 인용되고 있는 다음의 노래(No.454)는 바라문교가 주장하는 조물주인 범천의 부조리를 비난하고 있다. 더욱이 이것은 비난을 통해서 처녀에게 자애의 눈을 향한 '처녀(yuvati)' 부분의 테마에 속한다는 느낌이 드는 작품이다.

IX. 조물주(vedā)는 아름다움과 부의 소비를 고려하지 않고 큰 번뇌를 알아차렸다. 자기는 태어난 그대로 남자의 마음에 괴로움을 일으켰다. 이 상심한 처녀도 마음에 드는 남자가 없어서 괴로워하도다. 아름다운 사람의 가녀린 지체를 만들어 조물주는 무슨 속셈인가?

lāvaṇyadraviṇavyayo na gaṇitaḥ kleśo mahān svīkṛtaḥ svac chandaṃ vasato janasya hṛdaye cintājvaro nirmitaḥ / eṣāpi svaguṇānurūpāramaṇābhāvād varakī hatā ko'rthaś vedhasā vinihitas tantryās tanuṃ tanvatā //[43)

이와 같은 시작(詩作) 경향이 한층 더 순수문학적이 되면 다르마
키르티 사상과 관련이 희박하게 되어 코삼비와 같이 작자의 결정에
확신을 가질 수 없게 될 우려가 있다.[44]

이 글에서는 다르마키르티를 조사하는 과정에서 사상과 관련이
있는 것만을 채택했다. 아래 노래는 실로 '불교철학(mataṃ saugat
a)'을 다르마키르티가 언급하는 직접 자료이다.(No.440)

X. 어쩌면 동그란 눈동자를 가진 여자가 [신의] 시야에서 움직인다
면 샤프란 가루와 같은 붉은색의 얼굴을 가진 그녀에게서 잠시도
떠날 수 없네. 또한 눈이 감긴 자가 창조하는 데에서는 이런 용모
가 생길 수 없네. 때문에 세간의 일체는 작자가 없다고 하는 불교
철학이야말로 가장 수승하도다.

yātā locanagocaraṃ yadi vidhāreṇekṣaṇā sundharī neyaṃ k
uṅkumapaṅkapiñjaramukhī tenojjñitā syāt kṣaṇam / nāpy ā
mīlitalocanasya racanād rūpam bhaved īdṛśaṃ tasmāt sarva
m akartṛkaṃ jagad idaṃ śreyo mataṃ saugatam //

---

43) HOS판 'tanvyās'는 HSS판과 같이 'tantryās'의 오식이다. Cf. Dhvanyālokaḥ(H
    SS.66), p.532. 그 외에도 다른 부분이 있지만 여기서는 사화집에 의거한다.
44) Introduction, p.81에 코삼비의 다르마키르티론(論)이 있다. 'Dharmakīrtipādāḥ'
    에 관해서만 불교논리학자라고 추정하고 있다. 하여튼 다르마키르티의 시에 관해서
    'His stanzas have the grace, sparkle and clarity which one associates with
    the best subhāṣitas'라는 의미이다. '우아하며 화려하고 게다가 명석한 최고의 사
    화(詞華)에 더해진 것'이라고 말하는 것이다. 그리고 『바르트리하리사다카』에 포
    함시킬 수 있다고 거듭 말한다. 코삼비는 의정의 기술에서 바르트리하리가 652년에
    사망했다고 말한다. 이것도 다르마키르티의 종전 연대에서는 해석이 곤란하기 때문
    에 같은 연대라고 하면 납득이 간다.

불교는 무신론임을 선언하고, 세계의 창조자(kartā)를 주장하는 신학을 시적으로 야유하는 작품이다. '눈을 감는다'란 움직이지 않는 신의 형상을 암시한 것으로 영원한 존재는 인과적 효과성이 없다고 하는 다르마키르티의 철학과도 관련을 맺고 있다. 그리고 시바 신을 세계의 창조자라고 하는 파슈파타신학(본론 제2편에서 제시하는 테마)을, '처녀'를 소재로 하면서 공격한 것이다. 사화집에는 11편의 노래가 남아 있지만, 구체적인 내용은 이 글의 목적과 맞지 않기 때문에 그 노래에 대한 감상은 후일을 기약한다.

끝으로 주저인 『프라마나바르띠카』의 서정시를 살펴보고자 한다. 제1장 자주의 말미에 다음과 같은 시를 게재하고 있다. 이것은 도중에 중단되어 계속할 수 없었던 것이 아니라 자신은 여기까지 주해를 붙였다고 하는 의사표현으로 볼 수가 있다.

> 어떤 자에게는 베다가 진리 혹은 조물주를 말하고, 목욕하여 법을 서원하고, 출생의 논을 과시하고, 죄를 소멸시키기 위해 고행을 행한다. 이 다섯의 지혜 없는 법의 깃발을 어리석다고 생각한다.
> vedaprāmāṇyaṃ kasyacit kartṛvādaḥ snāne dharmecchā jāti vādāvalepaḥ / santāpārambhaḥ pāpahānāya ceti dhvastapraj ñāne pañca liṅgāni jāḍye //

이것은 『프라마나바르띠카』 I. 자주(自註)의 발시(跋詩)이다. 제1은 바라문교 자체, 구체적으로는 미망사학파이며 미망사학파의 쿠마리라를 조소한 것이다. 제2는 파슈파타신학 즉, 니야야학파를 말하고 있다. 제3은 자주에서 'adharmam abhyupagamya tatprah āṇāya snānāgnihotrāder anupadeśaḥ'(M.72, 19[G.109, 2~3])라고 말한 것에 관련을 맺고 있다. 즉, '비법(非法)을 인정하고 나서 그것을 소멸시키기 위해서 목욕이나 아그니 호트라 등은 교시하지 않는다'라고 한다. 탐·진·치(貪·瞋·癡)의 비법(非法)에서 생긴 업을 목욕이나 불의 제사로는 소멸시킬 수 없다는 것이다.(Kṭ.393, 12~15) 시주(施主)에 관해서 사성(四姓, jātaya)의 구별이 있다는, 출생을 과시하는 설을 차례로 비난한다.(Cf. Pv. I, 289b, 299a[G.295]) 마지막은 자이나교 비판이다.

끝으로 『프라마나바르띠카』의 예배게송을 제시하면 다음과 같다.

> 분별의 그물을 떠나서 아주 깊고 광대하신 분, 보현보광[이신 세존]께 예배합니다.
> vidhūtakalpanājālagambhīrodāramūrtaye / namaḥ samantab
> hadrāya samantaspharaṇatviṣe //

1파타 19자의 아티드리티(atidhṛti)체가 많은 서정시 속에서, 이것은 보통의 슈로카(śloka)체이다. 『프라마나바르띠카』 서시이기 때문이다. 본론의 제2편에서 보는 것처럼 일체지자성을 난센스라고 보는 다르마키르티가 '널리 현명하다(普賢)'를 불호로 하는 것은 이상하다. 카르나카고민은 이것을 보살의 이름이 아니라고 주의하고 있다.(Kṭ.1, 14) Ⅱ와 Ⅷ이 1파타 17자의 아티아스티(atyaṣṭi)체이다.

제4절 정리

지금까지 음미된 적이 없었던 다르마키르티의 시를 본론 주제와 관련이 있는 것만을 채택했다. 잉갈스(D. H. H. Ingalls)의 An Anthol ogy of Sanskrit Court Poetry(HOS.44, 1965)는 전편(全篇)의 영어 번역이다. 그러나 서정시는 본래 번역할 수 있는 것이 아니다. 결국 원어로 음미해야 할 것이지만 우리는 사상가 다르마키르티의 사료로 쓰기 위해서 부득이하게 번역했을 따름이다.

그 결과 젊은 시절 신심에 불탔을 때의 고백과 만년의 총괄적 신조(유작인 게송)를 포함한다고 여겨지는 것까지, 다르마키르티의 흥미 깊은 심정의 토로를 파악할 수 있었다고 생각한다. 그런데 영역한 잉갈스는 다르마키르티를 언급하여 시론(poetics)을 썼던가 하는 논쟁을 끌어들인다. 그것은 판디야가 잉갈스에게 다음과 같은 서신을 보냈다고 말하는 것이다. 자이나에서는 철학자 다르마키르티를 'Śauddhodani'라 부르고 있지만 케샤바미슈라가 『아란카라세카라(Alaṅkāraśekhara)』를 'Śauddhodani'의 카리카에 근거한다고 말하고 있기 때문에, 시바라마가 '다르마키르티가 저술한 뛰어난 책 아란카라'라고 하는 것은 '시론'을 가리키고 있다는 것이다.

시바라마의 주기(注記)의 의미에 관해서는 이미 살펴보았지만 이 두 사람도 '아란카라'를 '시론'으로 해석하는 것을 전제로 하여 시바라마가 전한 정보의 신빙성을 묻는 구조가 되고 있다. 또 하나의 전제 해석이 'grantha'을 '책'이라고 하는 것이다. 필자에게는 판디야에 대한 다른 논의가 하나 더 있다.[45] 'Śauddhodani'는 고타마 붓다의 부왕의 이름 'Śuddhaudana'의 파생형이지만 근본적으로는 그 아들인 고타마를 가리키는 것이며, 나아가 이차적으로는 그 파생형으로 '불교도'를 의미하는 것이다. 자이나학자가 '불교도'라 부른 것은 불교논리학자인 다르마키르티를 의미하며, 케샤바미슈라가 기초로 한 시론의 작가는 다른 불교시론의 작가일 것이다.

---

45) Ingalls, op. cit., p.43, note 51

이 논의에서도 시론이 불교집회를 장엄하다고 하는 것은 어떠한 의미인가 하는 의문에 답하고 있지 않을 뿐만 아니라 그 의문조차 없다. 앞에서 든 마손의 논문은 케샤바미슈라가 말하는 'Sauddhoda niḥ'가 그 라사이론에서 말하고 아난다바르다나 이후의 불교시론의 작가라고 논한 것이지만, 시바라마의 기술에 관해서는 그 주기를 앞서 내가 보고한 것처럼 잘못 오독하였기 때문에 신빙성이 없다고 판단한다. 그 이유가 14세기 이후(출판자 F. Hall)의 더딘 주기이고, 또 하나가 그 외에는 다르마키르티의 아란카라 책에 관해서 말한 자가 없다는 것이다. 그러나 그가 인도의 전승을 직접 수용하고 자료를 근거로 삼았을 가능성도 있다. 그와 같은 전통성을 배려하여 우선은 가설로 채택하는 것이 겸허한 학문적 태도일 것이다. 시바라마는 'bauddhadarśanam iva'라는 비유에 대해서 유식파의 지각설을 인용한다.[46]

---

46) 수반두는 '감추어진 것을 명백하게 했다'라는 것의 비유로 '불교철학과 같이'라고 토로한다. 이것만으로도 다시 한 번 폐를 끼치는 글이지만, 시바라마는 'sarvaṃ jñānamayaṃ jagat'라는 유식설을 인용하는 것이다. 그 지각설은 외계에 비존재의 대상을 명석하게 현현한다는 철학이기 때문이라는 해설이다. 마손의 시바라마 비판이 적절하지 않음을 알 수 있다. 다르마키르티 시사의 신빙성에 관해서 용기를 동반한 간접적 증거이다.(Darapaṇam, p.179)

제1편

다르마키르티의 인식론·언어론·성전론

제1장 미망사학파와 다르마키르티의
인식론 논쟁

제1절 미망사학파의 인식과 종교

본론 제1편은 다르마키르티의 체계에서 인식론·언어론·성전론(聖典論)의 체계를 파악하는 것을 목적으로 한다. 이것은 제2편에서 기술할 종교적 권위의 테마와 서로 연관된다. 요컨대 다르마키르티의 성전론은 종교론·인식론·언어론과 관련을 맺고 있지만, 그것은 바라문교의 정통신학을 담당하는 미망사학파와 대결하면서 형성되고 있었던 것에 근거한다. 이 미망사학파 자체가 성전론을 인식론·언어론과 관련을 맺으면서 종교론의 체계로 종합되고 있기 때문이다.

이 문제는 옛 미망사학파의 견해에서 출발한다. 하지만 그것은 제사시행에 수반하여 발생하는 복리(artha)를 어떻게 보증할 것인가, 그리고 그러한 보증을 위해서 인식론과 언어론을 준비했다고 해도 지나친 말이 아니다. 따라서 이 학파의 근본경전인『미망사수트라』(Mīmāṃsāsūtra, Ms로 약칭)의 서두에 그 논리를 기본적으로 제시하고 있다. 다르마키르티가 반박한 미망사학파의 기본 이념 학설은 이 제1장 제1절에 있고, 샤바라스바민의 소(Śābarabhāṣyam, Śbh라 약칭)에 "tarkapādo'yam"(이상은 논리의 절)이라고 하는 것에서 이 부분을 '타르카바다(tarkavāda)'라 부른다. 이 기본적인 다섯 경문을 먼저 제시한다. 다음에 해석학(arthavāda)과 성전(smṛti) 등의 절(pāda)이 이어진다.

Ⅰ. 그런데 지금부터 법의 검토에 들어간다.(athāto dharmajijñāsā /Ms. Ⅰ, 1, 1)

Ⅱ. 법이란 교령을 특징으로 하는 복리이다.(codanālakṣaṇo'rtho dharmaḥ/Ms. Ⅰ, 1, 2)

Ⅲ. 그 [인식] 근거를 검토한다.(tasya nimittaparīṣṭiḥ/Ms. Ⅰ, 1, 3)

Ⅳ. 사람의 감관[과 대상]의 접촉이 있다면 생기는 바의 인식이 지각이다.(satsamprayoge puruṣasyendriyāṇām buddhijanma tat pratyakṣam/) (그것은 Ⅲ에서 말하는 바의) 인식근거는 아니다. 현재[의 대상]을 지각하는 것이기 때문이다.(animittaṃ vidyam ānopalambhanatvāt/Ms. Ⅰ, 1, 4)

Ⅴ. 그런데 언어와 대상의 본래적 결합이 그 [복리의] 인식[근거]이다.(autpattikas tu śabdasyārthena sambandhas tasya jñānam/) 그리고 볼 수 없는 대상에 대해서 틀림없이 교시한다.(upadeśo 'vyatirekaś cārthe 'nupalabdhe/) 그것이 바다라야나가 말하는 인식근거이다. 독립한 것이기 때문이다.(tat pramāṇām bādarāyāṇasyānapekṣatvāt/Ms. Ⅰ, 1, 5)

이들 경전에서 말하는 바는 베다가 가져오는 복리에 대한 인식근거이다. 현재 순간의 대상만을 지각하는 인식근거는 베다가 미래에 약속한 복리에 대해서는 아는 근거가 되지 않는다. 그것은 베다의 교령(敎令) 자체가 인식근거가 되어야 한다는 것이다. 이 학파의 독특한 인식론은 베다에 권위를 부여하기 위한 것이다. 또한 타르카바다 전체가 그것을 위한 것이지만, 그 근본은 제2경의 목적론과 제5경의 인식론이다. 이 가운데 미망사학파의 성전은 제2경에 간결하게 설하고 있기 때문에 그것에 대한 샤바라스바민의 소를 살펴보

고자 한다. 하리카이 쿠니오(針貝邦生)는 이 제2경을 타르카바다의
중심논제라고 한다.47)

> 교령(codanā)이란 제사를 권장하는 성스러운 언어(聖語, vacan
> a)라고 일컬어진다. 스승에게 명령을 받은 자는 '하겠습니다(kar
> omi)'라고 말하는 것이 보이기 때문이다. 그것에 의해서 특징되
> 는 것이 '특징(lakṣaṇa)'이다. 연기는 불의 특징이라고 하는 것과
> 같다. 교령에 의해 특징된 복리가 사람을 지복(niḥśreya)에 결부
> 시킨다고 우리들은 주장한다. 교령은 과거·현재·미래에 존재
> 하는 것, 미세한 것, 가려진 것, 멀리 떨어져 있는 것(viprakṛṣṭa)
> 과 같은 대상을 인식케 하는 능력이 있기 때문이다. 다른 어떠한
> 감관도 [그것을] 할 수는 없다.48)

베다(우파니샤드를 포함)의 교령이 모든 것을 알게 한다는 이 명
제는 유명하다. 베다가 일체를 알게 하는 인식근거(pramāṇa)인 것
은 이것을 일컫는 것이다. 그것을 다시 샤바라스바민은 다음과 같이
해설하고 있다. 예를 들면,

> '하늘을 바라는 자(천국에 태어나기를 바라는 자)는 제사를 지내

---

47) 『고전인도성전해석학연구(古典印度聖典解釋學研究)』(1990) p.2. 이 5경에 대한
샤바라스바민의 소를 프라우발너가 독일어로 번역했다. E. Frauwallner, Materiali
en zur ältesten Erkenntnislehre der Karmamīmāṃsā(Wien, 1968)에서 지금의
번역은 대체로 이것에 따르고 있다. 다만 박사의 정본은 스스로 여러 판본을 비교·
대조한 것이기 때문에 필자가 의거하는 Chowkhambā판은 보이지 않는다. Śbh.7,
19 : 'śūnyas tu'를 박사는 'Der Gegner : Die Erkenntnis ist jedoch leer'라고
해석하지만, 여기 반대논사는 이른바 식공(識空)이 아니라 경공(境空)을 말한다.
구루파가 행하는 비판으로, 중요한 부분이다.

48) Śrījaiminīyasūtrabhāṣyam(Kss.42), p.3, 9~13

라(svargakāmo yajeta)'라는 성스러운 말씀에서 '하늘은 있는
가, 없는가' 등과 같은 의문은 일어나지 않는다. 그리고 이것은
결코 거짓이 아님을 알아야 할 것이다. 생기고 나서 그렇지 않는
것으로 소멸하는 인식은 거짓(mithyā)이기 때문이다. 그리고 이
[성스러운 말씀으로부터 나오는 인식은] 다른 시간, 다른 사람,
다른 상태, 다른 장소에서 역전할(viparyeti) 리가 없다. 그러므
로 참(avitatha)이다.

그렇지만 세속적인 언어(luakikaṃ vacanam)는 만약 그것이 지
자로부터(pratyayitāt puruṣāt) 나온 것 혹은 감관의 대상에 근
거한 것이라면 실로 참(avitatha)이다. 또한 무지한 사람으로부
터 나온 것 혹은 초감관 대상에 근거한 것이라면 그것은 인간의
지성(buddhi)에서 나온 것(언어)이지 인식근거(pramāṇa)는 아
니다. 왜냐하면 그것(초감각적 대상인식)은 성스러운 말씀 없
이(ṛte vacanāt) 인간에게 알려지지 않기 때문이다.49)

마지막 문장이 미망사학파의 유명한 격언이다. 주어인 '그것(tat)'
은 뒤에 보는 구루파의 주해나 프라우발너의 번역에서 명쾌한 의미
부여가 없지만, '초감관적 대상에 대한 인식(anindriyaviṣayaṃ jñān
a)'이다. 결국 '그것'은 제사의 시행에서 먼 미래에 발생하는 복리를
아는 인식이다. 감관과 대상의 접촉이 있다면 생기게 되는 지각은
세속적으로 참된 언어의 기초가 된다. 그러나 승의적인 인식, 요컨
대 미래의 과보를 아는 인식근거는 베다의 성스러운 언어이다. 미망
사학파에서 단지 '성스러운 말씀(vacana)'이라고 하면 이것을 가리

---

49) Ibid. p.3, 21~29

킨다. 이렇게 해서 종교적 인식론이 선행한다.

그런데 그 성스러운 언어(聖言)의 참됨은 어떻게 보증되는가? 그 언어의 형이상학적인 설명이 제5경이다. 언어와 대상의 결합이 본래적(autpattika=naturgegeben)이라고 설정하는[50] 것에서 언어 의미의 영원성을 보증한다. 따라서 샤바라스바민이 제5경 소(疏)의 말미에 'dharme vedaprāmāṇyādhikaraṇam'이라고 주기(注記)했다. 베다 언어의 의미는 무한한 과거로부터 결정되어 있는 것이며 제사에 의한 미래의 복리와 같은 대상은 그 언어를 믿고 기다리는 것이 좋다고 하는 것, 이것이 '법에 대해서 베다가 인식근거가 되는 주제'라고 샤바라스바민이 기술하는 이유이다.[51]

그리고 그는 베다의 본질을 '비인위적(apauruṣeya)'이라는 형용으로 표현했다. 요컨대 베다의 언어와 의미의 결합이 인위적이지 않다는 의미에서 다르마키르티의 언어 · 사회 계약설과 첨예하게 대립하는 언어관이다. 다르마키르티는 『프라마나바르띠카』 제1장(추리론)의 제3단에서 미망사학파의 언어관을 비판한다. 여기서 우선 "'본래적'이란 '영원'을 일컫는다"라고 하는[52] 샤바라스바민의 해설을 보자.

> [경에] 언어와 대상의 본래적 결합이 그 [복리의] 인식[근거]라고 말한다. '그런데' 라는 말은 주장을 변환한다. 언어와 대상의 결합은 본래적이다. 아그니 호트라 등을 상(相)으로 하는 대상의 인식은 지각 등에 의해서는 알려지지 않는 것이다. 이렇게 해서 교령

---

50) 'naturgegeben'은 프라우발너의 번역이다. 'Es gibt natürlich'의 의미이며, '주어져 있다'라는 의미의 독일어는 아니다.

51) Śbh. p.18, 9

52) Śbh. p.5, 25

을 상으로 하는 인식은 올바르다. 인위적인 언어에 의한 인식은 기만이 아닌가, 라는 의심이 있다.[53]

이 베다의 비인위성(apauruṣeya)은 다르마키르티가 논쟁하는 주제가 되었다. 뒤에서 보는 것처럼 다르마키르티는 『프라마나바르띠카』 제1장[M.227(G.224)] 게송에서 미망사학파의 학설을 다음과 같이 소개하고 있다.

언어의 오류인인 과실은 인간에게 의존하기 때문에 비인위적인 것이 바른 의미를 갖는다고 어떤 학파는 주장한다.
girām mithyātvahetūnāṃ doṣāṇām puruṣāśrayāt /
apauruṣeyaṃ satyārtham iti kecit pracakṣate // (PV I .227)

제3장에서 보는 것처럼 다르마키르티는 언어의 참과 거짓이 인간에 의존해서 일어난다는 것을 논했다.

제2절 쿠마리라의 인식근거로서의 성전

쿠마리라(Kumārila)의 연대에 대해서는 서론에서 살펴본 것처럼, 그는 다르마키르티 직전의 인물이다. 여러 권의 책 가운데 우리의 주제와 관련이 있는 것은 『슈로카바르띠카』이다. 따라서 먼저 그 구성을 살펴보자. 이 『슈로카바르띠카』는 미망사학파의 성전론인 타르카바다의 평석이다. 샤바라스바민은 『미망사수트라』 제1장

---

53) Śbh. p.9, 10~14

제1절을 '타르카바다'라 이름 하여 8개의 논제(adhikaraṇa)로 목차
를 나누었다. 쿠마리라는 그 논제에 따라서 평석을 8장으로 나누었
다. 장의 이름과 대응하는 수트라는 다음과 같다. 다만 『슈로카바르
띠카』의 정본은 라트나바라티(Ratnabharati) Ser.3(ed. by S. D. Śās
tī, 1978)이다.

평석장명	논제	ad Ms	Śvk.
Ⅰ. Pratijñāsūtram	Dharmajijñāsā	Ⅰ, 1, 1	2~128
Ⅱ. Codanāsūtram	Dharmalakṣaṇam	Ⅰ, 1, 2	1~286
Ⅲ. Nimittasūtram	Dharmaprāmāṇyaparīkṣā	Ⅰ, 1, 3	1~2
Ⅳ. Pratyakṣasūtram	Dharme pratyakṣasyāprāmāṇyam	Ⅰ, 1, 4	1~254
Ⅴ. Autpattikasūtram	Dharme vedaprāmāṇyam	Ⅰ, 1, 5	1~16

이하는 주석가(Vṛttikāra) 내지 아트만론자까지 17 논제를 포함한다.

Ⅵ. Śabdanityatā	Śabdanityatā	Ⅰ, 1, 6~23	1~444
Ⅶ. Vākyam	Vedasyārthapratyāyakatvam	Ⅰ, 1, 24~26	1~369
Ⅷ. Vedanityatā	Vedanityatā	Ⅰ, 1, 27~32	1~15

　여기서 보면 샤바라스바민이 제5경의 소에 매우 많은 분량을 할
애하여 오히려 타르카바다의 기본을 처음 5경으로 보고 있는 것에
반해, 쿠마리라는 제6장과 제7장에 많은 부분을 할애하고 있는 것

같다. 그러나 질적으로는, 요컨대 다르마키르티가 읽고 문제 삼은 것은 제2장의 내용이다.

쿠마리라는 'codanālakṣaṇo'rtho dharmaḥ'(법이란 교령을 특징으로 하는 복리이다)라는 제2경의 'lakṣaṇam'을 'nimittam', 결국은 'pramāṇam'과 같은 의미라고 한다. 인식근거란 언어에 의한 인식이라 해석하고(Śvk.Ⅱ, 9), 법은 성스러운 언어인 교령(敎令, codanā)을 인식근거로 한다고 해석하는 것이다. 지복(śreya)을 가져오는 것은 언제나 베다라고 이해한다. 그와 같은 대상은 감관의 대상이 아니다. 이렇게 해서 쿠마리라는 베다인 교령(codanā) 자체가 법이 지복인 것의 근거라고 말한다.(Śvk.Ⅱ, 14)

쿠마리라는 디그나가가 『프라마나삼웃차야』 제2장 제5게송에서 '성인의 말씀은 모순이 없다는 점에서 추론과 같기 때문에 그의 인식은 추론일 수 있다(āptavādāvisaṃvādasāmānyād anumānatā)'라고 기술한 것을 알고 있다. 그래서 슈로카바르띠카(Ⅱ, 25~31)에서 불교 측의 반론에 대해 답하기를, '이것(성스러운 말씀)은 우선 일체지(sarvajñāna)의 대상을 갖는다고 생각하라'라고 말한다.(Śvk. Ⅱ, 33a) 그것이 참인지 거짓인지는 그것 자체에 의해서 결정되는 것이다. 그것만으로 참과 거짓을 판정할 수 있다면 모순되는 두 개의 양상(참·거짓)이 병존할 수가 없다. 그리고 과실의 원인이 베다에는 없다고 한다. 여기에서 베다의 독립적인 인식근거성=진리성의 주장이 나온다.

자신으로부터 모든 인식근거가 참이라고 이해하라. 자신으로부터 나오는 능력이 없다면 다른 [수단]에 의해서도 [검증]할 수 없기 때문이다.

svataḥ sarvapramāṇānām prāmāṇyam iti gamyatām/

na hi svato'satī śaktiḥ kartum anyena śakyate // (Śvk. II, 47)

다른 것으로부터 보증되는 경우에는 권위의 독립성이 결여되는 것이다. 이것은 베다의 독립불패를 강조하면서 그 모순을 은폐하는 효과가 있다. 다르마키르티는 붓다의 말씀이라고 해도 논리적 검증을 피할 수 없다고 생각한다. 그 논리성 이전에 깨달음이라는 절대적 직관이 붓다 말씀의 진리성의 원인이 되고 있다고 디그나가도 앞의 프라마나삼웃차야(II, 5a게송)에 이어지는 후반부의 게송에서 말하고 있다. 다르마키르티도 '추론에서도 장애가 없기 때문(anumā ne'py avāraṇāt)'이라고 『프라마나바르띠까』(PV II, 284b)에서 말한다. 부처님의 말씀은 우선 뛰어난 직관에 의해 뒷받침되고, 이어서 논리성을 갖추고 있다고 그들이 생각하고 있었음을 알 수 있다.

그러나 쿠마리라에 의하면 붓다의 언어는 인위적(pauruṣeya)이다. 따라서 그 인위성 때문에 오류가 있다. 다른 인식근거에 의지하기 때문에 그것을 결여하면 금방 비난받게 된다.(Śvk. II, 71) 베다 교령이 다른 인식근거와 정합하지 않았다면 바로 그 이유야말로 베다가 인식근거임을 증명하는 것이다. 그렇지 않으면 베다는 다른 인식수단의 뒤를 좇게(anuvādatva) 되어버린다고 한다. 'svataḥprā māṇyavādī'라는 술어가 슈로카바르띠카(II, 56a게송)에 나온다. 이 입장에 선다면 원인인 화자의 과실에 의한, 인식근거의 허위라는 것도 발생하지 않는다. 다른 것에 검증을 구하는 경우에는 원인의 무한소급(anavasthā)이 발생하지 않는다고 한다.

제61게송에서 그 입장을 총괄하고 나서 '언어에 과실(doṣa)이 발생하는 것은 우선 화자(vaktā)의 탓이라 해야 한다'고 하여 쿠마리라는 베다 비인위설로 들어간다. 카르나카고민은 여기서 『슈로카바르띠카』의 게송을 인용한다. 화자가 없는 베다에서는 과실의 성인(成因, āśraya)도 보이지 않는다. 인위적인 언어만이 참과 거짓의 양면이 있다고 한다. 계속해서 부처님의 말씀을 인용한 것은, 디그나가의 성인(聖人, āpta)론—밧츠야야나의 전분후파(前分後破) 언어(Nbh. adⅡ1, 50)를 이어받았을 가능성이 있다—보다는 다르마키르티의 붓다론을 의식하고 있었을 가능성도 있다. 다르마키르티는 인간 붓다라는 이유로 '프라마나부타(pramāṇabhūta)'의 '부타(bhūta)'라는 표현이 있다고 말하고 있기 때문이다.(제2편 제1장 제1절 참조)

화자(vaktā)에 기인하는 것이 아닌 계시성전의 베다에는 화자에 수반하는 과실이 없다.(k.68) 그런데 인위적인 언어에는 반드시 다른 인식근거에 의해서 참과 거짓을 검증하지 않으면 안 된다. 베다가 다른 인식근거와 부합하지 않을 때는 베다가 참이며, 부합할 때는 다른 것과 중복해도 좋다.(k.71;72) 그리고 앞서 성립한 원인이 진리라는 것을 다음 인식근거의 진리성에서 검증한다면 진리성의 원인을 무한히 소급하지 않으면 안 될 것이라고 한다.(k.75) 그것 자체로(다른 것으로부터 검증 없이) 진리라고 한다면 나아가 그 원인도 진리라는 것을 부끄러워할 필요도 없다.(k.76) 주석자 바르타사라티미슈라는 여기서 다르마키르티의 진리론인 대상인식의 진리성은 대상의 인과적 효과성(arthakriyā)의 검증에서 결정된다는 『프라마나바르띠카』 종교론(제2장) 제1게송을 인용한다. 다른 것으로부터 검증을 필요로 하는 진리론이라는 것이다.

그런데 미망사학파에서는 불교나 자이나교에서 성행한 '일체지자(一切知者, sarvajña)'의 개념에 대해 어떻게 대처하고 있는가? 쿠마리라는 말한다. '(인식이) 가능한 경우에도 불선(不善)한 사람에게는 허위성이 보이며, 선인(善人)의 경우에도 그것이 불가능한 것도 있다. 이 성스러운 언어(vacana)라는 것이 일체지자를 반드시 배제하는 것을 의미하지는 않는다. [샤바라스바민의] 성스러운 언어 없이(vacanād ṛte) [그것은 알려질 수 없다]라는 말은 [인간의 초감관지를] 예외로 하는 의미이기 때문이다. 6개의 인식근거로서 일체를 아는 자가 있다는 것을 어떻게 부정할 수 있을까?'(k.110;111)

쿠마리라는 '우리들은 법지자(法知者)만 부정한다는 것을 인정한다'라고 말한다.(Tsk.3127) 법지자란 앞으로 올 복리를 간파하는 초감관지를 가진 자이다. 그와 같은 대상은 사람의 언어로는 믿을 수 없고, 성스러운 언어에 의거해서 이해하지 않으면 안 된다. 앞의 샤바라가 말하는 바에서도 무릇 인간의 언어는 직접지각에 근거한 언어 혹은 지자의 언어라면 세속적 대상에 대해서는 진리라는 것이다. 이 '지자(pratyayitapuruṣa)'라고 하는 것은 극히 세속적인 의미이며 초감관지의 소유자를 의미하지는 않는다. 그렇기 때문에 6개의 인식근거를 겸비한 사람도 바라문교적으로 세속의 사람이기 때문에 있을 수도 없다고 하는 뉘앙스를 가득 담고 '어떻게 해서 부정할 수 있을까?'라고 쿠마리라는 말한다.(k.111)

쿠마리라의 『슈로카바르띠카』의 장대한 논의 가운데 카르나카고민이 다르마키르티의 대론(對論)으로서 인용하는 것에 해당하는 여러 게송을 여기서 살펴보자. 베다의 진리성은 다른 인식근거로부터 알 수 없다고 하는 자증성(svata prāmāṇya)의 이론에 입각하여 쿠마리라는 언어론을 제시한다.

우선 언어에 있어서 오류의 생기는 반드시 화자에 의거한다고 판단된다. 어떤 경우에 그것(오류)이 없는 것은 우선 덕성이 있는 화자이기 때문이다.

śabbe doṣodbhavas tāvad vaktradhīna iti sthitiḥ /

tadabhāvaḥ kaścid tāvad guṇavadvaktṛkatvataḥ // (Śvk. II, 62)

그의 덕성에 이끌린 자들의 언어에서는 과실이 일어나지 않기 때문이다. 화자가 있지 않다면 오류는 근거가 없을 것이다.
tadguṇair apakṛṣṭānāṃ śabde saṅkrāntyasambhavāt /
yadā vaktur abhāvena na syur doṣā nirāśrayāḥ // (Śvk. II, 63)

인위[적인 언어]에는 두 가지 점이 보인다. 오류의 비존재와 덕성이다. 그 가운데 덕성으로부터는 무오류성이 결코 생기지 않는다고 이미 설했다.
pauruṣeye dvayaṃ dṛṣṭaṃ doṣābhāvo guṇas tathā /
prāmāṇyaṃ tatra guṇato naiva syād ity udāhṛtam // (Śvk. II, 64)

덕성이라는 인간적인 장점에서는 바른 언어가 이어진다는 논리를 쿠마리라는 인정하지 않는다. 베다의 경우는 가령 덕성(guṇa)을 인정한다 해도 인간이기 때문에 오류의 언어를 발한다고 쿠마리라는 논하고 싶었던 것이다.

그러므로 여러 덕성에서 오류의 비존재가 있고, 그것(오류)이 없는 것에 의해서 두 가지 점의 허위의 비존재가 된다. 그것에 의해서 [언어의] 완전함은 작동되지 않는다.
tasmād guṇebhyo doṣāṇām adhāvas tadabhāvataḥ /
aprāmāṇyadvayāsattvaṃ tenotsargo 'napoditaḥ // (Śvk. II,

65)

인위적인 언어에는 덕성보다도 오류가 없다는 것이 중요하다고
쿠마리라는 말한다. 자이미니나 샤뱌라스바민 등도 오류가 없는 인
간의 범주 속에 들어간다. 비인위의 언어에는, 이와 같은 오류의
유무는 문제가 되지 않는다. 그래서 비인위인 베다는 항상 참이라고
결론을 내린다.

> 그런데 인위적인 언어에서는 다른 인식근거에 의존[하여 검증하
> 지 않으면 안 된다]. 후자가 없는 것에서 전자가 비난받게 된다.
> 다른 쪽(베다의 언어)은 항상 그렇지는 않다.
> pauruṣeye tu vacane pramāṇāntaramūlatā /
> tadabhāve hi tad duṣyed itarānna kadācana // (Śvk. Ⅱ, 71)

제3절 구루파와 다르마키르티

쿠마리라의 교령론을 개관하고 있는 프라바카라미슈라의 『브리
하티(Bṛhatī)』도 살펴보자. 프라바카라미슈라는 제2경에 대한 『샤
바라바샴(Śābarabhāṣyam)』에 대해서 다음과 같이 기술한다.54)

모든 고찰은 주장이 선행하기 때문에 그것을 '교령이란 제사 장
려의 성스러운 언어라고 일컬어진다'고 한다. 결과의 복리에 대

---

54) Bṛhatī(Chowkhambā S.S.) p.15~20. Ibid. p.16, 2 'vedasyāprāmāṇyam'을 've
dasya prāmāṇyam'으로 정정하고, ibid. p.20, 2~3 'pratijñā nopapadyate'를 'pra
tijñānam upapadyate'로 정정한다.

해서 베다가 인식근거임을 제시하여 '법은 그것을 특징으로 한다'
고 말하면서, 결과의 성질을 갖는 것을 제시하여 '교령은 과거'
운운이라고 (疏에서) 말한다. 만약 결과의 복리(artha)에 대해서
베다가 인식근거라면 어떻게 해서 그 경우 과거 등의 대상인식이
만트라 석의론(釋義論)에 있는 것인가? 그것들이 결과의 복리인
것은 제2절(dvitīye pāde)에서 말할 것이다. 그것을 일컬어 '인식
하게 하는 능력이 있다'고 한다. 그리고 이 복리가 다른 인식근거
로는 인식되지 않는다는 것을 '다른 어떠한 감관도 행할 수 없다'
고 제시했다.

'반대론자가 말하기를 교령은 부실의 의의도 기술하고 있는 것은
아닌가?'라고 한다. 즉 언어와 대상이 접촉하지 않는다는 것을
말하여 주장의 오류를 말한다. 그런데 어떻게 해서 언어가 대상
과 접촉해 있지 않는 것인가, 라고 답한다. 인식근거는 대상과
접촉해 있는 것으로 인정된다. 그것과 다른 인식이 일어나면 그
것에 기반한 역의 인식이 발생한다. 그런데 언어는 명료해도 모
순되는 인식(pratipakṣa-vijñāna)이 발생한다. 실로 언어에 근
거한 역의 인식이 발생하는 것이 있다. '손가락 끝에 코끼리의
무리들이 있다'라고 한다. 진주조개와 은 등 사이에는 그와 같은
차이가 있는 의미는 발생하지 않는다. 따라서 교령은 대상과 접
촉해 있기 때문에 '법은 그것을 특징으로 한다'고 주장명제로 기
술했다. 대상을 인지하고 대상과 접촉한다고 해도 각양각색이라
고 답할 것이다. 대상과 접촉하지 않는 것이 모순되는 인식에서
인지된다면 그것은 인식근거에서 발생한 것이 아니다. 그것은
특수를 파악하고 있지 않기 때문에 기억의 인식임을 지적하고
싶다. 그런데 베다에서는, 모순되는 인식(bādhakjñāna)은 존재

하지 않기 때문에 대상과 접촉해 있지 않은 것은 아닌가? 라는
의문은 일어나지 않는다.

미망사학파에서는 지각 등의 인식근거를 '대상과 접촉하고 있는
것'으로 소박하게 정의한다.(제4경) 언어의 내용에 현실과 모순이
있다면 그 언어는 대상과 접촉하고 있지 않다고 말할 수 있을 것이
다. 성스러운 언어도 대상과 접촉하고 있다고 프라바카라미슈라는
말한다.

> 따라서 '[그런데 세속적인 언어가] 신뢰할 만한 사람으로부터 [혹
> 은 감관의 대상으로부터 이루어진 언어라면 진실이다]'라고 [샤
> 바라스바민은] 설하였다. 신뢰할 만한 사람의 언어는 혼란스럽지
> 않다(avyabhicārī). 별도의 다른 인식근거에 근거하고 있다. 지
> 각되고 있는 대상을 가진 [언어의 경우도 혼란스럽지 않다]. 양자
> 모두를 결여한 경우는 다른 인식근거와도 위배하기 때문에 잘못
> 된 것이다.[55]

성스러운 언어(베다)는 그것과는 다른 것이다.

나아가 샤바라스바민에게는 인식론적인 논의가 보인다. 프라바
카라미슈라가 어떻게 해설하고 샤리카나다미슈라가 다르마키르티
를 어떻게 인용하는가를 보자. 샤바라의 논의에 대해 반대론자[불교
유식학파]는 다음과 같이 말한다.

'[외부는] 공(空)이다. 왜 그런가? 대상과 인식의 형상의 차이를

---

55) Ibid. p.21, 6~p.22, 3

우리는 지각하지 못하기 때문이다. 우리에게 인식(buddhi)이란 곧 지각이다. 따라서 그것과 다른 대상의 모습은 존재하지 않는다고 보는 것이다.56)

샤바라는 답한다.

만약 인식이 대상의 형상(artharūpa)을 지니고 있다면 그러할 것이다. 그러나 우리들에 있어서 인식은 형상을 지니지 않는다. 외적인 대상이 형상을 갖는다. 그것은 외부의 장소와 결부해 있어 지각에 의해서 인식된다. 지각인식은 대상을 지니며, 내적인 인식을 대상으로 하지 않는다. 내적인 인식은 찰나적인 것이기 때문에 다음 [순간(kṣanika)] 인식이 발생할 때에는 존재하지 않는다.57)

유식론(唯識論)에 대해서 샤바라는 내적인 인식이야말로 공하다고 말한다. 이것에 대해서 프라바카라미슈라는 다음과 같이 해석한다.

'대상과 인식의 형상의 차이를 우리들은 보지 못한다'라고 한다. '우리들에 있어서 인식은 지각이다'라는 것은 다음과 같은 의미이다. [즉] 우리들에 있어서 증지(자기인식, saṃvit)란 지각이다. 이 청색 등의 형상은 지각된다. 그러므로 그 형상을 가진 증지(자기인식)는 두 가지 양상으로 현현한다(pratibhāti). 이것으로 그

---

56) Śbh.p.7, 19~20
57) Śbh.p.7, 21~24

인식은 대상을 가지지 않음이 증명된다.58)

요컨대 프라바카라미슈라는 외계의 실재를 부정하는 유식학파에
반대하여 자신은 인식 쪽이 무상·공이라고 하는 미망사학파의 존
재론을 주장한다. 왜냐하면 외계의 최고 존재는 천국(svarga)이고,
제사(karma)의 과보가 필연적으로 존재하며, 법이 복리임을 주장하
지 않으면 안 되는 입장이기 때문이다. 그리고 프라바카라미슈라는
디그나가가 사용하는 '증지(saṃviti)'라는 말을 사용한다.59) 인식결
과의 자증지(자기인식)와 의식이며 복주자인 샤리카나다미슈라는
여기서 『프라마나바르띠카』 지각론 제323게송을 인용한다.60) 다
만 'saṃvedyaṃ syāt samānārthaṃ vijñānam'을 그는 'saṃved
ysyāsamānārthavijñānam'이라고 한다.

> 만약 '[인식이] 그것(대상)과 형상이 서로 유사하다는 것(대상형
> 상성)'과 '[인식이] 그것으로부터 생기는 것(대상생기성)'이 [그
> 것이] 인식의 대상[이기 위한] 정의라면, 같은 대상을 가진 등무
> 간연(等無間緣)의 식도 인식대상이 될 것이다.
> tat sārūpyatadutpattī yadi saṃvedyalakṣaṇam /
> saṃvedyaṃ syāt samānārthaṃ vijñānaṃ samanantaram //
> (PV Ⅲ.323)

이 의미는 인식대상의 정의가 만약 인식이 그것과 서로 유사하다
는 것 및 인식이 그것으로부터 생기는 것이라면 제3찰나의 의식은

---

58) Bṛ.p.60, 1~4
59) Psk. Ⅰ, 10. 이 책 111쪽 참조
60) Ṛj. p.61, 17~18

직전(等無間緣)의 감관지(직접지각)와 같은 대상을 갖는 것으로 되는 것 아닌가? 라는 것이다. 『관소연론(觀所緣論)』에서 디그나가가 논파한 바로는, 대상이 실재한다고 간주하면 당시 실재론자의 상식에 따라서 그것은 원자(paramāṇava) 혹은 원자의 집합이 된다. 그러나 원자와 유사하게 인식이 생기는 것도 아니며 집합이라는 비실재적인 존재로부터 인식이 일어나는 것도 허용되지 않는다. 유식설에 따라 인식 자신이 보는 것[見分]과 보이는 것[相分]으로 이분해서 현현한다고 보아야 한다. 또한 그 양자를 함께 인식하는 자증지(自證知, 자기인식, svasaṃvedana)가 요청된다. 프라바카라미슈라는 이 '지와 대상을 함께 인식하는 자증지(자기인식)'인 '상비트(saṃvit)' 라는 술어를 언급한다. 그것을 표현하는 술어 'sahopalalambhaniyama'를 사용한 다르마키르티의 게송을 샤리카나다미슈라가 인용하고 있다.

> 청색과 자증지(자기인식)는 동일하다. 함께 보이는 것이 분명하기 때문이다. 미혹된 인지에 의해서 양자가 다르게 보일지도 모른다. 마치 두 개가 아닌 존재가 두 개의 달처럼 보이는 것과 같이.
> sahopalambhaniyamād abhedo nīlataddhiyoḥ /
> bhedaś ca bhrāntivijñānair dṛśyeta indāv iva advaye / (PV Ⅲ.388a)[61]

푸른 것과 그 인식은 반드시 둘이 아닌 하나로 인지된다. 나누어서 보는 것은 두 개의 달을 보는 눈병 걸린 사람처럼 미혹되어 있기

---

61) Rj. p.61, 7~8, Pvin. Ⅰ, 55a에 관해서는 cf. Vetter, op. cit. p.91

때문이다. 이것은 『프라마나비니쉬차야』(Ⅰ, 55a) 게송과 『프라마나바르띠카』(PVⅢ.388a) 게송의 논증식이다.62)

또한 샤바라스바민은 '볼 수 없는 대상에 대해서 틀림없이 교시(upadeśa)한다'라는 성전에 의한 인식의 정의(제5경)에 대해서 혼란한 지각에 대해서 감안하지 않으면 '볼 수 없는 대상을 교시한다'고 하는 것은 성급한 생각 아닌가, 라는 질문을 받는다. 진주조개를 은으로 착각하는 지각에서는 논리 등의 인식근거도 이어지지 않는다고 한다. 그것에 대해서 답하기를, 지각이 있으면 착각은 없고 착각이 있으면 지각은 없다고 한다. 진주조개와 은의 비유는 다르마키르티가 『프라마나바르띠카』 제1장 추리론에서 사용하지만, 샤리카나다미슈라는 그 추리론 3게송을 인용한다.

그것은 샤바라스바민이 제4경의 해설로서 지각(pratyakṣa)을 정의하여 논의한 뒤에 감관의 작용에 장애가 있어 인식이 혼란할 때 그것은 부정한 인식에 다름 아니라고 말하는 것과 관련이 있다. 지각의 정의는 경전을 벗어나지 않는다. 프라바카라미슈라는 그 양쪽, 요컨대 감관이 정상적으로 작용하고 인식도 혼란스럽지 않을 때 다른 대상을 지각하지 않는 것이라 한다. 그것은 직접 지각에 의해서 인식된(nirvikalpaka-pramita) 대상을 가진 것으로 인정된다. 이 직접지각과 간접지각에 관해서 샤리카나다미슈라는 위에서 말한 다르마키르티의 게송을 인용한다.

개체인 여러 존재에 의존하면서 하나의 형상인 대상을 현현하는 자상(自相)의 분별적 인식(dhī)에 의해서 다른 상이 장애를 받으며

---

62) Cf. T. Vetter, Dharmakīrti's Pramāṇaviniścayaḥ, 1. Kapitel: Pratyakṣam(Wien, 1966). p.94; T. Iwata, Sahopalambhaniyama, Teil Ⅰ (Stuttgart, 1991), p.15. 토사키 히로마사(戶崎宏正)『불교인식론의 연구』하권(대동출판사, 1985), p.71

pararūpaṃ svarūpeṇa yayā saṃvriyate dhiyā /

ekārthapratibhāsinyā bhāvān āśritya bhedinaḥ // (PV I .70 [G.68])

그 분별적 인식에 장애를 받은 각종 대상은 장애에 의해서 저절로 차별적인 것을 비차별적인 것처럼 무엇인가 상의 존재로서 현현한다.

tayā saṃvṛtanānārthāḥ saṃvṛtyā bhedinaḥ svayam /

abhedina ivābhānti bhāvā rūpena kenacit // (PV I .71 [G.69])

그런 의미에서 공상(共相)을 존재라고 칭하지만 실제는 그 분별적 인식에 의해서 분별된 것과 같아서 그것은 비존재이다.

tasyābhiprāyavaśāt sāmānyaṃ sat prakīrtitam /

tad asat paramārthena yathā saṅkalpitaṃ tayā // (PV I .72 [G70])

개별적으로 원만하게 이루어져 자기 완결적이라 말할 수 있는 대상을 아포하의 타자 배제에 의해 판단하여 하나의 형상만을 그것에 투사하여 '이것은 청색이다' 등으로 판단한다. 실제로 존재하는 것은 푸른 물자체이며 청색이라는 하나의 형상인 것이 아니라는 것을 말한다. 이 프라바카라미슈라의 지각론은 직접지각과 간접지각이라는 점에서 다르마키르티의 인식론을 부연 설명한 것이다. 그런데 놀랍게도 프라바카라미슈라의 논의는 다르마키르티의 개념에 가까운 듯한 표현이 행해지고 있다는 것이다. 하리카이 쿠니오(針貝邦生)의 '쿠마리라보다 10년 뒤'라는 설에 따르면 프라바카라와 다르마키르티는 동시대인이다. 샤리카나다 등의 시대에는 다르마키르

티의 체계가 풍미하고 있었으므로 그들은 대담하게 다르마키르티
를 인용하고 있는 것이다.

제4절 속(續)구루파와 다르마키르티

위에서 기술한 프라바카라미슈라의 대상과 인식의 논의에 관해
서 샤리카나다미슈라는 반대론자 역할을 명료하게 다르마키르티에
게 부여한다. 그것이 시대의 추세인지 또는 실제로 프라바카라가
다르마키르티를 의식하고 있었는지는 분명하지 않다. 그는 이 유식
론자(唯識論者)를 '공론자(śūnyavādina)'라고 한다. 이것은 '대상은
공(空)이며 인식은 유(有)라는 입장'이라는 의미이다. 또한 이것은
천국이나 복리를 부정하는 니힐리즘이다. 프라바카라는 이렇게 말
한다.

> 그러므로 이 증지(証知, 자기인식, saṃvit)의 대상이 공이라는
> 것은 정립된다. 그렇기 때문에 그것과 접촉하는 것에서 인식이
> 일어난다고 하는 설은 난센스이다. [대상과 인식] 양쪽을 현현한
> 다는 근거는 무엇인가? 형상의 차이는 인지되지 않는다고 답한
> 다. [대상이] 현현하는 원인은 현현을 보는 것에 말미암는다는
> 것을 알아야 한다. 그리고 그것은 무시이래의 습관(vāsana)이라
> 고 [대상] 공론자(空論者)는 말한다.'63)

이것에 대해서 샤리카나다는 『프라마나바르띠카』 지각론 제391

---

63) Bṛ. p.60, 4~p.61, 2

게송을 인용하여 해설한다.

> '[그 추리도 감관지의 생기·불생기의] 결정이 등무간연[의 유·무]에 의한다고 설하지 않는 한 [타당한 것]이다.'
> niyamaṃ yadi na brūyāt pratyayāt samanantarāt //(PV Ⅲ. 391b)

이것은 다르마키르티가 경량부적 실재론에서 유식학파적 인식론으로 전환하는 최초의 부분이다. 경량부의 입장에서는, 외계의 대상을 연(緣, ālambana)으로 하여 인식이 생기는 것을, 감관이 정상임에도 불구하고 인식이 발생하지 않는 것은 대상을 결여하기 때문이라는 논리로 증명해 보인다. 비인식인(非認識因)이라는 논리적 이유의 용법이기도 하다. 다만 유식설에 입각하면 대상의 현현은 직전 인식의 영향 (pratyayāt samanantarāt)이 된다. 샤리카나다는 이 전환점이 되는 게송을 널리 인용하여 샤바라스바민이 말하는 '공론자(空論者)'의 대표로 삼았다.

이어서 또한 샤리카나다는 '더욱이 다른 것도 다르마키르티가 기술하고 있다(Kīrtinābhihita)'고 하며 『프라마나바르띠카』와 『프라마나비니쉬차야』에서 게송을 반반씩 인용한다. 만약 푸른 것 등이 증지(자기인식)와 다른 것이라면 증지(자기인식, saṃvit=dhī) 없이 어떻게 그것이 인식되는 것인가? 라고 다르마키르티의 입장을 대변하지만, 그것은 샤바라가 말하는 '공론(空論)'을 새로운 다르마키르티의 체계에서 곧바로 변증한 것이다. 병(瓶)과 천[布]이 결코 함께 보이지는 않지만

청색과 그 증지(자기인식)는 동일하다. 함께 보이는 것이 결정되

어 있기 때문이다.

sahopalambhaniyamād abhedo nīlataddhiyoḥ / (Pvin. I .55a)

미혹된 인식을 지닌 사람들에 의해서 [대상과 인식의] 차이가
보이게 될 것이다. 가령 두 개가 아닌 달[이 눈병에 걸린 사람에
의해 두 개의 달로 보이는 것]처럼.

bhedaś ca bhrāntivijñānair dṛśyeta indāv iva advaye / (PV
III.388a)

이것의 의미는 쉽게 이해할 수 있다. 인용도 극히 정교하여 이해
하기 쉽다. 다만 이것은 다르마키르티의 영향이 결정적인 그 다음
세기에 구루파가 이해한 식론자(有識無境論者)인 다르마키르티를
샤바라스바민이나 프라바카라미슈라의 반대논사로 여기는 것에 지
나지 않는다. 그리고 샤리카나다도 말하는 것처럼 다르마키르티는
인식대상과 인식과정을 경량부적으로 말하면 전자에서 후자가 생
기고 또한 후자는 전자와 형상이 같은 것(sārūpya)이라 하였지만,
그 경우도 인식과정은 대상과 함께 찰나멸이기 때문에 전 찰나의
등무간연(samanantara-pratyaya)이라 부르는 질료인인 식이 다음
찰나의 결과인 식의 대상이 되지 않는가, 라고 말하는 것이다. 즉,
앞에서 기술한 것처럼 샤리카나다는 다르마키르티의 다음과 같은
게송을 인용한다.

만약 '[인식이] 그것(대상)과 형상이 서로 유사하다는 것(대상형
상성)'과 '[인식이] 그것(대상)으로부터 생기는 것'이 [그것이] 인
식의 대상[이기 위한] 정의라면, 같은 대상을 가진 [직전의] 등무
간연(等無間緣)의 식도 인식의 대상이 될 것이다.

tat sārūpyatadutpattī yadi saṃvedyalakṣaṇam /

saṃvedyaṃ syāt samānārthaṃ vijñānaṃ samanantaram //

(PV Ⅲ.323)

　　서론에서 본 것처럼 『관소연론(觀所緣論)』에서 대상의 실재성을 주장하는 근거는 인식이 대상과 형상이 유사하다는 것(대상형상성)과 대상으로부터 생기하는 것(대상생기성)이다. 그것에 대해서 원자와 형상이 유사한 인식은 생기지 않고, 원자의 집합이라는 공허한 존재로부터 발생할 수도 없다는 디그나가의 반론이 있었다. 여기서는, 그와 같은 것이 인식 대상의 정의라면 이전 찰나의 인식도 대상이 되는 것은 아닌가, 라고 반론한다. 뒤에서 보는 것처럼, 『니야야빈두』에서는 그것을 요가수행자의 인식이라 하여 구별한다. 또한 의식(manovijñāna)은 전 찰나의 인식을 대상으로 한다. 그러나 이와 같은 것은 경량부의 입장에서 말한 것이며 유식설에서는 보는 것[見分]과 보이는 것[相分], 그리고 그 증지(자기인식, 自證分)가 다른 것이 아니다(nātaḥ pṛthak).

　　결국 샤리카나다가 위에서 기술한 게송을 인용한 의도는, 인식하는 것과 인식되는 것은 둘이 아니라고 해도 찰나멸이라면 전 찰나의 인식도 대상이 되어 다른 것을 대상으로 하는 것은 아닌가, 라는 반론으로 이용하기 위해서이다. ‘그와 같이 함께 보이는 것이 결정되어 있다는 것도 다시 검토해야만 한다. 증지(자기인식)하는 것과 증지(자기인식)되는 것이 함께 보인다는 것은 어떠한 것인가? 서로 다르지 않기 때문이다.’[64] 여기서 샤리카나다미슈라는 대상과 인식은 동일하다, 대상과 인식은 다르다고 하면서 자기에게 유리한 방식

----

64) Ṛj. p.61, 10~21

으로 논쟁을 하고 있다. 유식설에 입각하면 전 찰나의 식은 훈습(vās
anā)을 전하는 것이며 인식대상은 아니다. 그런 의미에서 그들도
종자(bīja)라고 부른다.

나아가 샤리카나다미슈라는 대상이 증지(자기인식)와 다르다면
어떻게 해서 증지가 없어도 대상은 현현하지 않는가, 라고 반론하게
한다. 증지(자기인식)란 현현이며 대상과 다른 현현은 있을 수 없다.
증지(자기인식)하고 있는 것 이외의 다른 대상에 그 증지(자기인식)
가 향할 수도 없다. 요컨대 증지(자기인식) 없이는 대상의 현현도
없다. 어리석은 자는 양쪽을 결부시키지만 지자(ajaḍa)는 오히려 증
지(자기인식)만을 문제로 삼는다.

샤리카나다미슈라에 의하면, 프라바카라미슈라는 대상 비존재론
과 대상현현을 훈습(습관)에 의거한다는 불교인식론의 견해를 인정
하지 않으며, 또한 대상 비존재론과 대상현현을 파악대상(grāhya)
으로서 인식하고 파악하는 주체(grāhaka)로서 인식하는 것은 아니
라고 한다. 현현이라는 인식현상은 대상을 표상하고 있는 것이며
파악하는 주체를 표상하고 있는 것은 아니라고 프라바카라미슈라
는 답했던 것이다.

이상과 같이 미망사학파는 다르마키르티를 향해 인식의 문제를
둘러싼 논쟁을 제기했다. 그것은 곧바로 종교적 도그마와 관련된
것이기도 하며 우리는 다르마키르티의 인식론이 다른 파에 얼마나
큰 파문을 일으켰는지 알 수 있다. 인식론은 종교체계나 실천체계와
깊은 관련을 가지면서 논쟁이 되고 있기 때문에 다음 장에서는 다르
마키르티의 인식론에서 그것들의 특징을 파악하고자 한다.

제2장 다르마키르티의 인식론의 특색

제1절 문제의 소재

앞서 제1장에서 본 미망사학파의 종교적 인식론은, 제3장에서 보게 될 다르마키르티의 성전론의 반대논사에 해당될 뿐만 아니라, 제2편 제2장에서 보는 프라마나론에서 다르마키르티가 비판하는 베다의 계시론이기도 하다. 샤바라스바민이 주장하는 베다 성전의 일체지(一切知)는 특히 제사(祭祀)의 과보(果報)를 보증하게 하는 의도를 가지고 있었다. 그것에 대해서 다르마키르티는 베다의 종교적 권위성을 네 개의 성스러운 원리[四諦說]의 교시라는 실천적 의의에서 성립시켰다. 권위는 '프라마나부타(pramāṇabhūta)'라는 칭호의 의미이기도 하지만, 동시에 이 '프라나마(pramāṇa)'라는 인식론적인 키워드에서 자신의 인식론을 개론적으로 기술하기도 한다. 그 축자적 해석은 제2편 제2장에서 볼 수 있지만 여기서는 주저 『프라마나바르띠카』 와 『니야아빈두』 의 지각론 및 주저 추리론의 분별적 인식을 포함한 다르마키르티의 인식론을 논고하고자 한다.

그것은 사상사적인 흐름에서 읽어보면 다르못타라가 해석하는 경량부적인 인식론과 프라즈냐카라굽타가 강조하는 요가행파적 인식론으로 나눌 수 있다. 전자는 바수반두의 『아비다르마코샤(Abhidharmakośa)』 (阿毘達磨俱舍論)의 영향이며, 제2편 제3장에서 보는 윤회설은 그것을 잘 제시하고 있다. 후자는 주저가 평석의 대상으로 한 『프라마나삼웃차야』 의 저자 디그나가의 영향이라는 것은 말할 필요도 없다. 하지만 그것뿐만 아니라 마이트레야(彌勒)나 아상가

(無著)의 소위 무상유식파(無相唯識派)의 흐름도 참작하고 있다. 그것들은 이어지는 제2절과 제3절에서 살펴볼 것이다. 먼저 그 이외에도 중요한 키워드를 형성하게 한 흐름으로서 설일체유부(說一切有部, 이하 유부라 약칭)의 철학으로부터 니야야학파의 밧쯔야야나를 경과한 사례를 거론하여 사상의 연원의 다양함을 확인할 것이다.

그것은 다르마키르티가 외계에 존재하는 인식대상의 실재성의 기준으로 삼은 인과적 효과성(arthakriyāśakti)과 관련된다.

'인식수단(프라마나)'이란 정합적인 인식이며, [인식대상에] 인과적 효과의 [능력]이 있는 것이 정합적인 것(인식)이다.
pramāṇam avisaṃvādi jñānam arthakriyāsthitiḥ avisaṃvādanam/ (PV Ⅱ.1)

여기서 인과적 효과성 그것은 승의의 존재이며, 다른 것은 세속의 존재이다. 이 둘은 (전자는) 자상, (후자는) 공상이라 불린다.
arthakriyāsamarthaṃ yat tad atra paramārthasat /
anyat saṃvṛtisat proktaṃ te svasāmānyalakṣaṇe // (PV Ⅲ.3)

현실적 존재는 인과적 효과성을 본질로 하기 때문이다.
arthakriyāsamarthyalakṣaṇād vastunaḥ / (Nb. Ⅰ.15)

이와 같이 다르마키르티 존재론의 근간에 있는 '인과적 효과(arthakriyā)'라는 개념은, 『아비다르마코샤』 제5장에서 전하는 유부의 4명의 존재론 가운데 바수미트라(世友)의 시간론에 연원을 갖는다. 바수미트라는 삼세의 구별이 작용(kārita)의 유무에 의해서 성립한다고 말한다.65) 이미 작용한 것은 과거, 아직 작용하지 않은 것은 미래의 존재라는 정의이다. '그것(=과거·현재·미래의 삼세)이 존재한다고 설하기 때문에 설일체유부라고 한다'(Akk. V, 25)라고 바수반두가 전하는 4명의 유부논사 시간론 가운데 바수미트라의 작용위(kāritreṇa vyavasthitā)설을 최선이라고 한다.

다른 한편 밧쯔야야나는 『니야야수트라』의 궤변(chala)론을 평석하여, 언어 자체는 일반적 어의를 의미해도 화자는 특정한 대상(arthāvayava)을 지시하여 기술하는 것이기 때문에 그 외의 어의를 들어 타자를 비난하는 것은 궤변의 하나라고 한다. 그런 경우 특정한 지시의 공능(sāmarthya)을 가졌기 때문에 인과적 효과의 지시(arthakriyā deśanā)가 언어에서 생긴다고 한다.66) 위에서 기술한 다르마키르티의 용어는 직접적으로는 이 『니야야바샤』에서 취한 것으로 보인다. 다른 사례가 'utpattidharmaktvād anityaḥ śabdaḥ'나 'agnihotraṃ juhyāt svargakāmaḥ' 등의 인용에도 보이기 때문이다.67)

이와 같은 술어 중에는 다르마키르티가 교양을 쌓은 양식의 하나로서 『니야야바샤』에 나오는 술어도 많지만, 사상사의 흐름에서

---

65) 이 지적은 平川彰 「찰나유와 찰나멸」(『金倉博士古稀記念論集』에 의한다. Akk.
V, 26b; '제3설을 좋다고 한다. 즉, 작용에 의해서 현재성이 위치지어진다.(tṛtīyaḥ
śobhano 'dhvānaḥ kāritreṇa vyavasthitāḥ) 바수반두의 주석도 Ak. p.297

66) 이 지적은 宮坂有勝 『니야야바샤의 논리학』 pp.501~503에 의한다=Nbh. p.193.
cf.; 'sāmarthyam punar asyāḥ phalenābhisambandhaḥ'(ibid. p.5)

67) Nbh. p.328; p.363. 더욱이 'arthakriyā'는 '작용을 행한다'라는 의미이기 때문에
'작용'이라는 직역으로 사용하는 것은 괜찮지만, 'kāritram'이나 'karaṇam'과 구별
함과 함께 밧쯔야야나의 의미에서는 '산양을 마을로 끌고 가라(ajāṃ grāmaṃ naya)' 등의 용법에서 특정 대상을 지시하는 효과가 있다는 것을 말하고 있기 때문에
'효과적 작용(인과적 효과성)'이라는 일반적인 번역어에 따랐다. 다르마키르티는
세우(世友)의 현재 대상 작용 이론과 밧쯔야야나의 언어 작용 이론을 함께 수용한
다. 또한 밧쯔야야나는 사물(dravya)의 작용능력(arthakriyāsamartha)도 말하고
있다.(Nbh. p.535, 2~3)

는 불교사상 중 『아비다르마코샤』에서 경량부의 사상과 마이트레야(彌勒) 내지 디그나가(陳那)로부터 요가행파의 사상을 계승하고 있는 점이 뚜렷하다. 양자의 경향은 물론 혼연일체가 되어 있는 것은 아니며, 전자의 사상을 수용하고 난 뒤 후자의 입장에서 그것을 다시 부정하기도 한다. 그러나 근본적 입장이 불교, 더 정확하게는 붓다의 교설 자체에 있는 다르마키르티의 인식론과 논리학 체계에서 불교 각 학파의 개별사상은 다르마키르티 철학 형성에서 소재가 되고 있는 것에 지나지 않는다. 다르마키르티의 철학이 논리학을 특징으로 한다고 해도, 그의 논리학은 디그나가의 논리학을 더욱 발전시킨 것이다.

지금까지의 다르마키르티관(觀) 즉, ‘경량·유가행파’라든가 ‘불교논리학파’와 같은 호칭은 일면적이다. 제2장은 언어의 인식과 분별적 인식을 포함하여 미망사학파의 성전론과 그 종교적 인식론에 대한 비판을 다룬다. 주저 제2장(종교론) 초단의 프라마나론에도 인식론을 다루고 있기 때문에, 여기서는 다르마키르티가 영향을 받았던 두 개의 흐름을 인식론 상에서 분류해서 고찰하고자 한다.

제2절 경량부의 인식론

가네쿠라 엔죠(金倉圓照) 박사가 보고하는 베단타 계열의 텍스트가 전하는 경량부 학설에는 인식대상이 외계에 존재하는 것은 직접지각으로는 인식할 수 없고 ‘푸르다’ 등의 판단적 지각을 통해서 추리할 수 있음을 주장했다고 한다. 설일체유부는 직접지각에서 소박하게 외계의 대상을 인식한다고 한다.[68] 왜 직접지각이 외계의 대상을 증명할 수 없는가, 즉 대상의 존재가 자명한 것은 아닌가

하는 이유는 인용되는 베단타학파의 텍스트 문맥에서는 명료하지 않기 때문에 가토(加藤純章)의 『경량부의 연구』에 준거하면 이해하기가 쉽다.[69] 유부는 대상[境]과 눈[根]과 안식[識, 시각]이 동일 찰나에 이어지는 찰나의 시각을 생각하기 때문에, 그때 대상은 이미 과거로 사라져서 존재하지 않는다고 생각한다.

가토의 보고에 의하면 그것은 『순정리론(順正理論)』에서 상좌 슈리라타가 주장하는 바이며, 『아비다르마디파(Abhidharmadīpa)』 도 비유자는 직접지각으로 대상을 알 수 없고 그 존재는 다만 추리에 의해서 알 수 있다고 한다.

그와 같이 경량부의 입장에서 중요한 인식론이 되는 '푸르다' 등의 분별적 인식(소위 유분별 지각)은 가네쿠라 박사가 보고하는 베단타학파에 의해서 그 학파의 외계존재의 인식근거로 삼고 있다. 대상에 대해서 귀속하는 '푸르다' 등의 표상에서 그 형상을 담지하는 대상의 존재를 추리하는 것이라 말한다. 시간론적으로는, 분별적 인식은 과거의 대상이 동력인(動力因)이 되며, 과거의 인식이 질료인(質料因)이 된다. 다르마키르티는 디그나가에 따라서 분별적 인식(vikalpabuddhi)을 오히려 기억에 의존하기 때문에 대상의 진실을 가리는 것이라 하였다. 하지만 대상의 진실성은 단지 직관만으로 자명한 존재가 아니라, 앞 절에서 본 것처럼, 인과적 효과성에서 검증하고자 하였다.

여기서 문제가 되는 것은 경량부의 인식론에서 중요시한 분별적 인식을 다르마키르티가 어떻게 다루고 있는가 하는 것이다. 지금까지 연구에서는, 분별적 인식은 직접지각이 아니기 때문에 허망한

---

68) 가네쿠라 엔죠(金倉圓照) 『마명의 연구』 제6장 「외교의 문헌에서 본 경량부」, p.124; p.125; p.131; p.132 참조
69) 加藤純章 『경량부의 연구』 p.217; p.218; p.258

분별적 인식이라고 다루거나(沖和史), 인식수단은 아니지만 세속적
으로는 중요하다(桂紹隆)는 논의가 있었다. 우리는 우선 『프라마나
바르띠까』 종교론의 프라마나 이론에서 이 문제를 살펴보고자 한
다. 경량부의 인식론에서 중요시하는 분별적 인식(dhī)에 대해서 다
르마키르티는 최초의 직접지각과 언어인식에 이어서 다음과 같이
규정한다.

> [실상을] 가린 [인식은] 이전에 파악한 것을 다시 파악하는 것이
> 기 때문에 [참된 인식으로는] 인정할 수 없다. 통각(dhī)은 바른
> 인식이다(pramāṇatā). 버려야 할 것과 취해야 할 것에 대한 행동
> 은 그것에 근거하기 때문이다.
> gṛhītagrahaṇān na iṣṭaṃ sāṃvṛtaṃ dhī pramāṇatā /
> pravṛttes tatpradhānatvād dheyopādeyavastuni // (PV Ⅱ.3)

　마노라타난딘에 의하면 통각이란 '이것은 병(瓶)이다'와 같은 분
별적 인식(vikalpajñāna)이다. 즉, 이미 이전에 직접지각으로 파악한
대상을 다시 파악하는 것이다. 마노라타난딘은 '그런데 무엇 때문에
통각을 바른 인식으로 인정하는가?' 하고 논쟁을 제기한다. 여기서
보면 통각은 미지의 대상을 현현하는 것(ajñātārthaprakāśana)이라
는 정의(제5게송)에는 위배되는 것이다. 또한 통각은 자상(自相, sva
rūpa)이 아닌 공상(共相, sāmānya)을 식별하는 것이다. 그러나 오히
려 그와 같은 통각은 바른 인식 속에 들어간다고 말하는 것이다.
　한편 공상을 인식하는 분별적 인식은 우선 언어 표현과 결합한다
고 정의되며(Nb. Ⅰ.5), 의근지각(mānasapratyakṣa)과도 구별된다.
의근지각은 자기의 감관에 대한 같은 찰나의 대상에 연속하는 다음
찰나에서 일어나며, 질료인[等無間緣]은 전 찰나의 감관지각이다.

(Nb. I , 9) 요컨대 직접지각에 이어서 일어나며 그 대상의 상속에 자극받아 의식을 낳는다. 그것은 분별을 수반하는 지각(savikalpaka -pratykṣa)은 아닌가 하고 생각되는 것이지만 다르못타라에 이르러 그것마저 긍정한다. 그렇다면 고유의 대상(自相)과 이것은 진주조개이지 은이 아니라는 바른 판단은 어떻게 구분되는 것인가? 아포하 이론의 측면에서 말하면 잘못된 인식을 배제하는(anyāpoha) 것이 되지만, 그것을 다르마키르티는 주저『프라마나바르띠카』추리론에서 다음과 같이 말한다.

> [반대논사는 말한다.] 이것 [통각(buddhi)]은 그것(공상)을 제시하기 때문에 오류가 아닌가? [답한다.] 그것(공상)을 제시한다고 어떻게 말할 수 있는가? …… 하나의 상을 결과로서 갖는 그것(개체)이 [통각의] 원인이다.(M.16, 17~19, G.25, 9~10)

즉, '그것은 진주조개다'라는 통각은 단지 언어만 결합한 분별적 인식이 아니라 진주조개의 대상인 그것(개체)에서 발생한 유분별 지각이며, 인식결과로서는 '진주조개'라는 하나의 형상만을 표상하지만 반드시 착오라고는 말할 수 없다고 한다. 이것이 통각(buddhi= dhī)이며 경량부에서 외계존재의 추리근거로 삼는 인식이다. 그것을 디그나가와 다르마키르티는 아포하 이론 속에 끌어들였던 것이다. (본장 제4절) 이렇게 해서 아포하의 분별적 인식은 바른 인식에 들어간다는 사실을, 위에서 기술한 통각이론은 말하고 있는 것이다. 대상의 형상(ākāra)과 유사하게 표상한다고 표현하고, 슈리라타는 이것을, 제1찰나에 감관과 대상이 존재하며 제2찰나에 안식 등이 존재하고 제3찰나에 상념이나 사유가 존재한다고 한다.[70]

분별적 인식은 세속적으로는 중요한 인식수단이다. 모두 직접지

각에 근거하여 행동하는 것은 불가능하기 때문이다. 행동의 원동력
이 되는 것은 통각이다.(PVⅡ.3) 이것이 자상(自相)을 직접 지각하
는 것에만 구속되면 소홀하게 될 수 있기 때문에 다르마키르티는
프라마나 이론의 처음에 언어인식(śabdajñāna)을 설하고, 통각의 효
능을 '세속적으로는 바른 인식(prāmāṇyaṃ vyavahāreṇa)'이라고 보
충해 설했던 것이다. 그것은 자상을 판단하여 일면적으로 인식하는
것이기 때문에(svarūpasya svato gatiḥ /PVⅡ.4) 일의적[승의적]으
로는 바른 인식이 아니라고 해도 세속적으로는 바른 인식이라고
인정받는다. 우다야나 등에 의해 경량부라 불리는 다르못타라는 세
속적으로는 중요한 이 인식에 대해서 『니야야빈두석』 지각론의 말
미에서 다음과 같이 보충설명하고 있다.(제2편 제2장)

> 그리고 비청색의 통각(buddhi)의 부정에 의해서 '푸르다'라는 통
> 각의 성질이 결정된다. 또한 결정자인 판단적 인식(vikalpapraty
> aya)은 직접지각의 힘에서 생겨난(pratyakṣabalotpanna) 것으
> 로 보지 않으면 안 된다. 그런데 직접지각만으로는 무분별적 인
> 식이기 때문에 '푸르다'라는 성질을 가진 것으로서 자기를 결정할
> 수 없다.(Nbt.83, 6~84, 2) 그러므로 판단(niścaya)에 의해서 '푸
> 르다'는 지각의 성질을 갖는다고 결정한 인식(vijñāna)이 푸르다
> 는 지각에 의해서 이루어지는 것으로서 참(sat)이다. 그런 까닭에
> 실로 판단을 하고 있는 직접지각(adhyavasāyaṃ kurvad eva
> pratyakṣa)이 인식근거(pramāṇa)이다. 그런데 판단이 행해지지

---

70) 위에서 기술한 책 p.217. 나아가 가토(加藤純章)에 의하면 경량부란 설일체유부의
    이단파, 또는 혁신파이며 교단이라기보다 오히려 사상 계통에 대해서 붙인 이름이
    다. 이렇게 해서 가토는 『대비바사론(大毘婆沙論)』의 비유자, 쿠마라라타·하리
    바르만·슈리라타·바수반두 계통으로 결론 내린다. 다르마키르티는 『아비다르마
    코샤』를 깊이 공부하는 데서 경량부적 경향이 생겼을 것이다.

않으면 인식은 '푸르다'는 지각의 성질이 있는 것으로서 결정되지
않는다. 이렇게 해서 대상인식(arthādhigama)을 성질로 하는 인
식결과는 성립하지 않는다. 따라서 그 인식은 가장 유효한 수단
이 아니기 때문에 인식근거는 결코 아닐 것이다.(Nbṭ. 84, 3~7)

다르못타라는 명료하게 유분별지각(savikalpakapratyakṣa)을 넓
은 의미의 지각(pratyakṣa)에 포함시키고, 게다가 인식결과(pramāṇ
aphala)를 그 결정지(bodha)라 하여 그것을 근거로 대상인식이라
한다. 이것은 다르마키르티의 주저『프라마나바르띠카』제2 종교
론의 프라마나 이론 제4게송에 대응한다.

> 또한 통각은 대상의 형상(ākāra)의 차이에 의해서 인지(adhiga
> ma)를 달리하기 때문에 [참된 인식이다.] 전자가 있고 후자가
> 있기 때문이다. [즉, 통각은 대상의] 형상을 자신이 인지하는 것
> 이다.
> viṣayākārabhedāc ca dhiyo adhigamabhedataḥ /
> bhāvād eva asya tad bhāvāt svarūpasya svato gatiḥ // (PV II.4)

이것은 앞서 가토가 지적한 경량부의 인식론에서 말한, 제3찰나
의 마음작용에 해당한다. 다르마키르티는 의근지각(mānasapratyak
ṣa)에 대해서 감관에 의한 직접지각(indriyajñāna)을 모체(=등무간
연)로 하여 생기는 것으로 정의한다. 분별적 인식이 이것에 해당되
지만, 언어 표현을 떠난다는 정의가 장애가 되어 모순이 발생한다.
분별적 인식은 언어표현이 이미 가능한 아포하의 인식이기 때문이
다. 그러나 주저『프라마나바르띠카』지각론의 제239~248게송
의근지각론에는 어떠한 구체적인 설명도 없다. 토사키 히로마사(戸

崎宏正) 교수도 인식의 인과관계 이외에는 논하고 있지 않다.[71] 그러나 제183게송에서는, 무분별적 인식(직접지각)이 존재해야만 언어와 분별적 인식(판단지)도 비로소 바른 인식이라는 결과를 얻는다는 것을 말하고 있다.[72] 다르마키르티 설에서는, 협의의 지각은 언어를 떠나 있고 광의의 지각은 분별적 인식을 포함한다고 해석하고 싶다. 더구나 이 'svarūpasya'는 자상이 아니다.

이 인식을 바수반두까지 소급하면 『아비다르마코샤』 제1장 제44게송 후반의 자주에서 말하는 제6식일 것이다.[73] 여기서는 눈 등의 5관이 안식 등 5식의 근거이며 의식은 의근(mana)이 근거이지만 동시에 의근은 안식 등의 근거이기도 하다. 이렇게 해서 5식은 2개의 근거를 갖는다고 한다. 결국 바수반두는 '푸르다'와 같은 분별적 인식을 의근지각이라고 하는 것이다. 의근지각이 이와 같은 불교의 전통설이라는 것을 알고서 이 바수반두의 설에 따라서 해석하지 않으면 안 된다. 바수반두는 『아비다르마코샤』 제1장에서 다음과 같이 말한다.

> [5식은] 계탁(計度)과 수념(隨念)의 두 분별[이 없는 것]에 대해서 무분별적 인식이라고 한다. [계탁과 수념의] 두 분별은 산만한 의식과 모든 의식의 기억이다.
>
> nirūpaṇānusmaraṇavikalpenāvikalpakaḥ /
> tau prajñmānasī vyāgrā smṛtiḥ sarvaiva mānasī // (Akk. I, 33)

---

71) 戶崎宏正 『불교인식론의 연구』 상권, 338~347쪽
72) 위의 책, 284쪽
73) Ak. 34, 3~9

감관지각은 판단을 수반하지 않는 자성분별(自性分別, svabhāva
vikalpa)이라 불린다. 이 '자성(自性)'은 직관대상의 자상(svalakṣaṇ
a)을 의미할 것이다. 지각도 마음작용의 일종으로서 '분별'이라 불렀
다. 그리고 'nirūpaṇa'은 실로 '결지·판단'을 일컫는다. 'anusmara
ṇa'은 '재인식(pratyabhijñā)'적인 기억의 의미이다. 우이 하쿠주(宇
井伯壽) 박사는 '『성유식론』의 성질 및 입장과 제7식 존재의 논증'
(『인도철학연구 5』)에서 "전오식(前五識)은 수근득명(隨根得名)
이고 기연(其緣)은 현량무분별이며, 반드시 제6의식과 함께 생기한
다. 이 동시 생기가 즉, 제6의식의 전5식에 대한 통일을 제시하는
점에서 제6의식은 우리들의 일상의 마음이다. 또한 널리 현저한 사
려분별의 작용을 가지고 있고 현량비량비량자성수념계탁(現量比量
非量自性隨念計度)에 이른다……"라고 말한다.(p.54)

즉, 다르마팔라의 유식설에서 의식(manovijñāna)은 지각판단을
포함한 광의의 인식작용이다. 비니타데바가 말하는 것처럼 다르마
팔라는 『관소연론석(觀所緣論釋)』에서 의식의 대상을 상세하게
논한 뒤, 칸트의 오성론과 같이 특히 의식을 인식작용의 중요한 위
치에 두었던 것으로 보인다. 위에서 기술한 우이 하쿠주설도 그것을
반영하고 있다. 다른 한편 (우리의 결론에서는 그와 동시대의) 다르
마키르티는 의식의 인식론을 극히 애매한 채로 남겨놓고 있다. 바수
반두나 다르마팔라의 사고에서는 분명히 분별적 인식을 포함해도
좋은 것이다. 즉, 유분별지각의 성립에서 다르못타라가 말하는 것
처럼 의근지각에 포함되는 것이다. 다르마키르티가 그것을 애매한
채로 남겨둔 것은 분별적 인식이 언어 표현과 결부되기 때문일
것이다. 또한 지각은 언어표현을 떠나 있다는 디그나가의 정의와
모순되기 때문이다. 따라서 우리도 모순은 모순인 채로 남겨두지
않을 수 없다.

카츠라 쇼류(桂紹隆)도 이 문제를「지각판단·의사지각·세속지」라는 논문에서 고심하여 도식화하고 있다.74) 우선 카츠라는 『헤투빈두』에서 다르마키르티가 분별적 인식을 이미 알고 있는 (직관된) 자상에 대해서 기억하여 판단하는 것이기 때문에 엄밀하게는 인식근거라 말할 수 없다고 하는 부분을 번역하고 있다. 이 취지는 주저 종교론의 프라마나 이론(본론 제2편 제2장)에서 말하고 있는 것과 같다. 그러나 동시에 그 프라마나 이론에서는 앞서 본 것처럼 '세속적으로 참된 인식이다(prāmāṇyaṃ vyavahāreṇa)'라고 다르마키르티가 말하고 있는 것에서 '활동의 측면에서는 직접지각과 개념지는 이해(利害)를 같이하기 때문이다'라는『헤투빈두』의 기술과 연계하며, 이 절에서 본 다르마키르티의 주저인『프라마나바르띠카』지각론에서 주장하는, 바른 분별적 인식은 자상에 기인하는 것이기 때문에 오류인식은 아니라고 하는 논의와 관련된다.

이와 같은 미묘한 언급이 분별적 인식에서 일어나는 것은 앞에서 기술한 것처럼 지각은 언어표현을 떠나 있다고 하는 디그나가의 전통에 유래하기 때문이다. 그러나 세속 활동에서는 바른 분별적 인식이 유효하다는 것을 알고 있는 다르마키르티는 '세속적으로'라고 한정하여 인식론에 편입했다. 이것에 대해서 카츠라는 '지각판단=비인식수단=무당착지'라는 구도로 이해한다. 나아가 그는 '행위까지 시야에 넣은 다르마키르티의 인식론에서는 직접지각보다도 지각판단 쪽이 더 중요한 역할을 담당하고 있다고 말하지 않을 수 없다'고 기술한다. 이와 같은 파악방식은 철학적 도식으로서는 모순

---

74) 카츠라 쇼류(桂紹隆)「지각판단·의사지각·세속지」(『인도철학과 불교』) p.5
47. 나아가 沖和史는「다르못타라의 量量果非別體論」(『원시불교와 대승불교』)
p.121에서 체르바츠키·中村元·木村俊彦의 지각판단설에 대해서『니야야빈두』
의 정의에서 차이를 주장하지만, 그것은 위에서 논술한 것과 같다. 沖和史는 특히
다르못타라의 보설을 번역하면서 그것을 무시한 결과가 되었다.

된 채로 다르마키르티의 애매함을 더욱 확대한다. 이 애매함을 통감한 다르못타라는『니야야빈두석』지각론의 보충 설명에서 명료하게 '지각판단=유분별 지각'이라는 항목을 설정했던 것이다.

그 배경에는 다르못타라에 흐르고 있는 경량부적 발상, 즉 실재의 대상은 한 찰나 직후의 직접지각에서는 정확하게 인식할 수 없고 형상(ākāra)의 판단을 통해서 추인될 뿐이라는 발상이 있다.75) 다르마키르티도 프라마나 이론에서 대상의 형상에 준해서 대상인식도 형상을 떠올린다고 하고, 그것이 버려지거나 취해진다고 하는 세속적 영위의 기초로 삼았다. 세속적으로 참된 인식인 이유이다. 이 분별적 인식을 주저 추리론의 제2단에서 아포하 이론으로서 논하고 있으며 우리는 이를 제4절에서 조금 살펴볼 것이다. 그것은 언어의 기초가 되며, 나아가서는 부처님 말씀인 성전의 권위와도 관련된다. 현실적 존재(vastu, 저자는 실체라 함)에 근거한 언어가 참이며 언어의 인식론적 기초가 요구되기 때문이다. 표현은 사회적 약속에 준하는 것이지만 어떤 언어를 선택하는가 하는 것은 인식론적인 기초를 가지지 않으면 안 된다는 것이 다르마키르티의 생각이었다. 이는 제3장에서 기술할 것이다.

이와 같이 중요한 인식인 분별적 인식(niścaya=adhyavasāya)이 공인된 인식근거인 지각(pratyakṣa)도 아니고 나아가 추리(anumāna)도 아니라는 것은 있을 수 없다. 다르마키르티는 '세속의 권증성'이라 명확하게 말하지만, 다르못타라는 더욱 명확하게 '유분별 지각'이라 정의했다. 본래 의근지각(mānasapratyakṣa)에 포함되었던 것

---

75) '유부는 눈과 색이 있다면 이것과 동시에 안식 및 여러 심리작용(心所)이 함께 생기한다고 주장한다. 유부에 따르면 안식 등의 전오식(前五識)은 현색의 색 등의 오경(五境)을 파악할 수밖에 없다.'(加藤純章『경량부의 연구』p.217) 가토는 바수반두도 인식론적으로는 유부에 따르고 있다고 본다.

이지만 다르마키르티는, 언어를 떠난 것이라는 디그나가의 정의와 모순됨을 해결하지 않은 채 다른 부분에서 '세속적'이라는 장르를 설정하여 경량부의 인식론상에 그것을 설정했다.[76]

제3절 요가행파의 인식론으로 이행

유부의 인식론에서는 인식대상이 작용능력을 가지고 있고 직접 지각할 수 있는 존재였다. 경량부의 인식론은 판단적 지각에 의해서 대상의 형상(ākāra)을 인지(adhigam)하는 이상, 그것을 통해서 대상이 존재한다는 것을 추리한다고 하였다. 다르마키르티는 대상의 인과적 효과성 검증에서 대상의 실재성을 인지하려고 하였다. 이것은 두 학파(설일체유부와 경량부)의 사고를 지양하는 것이었다. 게다가 그에 머물지 않고 디그나가에 따라서 유심론적 인식론도 수용했다. 즉, 디그나가는 『프라마나삼웃차야』 지각론에서 인식작용을 일심(一心)의 체·상·용(體·相·用)으로 변별하고 또한 통일했다.

> 표상하는 것이 인식대상이다. 그런데 파악하는 형상과 증지(자기인식)는 인식과정과 인식결과이다. 그러므로 3자는 다른 것이 아니다.
> yad ābhāsam prameyaṃ tat pramāṇaphalate punaḥ /
> grāhakākārasaṃvittyos trayaṃ nātaḥ pṛthak kṛtam // (Psk. I, 10)[77]

---

76) '슈리라타에 있어서는 색과 안식의 생기가 동시가 아니기 때문에 안식에 극미를 종합해서 제시할 시간적 여유가 있는 것이다.'(가토의 위의 책 p.218) '종합해서 제시한다'는 것은 아포하적 분별적 인식을 일컫는다.

원래 요가행파는 일심(一心)의 보는 것[인식주체, 見分]과 보이는
것[인식대상, 相分]에 대한 이분(二分) 원리를 근간으로 한다. 하지
만 디그나가는 그것이 인식대상과 인식주체(grāhyagrāhakau)이기
때문에 인식결과인 자증지(자기인식)와 3대 세트가 되어야 한다는
삼분설(三分說)로 발전시켰다.『인명정리문론(因明正理門論)』에
도 의식에서는 분별을 떠나서 탐욕 등의 심리작용[心所]을 자각하
는 것이 있기 때문에 자증(자기인식)의 지각이라고 말하며,[78] 자기
를 지각한다는 유심론의 인식결과를 여기에 포함시켰다. 대상은 상
(相), 인식작용은 용(用)이며 결과인 자증지가 일심(一心)의 체(體)
라고 한다. 이분설(二分說)에서는 심리작용을 넓게 포함할 수 없었
다. 유심론으로서는 치우친 인식론이 되기 때문에 디그나가가 이와
같이 고쳤을 것이다. 이 경우 인식작용과 인식결과가 다시 분열해버
린다는 것을 걱정하여 양자는 다르지 않다는 것을 특히 말하지 않으
면 안 되었던 것이다.[79] 또한 견분(見分)・상분(相分)의 이분(二分)
이라는 도식으로는 보는 것과 보이는 것으로 나누어져, 보는 측에
입각하면 아무래도 보이는 것이 독립해버린다. 그래서 양자를 통일
하는 것으로서 자증지[자기인식]를 세웠다고 본다.

토사키 히로마사(戶崎宏正) 교수에 의하면, 흥미로운 것은 이 인
식결과를 분별적 인식으로서 설명한다는 것이다.[80] 푸른색을 식별
할 때 아름답다는 감정과 함께 인지한다. 그래서 자증지일 수 있는

---

77) Nyāyamañjarī(KSS.)67, 30~31. 원문의 출전은 우이 하쿠주(宇井伯壽)『진나저
　　작의 연구』p.336; Hattori, Dignāga, On Perception, p.107에 의한다.
78) 우이 하쿠주 앞의 책 p.338
79) 沖和史 앞의 논문 및 戶崎宏正『불교인식론의 연구』상권, pp.395-413
80) 토사키 히로마사 앞의 책, p.397

것이지만 자증지의 대상인지를 분별적 인식이라고 하는 것은 경량부의 잔재이다. 여기에 프라즈냐카라굽타가 '세속적 올바름을 이해하게 하는 것이며 승의적으로는 하나의 자증지의 지각만을 설하고 있다'라고 말할 때[81] 유분별 지각은 다르마키르티 체계에서 확인된다. 나아가 더 흥미로운 것은 인식대상의 공(空)에 의해서 보는 측의 인지도 공(空)이라고 하는 무상유식(無相唯識)파로 발전하는 모습이다. 『프라마나바르띠카』 지각론 212~215게송에서는 다음과 같이 말한다.

> 마치 판단하는 것(인식주체)이 안에 있고 [판단되는] 다른 이 부분(인식대상)이 밖에 있는 것처럼 [볼 수 있다. 그러나] 실로 분할할 수 없는 인식이 [인식주체나 인식대상으로] 분할되어 현현하는 것은 착각[에 기인하는 것]이다.
> paricchedo antar anyo ayaṃ bhāgo bahir iva sthitaḥ /
> jñānasya abhedino bhedepratibhāso hy upaplavaḥ // (PVⅢ.2
> 12)

> 거기서 한쪽이 존재하지 않는 것만으로도 양쪽 모두 부정된다. 그러므로 그것(인식)에 있어서도 [인식주체와 인식대상] 양쪽의 공(空)이 진실이 된다.
> tatra ekasya apy abhāvena dvayam apy avahīyate /
> tasmāt tad eva tasya api tattvaṃ yā dvayaśūnyatā // (PVⅢ.
> 213)

---

81) Pbh. 25, 24~25

또한 그 존재들(색이나 느낌 등)의 차이[를] 결정[하는 것]은 그
것(인식주체와 인식대상)의 차이에 기인한다. 그리고 그것(인식
주체와 인식대상)이 착각일 때, 그것들(색이나 느낌 등)의 차이도
또한 착각[에 기인하는 것]이다.
tadbhedāśrayiṇī ca iyaṃ bhāvānāṃ bhedasaṃsthitiḥ /
tadupaplavabhāve ca teṣāṃ bhedo apy upaplavaḥ // (PVⅢ.
214)

또한 파악되는 [대상의] 형상과 파악하는 [주체의] 형상 이외에
현현하는 것은 없다. 따라서 현현하는 것이 공이기 때문에 자기
[완결적] 본성(自性)은 없다는 것이 제시되었던 것이다.
na grāhyagrāhakākārabāhyam asti ca lakṣaṇam /
ato lakṣaṇaśūnyatvān niḥsvabhāvāḥ prakāśitāḥ // (PVⅢ.
215)

여기서는 주체와 객체 모두가 공(空)이기 때문에 모든 존재도 공
이라고 하는, 샤바라스바민이 받아들였던 유상유식설, 요컨대 대상
이 공(空)이며 인식은 유(有)라는 세계관[82]을 넘어선 무상유식에
이르고 있다. 이 공관(空觀)은 주저 『프라마나바르띠카』 종교론에
서 심본청정설(心本淸淨說)을 인용하고 있음을 상기시킨다.[83]

이 마음은 본래 빛으로 빛난다. 더러움은 밖에서 온 것이다.

---

82) Śābarabhāṣyam, tr. G. Jhā(GOS. 66), pp.13-14
83) 반야계통의 사상이다. Aṣṭasāhasrikā Prajñāpāramitā, ed. Mitra, p.5; Pañcavi
   ṃśatisāhasrikā Prajñāpāramitā, ed. Dutt, p.121; Śatasāhasrikā Prajñāpāramit
   ā, ed. Ghosh, p.495

prabhāsvaram idaṃ cittam prakṛtyāgantavo malāḥ / (PV Ⅱ. 208b)

무성(無性)은 여래장(如來藏)을 자성청정심(自性淸淨心)으로 해석했다고 말하지만84) 이것은 여래장 계통의 입장이라고 해도 좋을 것이다. 다만 여기서 흥미로운 것은 고유식설(古唯識說)에 따라서 인식대상과 인식작용의 2분설에 입각하여 공(空)을 말하고 있다는 것이다. 3분설에서는 대상의 외화(外化)를 매개로 하여 인식결과설을 경량부 차원에서도 용인한다. 프라마나싯디장의 초두에서는 세속적으로(vyavahāreṇa) 취사선택의 근거가 되는 인식결과로서 'dhī'라 부르고 있다.(k.3~5) 디그나가는 유심론적인 입장을 진척시켜 인식결과를 분립했지만 다르마키르티는 대상의 실재를 가정하는 입장에서도 인식결과라고 규정했던 것이다.(PVⅢ.345=戶崎宏正의 앞의 책 하권 p.30)

여기서 다르마키르티의 주저『프라마나바르띠카』지각론 320게송 이하의 논의를 정리하면, 대상지(artha-pratīti)라고 한 것은 실은 표상을 인지하는(saṃvitti) 것이며 대상은 아니라는 의미이다. 푸른 것을 인지해도 실제는 인식 자신의 현현이지만 임시로 세간적 언표로서 '푸른 것의 인지'라 부른다. 자기를 인지하는 것이기 때문에 '자증지(svasaṃvedana, 자기인식)'라 한다. 여기에는 예부터 심소(caitanya)라 불리는 심리작용도 포함된다. 예를 들면 푸른 것의 인식에 수반하는 '아름답다'라는 쾌감을 함께 인지하기 때문에 자증지이다. 심리인지는 내적인 대상을 인지하는 것이지만 세간에서는 대상인지의 경우만을 외적인 대상을 인지한 것이라고 분별한다. 그와

---

84) 富貴原章信『護法宗唯識考』 p.335

같은 세속적인 사고방식에서도 자증지(자기인식)가 인식결과임은
변함이 없다. 여기서 경량부의 인식론과 유식의 인식론은 공존한다.
하여튼 대상을 표상하는 것이 인식과정이며 인식작구이다. 그 표상
을 가진 인식이 인식결과이다. 그렇기 때문에 표상하는 것, 즉 'pram
āṇa'와 표상한 존재, 즉 'pramiti'는 동일하다고 다르마키르티는 주
장한다.

승의의 차원(paramārthata)에서 말하면, 대상인지라는 것은 부정
되며 표상한 것과 표상과 표상을 가진 인식은 삼위일체이다. 주객미
분의 순수경험에서는 하나의 인식자체(buddhyātmā)이지만 세간적
으로는 다수의 모습을 취해서 보이는 것도 사실이다. 그렇기 때문에
대상의 표상과 자기 자신, 요컨대 마음의 표상이라는 두 개의 현상
이 일심(一心) 위에 현현한다. 동시에 양자가 생기는 것은 다른 것으
로는 있을 수 없다. 그리고 샤리카나다미슈라는 제388게송 전반을
『프라마나비니쉬차야』 지각론 제55게송 전반과 함께 인용하고 있
다.85) '푸른 것과 푸른 것에 대한 인식은 동일하다. 함께 지각되는
것이 확정되어 있기 때문이다. 두 개의 달과 같이'라고 말하는 것이
다.86)

실제로는 외부의 대상에 의해 인식이 생기는 것이 아니라는 것을
다르마키르티는 여러 가지로 증명한다. 우선 인식은 감관(indriyāṇi)
의 혹란(惑亂)에서 변한 것이기 때문에 외부의 대상이 인식의 원인
이 아니라는 논리에서 ①주문(mantra)에 의해서 진흙이 코끼리로
변화한 것처럼 감관의 착각으로 인해 존재하지 않는 것을 인지한다.
②신기루가 나타나는 사막에서(maruṣu) 멀리 떨어진 경치가 크게

---

85) Rj. p.61
86) 이 책 p.91, 주 63) 참조

확대되어 떠 있는 것처럼 보이는 것도 감관의 착각 때문이라고 한다. ③눈병에 걸린 사람이 등불을 보고서 빛나는 만다라 그림과 같이 보는 것도 감관의 착란 때문이다. ④대상이 멀고 가까움에 따라 인식에 명료함과 불명료함의 차이가 발생하는 것도 감관 탓이다. ⑤찰나멸 이론에서 말한다면 어떤 찰나의 대상이 다음 찰나의 인식, 요컨대 전 찰나에 존재한 감관에서 발생한 다음 찰나의 인식에 작용할 수는 없다. 감관의 대상이 인식을 생기게 한다고는 말할 수 없는 것이다. 이와 같은 증명은 토사키 히로마사의 앞의 책 하권에 보고되고 있다.[87]

그런데 다시 거슬러 올라가서 대상의 인식을 인정하는 단계에서 208게송으로부터 대상이 다양한데(citratā) 인식은 하나(buddhir eka)라고 하는 것은 어떻게 말할 수 있는가 하는 논의가 있다. 하나의 인식이 다양한 모습의 표상을 갖는다고 해도 상관없다고 하여 오히려 전기 유식학파가 생각하는 심식이 견(見)·상(相)으로 이분하여 주·객으로 나누어진다는 이분설도 비판한다. 하나의 마음이 주·객으로 이분한다는 것은, 대상은 존재하지 않고 공이며 따라서 그것을 보는 식도 공이라고 하는 소위 인(人)·법(法) 이무아(二無我)의 무상유식 입장에서 허위의 현상으로서 부정된다.(k.213) 그리고 일체 법은 무자성·공임을 주장한다. 고유식(古唯識)의 강요서인『중변분별론(Madhyāntavibhaṅga)』제1장의 내용에 다음과 같이 기술되어 있다.

식이 일어날 때, 그것은 대상, 중생, 자아, 의식으로 현현한다. 그러

나 그것들(식에 현현하는 4가지 상)은 실재하는 것이 아니다. 그것
들이 존재하지 않기 때문에 식 또한 존재하는 것이 아니다.
arthasattvātmavijñaptipratibhāsam prajāyate /
vijñānam nāsti cāsyārthas tadabhāvāt tad apy asat // (k.3)

그러므로 이것(식)이 허망한 분별이라는 것이 성립한다. 왜냐하
면 [식은] 그대로 [진실로서] 있는 것도 아니고 모든 점에서 없는
것도 아니기 때문이다. 왜냐하면 이것(식)이 소멸함으로써 해탈
하는 것이기 때문이다.
abhūtaparikalpatvaṃ siddham asya bhavaty ataḥ /
na tathā sarvathābhāvāt tatkṣayānmuktir iṣyate // (k.4)

허망하게 분별된 것(변계소집성), 다른 것에 의존하는 것(의타기
성), 완전히 성취된 것(원성실성)[이라는 세 가지 자성]은 그것들
이 [순서대로] 대상, 허망한 분별이기 때문에, 또 둘(대상과 허망
분별)이 존재하지 않기 때문에 설해졌다.
kalpitaḥ paratantraś ca pariniṣpanna eva ca /
arthād abhūtakalpācca dvayābhāvācca deśitaḥ // (k.5)[88]

대상을 있다고 보는 분별은 식유설(識有說)과 함께 거짓이다. 대
상의 공(空)인 것에서 식(識)도 없다는 것이 진실이다. 아뢰야식의
인연생기라는 세속적인 가유(假有)를 인정하는 것이지만, 다르마키
르티는 대상과 인식의 이공(二空)을 말한다. 그것은 삼무성(三無性)

---

88) Madhyāntavibhaṅga-bhāṣya, ed. Nagao, p.18-19; 山口益 역 『中邊分別論釋
　　疏』 제2권의 번역과 Stcherbatsky, Madhyānta-Vibhaṅga(BB, 30)의 영역이
　　있다.

의 완전한(pariniṣpannaḥ) 차원이다. 그렇다면 의타기성으로서 속유(俗有)라고 여겨지는 아뢰야식은, 다르마키르티에서는 심상속의 주체가 된 심식을 일컫는 것이며 경량부적인 세계가 된다.

이 두 개의 세계관에 한정되지 않고 다르마키르티는 종교론에서 '이 마음은 본래 빛으로 빛난다. 더러움은 밖에서 온 것이다[prabhās varam idaṃ cittam prakṛtyāgantavo malāḥ / (PV.Ⅱ, 208b)]'라고 하여 반야경전의 세계를 끌어들인다.[89] 또한 '공관에서 해탈한다(muk tiḥ śūnyatādṛṣṭeḥ)'고 말한다. 가령 그것이 무상·고·무아와 나란히 하는 개념이라고 해도 다르마키르티가 반야·공관의 세계에도 친근한 태도를 보이는 것은 분명하다. 소위 무상유식의 세계로 다르마키르티가 이행해가는 것은 조금도 이상하지 않다.

제4절 언어와 판단

언어로부터 얻는 인식은 미망사학파의 인식론이 주장하는, 모든 것을 알게 하는 계시성전과는 대조적으로, 다르마키르티는 말하는 사람의 의사를 표현하는 기능만을 인정한다. 『프라마나바르띠카』 종교론 서두의 인식론개설에서 그것을 언명하고 있다. 불교성전도 그 범위 안에 있다.

인식수단이란 정합적인 인식이며 [인식대상에] 인과적 효과의 [능력]이 있는 것이 정합적인 것(인식)이다. 언어인식에서도 [화자의] 의사를 나타내기 때문에 [그것은 정합적인 인식이다].

---

89) 앞의 주 84 참조

pramāṇam avisaṃvādi jñānam arthakriyāsthitiḥ /

avisaṃvādanaṃ śābde apy abhiprāyanivedanāt // (PV II.1)

화자의 의사를 표현하는 의미가 [듣는 사람의] 인식에 현현한다.
그것에 대해서 언어는 참이다. [그런데 언어가] 표현대상(의미)
의 실상에 근거하고 있는 것은 아니다.
vaktṛvyāpāro yo'rtho buddhau prakāśate /

prāmāṇyaṃ tatra śabdasya na arthatattvanibandhanam // (P
V II.2)

언어(śabda)는 사회적 약속(saṅketa)에 따라서 화자가 표현한 것
이기 때문에 듣는 사람의 이식(耳識)에서 의식(意識)으로 전달된
언어의 의미는 화자의 의사(vivakṣā)이다. 성전도 언어에서 성립하
며 불전은 붓다의 언어이기 때문에 인식의 한 각을 점하는 중요한
인식방법이다. 이렇게 종교론의 서두에 재빨리 그 인식론적 정의를
기술하고 있다.

언어의 대상(artha)이라고 할 때 그것은 '의미'와 같은 뜻이지만,
실은 언어가 전하는 것이라는 의미이다. 바르트리하리 등 문법학파
와 다른 점은 그것이 현실적 존재[實有]에 기초한 것이 아니라는
철학이다. 사회적 약속에 따르면 자유의사로 표현할 수 있는 사실에
서 그것을 이해할 수 있다고 하여 그 사례로 '한 사람의 아가씨'를
'dārā'라 복수로 표현하기도 하고 언어학의 '6도파(都派)'라는 다수
를 'ṣaṇṇagarī'라는 단수로 표현하지 않는가, 라고 다르마키르티는
말한다.[PV I, 69(G.67)]

의지의 자유(svātantryam icchāyā)가 있다면 거기에 어떠한 제

한이 있을까? 그것에 의해서 [언어의] 사회적 약속은 [베다에]
인정된 능력을 표현하고 있지는 않을 것이다.
yatra svātantryam icchāyā niyamo nāma tatra kaḥ /
dyotayet tena saṅketo neṣṭām evāsya yogyatām // [PV I .33
2b;333a(G.329)]

다르마키르티의 인식론에서 언어는 분별(kalpanā)과 동일시된다.
오히려 '분별이란 언어 표현과 결합 가능한 표상을 가진 인식이다(a
bhilāpasaṃsargayogyapratibhāsapratītiḥ kalpanā / Nb. I , 5)'라고 분
별을 언어에서 정의한다. 다르마키르티의 인지심리학에서 언어와
분별은 타자부정(anyāpoha)이라는 의식조작을 거쳐 일면적인 판단
을 대상에 부가한 것이다. 『프라마나비니쉬차야』 제2장 제8게송에
서는 다음과 같이 말한다.

그것이 아닌 상을 배제한 것만을 나타내기 때문에 논리는 보편상
을 대상으로 갖는다고 일컬어진다. [찰나멸을 본질로 하는] 개체
에 입각하지 않기 때문이다.
atadrūpaparāvṛttavastumātraprasādhanāt /
sāmānyaviṣayam proktam liṅgam bhedāpratiṣṭhiteḥ //[90]

즉, 논리(liṅga=anumāna)가 대상으로 하는 것은 고유상[自相]이
아니라 '보편상[共相]'이라고 니야야・바이세시카학파에서 말하는
것에 대해, 그것은 실재가 아니라 타자를 부정한 것만의 비실체의
일면적・관념적 대상이라고 하는 것이다. 아포하 이론이지만 『프

---

90) Steinkellner, Dharmakīrti's Pramāṇaviniścayaḥ, Zweites Kapitel, teil I , p.29

라마나바르띠카』의 축쇄판인 이 텍스트에서는 더 이상 언급하지는 않고 있다. 슈타인켈너 교수는 아포하 이론을 특히『프라마나바르띠카』추리론 42~49게송(그놀리본 40~47게송)에서 보라고, 위에서 예를 든 책 독일어 번역 주에 기술하고 있다.[91]

기본적인 아포하 이론의 도입은 류(類)와 종(種)의 분석에 의한 포함관계와 관련된다. 논리적 이유의 개념을 지적하여 추론대상(anumeya)이 논리적 이유의 개념을 포함하는 술어의 개념(sādhya)을 갖는다는 것을 아는 경우, 논리적 이유와 술어는 동일한 대상에 대해서 말하고 있기 때문에 주장대상의 일부가 증명의 근거가 되어 토톨로지의 오류를 범하는 것은 아닌가, 라는 의문을 설정하는 것이다. 그것은 일면적 판단이 각각 근거와 귀결이 되는 것이기 때문에 상관없다고 답한다. 개념적으로 하나의 대상을 어떻게 분석하더라도 논리적 이유와 귀결을 논리적으로 제시할 수 있는 것이다.

> 일체의 존재는 본질적으로 각각의 자기 존재(svasvabhāvaḥ)로 있기 때문에 자기종과 다른 종으로부터 배리에 주어져 있는 것이다.
> sarve bhāvāḥ svabhāvena svasvabhāvyavasthiteḥ /
> svabhāvaparabhāvābhyāṃ yasmād vyāvṛttibhāginaḥ // [PV Ⅰ.42(G.40)]

> 그러므로 대상이 각각[의 다른 상]에서 배리하는 바의 존재에 근거한 여러 가지의 종(jātibhedāḥ)이 그 개체에 침투하는 것으로서 분별된다.
> tasmād yato yato 'rthānāṃ vyāvṛttis tannibandhanāḥ /

---

91) Ibid. TeilⅡ, p.30; 55

jātibhedāḥ prakalpyante tadviśeṣāvagāhinaḥ // [PV I .43(G. 41)]

그렇기 때문에 어떤 성질에 의해서 인식되는 개체는 그 외(의 성질)에 의해서는 인식되지 않는다. 그런 까닭에 특별히 다르게 존재한다.

tasmād yo tena dharmeṇa viśeṣaḥ sampratīyate /
na sa śakyas tato 'nyena tena bhinnā vyavasthitiḥ // [PV I .4 4(G.42)]

자기는 자기 자신과만 같다는 자기 동일적인 존재가 개체이기 때문에 공상의 한정을 받지 않는다. 데벤드라붓디가 종교론 제6게송의 해설에서 사용한 비유에 의하면, 크고 흰 소 한 마리가 걸어가고 있는 것을 보고 '크고 흰 소 한 마리가 걸어간다'라고 말할 때 그것은 이미 관념의 투사이다. 요컨대 개체에 대해서 여러 가지 개념을 사용하여 묘사하는 것이지만 개체 그것에 이르는 인식을 전하지는 않는다. 그러나 개체에서 출발한 판단인 이상, 지각에 포함된다는 것은 앞서 살펴본 바이다. 이와 같은 개념은 무한히 가깝게 개체에 침투하는 내포이기 때문에 그것들을 분석 판단적으로 논리적 이유로서 사용해도 토톨로지는 되지 않는 것이다.

다르못타라는 『니야야빈두디카』 지각론 말미에서 분별적 인식(adhyavasāyḥ)에 대해 다음과 같이 해설한다. 푸른 것에 대해서 푸르지 않는 것(非靑)을 배제하고(푸른색 이외의 것이 아니라고), 푸른색 일반의 표상을 인식결과로서 인지한다. 그것은 지각에서 출발한 것이기 때문에 '푸른 것이다'라는 분별적 인식도 지각인식(pratya kṣa pramāṇa)이다.

그것은 단순히 관념적으로 구상(adhyāropa)한 것이 아니라 직접 지각에서 출발하여 감관이 폐쇄된 찰나에 아포하적으로 판단한다. 따라서 직관지는 그것의 등무간연(等無間緣)이다. 단순한 관념으로부터 판단은 구별되어야만 하기 때문에 그것도 '관념을 떠난다(kalpanāpodha)'라고 정의한다. 그러므로 언어 일반도 이 단순한 관념과 같이 현실적 존재의 기초를 가지지 않는다. 붓다의 언어가 그것과 다르다는 것은 다음 절에서 살펴볼 것이다. 또한 지각에서 출발한 분별적 인식의 표현도 기초를 가지고 있다. '우르바시'라든가 '천국(svarga)'과 같은 관념적인 언어와는 다르다고 여겨진다. 다르마키르티는 계속해서 다음과 같이 말한다.

> 하나의 대상의 본질(svabhāvaḥ)이 지각가능하다면 여러 인식수단에 의해서 고찰되는 어떠한 부분이 보이지 않는 것이 있을까?
> ekasyārthasvabhāvasya pratyakṣasya sataḥ svayam /
> ko 'nyo na dṛṣto bhāgaḥ syād yaḥ pramāṇaiḥ parīkṣyate //
> [PV I.45(G.43)]

> 그렇지 않으면 미망의 논리적 이유에 의해서 [개체와는] 관계없는 속성이 결부될 것이다. 유사한 색을 보는 것에서 진주조개에 은이라는 형상이 [투사되는 것처럼].
> no ced bhrāntinimittena saṃyojyeta guṇāntaram /
> śuktau vā rajatākāro rūpasādharmyadarśanāt // [PV I.46(G. 44)]

직관은 본질적인 것을 파악한다. 그것은 모든 내포를 포함하기 때문에 아직 보이지 않는 부분을 논리적으로 추론하지 않으면 안

된다고 하는 케이스가 아니다. 예를 들면 진주조개를 바르게 지각한
다면 결코 은으로 오인하지 않는다. 바르게 지각하지 않을 때, 은과
색깔이 유사하다고 하여 은이라고 한다면 여기에는 바르지 못한
추론이 작용할 여지가 있는 것이다.

> 따라서 지각된 존재는 모든 속성이 지각되고 있는 것이다. 착각
> 에 의해서는 [올바르게] 결정되지 않는다. 그러므로 논증(sādhan
> a)이 작동하는 것이다.
> tasmād dṛṣṭasya bhāvasya dṛṣṭa evākhilo guṇaḥ /
> bhrānter niścīyate neti sādhanaṃ sampravartate // [PV I .47
> (G.45)]

참으로 직관하고 있다면 역시 언어는 불필요하다는 철학이다. 단
적으로 깨닫게 되면 역시 언어의 길은 끊어진다(言語道斷)고 한다.
경전은 달을 가리키는 손가락이라 말하기도 하지만 다르마키르티
도 지각과 논리가 완전한 사람에게는 성전(佛典)이 불필요하다는
생각을 가지고 있었다. 그것은 길은 달라도 바른 목표에 도달할 수
있기 때문이다.

> 또한 추론에서 하나의 성질(dharma)을 판단하는 것이 현실적
> 존재의 파악이라는 것이라면 [그것으로] 모든 성질이 파악된 것
> 이 되지만, 아포하 이론에 있어서는 이 모순은 일어나지 않는다.
> vastugrahe 'numānācca dharmasyaikasya niścaye /
> sarvadharmgraho 'pohe nāyaṃ doṣaḥ prasajyate // [PV I .48
> (G.46)]

추론에서는 하나의 논리가 작동하고 그 외의 논리는 작동하지 않는다. 직관과는 달리 논리는 모든 성질(내포)을 다 파악할 수 없고 다만 하나씩만을 파악하는 배제논리이다. 성질의 다른 상을 배제해도 다른 성질의 여러 상들은 배제되지 않기 때문에, 하나의 허망분별적 파악을 배제해도 다른 허망분별이 일어날 가능성이 있다. 그렇기 때문에 인식론적으로는 우선 직접지각을 구하여 맞지 않을 때 아포하적 인식으로 허망분별의 귀속을 제거하는 것이다. 연기를 보고 '저 산에 불이 있다'라고, '저 산'에 있는 다수의 성질에서 가장 긴급하게 알고 싶은 불의 존재를, 불이 없다고 하는 잘못된 인식을 연기인 논리적 이유에 의해서 배제하여 추리하는 것이다.

> 그러므로 증상은 부정(apoha)을 대상으로 한다고 한다. 그렇지 않으면 [추리에서 개체를 인식한 것이라면] 개체(dharmī)가 증명되었을 때 어떻게 그것 이외의 것이 증명되지 않는 것인가?
> tasmād apohaviṣayam iti liṅgam prakīrtitam /
> anyathā dharmiṇaḥ śuddhāv asiddhaṃ kim ataḥ param //
> [PV I .49(G.47)]

직관은 긍정적으로 인식하고 판단은 부정적으로 인식한다고 말하는 것이다.

> 어떤 것이 보인다고 해도 공상을 대상으로 하는 분별적 인식은 [그것 이외의] 다른 상을 귀속하고 있지 않은 다른 부분에 대해서 작용한다. 그것만의 부정을 대상으로 한다.
> kvacid dṛṣṭe 'pi yajjñānam sāmānyārtham vikalpakam /
> asamāropitānyāṃśe tanmātragocaram // [PV I .50(G.48)]

예를 들면 진주조개를 보고 '이것은 진주조개(śuktiko 'yam)이다'
라고 판단한다면 다른 상인 은 등의 귀속(samāropa)을 배제하고
있는 것이다. 조개를 보았을 때는 은과 비슷하여 혼동하기 쉽기 때
문에 그 귀속을 배재한다.

> 판단(niścayaḥ)과 귀속[하고자 하는] 심리는 배제하는 것과 배제
> 되는 것의 관계에 있기 때문에 귀속을 떠난 것에 판단이 작용하
> 는 것을 이해할 수 있다.
> niścayāropamanasor bādhyabādhakabhāvataḥ /
> samāropaviveke 'sya pravṛttir iti gamyate // [PV I .51(G.
> 49)]

> 일부의 귀속이 있는 한 그것을 배제하여 판단이 작용한다. 그러
> 므로 실로 그러한 한의 언어가 작용하고, 그것들의 판단은 다양
> 한 대상을 갖는다.
> yāvanto 'ṃśasamāropas tannirāse viniścayāḥ /
> tāvanta eva śabdaiś ca tena te bhinnagocarāḥ // [PV I .52(G.
> 50)]

이와 같이 분별적 인식은 일면적인 성질(dharma)을 대상인 개체
(dharmī)에 대해서 인식하는 것이다. 그것은 그것과 모순하는 잘못
된 성질을 개체에 귀속하는 것을 배제하는 부정(apoha=에포크)적
인식이며, 직접지각보다는 열등한 인식이지만 앞에서 본 것처럼 다
르마키르티는 자주에서 개체에 대해 향하게 된 인식 때문에 참된
인식에 포함된다고 한다. 일상의 언어 표현과도 관련하여 인식론의
중요한 일환으로 이 분별적 인식이 시작된다.

결국 사물을 판단하면 언어로 표현한다. 여기서 언어의 의미가
그 판단 대상에 있는 것이지만 의미(artha) 자체는 관념적인 성질(dh
arm)이다. 부정적 인식으로 직접지각보다 열등한 것이지만 언어 자
체는 다음 절에서 보는 것처럼 더욱 자유롭게—사회적 약속에 준해
서—사용할 수 있다. 거기서 언어 표현은 기초(nibandhana)가 있는
것과 없는 것으로 나눈다. 바른 분별적 인식은 실체로부터 벗어나서
기초가 있는 것이라 한다. 전적으로 관념(kalpanā)적인 언어와 판단
을 동반하는 허망한 인식이 이와 같이 하여 변별된다. 하여튼 인식
론적으로 언어는 화자의 의사(vivakṣā)를 듣는 사람에게 전하는 정
보기능이 있다고 간주된다.(PV Ⅱ.1b)

제5절 제1·2장의 총괄

다르마키르티는 반불교도 측의 웅파(雄派)로서 미망사학파를 강
하게 의식하고 인식론 분야에서 정면으로 대립하는 체계를 제시했
다. 바라문교 가운데 가장 보수파인 미망사학파(제식연구)는 베다
계시성전만이 미래의 대상, 즉 승천의 과보를 아는 인식수단이라고
하여 인식론적 근거 중에서 계시성전, 요컨대 인간의 작위가 아닌
성전의 계시가 그들이 말하는 '법'의 인식을 가져오는 최고의 인식
근거(nimitta=pramāṇa)라고 말한다. 미래의 과보를 바라는 자들에
게 있어서는 성전을 믿고서 그 교령(codanā)에 따르는 것이 성스러
운 인식 행위이다. 그 교령의 진리성을 보증하는 논리는 언어의 비
인위성에서 나오는 언어와 의미의 불가사의한 결합이다. 결국 언어
의 뜻은 무한의 과거에서 언어와 결합한 것처럼 생각되며 그 신비성
이 베다(우파니사드를 포함) 성전의 진리성을 보증하고 있다고 그

들은 주장했다. 지각이나 논리 등 세속적인 인식근거를 그들은 대체로 인정했지만, 제식의 과보라는 '법'의 인식만은 영원의 형상을 보게 하는 언어로부터 성립하는 성전이 근거가 된다고 주장한다.

그렇기 때문에 세속적인 것은 선한 사람이나 지자(智者)라고 생각되는 화자의 언어를 근거로 해도 좋다. 혹은 각자의 바른 감관에 의존해도 무방하다. 대상과 접촉해서 일어나는 직접지각에 의해서 인식하는 것은 가능하다. 이 경우 베다성전은 작자가 없음을 전제하고 논의를 진행한다. 세속에 있으면서 신뢰할 수 있는 사람의 언어는 화자에게 발하는 언어라는 점에서 베다성전과 구별된다. 이미 미망사학파의 철학자는 대승불교와의 차이를 예리하게 의식하였다. 스스로는 천국 등의 외계가 실제로 존재한다고 주장하며, 외계를 무(無)라고 하는 유식학파를 견제하기 위해 바라문교와 불교는 동시에 존재할 수 없다는 불구대천(不俱戴天)의 입장을 보인다. 그들이 말하는 '공론자(śūnyavādī)'란 외계의 실재를 부정하는 유식학파(唯識學派)이다. 동시에 '니힐리스트'라는 뉘앙스를 가지고 있다.

이 경위가 다르마키르티와 벌인 논쟁과 연계되어 있지만 우스운 것은 신체가 무상이며 여기에 포함되는 인식도 찰나멸이라 인정하여 불교 측과 묘하게 화합한다는 것이다. 베다성전의 전지성을 명료하게 하기 위한 것이지만, 그러므로 대상을 인식이 현현하고 인식 위에서 표상한다고 불교논리학파가 언급하자, 프라바카라미슈라나 샤리카나다미슈라는 대상의 현현이라는 것은 중요한 것이며 대상을 무시하고서 현현하는 주체를 강조하는 것은 무의미하다고 반론한다. 이렇게 해서 초감관적 세계를 포함한 외계의 실재성을 주장하는 미망사학파와, 인지의 주체를 중시하여 세계는 공허하다고 주장하는 불교학파가 첨예하게 대립하는 도식을 여기서 우리는 떠올릴 수 있다. 경량부적 사고도 현재의 유(有)를 가정하여 지각은 불가능하다고 말하기 때문에 미망사학파와 서로 양립할 수 없는 것이지만, 더 이상 논의의 진전은 없었다.

불교 인식론은 인지의 발달에 바탕해야 할 계몽주의적인 측면도 있고 또한 해탈이라는 목적을 향하고 있다는 측면도 있어, 우리는 다르마키르티의 체계에 있어서 양자의 특질을 보고자 한다. 그것은 미망사학파와 같은 성전에 대한 맹목적인 신앙을 배제하고 우선은 직접지각에 의해서 사물을 바르게 인식할 것을 권하는 것으로 나타난다. 나아가 의식이나 판단은 넓은 의미의 지각활동 속에서 바르게 발동하여 세속적인 활동에 근거해야만 한다. 언어인식도 그 가운데 중요한 위치를 점한다. 여기서는 언어이론보다도 인식 일반 중에서 언어인식이 차지하는 위치에 다르마키르티의 특징이 보인다. 그것은 언어의 기능이 화자의 의사전달에 있다는 것이다. 현대의 논리학에서도 언어기능은 그 첫째가 정보 전달에 있다고 보기 때문에 언어기능에 대한 다르마키르티의 진술은 정확한 파악이라 할 수 있다.

따라서 다르마키르티에 의하면 언어의 인식은 화자의 의사에 대해서만 바르게 듣는 사람에게 전달할 수 있다는 한정적인 진리성을 의미한다. 그렇기 때문에 성전 즉, 불교경전에 대해서는 화자, 결국 붓다의 권위성이 입증된다면 그 성전에서도 듣는 사람이 바른 인식을 계승하게 된다. 따라서 미망사학파와 달리 불교는 인위적인 언어에서 진리의 언어가 보이게 된다는 입장을 취한다. 이것들에 대한 논의는 제3장에서 전개할 터이지만 여기서는 그것을 위한 기초적인 인식론체계에 주의하고자 한다.

인식론은 형이상학과 불가분의 관계에 있지만, 다르마키르티는 이것을 세속적으로 통용할 수 있는 것으로, 유식학파적인 체계의 양면에서 성립하는 것이라 하였다. 세속적인 인식론은 대상의 진리성에서 인식의 진리성을 검증하는, 철학적으로 이해하기 쉬운 것이 된다. 대상의 진리성은 현실적 존재[實有]가 가진 인과적 효과성에서 인정받는다. 그 검증은 뒤에 따라오는 인식에 의존하지 않으면 안 되지만 직접지각의 대상이 그 인과적 효과성을 가진 고유상[自相]을 가지고 있으며, 그것은 인간의 행동목표이기도 하다. 따라서 다르못타라는, '인과적 효과(artha-kriyā)'라고 하는 것은 목적을 달성하는 것을 말한다고 해석한다. 미망사학파나 니야야학파와 같이 대상과 감관의 접촉이 지각이라고 정의하면 대상의 진리성이 검증될 수 없으며, 대상의 무상성도 지각할 수 없는 것이 된다. 찰나멸하는 존재만이 작용능력을 가진 참된 현실적 존재이기 때문이다. 그러나 다르마키르티가 그들과 논의했던 정황은 보이지 않는다.

결국 고유상[自相]은 고유하게 시간·장소·성질을 지니는 것이다. 분별적 인식을 포함해서 관념(kalpanā)의 대상은 그것들이 보편상[共相]이 되며, 요컨대 비실재의 존재이며 의식에만 표상된다. 언어의 대상도 완전히 단순한 의미로서 듣는 사람의 의식에 표상되는 것뿐이라 한다. 따라서 언어의 형이상학설을 창안하여 신비성을 성전의 언어에 부여하고자 한 미망사학파 등과 첨예하게 대립하는 관점이 다르마키르티의 언어론에는 존재한다. 다르마키르티에 있어서 언어란 화자의 의사를 표시하는 기능과 표리일체이며, 관념적인 것을 대상(artha)으로 하여 그것은 '의미(artha)'가 된다.

그러나 대상이 비현실적 존재[非實有]라고 해도 의의로서는 진리를 표현할 수가 있다. 그것은 진리의 언어로서 화자에 의존하지만 여기서는 언어 일반이 분별적 인식과 표리일체이며 타자부정(anyāpoha)이라는 인지심리에 조작되어 표현된다고 하는 인식론이 중요하다. 대상의 개체(vyakti)가 직접지각으로 인식할 수 없을 때 또는 감관이 폐쇄된 찰나에 모순하고 상위하는 상을 배제한다. 다만 형상을 하나씩 배제하는 인식이 작용하여 그때마다 언어로 표현할 수 있는 판단이 작용한다. '푸르다' 등의 판단은 이렇게 해서 언어로 표현되며 푸르지 않는 것 일체의 귀속을 대상인 개체에서 배제한다. 따라서 이 아포하적 인식은 부정(apoha)을 대상으로 한다고 표현하기도 한다. 언어는 관념과 마찬가지로 자유의지에 의해서 자유롭게 날아다니지만, 판단(niścaya)의 인식과 일체가 되는 것은 실상에 기초한 언어가 된다. 바른 인식을 한 사람의 언어는 바른 것이다. 지각과 판단을 배반하는 것이 아니다. 여기에 불교경전의 존재를 예상하는 인식론이 있다.

수행자의 지각은 '요가수행자의 지각(yogi-pratyakṣa)'이다. 그것은 결국 『아비다르마코샤』의 수행 단계에서 말하면 소위 순결택분(順決擇分)이다. 즉 수행자의 최고단계는 바로 요가수행자의 지각이다. 결국 다르마키르티의 인식론에서는 앞의 견도(見道)・수도(修道)[각각 見惑・修惑을 끊는다]와 무학도(罷參底)는 설하지 않는다.

그것은 다음 유식학파의 인식론에서 논하는 경식이공설(境識二空說)의 경지일 터이지만, 대승불교에서는 보살의 십지(十地)가 불지(佛地)와 함께 배당되며 보살지(菩薩地)는 수습위(修習位)라 불린다. 다르마키르티의 여래장관은 종교론에서 피력되고 있으며 '도를 낳는 힘을 함장하고 있는 현실적 존재(mārgotpattisāmarthyagarbho vastuḥ)'로서 자성청정(自性淸淨)한 마음을 말하고 있다. 자비가 명상(bhāvanā)에 의해서 절대의 본성이 된다면 역시 붓다의 경지일 터이지만, 경량부의 세속적 인식론은 거기까지 도달하는 명상을 예상하지 못한다. 순결택분의 최고위인 세제일법(laukikāgradharmaḥ)까지일 뿐이다.(NB I, 11)

유심론적인 인식론에 이르면 대상으로부터 인식이 생긴다는 발상은 철저하게 비판받는다. 이것은 모든 다른 학파의 인식론과도

대치되는 사고이며, 미망사학파는 이 경공설(境空說)을 끊임없이
배척한다. 그리고 다르마키르티는 경공설을 보는 존재와 보는 작용,
본 인식이 삼위일체라는 삼분설(三分說)에 입각해 있다. 마음의 체
(體)는 인식결과인 자증지이며 자증지는 인식결과이기도 하고 원인
이기도 하다. 자기의 마음으로부터 인식이 나오기 때문이다. 대상과
대상의 인식은 반드시 동시에 현현하고(sahopalambhaniyama), 게
다가 양자는 공이다(dvayaśūnyatā). 즉, 보이는 대상도 보는 지각도
무자성(niḥsvabhāva)이라는 것이 다르마키르티의 궁극적 입장이
다.92)

---

92) PV.Ⅲ, 212~216

제3장 성전론과 언어론

제1절 불교성전

　다르마키르티는 붓다의 종교적 권위성을 주저인『프라마나바르띠카』제2장(Pramāṇasiddhi-pariccheda, 종교론)에서 정립할 뿐만 아니라, 제1장(Svārthānumāna-p, 추리론)에서도 언명하고 있다. 불교경전의 진리성(prāmāṇya)은 화자인 붓다의 종교적 권위에서 나오기 때문이다. 즉, 말바니야본(M, 217~226게송), 그놀리본(G, 214~223게송)에서 진리를 기술하는 언어가 성전이 된다는 것을 말하면서 다르마키르티는 성전론을 진행한다. 앞 장의「언어와 판단」에서 다룬 언어이론을 기초로 길게 논의한 아포하 이론의 말미에 언어와 성전의 문제로 들어간다.

　거기서 우리는 추리론의 제3단으로 들어갈 준비로서 제2단의 언어이론 끝에 다르마키르티가 논하는 곳의 언어와 성전의 관계를 처음으로 볼 수 있다.

　　무한한 과거로부터의 습기(vāsanā)에서 생긴 분별에 근거한 언어의 의미 [대상](śabdārthaḥ)은 존재와 비존재, (그리고) 그 양쪽(존재이면서 비존재)에 의한 3종류의 속성이 있다.
　　anādivāsanodbhūtavikalpapariniṣṭhitaḥ /
　　śabdārthas trividho dharmo bhāvābhāvobhayāśritaḥ // [PV
　　Ⅰ.208(G.205)]

다르마키르티의 인식론에서 분별은 현실적 존재인 대상에서 발생한 것과 대상과 전혀 관계가 없는 것 및 그 중간의 것을 생각할 수 있지만, 언어는 다르마키르티에 있어서 분별과 표리일체이며 마찬가지로 3종의 진위성이 있다고 한다. 미망사학파에서는 베다의 언어가 모두 참이고 인간의 언어에는 참과 거짓이 있다고 한다. 언어 자체의 의미결합은 불변이지만, 잘못 사용하는 것은 화자 쪽이라고 보는 것이다. 그런데 다르마키르티는 다음과 같이 말한다.

> 그 [근본원질(pradhānam) 등의] 언어의 의미대상은 존재에서 나온 것은 아니기 때문에 그 성립하게 하는 [대상]에 대해서는 지각되지 않는다. 마찬가지로 그 [언어의] 원인도 존재하지 않는다. 언어를 사용하고 있기 때문이다.
>
> tasmin bhāvānupādāne sādhye'syānupalambanam /
> tathā hetur na tasyaivābhāvaḥ śabdaprayogataḥ // [PV Ⅰ. 209(G.206)]

자주(自註)에서 다르마키르티는 상키야학파의 '근본원질'을 공허한 언어의 사례로 언급한다. 다르마키르티는 그들 공허한 용법을 과거로부터 내려오는 언어의 습관적인 용법으로 설명한다.(M.70, 12~13; G.105, 24~25) 부정적 추리를 행하는 비인식과는 반대로 불교 경전이 설하는, 가령 (다르마키르티는 예시를 하지 않는 것으로) 열반의 세계는 범부에게는 보이지 않는다. 설령 있다고 해도 보이지 않는 것은 비인식의 논리적 이유(비인식인)에 의해서는 부정되지 않는다.[93]

---

93) 비존재를 추론하는 비인식인에 관해서는 『니야야빈두』 (Ⅱ, pp.25~48)에서 제기

언어자체는 대상이 존재하지 않아도 표현될 수 있기 때문에 다르마키르티는 공허한 언어, 실질적인 언어 및 참과 거짓이 뒤섞인 언어 3종류로 분류했다.

> 승의의 대상을 사고하고 있다면 다른 견해와 변별된 언어의 의미에 근거가 없는 작용은 없을 것이다.
> paramārthaikatānatve śabdānām anibandhanā /
> na syāt pravṛttir artheṣu darśanāntarabhediṣu // [PV I.210 (G.207)]

참과 거짓이 뒤섞인 언어에 대한 익살스러운 야유로서 다르마키르티가 '말이 많은 누구에게 하나 정도 참된 것은 있을 수 있다'라고 말하는 부분이 있다.(뒤에서 기술) 이 게송은 방대한 게송을 저작한 쿠마리라를 비꼬는 부분이기도 하다. 쿠마리라도 부처님의 말씀에 관해서, 불교도도 언명하고 있는 '일체지자(sarvajña)'의 말씀인가, 라고 하여 『슈로카바르띠카』(II, pp.128~137)에서 논하고 있다. 디그나가는 붓다에 대해서, 뛰어난 직관에 의해 뒷받침되고 있기 때문에 붓다의 말씀은 정합적(avisaṃvāda)이고, 그 점에서 추리와 같다고 하였다.(Psk.II, 5) 디그나가도 붓다가 일체지자임을 부정한 것은 아닐 것이다. 그런데 바르타사라티미슈라는 일체지를 부정했던 다르마키르티의 게송(PV.II, 31b; 33a)을 인용하고 있다.(Nyāyaratnākaraḥ, RS. p.64)

앞에서 본 바와 같이 디그나가는 부처님의 말씀을 논리적이고

된다. 다만 자주의 '근본원질은 존재하지 않는다. 인식되지 않기 때문이다'는 『정리문론(正理門論)』(G)에 의한다.

정합적이며 모순이 없다고 한 반면 쿠마리라는, 거기서는 서로 검증하는 모순에 빠진다고 하여 불교경전 등은 거짓(mṛṣārthatā)이라고 말한다.(Śv.II, 128b) 앞에서도 베다는 다른 인식근거와 정합하지 않기 때문에 참이라는 역설을 비불교도들은 주장했다. 이것에 대해서 다르마키르티는 다음과 같이 말한다.

[불교] 성전이 사안인 경우 [부정의 근거인 비인식의 논리적 이유는] 결부되지 않는다. 거기에는 [범부는] 볼 수 없고 또한 [부정] 논리가 작동하지 않는 다수 대상이 있다. 지각하지 못하기 때문이라고 해서 어떻게 그것들(대상)이 없다고 할 수 있을까?
śāstrādhikāre 'sambaddhā bahavo'rthā atīndriyāḥ /
aliṅgaś ca kathaṃ teṣām abhāvo'nupalabdhitaḥ // [PV I .202
(G.199)]94)

혹은 과거와 미래에 관해서도 (활동하지 않을 것이다). 또한 어떠한 언어에도 허의의 의미는 없을 것이다. 이것은 사물을 대상으로 불교도의 한 생각이다.
atītājātayor vāpi na ca syād amṛtārthatā /
vācaḥ kasyāścid ity eṣā bauddhārthaviṣayā matā // [PV I .
211(G.208)]

언어의 대상은 분별적 인식의 대상으로서 구상된(vikalpita) 형상이며, 현실적 존재에 의거한 것이라고는 인정되지 않는다. 이것은 정리(正理)를 주장하는 사람(디그나가)이 말하였다.

---

94) G. 'śāstrādhikārāsambaddha'를 채용하지 않는다.

śabdārthaḥ kalpanājñānaviṣayatvena kalpitaḥ /
dharmo vastvāśrayāsiddhir asyokto nyāyavādinā // [PV I.
215(G.212)][95]

이것은『프라마나삼웃차야』제5장의 아포하 이론이다.[96] 그렇다면 언어의 발신(發信)이 성자(聖者, āpta)인 경우는 어떤가? 여기서 언어 인식론을 총괄한다.

> 언어는 현실적 존재와 직접적으로 결합되어 있는 것은 아니기 때문에 대상은 그것(언어)으로부터 개시[증명]되지 않는다. 그것들은 화자의 의사(vaktrabhiprāya)를 기술하는 것이기 때문이다.
> nāntarīyakatābhāvācchabdānāṃ vastubhiḥ saha /
> nārthasiddhis tatas te hi vaktrabhiprāyasūcakāḥ // [PV I.
> 216(G.213)]

이 언어 인식론은 앞에서 이미 살펴본 바와 같이 프라마나싯디장 서두에서도 정의되고 있다. 언어의 참과 거짓은 결국 화자에게 달려 있다. 앞에서 이미 약간은 언급했던 붓다의 어록 즉, 불교성전에 대해서는 지금부터 논할 것이다. 디그나가가『프라마나삼웃차야』제2장에서 '성인의 말씀은 모순이 없다는 점에서 같기 때문에 논리적이다(anumānatā)'(k.5)라고 언명한 것을 염두에 두자. 아래 기술은『니야야수트라』의 반대논사 입장이다.(II, 1, 50)

---

95) 마노라타난딘은『프라마나삼웃차야』제5장의 'kalpitasyānupalabdhikārāsamb addhā'을 인용한다.

96) 伊原照蓮,「陳那에서 언어와 존재의 문제」(『철학연보』제14집)에 기초적인 해설이 있다.

성스러운 언어(vākya)는 선한 방편과 결합하여 인간의 복리를
기술한 것이며, 연구에 의해 받아들여진다. 그렇기 때문에 다른
학파[의 성전]은 받아들여지지 않는다.
sambaddhānuguṇopāyam puruṣārthābhidhāyakam /
parīkṣādhikṛtaṃ vākyam ato'nadhikṛtam param // [PV I.
217(G.214)]

자주에서 다르마키르티는 인간의 복리에 역할을 하지 못하는 논
서(論書)란 까마귀의 이빨을 고찰하는 것처럼 불필요한 것, 열을
식히기 위해서 나가족의 타크샤카용왕이 정수리보석으로 몸을 장
식하라고 말하는 것과 같이, 불가능한 일을 말하는 것이라 한다.
디그나가가 말한 '무모순(avisaṃvāda)'이라는 것을 인식론적으로
다시 친절하게 부연하고 있다.

그(붓다)는 지각과 논리에 의해서 본다든지 추리한다든지 하는
두 개의 경계에 대해서 장애가 없고, 그 두 개의 경계와 모순하지
않는다.
pratyakṣānumānena dvividhenāpy abādhanam /
dṛṣṭādṛṣṭārthayor asyāvisaṃvādas tadarthayoḥ // [PV I .218
(G.215)]

붓다의 언설은 인식론적으로 모순되지 않기 때문에 권위를 갖추
고 있다. 종교론도 그와 같이 총괄하지만 깨달음의 인식은 완성된
직접지각과 동일하며 언어로 표현하면 바른 판단을 통해서 논리적
으로 언표된다고 다르마키르티는 보고 있다. 이것으로부터 성전과

인식론의 관계가 중요해진다. 『프라마나바르띠카』 제4장에서는 여기에 대해 설한 부분이 있다.

추리(anumāna)는 성전(āgama)에 의존해서 자신의 대상으로 향하는 것은 아니다. 그렇기 때문에 [논리가] 성립한다면 그것은 확정적이며 그런 경우 성전은 고려되지 않는다.
uktañ ca nāgamāpekṣam anumānaṃ svagocare /
siddhaṃ tena susiddhaṃ tanna tadā śāstram īkṣyate // (PV IV.48)

반대논사가 말하기를 그런 경우 [성전의] 논의는 버려야 할 것이다. [답한다.] 그렇지 않다. 그런 경우는 [성전에] 의존하지 않기 때문이다. 이것(성전연구)은 [성전에] 의존할 때의 방법이며 그때는 이것(성전의존)이 있다고 해도 그것(논의폐기)은 고려되지 않는다.
vādatyāgas tadā syāccenna tadānabhyupāyataḥ /
upāyo hy abhyupāye'yam anaṅgam ca tadāpi san // (PV IV. 49)

그런 경우 지각과 추리의 두 대상이 흐려져 있지 않으면 성전에서 파악하기를 서원하는 자에 있어서 시의적절할 것이다. 그때는 성전 쪽이 장애가 된다.
tadā viśuddhe viṣayadvaye śāstraparigraham /
cikīṣoḥ sa hi kālaḥ syāt tadā śāstreṇa bādhanam // (PV IV.50)

그것(성전)에 정립된 내용에 대해서 그것(성전)과 모순된 [인식방법으로] 고찰하는 것은 불합리하기 때문이다. [지각과 추리의 대상이 아닌] 제3의 대상(tṛtīyasthānam)에 나아갈 때는 성전에서 파악하는 것이 이치에 맞다.

tadvirodhena cintāyās tatsiddhārthārtheṣu ayogataḥ /
tṛtīasthānasaṅkrāntau nyāyyaḥ śāstraparigrahaḥ//(PV IV.51)

'모든 사색에 있어서 성전이 받아들여져야만 한다고 누가 결정했던가? 그렇다면 정설을 가지지 않은(학문을 하지 않는) 사람들이 연기로부터 불을 인식하는 것도 불가능하게 될 것이다.'(PV IV, 53) 이와 같이 다르마키르티는 성전을 인식론에서 한걸음 떨어져 있게 한다. 인식론으로서 지각과 추리를 크게 칭찬하고, 또한 양쪽의 방법으로 이해할 수 없는 내용을 성전의 언어에서 이해하고자 노력해야만 한다고 생각한다. 성전도 계몽의 일환을 담당하고 있는 것이다.

추리론으로 다시 거슬러 올라가, 여기서 앞에 나오는 디그나가의 게송(Psk II, 6)을 인용하여 다음과 같이 말한다.97)

성인(āpta)의 말씀은 무모순이라는 점에서 [추리와] 같기 때문에, 그(붓다)의 인식(buddhi)은 [대중이] 감관을 초월한 대상을 알지 못해서 추리라고 [디그나가 논사는] 기술하였던 것이다.

āptavādāvisaṃvādasāmānyād anumānatā /
buddher agatyābhihitā parokṣe'py asya gocare // [PV I .219 (G.216)]

____

97) "āptavādāvisaṃvādasāmānyād anumānatā"는 Psk II, 5a의 인용이다. 디그나가는 뛰어난 지각이 작용하기 때문에 그 언어는 논리적이라고 해설하고 있는 것이 北川秀則『인도고전논리학의 연구』92~93쪽에 번역되고 있다.

『니야야수트라』(Ⅱ, 1, 53)에서는, 눈에 보이지 않는(不可見) 대상을 바로 인식하게 하는 것은 추리가 아니라 성인의 말씀이라 하고, 불교인식 논리학파의 입장을 폐기하여 신학의 하인으로 삼고 있다. 그러나 『니야야수트라』(Ⅱ, 1, 56)에서는 언어 자체는 음성이며 무상이라고 하여 사회적 약속에 의한(sāmayika) 용법이 있다고 설하고 있다. 그런데 다르마키르티는 붓다의 말씀을 추리와 같다고 하는 근거를 계속해서 다음과 같이 기술한다.

> 방편을 수반한 버려야 할 것·취해야 할 것의 실상을 정립하여 근본적인 의미를 오해하지 않기 때문에 [붓다의 말씀은] 다른 것(절대적으로 감관을 초월한 대상)에 대해서도 추리가 된다. heyopādeyatattvasya sopāyasya prasiddhitaḥ / pradhānārthāvisaṃvādād anumānam paratra vā // [PV Ⅰ. 220(G,217)]

중생에 있어서 고(苦)의 구제는 기본적 의미이다. 따라서 고의 원리[苦諦]와 고의 원인에 대한 원리[集諦] 및 고의 소멸의 원리[滅諦]와 고를 소멸하는 방법의 원리[道諦]가 그것에 해당하며, 고와 고의 소멸의 원인을 '방편(upāya)'이라고 다르마키르티는 표현하다. '세존은 원인을 설하셨다'라고 전하는 인과론에 불교명제의 특징이 있다. 『프라마나바르띠카』 종교론 제32게송에도 본 게송과 같은 언명이 있다.

> 뛰어난 사람에 의존하여 여실하게 [안다고 다른] 학파는 생각한다. 만약 이 사람이 참으로 뛰어나다고 인정받는다면 그 의의는 알려질 수 있을 것이다.

puruṣātiśayāpekṣaṃ yathārtham apare viduḥ /

iṣṭo'yam arthaḥ śakyeta jñātuṃ so'tiśayo yadi // [PV I .221
(G.218)]

니야야학파가 '성인의 교시(āptopadeśa)'라는 그 성인이 참으로
뛰어난 분이라면 인식이 미치지 않는 것을 그 성인의 교시에 따라서
이해한다는 것도 가능한 것이다. 그러나 니야야학파는 '성인'에 대해
서 어떠한 설명도 하지 않는다. 불교 측은 그 성인이 과연 그러한가?
라고 반문한다.

> 그 인물이 과연 그런가 혹은 그렇지 않은가(덕성이 있는가 혹은
> 과실이 있는가), 타자에게 과실(doṣa)이 있는가 혹은 과실이 없
> 는가는 충분히 알기 어렵다. 다른 학파는 인식근거가 얻어지지
> 않았기 때문이라고 생각한다.
> ayam eva na vety <u>anyadoṣā</u> nirdoṣatāpi vā /
> durlabhatvāt pramāṇānāṃ durbodhety apare viduḥ // [PV I .
> 222(G.219)][98)

마노라타난딘에 의하면 여기서 '다른 학파'란 불교도이다. 자주에
서는 초감관적 대상인 니야야학파가 말하는 성인에 대해서 참과
거짓 여부를 인식하는 수단을 우리가 가지고 있지 않다는 것을 말하
고 있다. 범부가 문소성(聞所成)·사소성(思所成)·수소성(修所成)
의 인식에 의해서 붓다에 대한 진리성을 아는 것은 가능하다. 성전

---

98) M. "anyadoṣā 'nirdoṣatāpi"도 아니고, G. 'anyadoṣanirdoṣatāpi'도 아니다. BB
  S.본에 따른다.

을 듣고서 계몽하고, 논리적으로 그것을 사유하여 실천한다. 다르마
키르티의 『프라마나바르띠카』 종교론은 제2사소성(思所成)과 제3
수소성(修所成)에 주의를 기울인다. 반면 이 추리론은 문소성(聞所
成)·사소성(思所成)에 주의를 기울인다. 성전에 대한 대처를 재촉
하는 것이기 때문이다.

> [그에 있어서는] 모든 과실을 수반하기 때문에 그 증감[을 증명하
> 는 것]에 지나지 않는다. 자아에 집착하여 그것을 닦기 때문에
> 어디서 번뇌를 버릴 수 있을까?
> sarveṣāṃ savipakṣatvānnirhrāsātiśayāśritām /
> sātmībhāvāt tadabhyāsāddhyīyeran āśravāḥ kvacit // [PV I .
> 223(G.220)][99]

쿠마리라도 "그래서 (부처님의 말씀 등에는) 인간을 (언어의) 원
인으로 하기 때문에 거짓의 의미가 있다. 그런데 베다의 화자는 존
재하지 않기 때문에 그런 성질은 없을 것이다."라고 한다.(Śv.II,
169) 그러나 다르마키르티 식으로 말한다면 인간에게 과실이 있는
것은 그들 바라문교도이다. 자아를 세워 집착하기 때문에 과실에서
벗어날 수 없다고 다르마키르티는 비판한다. 이 부분에는 종교론
후반의 실천론을 답습하고 있지만 이어지는 게송은 종교론(제210b;
211a게송)의 인용이다.

> 고통이 없는 진실의 경계를 본성으로 하는 자는 전도된 생각에
> 힘을 써도 장애를 받지 않는다. 마음은 그 방향(고를 소멸하는

---

99) 'āśravāḥ'와 'āsravāḥ'의 두 판본이 있고, Apte의 사전도 양쪽을 등록하고 있다.

길)으로 향하기 때문이다.

nirupadravabhūtārthasvabhāvasya viparyayaiḥ /
na bādhā yatnavattve'pi buddhes tatpakṣapātataḥ // [PV I.
224(G.221)]

마노라타난딘의 해설에 의하면, 고의 성스러운 원리[苦諦]에 의해서 고를 체험해도 고를 소멸하게 하는 방법인 도의 성스러운 원리[道諦]를 체득한 자는 역시 고의 세계로 퇴전(退轉)하지 않으며, 고를 소멸하게 하는 방법인 도(mārga)를 체득한 자는 고를 수련해도 도에서 떠나지 않는다. 성자는 현실에서도 타락하지 않는다. 왜냐하면 나라는 생각[我相]을 불식했기 때문이다. 소위 '길을 걸어가면서도 집을 떠나지 않는다'이다.

모든 종류의 과실은 유신견(자아의식)에서 생긴다. 그것은 무명(avidyā)이다. 집착이 있으면 그것에 의해서 증오 등이 일어난다.
sarvāsāṃ doṣajātīnāṃ jātiḥ satkāyadarśanāt /
sāvidya tatra tatsnehas tasmād dveṣādisambhavaḥ // [PV I.
225(G.222)]

종교론에서는 과실의 근본을 전통적인 언어에서 말하는 유신견(有身見, sakkāyadiṭṭhi)에서 구한다. 미망사학파가 구구절절 이야기하는 인간의 과실(doṣa)은 이 자아의식에서 온 것이라 한다. 12인연의 근본 무명은 이 자아의식이며, 그것을 멸각하면 그 인간에게 덕성(guṇa)이 생긴다고 다르마키르티는 생각한다.

그러므로 무지(moha)는 모든 과실의 근본 원인이라고 언명된다.

유신견이 다른 곳에서 [모든 과실의 근본 원인이라고 언명된다].
전자(유신견)를 멸각하면 [후자도] 없어져버리기 때문이다.
moho nidānaṃ doṣāṇam ata evābhidhīyate /
satkāyadṛṣṭir anyatra tatprahāne prahānataḥ // [PV I .226
(G.223)]

여기서 '다른 곳에서 언명된다'라는 것은 종교론의 서술을 말하고
있다. 간단하게 불교성전의 권위를 내용의 측면에서 살펴보았다.
특히 미망사학파의 성전 인식론에 대해서, 인간의 지각과 추리가
신뢰할 만한 인식이라고 하여 그 완전하지 않을 때 이끄는 것, 요컨
대 존재해도 범부에게는 보이지 않는 도의 세계를 지시하는 붓다의
어록인 성전의 의의에 대해서 간결하게 기술하였다.

제2절 베다 계시론 비판

지금부터는 불교경전과 길항(拮抗)하는 베다성전의 진의성(眞義
性)을 주장하는 미망사학파의 계시론을 비판하는 내용이다. 반대논
사의 자료가 『슈로카바르띠카』에 있다고 본 카르나카고민이 그
제2장(Codanādhikaraṇam)의 제62 · 63 · 71 · 72 · 83 · 90 · 91a · 9
2 · 93a · 99b · 100a 게송을 인용한다. 이미 제1장 제2절에서 쿠마
리라의 입장을 개관한 바 있는데, 여기서는 이들이 설한 것을 종합
한다. 최초의 인용에서 간명하게 이해할 수 있다.

언어에서 과실의 발생은 우선 화자에 의거한 것으로 결정된다.
어떤 경우 그것(과실)이 없는 것은 덕성이 있는 화자에 의거하기

때문이다.

śabde doṣodbhavas tāvad vaktradhīna iti sthitiḥ /
tadabhāvaḥ kvacit tāvad guṇavadvaktṛkatvataḥ // (Śvk. Ⅱ,
62)

쿠마리라 등의 변론은, 이들 참과 거짓이 뒤섞인 상태를 불식한
것은 다름 아닌 비인위적인 베다성전이라는 귀결을 주장하는 것
이다.

인위적인 언어는 다른 인식근거가 기초가 된다. 후자가 없다면
전자는 비난받게 될 것이다. 다른 것(베다의 언어)은 언제나 그렇
지 않다.
pauruṣeye tu vacane pramāṇāntaramūlatā /
tadabhāve hi tad duṣyed itaranna kadācana // (Śvk. Ⅱ, 72)

그러므로 교령이 다른 인식근거와 합치하지 않는 것에 의해서만
이 진리성이 있을 것이다. 그렇지 않고서 [합치하는 경우, 베다의
언어는 다른 인식근거에] 따른다.
tenataraiḥ pramāṇair ya codanānām asaṅgatiḥ /
tayaiva syāt pramāṇatvam anuvādatvam anyathā // (Śvk. Ⅱ,
72)

어쨌든 베다 성전의 내용은 교령으로서 신뢰할 수 있다는 쿠마리
라의 주장이다. 이에 대해서 다르마키르티는 다음과 같이 언급한다.

언어의 진실성의 원인인 덕성은 인간에 의존하는 것이기 때문에

비인위적인 것이 어떻게 허망한 의미가 되지 않는 것인가? 라고
다른 학파(불교 측)는 말한다.

girāṃ satyatvahetūnāṃ guṇānāṃ puruṣāśrayāt /
apauruṣeyam mithyārthaṃ kiṃ nety anye pracakṣate // [PV
Ⅰ.228(G.224)]

탐욕에 의해서 허망한 의미(대상)를 말하고 자비에 의해서 여실
한 의미(대상)를 말한다고 한다면, 비인위적인 언어는 여실한 의미
(대상)를 말할 수 없다고 해야만 한다. 인간의 언어 → 참·거짓,
따라서 인간의 언어가 아닌 베다의 말씀 → 참이라고 쿠마리라는
말하지만, 다르마키르티는 인간의 언어 → 참·거짓, 따라서 인간의
언어가 아닌 베다의 말씀 → 거짓이라고 한다. 쿠마리라는 인간의
언어가 아닌 베다의 말씀에 인간적인 오류가 개입될 여지가 없다는
이유를 제시하지만, 다르마키르티는 인간의 언어가 아닌 베다의 말
씀에 자비 등의 덕성이 있을 수 없다는 이유를 제시한다.

의미를 알게 하는 원인은 사회 계약이기 때문에 인간에 의존한다.
언어가 비인위적이라고 해도 거기에는 허망성이 생긴다.

arthajñānahetur hī saṅketaḥ puruṣāśrayaḥ /
girām apauruṣeyatve'py ato mithyātvasambhavaḥ // [PV Ⅰ.
229(G.226)]

앞장 제4절에서 본 바와 같이 다르마키르티의 언어이론은 사회계
약(saṅketa)설이다. 즉, 비인위적인 언어라고 하면 그것은 사회계약
에 의한 언어가 아니기 때문에 그 의미는 통용되지 않는다. 가네쿠
라 엔죠(金倉圓照)의 『인도중세정신사(상)』(印度中世精神史上,

p.71)에 의하면 설일체유부는 언어를 심불상응행(心不相應行)의 범
주에 두고서 실재하는 것으로 파악하고 있기 때문에 지금의 다르마
키르티 입장과 전혀 다르다. 유정세간(有情世間)이 아니라 기세간
(器世間)적인 존재로 보고 있다. 현실적 존재[실유]라면 '불'이라 발
언하는 순간 혀가 타야 되지 않는가? 라고 말한 비유자는 경량부
논사이며 의미를 인위적 전통에 의거한 것이라 하였다. 그리고 앞서
이하라 쇼렌(伊原照蓮)이 제시한 논문(p.126)에서 '경량부는 ……
언어와 대상의 관계는 계약(saṅketa)에 근거한 것이라고 설한다'라
고 말한다.

만약 언어 의미(śabdārtha, 대상)의 결합이 비인위적이며 영원한
것이라면

> 언어가 하나의 의미(대상)로 규정된다면, [그것을] 다른 의미(대
> 상)로 이해할 수는 없는 것이다. 만약 많은 의미(대상)와 결합한
> 다면 모순된 [의미] 현현이 생길 것이다.
> girām ekārthaniyame na syād arthāntare gatiḥ /
> anekārthasambandhe viruddhavyaktisambhavaḥ // [PV I.
> 231(G.223)]

언어에는 베다나 인간의 언어와 같은 구별이 없다. 영원한 언어
의 의미가 불변하여 이어지는 것이라면 언어는 일정한 의미밖에
가질 수 없지만 그것은 실상과 모순된다. 처음부터 다수의 의미가
결합하고 있다면 언어는 모두 모순된 의미밖에 드러낼 수 없는 것
은 아닌가?

그리고 [언어의] 비인위성을 상정하는 것은 무의미할 것이다. 또

[인간의] 의사표현은 다양한 [의미] 결합이 가능한 원인이다.
apauruṣeyatāyāś ca vyarthā syāt parikalpanā /
vācyaś ca hetur bhinnānāṃ sambandhasya vyavasthiteḥ //
[PV I.232(G229)]

이렇게 해서 언어는 사람들이 약속(saṃskāra)하는 것이며, 의미
전달의 기능을 발휘하고 있다. 언어는 약속되는 것(saṃskārya)이다.
카르나카고민에 의하면 'vyavasthāpya'의 의미이다.

사람들에 의해 약속되지 않는 것에 대해서는 [언어는] 모든 경우
에 무의미하게 될 것이다. 약속에서 [베다의 언어를] 인지한다면
베다교육(mukhya)은 '코끼리 목욕'이 될 것이다.
asaṃskāryatayā pumbhiḥ sarvathā syānnirathatā /
saṃskāropagame mukhyaṃ gajasnanam idam bhavet // [PV
I.233(G.230)]

언어에는 사회적 약속이 있어야만 비로소 통용된다. 만약 사회적
으로 약속되지 않은 언어를 교육으로 이해시키고자 한다면 마치
코끼리가 한 번 목욕한 후 다시 진흙을 몸에 바른 것과 같이 청정한
언어가 다시 더러워지게 되는 것 아닌가? 라고 쿠마리라 등을 야유
한다. '코끼리 목욕'의 의미는 카르나카고민과 마노라타난딘에 의거
한다.

결합관계를 갖는 것이 무상이기 때문에 결합관계에도 영원성은
없다. 영원한 존재는 도움을 받아 이루어지는 것이 아니기 때문
이다. 그리고 [그와 같은 존재에] 기체는 작용하지 않는다.

sambandhinām anityatvānna sambandhe'sti nityatā /

nityasyānupakāryatvād akurvāṇaś ca nāśrayaḥ // (PV I.
234)[100]

영원한 존재는 무상한 존재의 도움(조성, upakāra)을 받지 않는다
는 다르마키르티의 논리는 자주 언급된다. 형이상학적 존재에게 기
체(āśraya)라는 것은 없다고 한다.

그러므로 언어와 의미의 ['결합'] 책정은 분별에 의해서(dhiyā)
이루지는 것이다. [언어가] 실로 의미와 함께 생기는 것이라면
언어에 있어서 성질[언어의 의미]의 역전은 바르지 않다. 분별된
결합관계에는 이러한 과실이 없다.
arthair ataḥ sa śabdānāṃ saṃskāryaḥ puruṣair dhiyā /
arthair eva sahotpāde na svabhāvaviparyayaiḥ //
śabdeṣu yuktaḥ sambandhe nāyaṃ doṣo vikalpite / [PV I.
235; 236a(G.231; 232a)]

언어사용이 역전한다고 하는 우스운 사례를 다르마키르티를 비
롯한 어떤 주석자도 제시하지 않는다. 예를 들면 다르마키르티는
'브헤다(bheda)'를 '개체' 혹은 '보편상'의 의미로 사용하며 또한 '비
야크티(vyakti)'를 '현현' 혹은 '개체'의 의미로 사용한다. '비세사(viś
eṣa)'도 '개체' 혹은 '차별상'의 의미로 사용하는 것을 '성질의 역전'이
라 한다.

---

100) G.본에는 빠져 있다.

반대논사가 말하기를 기체가 소멸해도 [언어의 의미 결합은] 영원하기 때문에 불멸이다. 가령, 류(jāti)와 같이. [답한다.] 영원한 존재에 기체(의존)의 능력이 있다고 인정하는 바의 '기체(의존)'가 어떻게 해서 있을 수 있는가?

nityatvād āśrayāpāye'py anāśo yadi jātivat /
anityeṣu āśrayasāmarthyam kiṃ yeneṣṭaḥ // [PV I .236b;237a(G.233)]

나카무라 하지메(中村元) 박사는 『언어의 형이상학』(1957)에서 문법학파가 말하는 '류(jāti)'를 바이세시카학파와 공통하는 것이라 하고 실체(dravya)와는 다른 것이라 보고 있다고 하며(p.247), 바르트리하리가 어떤 학자의 생각이라 한다. 류 자체에 기체가 있다는 설을 소개하면서 다음 게송 두 개를 번역해두었기 때문에 인용한다.

어떤 사람들은 말한다. '[크게 소멸하는 것에 있어서는] 모든 류(jāti)는 그것의 기체(āśraya)가 단절되지 않는다.' 그런데 모든 존재는 일시에 소멸하지 않는다는 주장을 그들은 확립한다.

anucchedyāśrayām eke sarvām jātim pracakṣate /
na yaugapadyam pralaye sarvasyeti vyavasthitaḥ // (Vākyapadīyam, III, 1, 42)

유일성의 학설을 신봉하는 사람들(ekatvadarśin)과 같이 여러 개체가 근본질료인(根本質料因) 속으로 귀입할 때, 여러 류(jāti)는 자기 기체가 있는 것으로서 실재의 상태(dravyasattva)로 들어간다.

prakṛtau pravilīneṣu bhedeṣv ekatvadarśinām /

dravyasattvam prapadyante svāśrayā eva jātayaḥ // (Vp.Ⅲ,
1, 43)

큰 기체[소의]가 멸해도 류 자체는 기체를 지니고서 잔존한다는
생각이다. 다르마키르티는 소멸하는 것이 어떻게 해서 기체가 될
수 있는가? 라고 반문한 것이다.

인식을 발생시키는 원인인 공동인(sahakārī)들은, 결합관계에
있기 때문에 그것(인식)을 발생시킬 수 있는 것에서, 병 등에도
도리(이치)를 아는 자들은 발생이 현현(vyakti)하게 된다는 것을
인정한다. 변화하지 않는 존재들에 차이가 없다면 스스로 현현하
는 존재들에 의해서 어떤 의미가 생기는가? 그들에 의해서 그것
들이 현현케 된다고 생각한다.
jñānotpādanahetūnāṃ sambandhāt sahakāriṇām /
tadutpāanayogyatvenotpattir vyaktir iṣyate //
ghaṭādiṣv api yuktijñair aviśeṣe'vikāriṇām /
vyañjakaiḥ svaiḥ kṛtaḥ ko'rtho vyaktas tais te yato mataḥ
// [PV Ⅰ.237b~239a(G.234;235)]

무상한 대상에 대한 무상한 분별적 인식이 등불이라는 공동인의
도움을 받아 생기며, 언어로 '이것은 병이다'라고 표현한다. '현현'이
란 바르트리하리가 생각하는 것과 같은 영원한 형이상적 스포타(sp
hoṭa)=브라흐만의 전개가 아니라 그 찰나에 현현하는 무상한 인식
의 현현이다.

[언어의 의미의] 결합이 현실적 존재라면 [현실적 존재와 의미는]

서로 다른 것이 되기 때문에 [언어의 인식도 다채로운 것이] 될
것이다. [결합이 언어·의미와] 동일한 경우, [표시하는 것과 표
시되는 것의] 양자만으로는 그것 이외의 현실적 존재의 이해는
있을 수 없다.
sambandhasya ca vastutve syād bhedād buddhicitratā /
tābhyām abhede tāv eva nāto'nyā vastuno gatiḥ // [PV I.
239b;240a(G.236)]

  문법학파에 있어서 언어가 의미를 가지는 능력은, 언어 의미의
결합(sambandha)이라는 것으로 현출하기 때문에 가트야야나가 중
시하고 파탄잘리가 그것을 영원한 존재라 언명했다고 한다. 바르트
리하리도 언어의 결합, 요컨대 언어의 의미는 영원하다고 하여 오히
려 언어에서 관념(pratyaya)이 생겼다고 한다. 반면 다르마키르티는
관념에서 언어가 생기는 것이라고 주장한다. 이미 제1장 제1절에서
본 바와 같이 『미망사수트라』(I, 1, 5)는 '언어와 대상의 결합은
본래적인 것'이라 한다.

현실적 존재인 형색의 결합은 여러 가지이기 때문에 '결합'은 분
별[적 인식]의 소산이다. 또한 유(sat)는 다른 것에 의존한다든지
혹은 실체(dravya)가 다른 [것과] 결합[한다고 하는 것]은 도대
체 어떠한 것인가?
bhinnatvād vasturūpasya sambandhaḥkalpanākṛtaḥ /
sad dravyaṃ syāt parādhīnaṃ sambandho'nyasya vā katha
m // [PV I.240b;241a(G.237)]

'결합'은 실체가 아니다. 그것 자체, 타자 없이 생길 수 없는 것이

다. 언어 의미의 결합을 대단히 중요시하고 실체시한 문법학파의
관념의 소산이다.101)

> 자음(字音, varṇa)은 [그것 자체] 무의미한 존재이며, 단어(pada)
> 등은 분별적 존재이다. [이와 같은] 비현실적인 존재에서 이 결합
> 이라는 현실적 존재가 어떻게 존재하는 것인가?
> varṇā nirarthakāḥ santaḥ padādi parikalpitam /
> avastuni katham vṛttiḥ sambandhasyāsya vastunaḥ // [PV
> Ⅰ.242b;242a(G.238)]

문법학파와 미망사학파는 언어와 의미의 결합을 실체시하지만
다르마키르티는, 더해진 단어 등은 자음의 집합에 지나지 않는다고
말한다.

> 들리는 바로는 작자가 전해지지 않기 때문에 [베다성전의] 비인
> 위성이 인정된다고 하지만, 그러나 거기에도 반복하여 노래하는
> 자는 있는 것 아닌가. 아아! 너무나 어리석은 바보여!
> apauruṣeyatāpīṣṭā kartṛṇām asmṛteḥ kila /
> santy asyāpy anuvaktāra iti dhig vyāpakam tamaḥ // [PV Ⅰ.
> 242b;243a(G.239)]

여기서 카르나카고민은 『슈로카바르띠카』 제7장(Vākyādhikara

---

101) '수트라와 평석(評釋)의 주소(註疏) 저자인 여러 대성인(大聖人)에 의해서 언어와
의미의 결합은 영원하다고 전승되었다. nityāḥ śabdārthasambandhāḥ samāmnāt
ā maharṣibhiḥ / sūtrāṇām sānutantrāṇām bhāṣyānām ca praṇetṛbhiḥ // (Vp.
Ⅰ, 23) 나카무라 하지메(中村元)의 『언어의 형이상학』 p.222에 인용되어 있다.

ṇa) 제366게송을 인용한다.

> 베다의 학습은 모두 스승에게 나아가는 것을 전제로 하고 있다.
> 베다학습이라는 언어의 의미에서 [그것이 증명된다]. 가령, 지금
> 학습하고 있는 것과 같이.
> vedasyādhyayanaṃ sarvam gurvadhyayanapūrvakam /
> vedādhyayanavācyatvād adhunādhyayanam yathā //

베다는 언제나 스승으로부터 전해지며 이렇게 해서 작자라는 존
재가 없다고 쿠마리라는 말한다. 이에 대해 다르마키르티는 '비인위
라고 말하면서 현재 노래하는 자는 누구인가?' 라고 반박한다. 불교
도는 베다의 작자를 아쇼다카 등이라 하고, 바이세시카학파는 작자
가 히란야가르바 등이라 전해지고 있다고 다르마키르티는 해설한
다.(M.80, 18; G.120, 15∼16) 『쿠마라상바바』는 (전체 17장 가운데
앞의 8장만이) 카리다사의 작이라고 말하지만, 여하튼 거기에도 작
자는 있다. 다르마키르티는 마찬가지로 베다에도 작자가 있다고 말
한다.

> 어떤 사람은 한 사람이 다른 사람에게 어떤 문자와 자음, 단어의
> 순서를 듣지 않고서는 [어떠한 것도] 말할 수 없는 것처럼 타자도
> 마찬가지라고 말한다.
> yathāyam anyato'śrutvā nemam varṇapadakramam /
> vaktum samarthaḥ puruṣas tathānyo'pīti kaścana // [PV I.
> 243b;244a(G.240)]

'어떤 사람'이란 쿠마리라이다. 쿠마리라에 의하면 인간은 모두

학습자이다. '지금'에서는 유명한 『쿠마라상바바』도 학습의 대상일 수밖에 없지만 작자가 있다는 것은 누구나 다 알고 있다고 다르마키르티는 자주에서 반론하고 있다. 베다가 비인위인 듯 보인다(들린다)라고 한다면, '현대인(idānīmtanā)'에게 교육 없이 읽을 수 없지만 그것은 『쿠마라상바바』도 마찬가지이다. 즉 읽을 수 없다고 해도 작자가 카리다사라는 것은 누구나 다 알고 있다.

> 혹은 다른 저서(racito grantha)는 교육 없이도 타자에게 보여져서, 게다가 이와 같이 [작자가 있다고] 추론되지 않는 이유가 무엇인가를 기술해야 할 것이다.
> anyo vā racito granthaḥ sampradāyād ṛte paraiḥ /
> dṛṣṭaḥ ko'bhihito yena so'py evaṃ nānumīyate // [PV I .244 b;245a(G.241)]

저서라는 점에서 베다나 문학작품은 차이가 없다는 말을 다르마키르티는 하고 있다.

> 그것과 같은 종류이며 그것으로부터 성립한다면 원인이 보이지 않는 다른 것에서도 그것과 다르지 않는 것이 이해된다. 가령 땔감과 불과 같이.
> yajjātīyo yataḥ siddhaḥ sa tasmād agnikāṣṭhavat /
> adṛṣṭahetur anyo'py aviśiṣṭaḥ sampratīyate // [PV I .245b; 246a(G.242)]

불에 의해 소멸한 땔감에 관해서도 불이 원인이었음을 누구나 알고 있다. 다르마키르티는 원인이 없다면 결과도 없지만 결과가

있기 때문에 원인도 있다는 '결과로서의 논리적 이유(結果因)'를 변
증의 근거로서 자주(自註)에서 설명하고 있다.

> 그 [논의에서 그대가] 전개하고 있는 논리적 이유는 [베다의 학습
> 과 저작의] 차이를 개시하여 비슷한 결과를 제시한 것일 뿐이기
> 때문에 모두 오류이다.
> tatra pradarśya ye bhedaṃ kāryasāmānyadarśanāt /
> hetavaḥ pravitanyante sarve te vyabhicāriṇaḥ // [PV I .246
> b;247a(G.243)]

여기서 비베다의 무리인 불교도 등도 만트라와 같은 것을 제시하
고 만트라의 작자가 있다는 것은 알고 있다고 하여, '현대'의 만트라
작자가 존재한다는 것을 베다 비인위설에 대한 반증으로 삼고 있다.
불교 다라니를 다르마키르티가 어떻게 원용하고 있는가를 여기서
명확하게 파악할 수 있다. "어떤 변방의 사람들은 지금도 만트라를
짓고 있으며 비베다의 무리인 불교도 등도 만트라와 같은 것이 보이
기 때문이다. 그리고 그것들은 인간에 의해 지어진 것이기 때문이
다."102)

여기서 베다의 호칭인 만트라('성구'이며 브라흐마나를 제외한 부
분)에 관한 다르마키르티의 용법을 확인해두고자 한다. 다르마키르
티는 이미 그것은 '주문 구' 일반으로서 창작된 것이라 하여 의료를
대신하는 주문에서 불교 다라니까지 널리 인정하고 있다. 그 '위력'
은 진실한 말씀(satyavāk)에 부가하여 작자의 지식, 서원, 서계 등에
의한 위력이다. 그와 같은 작자의 위력 요컨대 가지(加持)의 힘은

---

102) M.82, 19~20 [G.123, 19~20]

존재하지만, 보이지 않는 것도 많아서 비존재를 추론하는 '비인식으로서의 논리적 이유(非認識因)'는 이것에 대해서 적용할 수 없다고 한다. 작자를 '시장에서 장사하는 사람(rathyāpuruṣa)'이라 말하는 것도 있고, 얼핏 보면 그 방면의 전문가처럼 보이지 않는 것도 주목할 만한 서술이다. 다르마키르티는 '일체지(sarvajñāna) 부정 등도 여기서 답했다'라고 말한다.103) 이것은 쿠마리라가 아래와 같이 '일체지자'를 야유한 것에 대해서, 존재하고 있어도 알 수 없는 것이 있다고 말한 것이다. 가치는 인정하지 않으면서 그와 같은 존재를 부정하지도 않는 다르마키르티의 견해를 잘 알 수 있다.

> 하나의 인식근거로 일체지가 있다고 생각한다면 지금 그는 눈으로 맛 등 모두를 아는구나!
> ekena tu pramāṇena sarvajño yena kalpyate /
> nūnaṃ sa cakṣuṣā sarvān rasādīn pratipadyate // (Śvk. Ⅱ, 112)

> 초월적인 지각이 존재한다고 해도, 멀리 떨어진 존재나 미세한 존재와 같은 지각에서도 자신의 대상을 초월할 수가 없기 때문이다. 가령, 귀에 색에 대한 지각은 없는 것과 같이.
> yartāpy atiśayo dṛṣṭaḥ sa svārthānatilaṅghanāt /
> dūrasūkṣumādidṛṣṭau syānna rūpe śrotravṛttitā // (Śvk. Ⅱ, 114)

그러나 쿠마리라는 '우리 쪽은 법지자(法知者)만 부정하면 좋다

---

103) M.83, 10~20 [G.124, 22~23]

고 한다. 다른 모든 것을 아는 사람을 어떻게 배척해야 할 것인가라
고도 말하여 법의 인식근거(nimitta)인 베다성전의 불가침성을 절대
의 변호점으로 삼는다.104)

하여튼 [쿠마리라의 변증은 베다에] 시작이 없는 것을 정립하는
것에서 [모순하기 때문에] 이렇게 해서 비인위적인 기체는 없다.
그러므로 비인위라는 것이 된다면 다른 [언어활동]도 [인간적인]
기체는 없는 것으로 될 것이다.
sarvathānāditā sidhyed evaṃ nāpuruṣāśrayaḥ /
tasmād apauruṣeyatve syād anyo'py anāśrayaḥ // [PV I .247
b;248a(G.244)]

역대 학습자 가운데 처음에 위치하는 사람을 작자라고 한다. 그리
고 그것은 어린아이의 모래장난처럼 오랜 옛날부터 이어져 왔던
인간의 삶이라고 다르마키르티는 말하는 것이다.(M.83, 28; G.125,
17~18) 계시가 아니라고 말하면서 『마하바라타』 역시 대대로 전
승되고 있다. 따라서 그대가 말하는 것에는 모순이 있다고 한다.

야만인 등의 언어나 허무론자(nāstikya)의 언어도 시작이 없기
때문에 그와 같은 것(비인위적인 것)으로 되어버린다. [그대의
입장에서는 이상할 것이다.] 과거의 협약이 이어져 왔기 때문에
그와 같은 비인위성이 증명된다 한들 무슨 소용이 있을까?
mlecchādivyavahārāṇāṃ nāstikyavacasām api /
anāditvāt tathābhāvaḥ pūrvasaṃskārasantateḥ //

---

104) 『브리하드디까』 의 인용. Tsk.3127

tādṛśe'pauruṣeyatve kaḥ siddhe'pi guṇo bhavet // [PV I .248
b;249(G.245;246a)]

[베다에는] 의미 협약의 다른 것이 있다는 것을 경험하기 때문에
[비인위성이라는 것에] 더욱더 의문이 있다. 자음(字音)은 다른
[언어]와 다르지 않기 때문에 [베다 언어의] 비인위성을 변증하
는 것에 무슨 성과가 있을까?
arthasaṃskārabhedānāṃ darśanāt saṃśayaḥ punaḥ /
anyaviśeṣād varṇānāṃ sādhane kim phalam bhavet // [PV
 I .250(G.246b;247a)]

베다학자나 제식학자는 베다를 개찬(改竄, 글자나 글귀를 고치는
것)하기까지 하여 해석한다고 다르마키르티는 말한다. 이면까지 다
알고 있는 다르마키르티의 혀끝은 예리하다. 이상으로 쿠마리라 등
에 대한 비판을 마친다.

제3절 스포타설 비판

지금부터는 문법학파 즉, 바르트리하리의 언어 형이상학설을 비
판하고자 한다. 바르트리하리의 『바크샤파디야』는 불교논리학파
의 필독서이며 브라흐만설에도 통하게 하는 언어 형이상학을 만족
시켰다. 지금까지 학계에서는 산타라크시타의 『타트바상그라하』
제5장(Śabdabrahmaparīkṣā)이 그 학설에 대한 비판으로 알려져 있
다. 바르트리하리를 비판했다는 점에서도 다르마키르티는 산타라크
시타의 선구이다.

문장(vākya)은 자음(varṇa)과 별개로 존재하는 것이 아니다. [그와 같은 것으로 즉 별개로는] 지각되지 않기 때문이다. [문장이 그 경우] 다수의 부분으로 구성된다면 그것들은 개별적으로 [존재하는 것은] 무의미하게 된다.

vākyaṃ na bhinnaṃ varṇebhyo vidyate'nupalambhanāt /
anekāvayavātmatve pṛthak teṣāṃ nirarthatā // [PV I .251(G. 247b;248a)]

문장을 비인위적인 것으로 생각하는 반대논사에 대해서 문장의 본체는 자음(字音)의 집합에 지나지 않는다고 다르마키르티는 답한다. 그리고 문장의 본체(svarūpa) 이론에 대해서 인위적인 것이라 주장한다.

그리고 그 상이 아닌 것에 대해 상임을 분별하는 것이다. '[소년은] 사자다' 등이라 한다. [단어와 같이] 하나하나 문장의 의미가 있다고 해도 [문장이] 다수의 부분으로 이루어진다고 생각하는 것은 잘못이다.

atadrūpe ca tādrūpyaṃ kalpitaṃ siṃhatādivat /
pratyekaṃ sārthakatve'pi mithyānekatvakalpanā // [PV I . 252(G.248b;249a)]

문장은 글 중의 어디에 본체(svarūpa)를 둘 것인가에 대해 바르트리하리는 『바크샤파디야』 제2권에서 논하고 있다. 서두의 게송에서 다음과 같이 말한다.

문장에 대해서 정리(正理)의 논자는 많은 생각을 가지고 있다.
[문장의 본체는] ①동사의 언어, ②(단어의) 집합, ③집합에 있는
류(類), ④전체적인 한 단어, ⑤순차의 단어, ⑥인식의 통일, ⑦최
초의 단어, ⑧관심을 기울이는 각각의 단어 전부라고도 한다.

ākhyātaśabdaḥ saṅghāto jātiḥ saṅghātavartiṇi /

eko'navayavaḥ śabdaḥ kramo buddhyanusaṃhṛtiḥ //

pādam ādyam pṛthak sarvam padaṃ sakāṅkṣam ityapi /

vākyam prati matir bhinnā bahudhā nyāyavādinām // (Vp.
II.1~2)

이 8가지 설에 대해 다르마키르티도 깊이 연구하여 '문장은 유의
미한 본체(arthavān ātmā vākyam)'라 하고, 문장을 형성하는 다수의
부분(avayavā) 그 자체는 무의미하다고 한다.

소년에 대해서 사자의 성질을 보는 것처럼, 인위적인 개념구상을
대상에 귀속한다. 언어는 분별과 표리를 이룬다는, 앞장에서 본 언
어 인식론을 전제하고 있다. 그리고 이어지는 게송에 대해서 카르나
카고민은 바르트리하리의 설명인 듯한 문장을 인용한다. 다르마키
르티는 위에 인용한 바르트리하리의 여러 학설 가운데 ①·⑤·⑦
·⑧의 설을 제시하고 있다. 그 자신의 설은 ⑥을 더욱 밀고 나간
것이다.

그리고 [단어에 문장의 의미가 있다고 한다면] 한 단어를 이해하
는 것만으로 문장의 의미 [전체]가 이해될 것이다. [하지만 그것
은 우리의 경험을 위반한다.] 전체를 한 번에 듣는다고 한다면
시간의 구별이 있는 것은 이치에 맞지 않는다.105)

여기서 카르나카고민은 다음의 문장을 '바르트리하리가 말하기를'라고 하며 인용한다. "모든 (단어)에 개별적으로 (문장의) 전체 의미가 갖추어져 있다. 단어마다 전체 의미가 충만해 있기 때문이다. 그 경우 최초의 단어가 사용되면 거기에 모든 형상의 의미를 파악하기 때문에 제한이나 다시 설하는 것의 기초인 다른 단어들을 (그 뒤에) 알아가는 것이다."[106] 최초의 단어에 문장의 의미가 갖추어져 있다고 해도 이어지는 단어에서 그것을 분명하게 알게 하기 위해서 제한을 가한다든지 다시 설한다든지 하는 것이라는 의미이다. 그와 같은 견해를 다르마키르티는 비판하고 있다.

> 왜냐하면 개별적으로 [문장의 의미가] 있다고 해도 비차별적[인 스포타인 것]이 차례대로 이해되고 있다고 할 수는 없기 때문에 그 무상이며 [인간의] 노력에 의해 생기는 것이 어떻게 해서 인위적인 것이 아닌가?
> ekatve'pi hi abhinnasya kramaśo gatyasambhavāt /
> anityaṃ yatnasambhūtam pauruṣeyaṃ kathaṃ na tat // [PV Ⅰ.254(G.250b;251a)]

'비차별적인 스포타의 성질을 갖는 것'이라는 말은 마노라타난딘의 주해이다. 단일한 것은 한 번에 발현한다는 이치와, 그렇지 않고 자음(字音)에 준해서 차례대로 이해한다는 경험의 차이를 논한다.

---

105) 게송의 문장이 빠져 있기 때문에 여기에 덧붙인다. 'ekāvayagatyā ca vākyārtha pratipad bhavet / sakṛcchrutau ca sarveṣāṃ kālabhedo na yujyate //' [PV Ⅰ. 253(G.249b;250a)]

106) 原田은 이 한정과 다시 설하는 문장론을 미망사학파의 것이며, 바르트리하리 자신의 것은 아니라고 한다.

[문장이] 영원한 것이라면 항상 지각되어야 [할 것이다]. 장애가
없기 때문이다. 무엇인가 공동인을 결여하기 때문에 [들을 수 없
는 것이라면] 나는 기쁘게 다른 데 의존하고 싶다. 그러나 [문장
의 본체가] 제한된다는 것은 [공동인과] 모순된다.

nityopalabdhir nityatve'py anāvaraṇasambhavāt /

aśrutir vikalatvāccet kasyacit sahakāriṇaḥ /

kāmam anyapratīkṣāstu niyamas tu virudhyate // [PV I.
255;256a(G.251b;252)]

공동인이 돕는다는 생각은 인과론적으로 불교 측에 수용되지만,
미망사학파 등과 같이 단어를 이어서 문장의 의미를 제한(niyama)
하고 있다고 말하는 것은 단어 본체의 조성이라는 생각과 모순된다
고 말하는 것이다.

만약 그것들(단어들에 스포타)이 편재해 있다고 한다면 모든 것
이 동시에 지각되어야 하며, 편재해 있지 않다고 한다면 [단어들
은] 어디에도 지각되지 않아야 할 것이다.

sarvatrānupalambhaḥ syāt teṣām avyāpitā yadi /

sarveṣām upalambhaḥ syād yugapad vuāpitā yadi // [PV I.
256b;257a(G.253)]

원래 스포타인 원 언어는 현현하지 않는 것으로 간주된다. 그렇다
면 전혀 지각할 수 없는 것이 되며, 문장에서 그것이 현현한다고
말한다면 전체로서 한 번에 현현하는 것이라는 귀류 논법이다. 전반
게송과 후반 게송을 편의상 바꾸어 번역했다.

그리고 지어진 것을 지각한다고 말한다면 [스포타인] 변하지 않는 것을 누가 짓는가? 감관이 지어진 것이라면 그것(감관)은 모든 것을 듣게 될 것이다.

saṃskṛtasyopalambhe ca kaḥ saṃskartā avikāriṇaḥ /
indriyasys hi saṃskāraḥ śṛṇuyānnikhilaṃ ca tat // [PV I.
257b;258a(G.254)]

아이어(K. S. Iyer)의 바르트리하리(1969, p.161)에 의하면, 음성에 의해서 스포타가 어떻게 언어로서 표상된 존재에 현현하는가에 관해서 세 개의 고찰이 있다고 한다. 즉, ①새로운 의미를 청각으로 전한다, ②스포타 자신에게 언어의 적합성(saṃskāra)을 부가한다, ③그 양쪽 모두라고 하는 세 가지 설이다. 어쨌든 스포타(나카무라 하지메 박사에 의하면 언어 자체이기 때문에 바르트리하리는 그 본체를 류로 간주했다고 하는 것)에 대해서 무엇으로부터의 형성(saṃskāra)을 더한다고 하는 사고가 된다. 아이어가 말하는 'fitness'는 'yogyatā'의 번역어로도 사용되지만, 그 장소 그 시간의 적절한 언어 대상을 끌어낸다는 의미이며, 반드시 스포타의 형성(saṃskāra)이 되는 것이다.

여러 가지 형성의 차이 때문에 [언어의 작용에서] 하나의 의미로 한정되는 것이라고 한다면 다수의 언어가 폭주하여 '왁자지껄'하게 들리는 것은 무슨 까닭인가?

saṃskārabhedād bhinnatvād ekārthaniyamo yadi /
anekaśabdasaṅghāte śrutiḥ kalakale katham // [PV I.258b;
259a(G.255)]

[반대논사가 말하기를] 음성이 단순히 그와 같이 들릴 뿐이다. [답한다.] 그렇지 않다. [음성은 의미의] 표현자이기 때문이다. 음성(dhvanaya)과는 다른 [스포타가] 존재한다는 신념은 과대적용[의 오류를 범하는 것]이다.

dhvanayaḥ kevalaṃ tatra śrūyante cenna vācakāḥ /

dhvanibhyo bhinnam asīti śraddheyam atibahv idam // [PV
Ⅰ.259b;260a(G.256)]

각기 다른 언어가 있는데 [폭주하여 '왁자지껄'이라는] 표현으로 들리는 것은 무슨 까닭인가? 혹은 어떻게 해서 [언어의] 능력 한정과 다른 음성 이해가 있는 것인가?

sthiteṣv anyeṣu śabdeṣu śrūyate vācakaḥ katham /

kathaṃ vā śaktiniyamād bhinnadhvanigatir bhavet // [PV Ⅰ.
260b;261a(G.257)]

언어 의미의 한정은 언어에 내재하는 능력의 권한이라고 문법학파는 생각했다. '능력은 실로 언어에 의존하며 (언어는) 그 모든 것을 결부시키는 것이다.'(Vp.Ⅰ.118)

[반대논사가 말하기를] 어떠한 과실에 의해서도 음성은 [의미를] 표현하는 것이 아니라고 생각한다. [답한다.] 음성에 의해서 표시된 이 ['왁자지껄'에는] 어떻게 해서 그[와 같은 과실이] 없는 것인가?

dhvanayaḥ sammatā yais te doṣaiḥ kair apy avācakāḥ /

dhvanibhir vyajyamāne'smin vācake'pi kathaṃ na te // [PV
Ⅰ.261b;262a(G.258)]

바르트리하리는 '음성이 순서대로 생기는 것이기 때문에' 스포타는 순서의 모습으로(kramarūpeṇa) 지각된다고 말한다.(Vp I .48) 그에 대해서 다르마키르티는 다음과 같이 말한다.

> 문장(스포타)은 자음(字音)의 순서(ānupūvī)라고 한다면 그렇지 않다. 자음은 순서와 같기 때문이다. 그리고 그들(자음)의 [순서] 확정은 다른 순서와 모순하기 때문이다.
> varṇānupūrvī vākyaṃ cenna varṇānām abhedataḥ /
> teṣāṃ ca na vyavasthānam kramāntaravirodhataḥ // [PV I . 262;263a(G.259)]

바르트리하리 등이 생각하는 음성 순서는 베다에 준하는 것이지만, 일상 언어를 중시하는 사고에서는 화자의 의사 그대로 되기 때문에 문장의 본체는 자음의 순서라는 사고는 실상과 맞지 않다.

> 장소와 시간에 의한 순서는 존재하지 않는다. 왜냐하면 [쿠마리라 등에 의한 언어의] 편재성과 영원성이라는 설명 때문이다.
> deśakālakramabhāvo vyāptinityatvavarṇanāt / [PV I .263b (260a)]

쿠마리라는 『슈로카바르띠카』 제6장(Śabdanityatādhikaraṇa)에서 '그것에 의해서 재인식으로부터 어떻게 해서 영원성을 증명할 수 없는가?'라고 말한다.(Śvk I .386b) 언어의 시간과 장소를 불문한 재인식의 지각에서 언어의 영원성과 편재성을 증명할 수 있다고 강하게 주장한다. 다르마키르티는 그것을 이용하여 음성 순서라는

장소와 시간을 한정할 수는 없다고 논박한 것이다. 이것은 야유이기
도 하다.

[문장을 제한요인에 의해서] 무상하여 편재하지 않는 언어라고 했
을 때의 난점은 앞서 기술했다. 문장은 [자음의] 현현 순서도 아니
다. 영원한 존재의 현현은 형상(ākṛti)을 지니지 않기 때문이다.
anityavyāpitāyāṃ ca doṣaḥ prāg eva kīrtitaḥ /
vyaktikramo'pi vākyaṃ na nityavyaktinirākṛteḥ // [PV I .26
4(G.260b;261a)]

앞의 제254~256게송에서 본체적인 스포타가 무상한 권한을 드
러내면, 특정한 장소만 갖는다는 견해의 모순을 다르마키르티는 지
적한다.

여러 감관기관의 작용만으로 그것들(자음)이 성립하기 때문에
[문장은] 결과이다. 의미가 성립할 때 자신(화자)의 인식에 의해
서 타자의 통각의 원인이 된다. 그것이 [의미의] 표현자가 된다고
우리는 생각한다.
vyāpārād eva tatsiddheḥ karaṇānāṃ ca kāryatā /
svajñānenānyadhīhetuḥ siddhe'rthe vyañjako mataḥ // [PV
I .265(G.261b;262a)]

언어 자체는 입에서 생기는 음성이라고 즉물적으로 생각해도 좋
다. 다만 화자의 의사에 의해서 그 의미가 청자에게 전달된다.

혹은 백보 양보하더라도 [언어를] 등불과 같이 [의미를 비추는

것]이라 해도 그 작인과 무슨 차이가 있는가? 모든 작구가 작동하는 것에서 [언어를] 지각하는 것이기 때문이다. 또한 [언어는] 확실히 결과이다. 표현자[인 스포타]에는 그것(결과)이 생기지 않기 때문이다.

yathā dīpo'nyathā vāpi ko viśeṣo'sya kārakāt /
karaṇānāṃ samagrāṇām vyāparād upalabdhitaḥ //
niyamena ca kāryatvaṃ vyañjake tadasambhavāt / [PV I .26 6;267a(G.262b;263)]

바르트리하리는 언어를 비추는 것, 의미를 비춰지는 것이라 하였다. 다르마키르티는 가령 등불과 같이 의미를 비춘다고 해도 원인은 사람의 의사라고 말한다. 또한 바르트리하리는 스포타를 표현자(vyañjaka), 음성을 표현되는 것(vyaṅgya)이라고도 한다.[107]

또한 그대에 있어서 그 형상의 은폐를 분리하는 것이 [언어의] 권한이라고 한다면 [분리해버린] 비존재에 대해서 감각기관들의 그 힘이 지금 어떻게 해서 작용하는 것인가?

tadrūpāvaraṇānāṃ ca vyaktis te vigamo yadi /
abhāve karaṇagrāmasāmarthyaṃ kiṃ nu tad bhavet // [PV I .267b;268a(G.264)]

'스포타(sphoṭa)'의 원래 의미는 은폐되어 있는 것이 분리되어 현

---

107) "마치 감관과 대상의 결합관계가 결정적으로 성립하고 있는 '것과 같이 스포타와 음성 사이에도 표현하는 것과 표현되는 것의 관계가 성립한다."(grahaṇagrāhyayo ḥ siddhā yogyatā niyatā yathā / vyaṅgyavyañjakabhāvena tathaiva sphoṭan ādayoḥ // Vp I , 98). 中村元의 앞의 책 274~275쪽에 인용되어 있다.

현하는 것을 일컫는다고 한다. 그런데 은폐되어 있는 것을 분리하는 것만으로는 남아 있는 유(有)에 대해서 말하는 바가 없다. 문법학자의 불공평함을 다르마키르티는 간과하지 않는다.

> [스포타는] 마찬가지로 언어이기 때문에 다른 것[의미]도 현현하는 모순이 [그대의 설에서는] 발생한다. 그와 같이 인정한다면 모든 표시자는 무의미하게 되어버린다.
> śabdaviśeṣād anyeṣām api vyaktiḥ prasajyate /
> tathābhyupagame sarvakaraṇānāṃ nirarthatā // [PV I .268 b;269a(G.265)]

스포타가 순일무잡한 것이라면(바르트리하리는 스포타를 브라흐만과 동일시한다), 모든 의미를 표시하는 것으로 되어버린다는 것을 다르마키르티는 지적한다.

> '재인식(pratyabhijñāna)'이라는 논리적 이유가 바른 논증식 등으로 생각되고 있지만 유례가 없다. 모든 존재는 찰나멸이기 때문이다.
> sādhanam pratyabhijñānaṃ satprayogādi yanmatam /
> anudāharaṇam sarvabhāvānāṃ kṣaṇabhaṅgataḥ // [PV I . 259b;270a(G.265)]

쿠마리라가 언어의 영원성을 재인식에서 논증하는 것은 『슈로카바르띠카』 제6장의 제322게송부터이다. 그러나 다르마키르티의 입장에서 말하면, 유례에 의해서 대전제가 되는 변충이 논리적 이유(能證)와 논리적 귀결(所證) 사이에 성립하고 있음을 제시하지 않으

면 바른 논리적 이유라 할 수 없다. 입론자와 반론자 모두 인정하는
유례를 제시해야 비로소 논증이 성립한다고 다르마키르티는 보고
있다.

> 다른 올바르지 않은 논리적 이유(能證)도 논파되지 않으면 안
> 된다. 지각이 인간을 근거로 하지 않는다면 승인되고 있는 감관
> 지각, 인지, 추리에 의해서 마찬가지로 배제된다.
> dūṣyaḥ kuhetur anyo'pi buddher apuruṣāśraye /
> bādhābhyupetapratyakṣaprayītānumitaiḥ samam // [PV I.
> 270b;271a(G.267)]

스포타인 언어의 본체는 형이상학적인 것이기 때문에 바르트리
하리를 기다릴 것까지도 없이 바라문교에서는 언어(vāk)는 4분의
3이 천상세계에 속하고 원인(原人)인 푸루샤(puruśa)와 같이 4분의
1만이 인간세계에 속한다고 읊조린다.(『리그베다』 I, 164, 45) 그
러나 다르마키르티의 언어관은 앞장에서 본 바와 같이 인식론적인
것이다.

> 그리고 순서가 자음과 다른 것이라는 설은 스포타[비판]에 의해
> 서 검토했다. 그것(순서)은 관념이며 분별로 인해 구성된 것이다.
> 혹은 그것이 어떻게 해서 푸루샤[原人]를 근거로 하지 않는 것인
> 가?
> ānupūrvyāś ca varṇebhyo bhedaḥ sphoṭena cintitaḥ /
> kalpanāropitā sā syāt kathaṃ vā'puruṣāśrayā //[PV I.271b;2
> 72a(G.268)]

이상에서 바르트리하리나 쿠마리라를 향한 언어의 존재론적 논쟁을 마쳤다. 우리는 'sphoṭena cintitaḥ'라는 다르마키르티의 언어에서 '스포타'라는 주제를 가진 논의였음을 알 수 있다.

제4절 언어의 무상성

스포타설 비판에서 시점을 약간 바꾸어 다르마키르티는 언어가 무상 혹은 찰나멸임을 변론해간다. 먼저 다르마키르티는 주제의 변증을 제시했다.

> 소멸은 존재에 반드시 수반하는 것이기 때문에 언어는 무상이다.
> sattāmātrānubandhitvānnāśasyānityatā dhvaneḥ / [PV I .272
> b(G.269a)]

언어(dhvani=śabda)가 무상인 것은, 니야야학파도 포함하여, 무상성의 논리 모델이 되고 있다. 디그나가가 사용한 논리적 이유는 '의지 직결성(prayatnānantarīyaktā)'이지만, 다르마키르티는 무상성=찰나멸성의 논리적 이유에 존재성(utpattimattva=sattva)을 사용했다. '본질로서의 논리적 이유(自性因, svabhāvahetu)'라 하여 대상의 내포를 분석하는 것에서 논리적 이유로 여길 수 있는 것은 앞장 제4절에서 본 아포하 이론의 도입에서 다르마키르티가 설명하고자 한 바이다.

그러나 언어를 즉물적으로 파악하는 사고방식은 밧쯔야야나가 소개하고 있다. 니야야학파의 성전의 정의는 '성인의 교시(āptopadeśa)'이며 바라문교와 불교의 중간 입장이라고 할 수 있다. 밧쯔야야나는 '언어(śabda)'를 성전보다는 자연현상으로 이해하는 상키야, 바이세시카, 불교의 3대 학파 정의를 소개한다.(Nbh. p.361f) 계시성전과 언어, 음성의 세 가지 의미를 보존하고 있는 것이 정의를 곤란하게 하는 측면이 있지만, 언어 자체에 대해서는 니야야·바이세시카 학파와 불교가 무상(anitya)이라는 사고방식에서 일치한다. 그리고 밧쯔야야나는 이미 '언어는 생성을 속성으로 하기 때문에 무상이다(utpattidharmakatvād anityaḥ śabdaḥ)'라는 논리를 세운다.[108] 이들은 모두 논리 모델로 끝나고 논리적 이유의 세 가지 조건(因의 三相)이라는 논리학을 도출할 수 없었다.

그런데 다르마키르티는 다시『슈로카바르띠카』에 대한 반론을 준비한다.

> 불에서 다른 것(소멸)이 생긴다면 [그 뒤에도] 땔감은 보일 것이다. 왜냐하면 소멸한 것은 아니기 때문이다. 그 [재가 생기는 것이] 소멸이라고 말한다면 왜 그런가?
> agner arthāntarotpattau bhavet kāṣṭhasya darśanam /
> avināśat sa evāsya vināśa iti cet katham // [PV I .273(G.269 b;270a)]

『슈로카바르띠카』 제6장(Śabdanityatādhikaraṇa, 제24~26게송)에서 다음과 같이 말한다.

> 그들(불교학파)은 소멸에 원인이 없고 자연적으로 소멸하는 것이라고 말한다. 소멸에는 어떤 원인을 경험할 수 있다. 싹 등과

같다[고 우리는 답한다].

āhuḥ svabhāvasiddhaṃ hi te vināśam ahetukam /
hetur yasya vināśo'pi tasya dṛṣṭo 'ṅkurādivat // (Śvk.VI, 24)

그러나 소멸[한 것]이 다시 소멸[할 수]는 없기 때문에 [소멸은]
자연적이다[라고 불교학파는 답한다]. [우리는 말한다.] 불과 결
합한 땔감에서 재가 생기기 때문에 [땔감의 소멸은 아니다]. 막대
기 등으로 [병이] 깨져도 병에서 파편이 생긴다. 그러나 [불교학
파는 말한다.] 자연적인 소멸은 생기자마자 발생한다.

vināśasya vināśas tu nāsti tasmād akṛtrimaḥ /
bhavati hy agnisambandhāt kāṣṭhād aṅgārasantatiḥ //
mudgarādihatāccāpi kapālam jāyate ghaṭāt /
svābhāviko vināśas tu jātamātrapratiṣṭhitaḥ // (Śvk.VI, 25;26)

이것은 바수반두가 『아비다르마코샤』에서[109] '모든 사물은 생
기자마자 곧바로 비존재가 되기 때문이다'라고 말한 것에 대응하는
것이다. 쿠마리라는 '비존재가 되는 것이 아니라 변화한 것이다'라는
사례를 들어 불교의 '자발적 소멸론'을 조롱한다. 다르마키르티는
'이 소멸은 원인을 기다리지 않는다(消滅不待因)'라는 바수반두의
설을 취하였다. 이것은 찰나멸 이론과 밀접하게 결부되어 있다.

[불과 땔감] 어디에도 소멸은 반드시 있어야 한다. [불이 생기는
것만으로] 어떻게 해서 땔감이 보이지 않는 것일까. [반대논사가

---

109) Ak.193, 1~2.“na gatir yasmāt saṃskṛtaṃ kṣaṇikam / (Ak.IV, 2) ko'yam
    kṣaṇo nāma / ātmalābho' nantaravināśī / so'syāstiti; kṣaṇikam /”, “ākasmiko
    hi bhāvānāṃ vināśaḥ /”(ibid.193, 7)

말하기를] 그것(불)에 붙들려 있기 때문이다. [답한다.] 그렇지
않다. 거기에 감추어져 있는 것은 아니기 때문이다.
anyonyasya vināśo'stu kāṣṭhaṃ kasmānna dṛśyate /
tatparigrahataś cenna tenānāvaraṇam yataḥ // [PV I .274(G.
270b;271a)]

반대논사는 사물이 소멸하는 것을 존재의 본성이라 보지 않기
위해 특히 소멸원인을 설정하여 소멸의 원인이 있기 때문에 사물은
비존재가 된다고 강변한다. 그러나 땔감에 불이 붙어도 곧바로 비존
재가 되는 것이 아니다. 불이 소멸의 원인이라면 '소멸의 존재'라는
모순된 것으로 되어버린다.

소멸하는 것이 소멸하는 존재일 것이다. 그렇기 때문에 생기는
것에 [생기는 존재가 있다]. 땔감에도 [그것이] 보인다. [반대논
사가 말하기를 차이트라의] 살인자가 살해되어도 차이트라는 소
생할 수 없는 것처럼 여기서도 그러하다(소멸하는 것이 없어져도
소멸하는 땔감은 소생하지 않는다). [답한다.] 그렇지 않다. 살인
자가 곧 살인은 아니기 때문이다.
vināśasya vināśitvaṃ syād utpattes tataḥ punaḥ /
kāṣṭhasya darśanaṃ hantṛghāte caitrapunarbhavaḥ //
yathātrāpy evam iti ceddhantur nāmaraṇatvataḥ / [PV I .
275;276a(G.271b;272)]

비유로 반대논사가 사용한 '살인자(hantā)'는 '죽음(maraṇa)' 그것
이 아니다. 소멸하는 것이 비존재가 된다면 소멸하는 존재가 재생되
는 것은 아닌가, 라고 다르마키르티는 말한다.

소멸하는 것은 다른 것이 아니라 땔감 그것이 소멸하는 것이다.
그것(땔감)이 존재하기 때문에 [그 소멸은] 원인을 가지지 않는
다. 이것 이외의 다른 해석은 존재하지 않는다.
ananyatve'pi nāśasya syānnāśaḥ kāṣṭham eva tu /
tasya sattvād ahetutvaṃ nāto'nyā vidyate gatiḥ // [PV I.
276b;277a(G.273)]

요컨대 소멸의 원인을 그 자신 이외의 다른 것을 가지지 않는
본성(dharmatā)적 소멸로 보는 것이고, 이것에 대해 우리는 모순
없이 이해할 수 있다.

[반대논사가 말하기를] 소멸의 원인이 없다고 해도 존재와 소멸
은 항상 있기 때문에 [존재와 비존재가] 공존한다고 하는 모순이
생긴다. [답한다.] 무엇 때문에 비존재가 항상 존재하는가?
ahetutve'pi nāśasya nityatvād bhāvanāśayoḥ /
sahabhāvaprasaṅgaś ced asato nityatā kutaḥ // [PV I.277b;
278a(G.274)]

존재하지 않는다면 비존재의 존재라는 난점이 따라다니는 것 또
한 불합리하다. 왜냐하면 존재의 소멸에 의해서는 소멸도 인정되
지 않기 때문이다.
asttve'bhāvanāśitvaprasaṅgo'pi na yujyate /
yasmād bhāvasya nāśena na vināśanam iṣyate // [PV I.278
b;279a(G.275)]

　반대논사는 비존재가 무인(無因)이라면 비존재가 다시 소멸하는 모순이 발생한다고 말한다. 항상 계속해서 소멸하는 세계가 가능한 것, 소위 마이너스의 세계가 되어버린다고 말하는 것이다. 반대논사는 그렇게 반드시 소멸의 원인이 있어야만 존재와 비존재는 균형을 보존한다고 생각할지도 모른다. 그러나 그렇다면 원인이 없이 본래의 성질에서 비존재로 돌아가는 사물에서 원인인 소멸하는 것을 분별하여 바로 비존재를 다시 소멸한다고 말하는 모순에 빠진다고 다르마키르티는 지적한 것이다.

> 소멸하면서 있는 존재는 다른 것에 의존하지 않는다는 것을 알게 하기 위해서 그 상태를 '무인'이라고 말했다. 그 [상태의] 차이를 관념적으로 세운 것이다.
> naśyan bhāvo'parāpekṣā iti tajjñāpanāya sā /
> avasthā'hetur uktāsya bhedam āropya cetasā // [PV I .279b; 280a(G.276)]

　본래는 '무인(無因)'이라는 표현도 하지 않는 것이 좋지만, 다른 것에 말미암지 않기 때문에 소멸하는 것을 새삼스럽게 원인과 결과로 나누어 하나의 원인도 없다(無一因)고 말했던 것이다. 결국 인과론에서 원인을 분류하는 육인사연(六因四緣)이라든가 『슈베타슈바타라우파니샤드』 서두에서 원인의 종류를 열거하기도 하는 경우에 아울러 무인(無因)이라는 범주도 세우기 쉽지만, 불교에서 말하는 무인(無因)은 그와 같은 상대적인 무인론이 아니라고 다르마키르티는 말한다.

　[반대논사가 말하기를] 존재에서 비존재가 그 자신에서 생긴다는

생각과 마찬가지가 아닌가? [답한다.] 그렇지 않다. 거기에 무엇인가의 존재는 없고, [따라서] 전적으로 존재하지 않을 뿐이다.
svato 'pi bhāve 'bhāvasya vikalpaś ced ayaṃ samaḥ /
na tasya kiṃcid bhavaty eva kevalam // [PV I .280b;281a(G. 277)]

찰나멸의 사안은 '저것이 없다면 이것이 없고, 저것이 소멸함으로써 이것이 소멸한다'라는 발생론·연기론에 편입된 소멸론·환멸연기가 아니라 아비달마의 존재론에서 나왔다고 생각하기 때문에 거기서는 '소멸(nāśa)'이라고 말하는 것도 지나친 감이 있다고 하는 것이다. 원인을 기다려서 소멸하는 것을 다르마키르티는 '상대부정(paryudāsa-pratiṣedha)'이라 하고, 찰나멸을 '절대부정(prasajya-pratiṣedha)'이라 한다.110)

실로 존재에 대해 이와 같은 분별이 있을 것이다. 왜냐하면 [존재라는] 긍정은 현실적 존재에 수반하기 때문이다. '존재가 존재하지 않는다'는 '비존재가 존재한다'라[는 의미로] 말해지는 것은 아니다.
bhāve hy eṣa vikalpaḥ syād vidher vastuanurodhataḥ /
na bhāvo bhavatīty uktam abhāvo bhavatīty api // [PV I .281 b;282a(G.279)]

---

110) 바비베카에서 상대부정과 절대부정에 관하여 梶山雄一「중관철학과 귀류논증」(『일본불교학회연보』 제26호)이 보고하고 있다. 다르마키르티가 이것을 말하고 있기 때문에 바비베카의 사상이 다르마키르티에게 영향을 주고 있음을 알 수 있다. Cf.M.98, 5[G.146, 1]

만약 무엇인가의 결과가 존재한다면 타자(다른 원인)에 의존할
터이지만, 어떠한 것도 행하지 않는 것이 무엇인가에 의존할 수
있을까?
apekṣyeta paraḥ kāryaṃ yadi vidyeta kiṃcana /
yad akiṃcitkaraṃ vastu kiṃ paraḥ kenacid apekṣyate // [PV
Ⅰ.282b;283a(G.279)]

찰나에 소멸하는 존재는 비존재로 돌아가는 것이며 어떠한 의미
에서도 존재는 아니기 때문에 인(因)과 연(緣)이라는 것은 거기에는
없다.

이것에 의해서 원인이 없는 가운데 [소멸해]도 소멸한 후에 소멸
이 있는 것이기 때문에 '존재=소멸하는 것'이라는 역설이 발생하
는 것을 배척했다.
etenāhetukatve 'pi hy abhūtvā nāśabhāvataḥ /
sattānāśitvadoṣasya pratyākhyātam prasañjanam / [PV Ⅰ.
283b;284a(G.280)]

[반대논사가 말하기를] 혹은 생기는 것에는 장애도 인정되는 것
처럼, 소멸은 존재의 본질이지 생기지 않는 존재의 [본질]은 아니
다. [답한다.] 원인의 본질이 확정되어 있기 때문에 결과의 본질
도 확정되어 있는 것이다. 무상한 존재에 있어서 본질의 차이는
없다. 변별하는 [원인이] 없기 때문이다.
yathā keṣāṃścid eveṣṭaḥ pratigho janminām tathā /
nāśaḥ svabhavo bhāvānām nānutpattimatām yadi //
svabhāvaniyamāddhetoḥ svabhāvaniyamaḥ phale /

nānitye rūpabhedo 'sti bhedakānām abhāvataḥ // [PV I .284
b;286a(G.281;282)]

이것에서 이들[언어와 의미]의 결합의 영원성도 배척되어야만 한
다. 앞에서 기술한 '결합'설의 오류에서 언어의 '능력'[설]도 논파
했다.

pratyākhyeyatā evaiṣāṃ sambandhasyāpi nityatā /
sambandhoṣaiḥ prāg uktaiḥ śabdaśaktiś ca dūṣitā // [PV I .
286b;287a(G.283)]

다르마키르티는 언어의 무상성을 증명함으로써 언어 형이상학설
을 논파했다. 이 생멸론(生滅論)은 프라마나싯디장에도 있다.

제5절 만트라의 인위성

성전을 논하는 과정에서 언어의 형이상학을 논박한 다르마키르
티는, 베다의 성스러운 구절(聖句)을 '만트라'라 부르고 이른바 언령
(言靈, 말에 깃들어 있다고 믿는 영적인 힘)으로 여기는 바라문교에
대해서, 마찬가지로 주문적 용법을 가지고 비바라문교도가 사용하
고 있는 만트라가 인위적임을 제시하여 베다의 비신화성을 주장한
다. 불교도가 만트라를 '진실한 언어(satyavāk=眞言)'라 부르는 것도
일종의 언령사상(言靈思想)이지만, 다르마키르티는 인위적인 언어
이기 때문에 그 위력은 작자의 가지력(加持力)에서 나오는 것으로
설명한다.

[성전은] 비인위적이지 않기 때문에 여실한 지혜를 드러낸다. [반대논사가 말하기를] 비인위적인 것이어서 죄가 없지만, 인간의 과실 때문에 [연꽃 등에] 불 등이 [착각하여] 보이게 된다. [답한다.] 그 비인위라는 철학에는 올바른 인식[正知]의 작인(作因)이 없을 것이다.

nāpauruṣeyam ity eva yathārthajñānasādhanam /
dṛṣṭo 'nyathāpi vahnyādir aduṣṭaḥ puruṣāgasā /
na jñānahetutaiva syāt tasminn akṛtake mate // [PV I .287b; 288(G.284;285a)]

그 경우 영원한 존재는 비현실적 존재이기 때문에 어떠한 것도 생기게 하지 않는다. 사고와 습관에 의해서 생긴 인식(buddhi)이 대상을 가탁하여 생기게 하는 것이다. 거기에 여실한 경계의 대상은 전혀 없다.

nityebhyo 'vastusāmarthyānna hi janmāsti kasyacit /
vikalpavāsanodbhūtāḥ samāropitagocarāḥ /
jāyante buddhayas tatra kevalaṃ nārthagocarāḥ // [PV I .289; 290a(G.286)]

인식론적으로 말하는 분별지(vikalpabuddhi)가 베다 성전의 정체(正體)라고 한다.

[반대논사가 말하기를] 작위된 [문장에는] 허망성이 보이기 때문에 부작위의 언어가 여실한 의미를 갖는다. 왜냐하면 그 이외의 것은 모순된 것을 포함하기 때문이라고 한다면,

mithyātvaṃ kṛtakeṣv eva dṛṣṭam ity akṛtaṃ vacaḥ /

satyārthaṃ viyatirekasya virodhivyāpannā yadi // [PV I .290 b;291a(G.287)]

[답한다. '부작위'를 나타내는] 논리적 이유는 말하지 않으면 생기지 않기 때문에 [그렇지 않다]. [베다에 관해서 그대가 말한 바의] 그 [진실성의 논리적 이유가] 존재하는지도 의심스럽다. [진실성이] 역의 [작위한] 범주에도 포함되어 있다는 것을 경험으로 알 수 있기 때문이다.
hetāv asambhave 'nukte bhāvas tasyāpi śaṅkyate /
viruddhānām padārthānām api vyāpakadarśanāt //[PV I .291 b;292a(G.288)]

반대논사의 변증은 '베다'를 주어로 하고, '부작위'를 논리적 이유로 하여 '진실성'을 증명하는 것이다. 그런데 다르마키르티는 '베다'라는 주어에 '부작위'라는 성질이 있다는 것을 인정하지 않는다(소위 遍是宗法性이 없다). 그리고 논리적 이유와는 역으로 작성된 불교경전[붓다의 어록]에는 진실성이 보인다. 특히 논리학적 관점에서 무상성의 논리적 언명을 종교론에서도 지적한다. 이렇게 해서 쿠마리라는 이른바 동품정유성(同品定有性)과 이품변무성(異品遍無性)을 포함하여 논리적 이유의 세 가지 규칙을 인정하지 않는다.

어디에도 지각되지 않는 것만으로 비존재의 증명은 불가능하다고 설했다. 비존재가 증명되지 않으면 [그대의 논증이] 배제하는 것(異品遍無)은 의심스럽다.
nāsattāsiddhir ity uktaṃ sarvato 'nupalabhanāt /
asiddhāyām asttāyām saṃdigdhā vyatirekitā // [PV I .292b;

293a(G.289)]

비존재에 의한 증명은, 지각 가능한 것이 보이지 않는다(dṛśyān
upalabdhi)라는 논리적 이유에 의한다고 다르마키르티가 주장한 세
개 항목의 논리적 이유 유형 가운데 하나이다. 논리적 귀결(소증)의
'진실성'이 논리적 이유의 반대 범주인 '작위한 것'에 없다는 증거(pr
amāṇa)가 반대논사한테는 결여되어 있다. 다르마키르티에 의하면,
반대논사의 주장을 뒷받침하는 논리적 이유 즉 보이지 않는 것만으
로는 타당한 논증으로 보기 어렵다.

> 동류에 있고 이류에 없으며, 또한 논리적 귀결(소증)의 주어에
> [논리적 이유가] 있는 것[이라는 논리적 이유의 세 가지 규칙]이
> 그 분별적 인식에 의해서 성립한다면 증명한 것이 된다.
> anvayo vyatireko vā sattvaṃ vā sādhyadharmiṇi /
> tanniścayaphalair jñānaiḥ sidhyanti yadi sādhanam //[PV I.
> 293b;294a(G.290)]

> '논리적 귀결의 이류[異類, 허망한 의미]에 [논리적 이유의] 부정
> 적 변충이 더해질 때, 실제로는 바로 그 동류(여실한 의미)를
> [작위한 것이] 될 것이다. 그렇기 때문에 모든 논리적 이유는
> ['작위한 것은 여실한 의미의 존재이다'라는] 긍정적 변충의 존재
> 가 된다.
> yatra sādhyavipakṣasya varṇyate vyatirekitā /
> sa evāsya sapakṣaḥ syāt sarvo hetur ato 'nvayī //[PV I.294
> b;295a(G.291)]

쿠마리라 등은 이미 본 것처럼 '베다는 여실한 의미를 갖는다. 왜냐하면 부작위이기 때문이다'라고 증명한다. 그 논리적 이유의 전제는 '작위하지 않은 것이 여실한 의미이다'이다. 그것을 환질환위한 명제문은 '허망한 의미인 것은 작위한 것이다'가 된다. 그러나 실제로는 작위한 것에 여실한 의미가 보인다. 쿠마리라는 후자를 말하고 싶었을 테지만 그렇다면, 이면에 포함되지 않는데 긍정적 변충에 의해서 표면의 논리적 이유로 표현한다면 어떤가. 모든 논리적 이유는 표면에서 승부한다고 한다. 실은 그것으로 경험법칙에 의해서 '허망한 의미의 존재는 작위된 것이다'가 아니라, '작위한 것은 여실한 의미를 포함한다'라는 변충이 성립되어 쿠마리라의 과실이 명백하게 되는 것이다.

> 어떤 자의 만트라는 서원인 것으로 과보가 보이기 때문이다. 어떤 것은 또한 [만트라 자체에] 본래적인 능력이 있다면 다른 자(서원자 이외의 자)에게도 작용할 것이다. [만트라의 철자에] 차이는 없기 때문이다.
> samayatve hi mantrāṇāṃ kasyacid kāryasādhanam /
> athāpi bhāvaśaktiḥ syād anyatrāpy aviśeṣataḥ // [PV I .295 b;296a(G.292)]

인간이 창작한 만트라는 서원(samaya)—보살의 서원이 아니라 이 만트라 행사는 누군가를 위한다고 하는 서원—에 의해서 과보가 있다. 이것이 비인위적인 것이라면 일정한 철자와 같이 만트라는 타자에게도 같은 효력이 있을 것이다. 자주(自註)에서 다르마키르티는 서원에 관해서 시인이 아름다운 행동을 서원하여 작시(作詩)한 것에 효과가 있는 것과 같다는 비유를 사용한다.

[만트라 자음의] 순서가 [자음 자체와] 다른 [신성한] 것이라[는 사고]는 앞서 논파했다. [자음 순서에 능력이 있다고 한다면] 언제나 그 효과가 있어야 할 것이다. [조성인에] 의존한다고 하는 데서 [만트라는 과보성취의] 능력이 없다.

kramasyārthāntaratvaṃ ca pūrvam eva nirākṛtam /
nityaṃ tadarthasiddhiḥ syād asāmarthyam apekṣaṇe // [PV
　Ⅰ.296b;297a(G.293)]

글자의 병치방식에 공덕이 있다는 사고방식을 다르마키르티는 명료하게 부정한다. 이것은 후세의 다라니관과 전혀 다르다. 다르마키르티는 자주에서 탄트라 학자(tantravit)가 창조한 만트라의 공덕을 그 작자의 서원이나 교전(教典, upadeśa)의 인식, 혹은 서계(誓戒, vrata)의 보호·수지에 의한 가지(加持, adhiṣṭāna)의 힘에서 나온다고 해설하고 있다.(M.109, 23～110, 3; G.163, 1～22)

만약 그와 같이 [만트라 자체에] 본래적 능력이 있다면, 그들(만트라)은 모든 [시주]에게 과보를 가져오게 하는 것이 될 것이다. 그리고 그 부작위[인 만트라]에게는 시주(prayoktā)의 구별에 의한 것이 적절하지 않다.

sarvasya sādhanaṃ te syur bhāvaśaktir yadīdṛśi /
prayoktṛbhedāpekṣā ca nāsaṃskāryasya yujyate // [PV Ⅰ.297
b;298a(G.294)]

작위된 것에 관해서는, 작위자의 차이가 [만트라 효과의] 차이로 드러난다. 능력은 시주의 구별로 결정되는 것이 아니다. [작위자의] 서원에 [달려] 있을 것이다.

saṃskāryasyāpi bhāvasya vastubhedo hi bhedakaḥ /
prayoktṛbhedānniyamāt śaktau na samaye bhavet // [PV I .
298b;299a(G.295)]

여기서 다르마키르티는 시주의 계급에 의해서 효과가 있다고 자
부하는 계급주의(jātivāda)를 비판하고, 서원하는 작자의 서원에서
효과가 발생한다는 것을 자주(自註)를 통해 강조한다(samayakāras
ya ruceḥ phalotpattiniyamāt).111) 노예계급과 바라문계급(śūdravipra
ya)에 과보의 차이는 전혀 없다고 선언하여 평등주의를 선양한다.
이것은 마지막 시(跋詩)에서도 언급되고 있다.

[만트라가 영원한 언어라고 한다면 그와 같이] 개체에 관여하지
않는 것에 대한 시주는 무엇을 보시하는 것인가? [영원한 존재
를] 현현(abhivyakti)하게 하는 것이라고 한다면 앞서 논파했다.
anādheyaviśeṣaṇaṃ kiṃ kurvāṇaḥ prayojakaḥ /
prayogo yady abhivyaktiḥ sa prāg eva nirākṛtā // [PV I .299
b;300a(G.296)]

스포타를 비판한 절에서 논파했다는 말이다. 만트라 작자의 가지
력을 말하는 부분에는 논리학의 영역을 넘어서 있는 것처럼 볼 수
있지만, 모든 것은 만트라 작자에게 달려 있다는 것을 말하기 위함
이다.

---

111) M.106, 6~7 [G.157, 21~22]

[반대논사는 말하기를] 그 [만트라를 들었던] 인식이 현현하기 때문에 그는 과보와 결부한다. [답한다. 그렇다면] 듣는 주체 [모두]에게 과보가 결부해야 할 것이다. 말하는 주체가 [의미] 현현의 원인이기 때문이다.

vyaktiś ca buddhiḥ sa yasmāt sa phalair yadi yujyate /
syācchrotuḥ phalasambandho vaktā hi vyaktikāraṇam // [P
V I .300b;301a(G.297)]

[반대논사가 말하기를] 현현하지 않는 언어를 도구로서 사용한다면 어떠한가? [답한다.] 그렇다면 마음속의 기도는 무의미하게 될 것이다. 언어는 청각의 대상이기 때문이다.

anabhivyaktaśabdānāṃ karaṇānām prayojanam /
manojapo vā vyarthaḥ syācchabdo hi śrotragocaraḥ // [PV
I .301b;302a(G.298)]

[반대논사가 말하기를, 그 경우도] 간접적으로 인식은 그 [만트라로부터] 나오는 것이기 때문에 그 인식도 그 [만트라의] 현현이다. [답한다.] 그것들도 [모두] 똑같이 현현할 것이다. [반대논사가 말하기를 인식은] 그것(만트라)을 대상으로 하는 것이다. [답한다.] 인정할 수 없다. [언어가] 분별(kalpanā)에 수반하는 것이기 때문이다.

pāramparyeṇa tajjatvāt tadvyaktiḥ sāpi cenmatiḥ /
tathā syus tadarthā ced asiddhaṃ kalpanānvayāt // [PV I .302
b;303a(G.299)]

부작위의 신성한 언어의 상징인 베다의 만트라가 현현하여 과보를 준다는 사고를 상정하여 모두 논파했다.

[우리들의 견해에 의하면] 서원을 한 자들이 [만트라 언어의] 고
유성 (청각의 대상)과 일반성 (분별적 인식의 대상)을 하나의 존
재에 의도하여 읊을 수 있기 때문에 [만트라의 언어의] 현실적
존재에 모순은 없다.
savsāmānyasvabhāvānām ekabhāvavivakṣayā /
ukteḥ samayakārāṇām avirodho na vastuni // [PV I .303b;304
a(G.300)]

언어는 한편으로는 음성으로서 청각의 대상이고 고유성을 가지
며, 다른 한편으로는 분별적 인식과 결합하여 보편적·관념적 성질
을 가지고 있다. 만트라의 효력은 고유성의 면에 부속되어 있지만
언어로서 분별적 인식과 같이 다루는 이론으로 다르마키르티는 해
석한다. 다르마키르티가 말하고자 하는 바를 알기 쉽게 풀어서 해석
하자면, 장례식에서 법력(法力)과 자비(慈悲)를 갖춘 도사(導師)가
인도법어(引導法語)를 읊을 때 신자들이 망자가 구제를 받는다고
느끼는 것과 같은 것이다.

[반대논사가 말하기를 자음의] 순서가 문제가 되지 않는 것이라
면, '사라(sara)'라고 들으나 '라사(rasa)'라고 들으나 차이는 없
는 것이 될 것이다. [답한다.] 그것은 [반드시 차이가] 있으며 인
간에게 의존하는 것이다.
ānupūrvyām asatyām syād saro rasa iti śrutau /
na kāryabheda iti ced asti sā puruṣāśrayā // [PV I .304b;305a
(G.301)]

앞에서 다르마키르티는 베다의 특정 자음순서가 문제인 것은 아
니라고 말했다. 인간에게 의존하는 자음순서, 요컨대 구절이나 문장
이 문제가 된다. 작자의 서원에 의해 글로 엮인 만트라도 그것과
관련이 있다.

[하나의] 자음에서 생긴 인식에서 다음 음성이 생겨 전자를 한정
한다. 그 후자가 청각에 의해서 판단된다.
yo yadvarṇasamutthānajñānajājjñānato dhvaniḥ /
jāyate tadupādhiḥ sa śrutya samavasīyate // [PV I .305b;306
a(G.302)]

전자(앞의 자음)의 인식에 의해서 생긴 [파악하는] 인식[작용]을
갖는 그는, 들을 때에는 명석하게 듣지 못한다. 전자의 기억에
의존하여 뒤에 자신의 기억을 형성하는 것이다.
tajjñānajanitajñānaḥ sa śrutāv apaṭuśrutiḥ apekṣya tatsmṛti
m paścād ādatte smṛtim ātmani // [PV I .306b;307a(G.303)]

이상의 이 인위적 자음순서야말로 그 원인[인 자음]과 [그것을]
파악하는 (듣는 사람의) 마음의 인과관계라고 설한다.
ity eṣā pauruṣeyy eva taddhetugrāhicetasām /
kāryakāraṇatā varṇeṣv ānupūrvīti kathyate // [PV I .307b;308
a(G.304)]

결국 만트라란, 만트라를 읊는 주체인 원인과 만트라를 듣는 사람
인 결과로 이루어지는 완전히 인위적인 것이다. '진언'이라고 말하지

만 창조자의 정신이 그것을 지어서 효능을 부여하고 듣는 자가 그것
을 받아들여 만트라 의식이 시행된다. 영원한 언어의 현현은 아닌
것이다.

> 그러므로 단어와 같이 존재하는 그 자음의 본성은 전혀 다르며,
> 작자의 능력에서 결과의 차이를 [듣는 사람의 기억과] 공동하여
> 따로 짓는 것이다.
> anyad eva tato rūpaṃ tad varṇānām pade pade /
> kartṛsaṃskārato bhinnaṃ sahitaṃ kāryabhedakṛt // [PV I .
> 308b;309a(G.305)][112]

같은 만트라에서도 만트라 작자나 만트라를 읊는 사람의 서원
혹은 위력(법력)이 원인이 되며, 듣는 사람의 기억이나 인지도 공동
인이 되어 결과인 과보에 차이가 발생한다고 다르마키르티는 설명
한다.

> 그리고 그 자음들의 순서는 저자에 의해서 초래된다. 그들의 서
> 원과 모순하지 않는 성취가 정해져 있는 자음순서와는 모순하기
> 때문이다.
> sā cānupūrvī varṇānām pravṛttā racanakṛtaḥ /
> icchāviruddhasiddhīnām sthitakramavirodhataḥ // [PV I .309
> b;310a(G.306)]

사람들과 자음순서의 인과관계는 성립하지 않기 때문에 모든 자

---

112) BBS.본에 따른다. Tib도 이것을 지지한다.

음순서는 사람들에 의존한다. 가령, 땔감과 불의 이치와 같이.
kāryakāraṇatāsiddheḥ puṃsāṃ varṇakramasya ca /
sarvo varṇakramaḥ pumbhyo dahanendhanayuktivat // [PV
I.310b;311a(G.307)]

땔감이 원인, 요컨대 질료인이며 불이 결과로서 그것에서 발생한다. 이렇게 자주에서 다르마키르티는 결과인 불에서 원인인 땔감이 (보이든 보이지 않든) 있다고 혹은 있었다고 추론할 수 있음을 강조한다. 만트라도 인간인 작자의 존재를 알게 하는 것이라고 한다.

만트라라고 부르는 자음순서를 창조한 자들의 비범함은 그들의 인식과 위력(prabhava)에 의해서 성립한다. 다른 사람에게는 그것이 없기 때문이다.
asādhāraṇatā siddhā mantrākhyakramakāriṇām /
puṃsāṃ jñānaprabhāvābhyām anyeṣāṃ tadabhāvataḥ // [P
V I.311b;312a(G.308)]

진실한 언어(satyavāk)는 일찍이 팔리 상좌부에도 있었고 지금도 행해지고 있다고 한다. 밀교학자는 이 무렵의 탄트리즘을 정통밀교로 인정하지 않기 때문에 '잡밀(雜密, 순수밀교가 아닌 복잡한 밀교)'이라 부른다. 다르마키르티는 불교 등의 계율과 모순되는 비법(非法)조차 '다키니탄트라'나 '바키니탄트라'에 설해지고 있다 한다.113)

탄트라를 아는 어떤 사람들은 무엇인가[의 어떤] 만트라를 짓는

---

113) M.109, 24 [G.163, 21~22]

다. 왜냐하면 그들의 위력에는 빛이 있고, 그것은 그들이 말한 논리가 작동하기 때문이다.

ye 'pi tantravidaḥ kecinmantrān kāṃścana kurvate /
prabhuprabhavas teṣāṃ sa taduktanyāyavṛttitaḥ // [PV I .312
b;313a(G.309)]

절도나 간음을 한 자조차 과보를 성취하는 것은 과거의 업이 성숙해서라고 해석한다. 다르마키르티의 선악판단이 아니라 실제 시장(市場) 사람(rathyāpuruṣa)이 탄트리즘을 추진하고 있었기 때문에 이와 같이 해석하지 않을 수 없었던 것이다. 불교 탄트라 이전으로 보아도 좋다.

과보를 얻고자 하는 사람들이 인위적으로 만들어진 만트라를 노래한다. [이것에 의해] 인간은 과보의 성취에 무력하다고 하는 [미망사학파의] 견해가 여기서 부정된다.

kṛtakāḥ pauruṣeyāś ca vācyā mantrāḥ phalepsunā /
aśaktisādhanam puṃsām anenaiva nirākṛtam // [PV I .313b;
314a(G.310)]

[쿠마리라는 인위적 성전의 허망한 의미를] 마음, 감관, 설화, 인간인 것 등의 논리적인 이유로 설하지만 그것은 의사논리(pramāṇābha)이다. 유비추리(śeṣavat)에서는 여실한 이해는 [있을 수] 없기 때문이다

buddhīndriyoktipuṃstvādi sādhanam yat tu varṇyate /
pramāṇābhaṃ yathārthāsti na hi śeṣavato gatiḥ // [PV I .314
b;315a(G.311)]

이것은 『슈로카바르띠카』 제2장(Codanādhikaraṇa, 제169~171 게송)에 해당한다. 쿠마리라는 다음과 같이 말한다.

그렇기 때문에 이것(부처님 말씀, buddhavacana 등)에 있어서 는 사람을 원인으로 하는 것에서 허망한 의미가 생긴다. 그런데 베다에 있어서 화자(작자)가 없기 때문에 그와 같은 성질은 없다.
ato 'tra puṃnimittatvād upapannā mṛṣārthatā /
na tu syāt tatsvabhāvatvaṃ vede vaktur abhāvataḥ // (Śvk. II, 169)

[베다는 작자의] 인식과 마음에서 성립한 것이 아니기 때문에 의미는 의미 자신으로부터 이해된다. 따라서 인간 인식의 기초에 의존하고 있는 것은 아니기 때문에 여실하지 않은 것은 없다.
tadbuddyantarayor nāstīty artho 'rthaiś ca pratīyate /
ato na jñānapūrvatvam apekṣyaṃ nāyathārthatā // (Śvk. II, 170)

또한 [베다가] 인식근거가 아닌 것의 증명에 거론된 유례는 부처 님 말씀 등이지만, 그것은 논리적 귀결과 결부하지 않는다고 [우리는] 설한다.
apramāṇatvasiddhau vā dṛṣṭānto ya udāhṛtaḥ /
buddhādivacanaṃ tasya sādhyenāsaṅgatocyate // (Śvk.. II. 171)

쿠마리라는 이와 같이 베다에 작자가 존재하지 않는 계시(śruti)

임을 무오류성의 근거로 삼고 있다. 이것을 다르마키르티는 이 절에
서 논박한 것이다. 쿠마리라는 붓다의 언어에 참과 거짓이 있다고
말한다. 앞에서 본 바와 같이 쿠마리라는 인간의 언어 → 참·거짓,
∴계시 → 참이라 하고 다르마키르티는 인간의 언어 → 참·거짓,
∴계시 → 거짓이라 한다. 이것으로 '만트라의 인위성'의 논의를 마
친다.

제6절 베다성전비판

이 절에서는 총괄적으로 베다성전의 권위를 부정하고 있다. 위에
서 본 바와 같이 쿠마리라는 '[베다의] 의미는 의미 자신으로부터
이해된다(artho'rthaiḥ pratīyate)'라고 말한다. 그것에 대해서 다르마
키르티는 다음과 같이 말한다.

> 이 의미이지 그 의미가 아니라고 성전 자신은 말하지 않는다.
> 그 의미는 인간 자신에 의해 상정된다. 그리고 그들은 탐욕과
> 결부되어 있다.
> artho 'yaṃ nāyam artho iti śabdā vadanti na /
> kalpyo 'yam arthaḥ puruṣair ye ca rāgādisaṃyutāḥ // [PV I.
> 315b;316a(G.312)]

베다를 해석하는 주체는 결국 바라문이다. 그들은 탐욕을 지니고
있고 과오도 범한다. 그렇기 때문에 바라문에 의한 베다의 해석도
믿을 수 없다고 다르마키르티는 야유한다.

거기에서 한 사람만 진리지자(tattvajña)이며 다른 자는 그렇지 않다고 하는 구별은 무엇에 의해 가능한가? 마찬가지로 그대들은 [같은] 인간인데도 어떤 자는 지자(jñānī)이고 어떤 자는 그렇지 않다는 것을 어떻게 구별하는가?

tatraikas tattvavinnānya iti bhedaś ca kiṃ kṛtaḥ /

tadvat puṃstve katham api jñānī kaścit kathaṃ na vaḥ //

[PV I.316b;317a(G.313)]

실제 미망사학파의 무리는 자이미니만 베다를 알고 진리를 파지한다고 하여 같은 인간인 붓다 등의 권위를 인정하지 않는 것은 모순이다.(카르나카고민)

[반대논사가 말하기를] 바른 인식과 위배되지 않는 언어를 언급하는 자는 대상을 안다(arthavit). [답한다.] 절대적으로 감관을 초월한 대상에 대해서 바른 인식이 생기는 것은 아니기 때문이다.

yasya pramāṇasaṃvādivacanaṃ so 'rthavid yadi /

na hy atyantaparokṣeṣu pramāṇasyāsti sambhavaḥ // [PV I.317b;318a(G.314)]

감관의 대상을 직접지각하는 것이 다르마키르티에게는 최고의 인식이다. 또한 다르마키르티는 이 감관능력이 미치지 않는 대상에 관해서는 인식론으로서 인식이 작용하지 않는다고 한다. 그렇지만 다르마키르티는 감관능력이 미치지 않는 대상에 대한 불교성전의 언급만을 인정하고 있다. 가령, 그것은 무상 등의 16상과 같은, 범부가 지각할 수 없는 경계를 교시하는 것이다. 성전의 역할은 있다고 하여 지각할 수 있는 대상의 비인식에서 비존재를 추론할 수 없는 불교적 세계를 남기고 있었던 것이다.

바른 인식과 위배되지 않는 언어를 가진 자가 언급한 언어가 성
전(āgama)이라는 결론에 도달한다. 비인위성은 무의미하다.
yasya pramāṇasaṃvādivacanaṃ tatkṛtaṃ vacaḥ /
sa āgama iti prāptaṃ nirarthāpauruṣeyatā // [PV I .318b;319
a(G.315)]

위 게송은 바른 인식(pramāṇa)과 성인의 언어가 모순되지 않는다
는 것을 의미한다. 다르마키르티는 초감관적 대상에 대해서는 알
수 없다고 한다. 결국 '일체지자(sarvajña)'라는 존재를 다르마키르
티는 인식론적으로 인정하지 않는다. 종교적 권위의 문제와 관련해
서는 가치론적으로 무의미하다고 말하고 있다.

만약 절대적으로 감관을 초월한 대상에 대해서 성전에 의존하지
않는 인식이 생긴다면, 감관을 초월한 대상을 아는 지자가 존재
한다는 것을 인정하게 될 것이다.
yady atyantaprokṣe 'rthe 'nāgamajñānasambhavaḥ /
atīndriyārthavit kaścid astīty abhimatam bhavet // [PV I .319
b;320a(G.316)]

인간의 초감관적 지자의 존재는 제1장에서 본 바와 같이 미망사
학파의 근본적 입장과 저촉된다. 자이미니의 권위화는 그것과 모순
되는 것이다.

욕망을 가진 자는 베다의 의미를 스스로 이해하지 못하고 다른

[수단]으로부터도 이해하지 못한다. 베다도 자신으로부터 가르칠
수 없다. 베다의 의미를 무엇으로 이해하는가?
svayaṃ rāgādīmān nārthaṃ vetti vedasya nānyataḥ /
na vedayati vedo 'pi vedārthasya kuto gatiḥ // [PV I .320b;
321a(G.317)]

'veda'와 'na vedayati'를 다루고 있다. '욕망을 가진 자는 인식을
결여한다'라고 하는 것은 미망사학파에 대한 공격이다.

그러므로 'agnihotraṃ juhyāt svargakāmaḥ'라는 계시가 '개의
고기를 먹어라'라는 의미가 아니라는 것은 어떠한 인식근거에
의거하는 것인가?
tenāgnihotraṃ juhyāt svargakāma iti śrutau /
khādecchvamāṃsam ity eṣa nārtha ity atra kā pramā // [PV
I .321b;322a(G.318)]

'천국을 바라는 자는 아그니 호트라를 시행해야 한다'라는 『마이
트리우파니샤드』 (VI, 36)의 성구에 대해서 적어도 '개고기를 먹어
라'라는, 바라문교도가 기피하는 (『마누법전』 X, 106) 의미가 아니
라는 보증이 어디에 있는가? 라고 다르마키르티는 야유한다. 출전
은 말바니야의 주기(注記)에 의한다.

[반대논사가 말하기를] 누구나 아는 세간의 언어(lokavāda)가
[베다 이해의 근거가 된다. 답한다.] 다양한 의미를 가진 언어에
대해서 이 의미라고 변별하여 보일 정도의 초감관적 의미를 보는
자는 누구인가?

prasiddho lokavādaś ced tatra ko 'tīndriyārthadṛk /

anekārtheṣu śabdeṣu yenārtho 'yam vivecitaḥ // [PV I .322b;

323a(G.319)]

세간의 언어로 이해할 수 있다고 미망사학파가 반론한다면 '천국'
과 같은 초감관적인 대상을 보는 자가 있을 수 없다고 다르마키르티
는 답한다. 자주에서 다르마키르티는 베다학파(śākhā)가 일단 소멸
한 텍스트를 기억에 근거하여 회복한다든지 그 사이에 개찬(글자나
글귀를 고침)한다든지 하는 사정을 다 알고서 논의한다. 다르마키르
티는 320게송 후반에 있는 것을 『프라마나비니쉬차야』 추리론 36
~51게송에서 인용한다.114)

그리고 '천국(svarga)'이라든가 천녀 '우루바시'와 같은 비일상적
인 언어가 보인다. 그와 같은 다른 언어에도 마찬가지의 [비일상
적인] 분별이 있다.

svargorvasyādiśabdaś ca dṛṣṭo 'rūḍhārthavācakaḥ /

śabdāntareṣu tādṛkṣu tādṛśy evāstu kalpanā // [PV I .323b;

324a(G.320)]

뒤에 다르마키르티는, 세간의 언어는 자유의지로 사용할 수 있다
고 말한다. 분별(kalpanā)의 자유가 일상의 언어에 만연해 있다. 위
의 성구도 '개고기를 먹어라'라든지 '버터를 불에 던져라'라는 의미
로 해석하는 것은 자유이다. 베다성전을 해석하기 위한 권위라든가

---

114) Cf. E. Steinkellner, Dharmakīrti's Pramāṇaviniścayaḥ, Zweites Kapitel; Sv
    ārthānumānam, Teil II, p.63-67

표준과 같은 것은 없다. 그것은 비일상적인 세계를 기술하는 언어와
관련된 인식론적 난점이다.

> 또한 사람이 말하는 것은 이미 증명되었다.(즉 상식이다.) 그리고
> 그것은 인식수단이라고 [그대들은] 인정한다. 그리고 더더욱 [베
> 다] 해석학이 있다. 이 혐오하고 좋아하는 [언어]란 무엇인가?
> prasiddhiś ca nṛṇāṃ vādaḥ pramāṇam sa ca neṣyate /
> tataś ca bhūyo 'rthagatiḥ kim etad dviṣṭakāmitam // [PV I .
> 324b;325a(G.321)]

미망사학파는 인간의 언어를 과실이 있는 것이라 하고 베다의
언어를 계시로서 숭상하지만 해석은 인간의 언어에 의존하고 있다
는 모순을 따지는 것이다.

> 또한 [반대논사가 말하기를] 이미 증명되어 있는 것(상식적인
> 것)을 무시하고 분별의 근거는 있을 수 없다. [답한다.] 이미 증명
> 되어 있는 것(상식적인 것)은 인식수단이 아니기 때문에 그것을
> 파악하는 어떤 근거가 있는가?
> atha prasiddhim ullaṅghya kalpane na nibandhanam /
> prasiddher apramāṇatvāt tadgrahe kiṃ nibandhanam // [PV
> I .325b;326a(G.322)]

비일상적 세계를 상식적으로 해석할 수 있다는 미망사학파의 모
순을 공격한다.

이미 증명되었기 때문에 언어의 의미를 판단할 때 의심이 발생한

다. 왜냐하면 언어는 여러 가지 의미로 작용하는 것이 거기에
보이기 때문이다.

utpāditā prasiddhyaiva śaṅkā śabdārthaniścaye /
yasmānnānārthavṛttitvaṃ śabdānāṃ tatra dṛśyate // [PV I
k.326b;327a(G.323)]

베다가 말한다는 형태로 자이미니가 자신의 생각을 기술한다.
『미망사수트라』 제1장 제2절의 해석학(arthavāda)은 그와 같을 것
이다.(釘貝 전게서 31쪽 참조)

언어에는 저절로 여러 가지 [의미의] 가능성이 있기 때문에 다른
의미가 발생하지 않는다고 할 수 없다. 따라서 명료하게 [의미를]
파악하지 못한 자에게는 반드시 의문이 일어날 것이다.

anyathāsambhavābhāvānnānāśakteḥ svayaṃ dhvaneḥ /
avaśyaṃ śaṅhkayā bhāvyam niyāmakam apaśyatām // [PV
I.327b;328a(G.324)]

다르마키르티는 이것이 중간 총괄 게송(antaraśloka)이라고 말한
다. 베다가 저절로 의미를 현현하고 있는 것은 아니라고 총괄한다.
이어서 비유를 들어 설명한다.

어떤 사람은 이 도로 표시판이 이 길이다, 라고 가르치고 있다고
말한다. 다른 사람은 자기 자신이 가르치겠다고 말한다. 양자의
차이가 검토되어야만 한다.

eṣa sthāṇur ayam mārga iti vaktīti kaścana /
anyaḥ svayam bravīmīti tayor bhedaḥ parīkṣyatām // [PV I.

328b;329a(G.325)]

　파타리푸트라로 가는 길이라 듣고서 어떤 사람은 '모르지만 도로 표시에 이 길이라고 쓰여 있다'라고 한다. 다른 사람은 '그렇다면 무책임하다. 내가 가르쳐주마'라 한다. '스타누(sthāṇu)'를 슈타인켈너 교수에 따라서 '도로표시(Wegfahl)'라 해석하였지만,115) '너에게 다 말했다'라는 의미의 가능성도 있다. 베다해석학을 핑계 삼아 자신의 생각을 기술하는 해석학을 비판하는 곳이지만, 이 '스타누(sthāṇu)'의 해석 등도 곤란한 사례이다.

> 모든 의미로 해석할 수 있는 [언어]를 일의적으로 제한하는 경우 무엇으로부터 결정하는 것인가? 혹은 [화자의] 의사를 말하는 것 없이 초감관적인 존재가 무엇으로부터 알려지는 것인가?
> sarvatra yogyasyaikārthadyotane niyamaḥ kutaḥ /
> jñātā vātīndriyāḥ kena vivākṣāvacanād ṛte // [PV I .329b;330
> a(G.326)]

　이미 살펴본 바와 같이 다르마키르티의 언어 인식론은 화자의 의사를 언어가 표시하고 그것에 의해서만 바로 듣는 사람에게 전해진다는 것이었다. 베다해석학은 이 문제를 반드시 내포하고 있다고 다르마키르티는 말한다. '바차나드(vacanād)'는 미망사학파의 구절에 대한 야유이다.

　의미 결정의 원인은 사회 계약(saṅketa)이며, [그것이] 그 [의미

---

115) Ibid. p.76

를] 분명하게 한다. [언어가] 비인위에서는 그것(사회 계약)이 없
다. 무엇 때문에 그 [베다에] 이 일의성(단일의 의미)이 있는가?
vivakṣāniyame hetuḥ saṅketas tatprakāśanaḥ /
apauruṣeye sa nāsti tasya saikārthatā kutaḥ // [k.330b;331a
(G.327)]

그런데 본의(svabhāva)를 결정한다면 그것에 의해서 다시 다른
의미를 적용할 수 없을 것이다. 결국 사회 계약은 무의미하게
될 것이다. [그렇다면] 무엇으로 의미 현현[어의]을 판단하는가?
svabhāvaniyame 'nyatra yojyeta tayā punaḥ /
saṅketaś ca nirarthaḥ syād vyaktau ca niyamaḥ kutaḥ // [PV
 I .332a(G.328)]116)

자유의지(svātantryam icchāyā)라면 그것(언어)에 어떠한 제한
이 있을까? 그렇기 때문에 사회 계약이 이 [베다 언어에 그대들
이] 인정하지 않는 능력[의미]을 분명히 할 것이다.
yatra svātantryam icchāyā niyamo nāma tatra kaḥ /
dyotayet tena saṅketo neṣṭam evāsya yogyatām // [PV I .332
b;333a(G.329)]

　세간의 언어에서 자유롭게 베다를 해석해보고자 하는 다르마키
르티의 의지이기도 하다. 다르마키르티는 이것을 중간의 총괄 게송
이라고 말한다. 여기까지가 『프라마나비니쉬차야』 추리론에 인용
되고 있다.

---

116) M.은 후반게송이 빠져 있다.

이와 같은 것을 다른 사람은 '진리(satya)'라 칭하기 때문이다.
예를 들면 '불은 냉기를 배제한다'라는 것은 베다의 일부이기 때
문에 나머지 문장도 '참'이라고 한다.

yasmāt kiledṛśaṃ satyaṃ yathāgniḥ sītanodanaḥ /
vākyam vedaika deśatvād anyad apy aparo 'bravīt // [PV I .
333b;334a(G.330)]

자주(自註)에 의하면 '불은 냉기를 없앤다(agnir himasya bheṣaja
m)'라는 『타이티리야상히타』(VII, 4, 8, 3)의 인용이다. (말바니야의
주기에 의한) 카르나카고민의 설명에 의하면, 장로(vṛddha)라 불리
는 미망사학자가 '1년은 12개월'과 같이 말할 필요도 없는 것을 근거
로 다른 성구도 모두 진리라고 변증했다 한다. 다르마키르티는 이것
도 유비추리(śeṣavat)의 일종이라고 야유한다.

'[이것도] 맛있을 거야. 왜냐하면 같은 색깔과 모양이기 때문에.
[이] 한 그릇의 요리와 같이' 라는 유비추리는 미혹이기 때문에
정리(正理)의 지자[인 디그나가]에 의해 배척되었다.

rasavat tulyarūpatvād ekabhāṇḍe va pākavat /
śeṣavad vyabhicāritvāt kṣiptaṃ nyāyavidedṛśam // [PV I .
334b;335a(G.331)]

유비추리는 '디그나가의 논리적 이유의 세 가지 규칙 발견' 이전
의 논리적 귀결과 논리적 이유의 변충관계(vyāpti)에 근거하지 않는
'유비추리(śeṣavat)' 논법이다. 비논리적인 유비에 의지하는 것이며,
다르마키르티의 사용례와 같다.

영원한 인격이 [세계의] 작자라든가, 영원한 초감관적인 존재라
든가, 모든 존재의 원인이라든가 기묘한 존재와 소멸이라든가,
두 개의 인식근거에서 벗어나 대상 밖의 모순된 것이라든가, 성
전에 의한다든가, 논리에 의한다든가 하여 말하는 것과 같다.
nityasya puṃsaḥ kartṛtvaṃ nityān bhāvān atīndriyān /
aindriyān viṣamāṃ hetum bhāvānāṃ viṣamam sthitim //
nivṛttiṃ ca pramāṇābhyām anyad vā vyastagocaram /
viruddhām āgamāpekṣeṇānumānena vā vadat // [PV I .335b
~337a(G.332;333)]

모순에 답하지 않고, 성전의 의의를 제시하지도 않으면서 그는
[베다를] 진실하다고 주장한다. 오만하기로는 간음한 부인을 능
가하지 않는가?
virodham asamādhāya śāstārthaṃ cāpradarśya saḥ /
satyārtham pratijānāno jayed dhārṣṭyena bandhakīm // [PV
I .337b;338a(G.334)]

여기서 '간음한 부인(bandhakī)'의 이야기란 다르마키르티가 자주
에서 설명한 것이며, 와카하라 유우쇼(若原雄昭)가 재미있게 번역
하였기 때문에 인용해본다.

이런 이야기가 있다. 간음을 저지른 어떤 부인이 남편에게 간통
장면을 들켜 추궁을 당하는데 오히려 이 여자는 남편에게 대답해
말하기를, 여러분! 보세요, 우리 남편이 오해를. 정실인 나를 믿지
못하고 물거품 같은 자신의 두 눈 따위를 믿고 있네요. 어차피

그렇다면 나는 머리 좋고 잘생긴 남자가 좋아. 총리대신 아들에
게라도 반해버릴 거예요.117)

다르마키르티는 '그가' 태연하게 베다의 과실을 알지 못하기 때문
에 오히려 진실이라고 강변한다는 말을 하고 있는 것이다. 다음에
나오는 '수다스러운 사나이'는 쿠마리라일까?

만약 그렇다면 누구라도 종교적 권위(pramāṇa)가 되어버린다.
도대체 이 세상에서 권위가 아닌 것이 무엇일까? 만약 아주 수다
스러운 사나이에게는 그중 하나 정도 진실이 없을 수는 없기 때
문이다.
sidhyet pramāṇaṃ yady evam apramāṇam atheha kim /
na hy ekaṃ nāsti satyārtham puruṣe bahubhāṣiṇi // [PV Ⅰ.
338b; 339a(G.335)]

화자에 있어서 이 언어가 현실적 존재의 본성도 아니라면 결과도
아니다. 또한 후자를 떠난 것에 정합성은 존재하지 않는다.
nāyam svabhāvaḥ kāryaṃ vā vastūnāṃ vaktari dhvaniḥ /
na ca tadvyatirektasya vidyate 'vyabhicāritā // [PV Ⅰ.339b;
340a(G.336)]

언명자[인 언어]의 활동이 언명 대상의 지각에서 초래된 것이라
고 말한다면 하나의 대상에 대해서 어떻게 해서 상호간에 모순된

---

117) 若原雄昭「다르마키르티의 베다성전비판」(『龍谷大學大學院硏究紀要』 인문과
학 제11집) p.27에서 인용했다.

의미가 되는 것인가?

pravṛttir vācakānāṃ ca vācyadṛṣṭikṛteti cet /
parasparaviruddhārthā katham ekatra sā bhavet // [PV I .340
b;341a(G.337)]

언어는 현실적 존재에서 나오는 것이 아니며 현실적 존재의 결과
[현현]도 아니다. 언어는 분별의 소산이다. 현실적 존재를 표현한
것이 아니기 때문에 모순된 의미가 나오게 된다. 다르마키르티는
베다의 언어도 이 관점에서 보라고 말한다.

그렇기 때문에 현실적 존재와 어떤 의미도 연계되어 있지 않은
성전들은 [현실적 존재의] 인식자로부터 성립한 것이 아니다. 그
와 같은 것에서 어떻게 해서 참된 의미의 판단이 가능한가?
vastubhir nāgamās tena kathañcinnāntarīyakāḥ /
pratipattuḥ prasidhyanti kutas tebhyo 'rthaniścayaḥ // [PV
　I .342b;342a(G.338)]

그러므로 그 [성전이] 소멸해도 존재의 비존재가 성립할 수 없다.
그러므로 비존재(asat)를 판단하는 결과로서의 비인식(phalānu
palabdhi)은 성립하지 않는다.
tasmānna tannivṛttyāpi bhāvābhāvaḥ prasidhyati /
tenāsanniścayaphalā 'nupalabdhir na sidhyati // [PV I .342b;
343a(G.339)]

성전의 언어가 잊혀도 원래 현실적 존재에서 나온 것이 아니기
때문에 상실되는 것은 전혀 없다. 현실적 존재에서 나온 결과가 성

전의 언어라면 그것이 없다고 결과를 지각하지 못하기 때문에 원인
은 존재하지 않는다고 추론할 수 있는 결과로서의 비인식이 된다.
하지만 베다는 소실되어도 진실의 세계가 존재하지 않는다고 할
수는 없다. 여기서 다르마키르티는 불교 성전의 존재의의를 시사하
고 종교적 권위를 정립하기 위한 장으로 옮겨간다. 불교성전의 경우
는 진실을 인식한 붓다의 언어이기 때문이라고 한다. 이상으로『프
라마나바르띠카』추리론의 게송을 마친다.

제7절 주저 추리론 성전론의 정리

『프라마나바르띠카』추리론의 제3단은 언어의 인식론적 문제
에서 전환하여 가치론적 언어론, 즉 성전의 가치론으로 옮겨간다.
그러나 그 배후에 언어 인식론의 뒷받침이 있었다는 것을 살펴보았
다. 추리론 본 게송의 후반, 약 5분의 2를 축차적으로 살펴보았기
때문에 여기서 각 절로 나눈 내용을 개괄해두고자 한다. 둥근 괄호
안은 M본, 모난 괄호 안은 G본에 의한 게송 번호이다.

3. 언어론 총괄(제210~216게송)[207~213게송]

언어는 분별과 표리일체이며 분별에 여실한 경계에서 나온 것과
전적으로 허구적인 것이 있는 것처럼 언어에도 그 대상, 요컨대 의
미의 여실함이 있는 것과 없는 것, 그 양쪽에 걸쳐 있는 소위 중간의
것이 있다. 베다에서 말하는 '천국(svarga)'이라든가 상키야학파가
말하는 '근본원질(pradhāna)'은 전자, 세속의 언어는 참과 거짓의 중
간, 불교성전은 여실한 의미를 갖는다고 한다.

3a. 불교성전(제217~226게송)[214~223게송]

언어로 이루어진 성전에도 붓다의 언어는 고를 소멸하는 방책을
갖추고 있기 때문에 검토할 만한 가치가 있다. 왜냐하면 붓다는 바
른 지각과 논리를 구현하여 언어로 표현하고 있기 때문에 불교성전
에는 신뢰성이 있다. 일반적으로 지각과 논리를 바르게 갖추고 있다
면 불교성전도 필요가 없지만, 실제는 그와 같을 수가 없다. 성전에
의해 가르침을 받아 무명=자아의식을 불식하여 과실과 고의 근본을
끊을 수 있는 것이다.

3b. 베다계시론 비판(제228~250게송)[224~247a게송]

바라문교의 가장 우익학파인 미망사학파는 베다 성전이 (본론 제
1장에서 본 바와 같이) 복리를 보증하는 것이며 인식의 저쪽에 있는
것을 알리는 가장 뛰어난 인식근거라고 한다. 쿠마리라는 나아가
베다의 종교적 권위성을 그 비인위성에서 변증한다. 다르마키르티
는 그것에 대해서 언어는 모두 인위라고 언어 인식론 상에서 논박하
고, 게다가 인위적 언어 속에 여실한 의미도 존재한다고 말한다.
작품에는 모두 작자가 존재하였지만 다만 잊혀졌을 뿐이라고 다르
마키르티는 예를 들어 설명한다. 쿠마리라의 『슈로카바르띠카』에
관해서는 제2장(교령장)을 중심으로 반론하고 있다.

3c. 스포타절 비판(제251~272a게송)[247b~268게송]

바르트리하리 『바키야파티야』의 언어 형이상학설을 논박한다.
'스포타'라 칭하는 영원하여 불변하는 원리가 음성인 언어에 의해
현현하는 것이라는 설에 대해서 다르마키르티는 언어가 무상인 음
성으로 이루어지며 사람의 의사를 사회 계약에 따라서 표현한 것이
라는 언어이론으로 논박한다. 인간과 관계없는 언어 본체에서는 의

사 전달이라는 언어의 기능이 작용하지 않게 되고, 현실에서 언어가 점차 이해되어간다고 하는 실상이 영원한 상을 가진다는 본체론을 부정하고 있다고 한다.

3d. 언어의 무상성(제272b~287a게송)[269a~283게송]

언어도 다른 존재와 마찬가지로 무상이라는 것을 변론한다. 다르마키르티는 다른 곳에서 무상의 증명을 '생기성'='존재성'에서 증명하고 그 논리적 이유는 '본질로서의 논리적 이유(自性因)'와 '결과로서의 논리적 이유(結果因)' 가운데 전자라고 분류한다. 존재하고 있는 것은 찰나에 소멸하는 본성이 있고, 자기 밖에 따로 원인이 있어 그 원인에 의해 소멸하는 것은 아니다. 따라서 그것 자체의 내포에 대한 분석에서 현재 존재하고 있는 것이 곧바로 무상성을 함의하는 변충을 이해할 수 있다. 언어를 주어로 한다면 따라서 무상성이 논리적 귀결(所證)이 된다. 이들 논리식은 니야야학파에게도 알려지고 있었을 정도로 오래된 것이다.

3e. 만트라의 인위성(제287b~315a)[284~311게송]

베다를 '만트라'로서 파악하면 만트라는 주문구로서 작위적인 것이기 때문에 점점 베다의 인위성을 이해할 수 있다. 성스러운 특정 구절이 신비라는 사고방식은 문자의 철자에도 의미의 결합과 같이 인위적이라고 하여 배척된다. 불교도 등의 만트라에서 효력이 있는 것은 만트라 작자의 인식과 법력에 의한 가지력에 근거한다고 다르마키르티는 설명한다. 결국 불교 만트라에는 작자의 서원이 담겨 있다. 이와 같이 만트라에도 원인이 있는 것, 불의 원인인 땔감이 보이든 보이지 않든 존재하거나 존재했던 것과 같다고 한다. 구체적으로는 쿠마리라의 인위=과오설을 반박한 것이다.

3f. 베다성전비판(제315b~343a)[312~339게송]

미망사학파도 모순된 태도를 취하고 있다. 계시성전보다 뛰어난 인식근거가 없다고 하면서 자파의 자이미니를 최고지자와 같이 다루고 있는 것은 아닌가? 라고 다르마키르티는 쿠마리라를 야유한다. 『슈로카바르띠카』에서 인간의 해석을 성전은 거부하고 베다의 의미 자신이 해석을 제시한다는 식으로 말했기 때문이다. 언어는 다양한 것이 실상이며 그것은 사회 계약이 다양한 것에 유래한다. 예부터 베다의 진리성을 '불은 냉기를 없앤다'(TS.Ⅶ, 4, 8, 3)라는 자명한 문장을 근거로 하여 다른 성스러운 구절도 그와 같은 베다의 일부이기 때문에 진리라고 하는 등 유비추리(比論)를 시도한 자도 있지만, 디그나가는 그와 같은 비유의 비논리성을 이미 지적했다고 한다.

이것이 다르마키르티의 주저 『프라마나바르띠카』 추리장 성전론의 주요한 내용이다. 반대논사는 쿠마리라임을 알 수 있다.

제2편

다르마키르티의 종교적 권위의 변증

제1장 다른 학파의 종교적 권위-신의 증명

제1절 문제의 소재와 파슈파타파

다르마키르티가 언어론과 성전론에서 논박한 반대논사는 주로 미망사학파였지만 종교적 권위의 정립을 둘러싸고는 시바교 파슈파타파의 신학이 반대논사이다. 가령 눈을 항상 감고 있었던 시바상을 시에서 야유한 것과 같이, 니야야학파에게도 만연한 파슈파타파 등의 시바 신앙은 붓다를 종교적 권위로서 정립한 다르마키르티가 강하게 비판하는 바였다. 『프라마나바르띠카』 종교론(이하, '종교적 권위 정립(pramāṇasiddhiḥ)의 장'의 약칭으로서 사용)에는 신(īśvara)을 세계원인—창조자이며 또한 지배자—이라는 신학 그것과 그 증명에 관해서 처음으로 논하고 있다. 또한 다르마키르티는 주저 『프라마나바르띠카』 추리장 자주의 말미에서 '창조주 이론(kartṛvāda)'을 다섯 반대론자의 이론 가운데 하나로서 거론하고 있다. 여기 이 장에서는 파슈파타파란 어떤 학파이며 그 학파의 신학, 특히 니야야학파가 각종으로 시도한 신의 존재증명이란 어떠한 것인가를 살펴볼 것이다.

'시바'의 약칭은 『타이티리야아란야카』 제10권(『마하나라야나 우파니샤드』)에 소위 5종의 성스러운 노래(五聖歌, pañca brahma mantrāḥ)의 다섯 번째 기도구절에 기원한다.

> 일체지의 주인, 일체 유정의 신, 기도의 주재자, 범천의 주재자, 범천은 나에게 길함이여! 항상 길함이여! 옴!

īśānaḥ sarvavidyānām īśvaraḥ mahābhūtānām brahmādhipa
tir brahmaṇo 'dhipatir bramā śivo me astu sadāśivom /[118]

'길상한' 의미의 '시바(śiva)'는 사야나에게 '산타(śānta)'의 의미로 이해되고 있기 때문에 '편안한'이라고 번역을 해도 좋다. 남방 시바파는 이 호칭을 사용하였다. 서방 파슈파타파는 신을 '수주(獸主, paśupati)'라고 부르는 것이 특징적이며 학파명은 그것으로부터 유래한다. 하지만 실제로는 이 성스러운 구절[聖句]의 두 번째 호칭인 '이슈바라(īśvara)'로 부른다. √īś(지배하다)에서 파생한 말로서 '지배신'을 일컫는다. 우리는 줄여서 '신'이라 부른다. 고래의 '자재신'이라는 번역은 신통지·신통력 상에서 해석한 것이다. '마하이슈바라(maheśvara, 대자재신)'라고 부른 것도 많다. 이것은 '대자재신'으로 번역한다. '수주'는 인더스문명기의 인장에 있는 모티브가 시사하는 것으로 J. 마샬이 '프로토 시바(Proto-Śiva)'라 이름붙인 신과 동격이다.[119] 양(羊)의 얼굴에 사람 몸의 형상을 한 요가상(蓮華坐)의 신은 호랑이, 코끼리, 소, 사슴 등 숲이나 들판에서 생식하는 짐승(paśava)에 에워싸여 수주의 원형을 남기고 있다. 요가의 모습은 고행을 의미하고, 그것은 신비적 자재력을 가능케 하는 표현이기도 하였다. 이것들은 『파슈파타수트라』에서 설한 것이다. '파샤바(paśava)'는 뒤에 파슈파타파에서 '유정(cetanāvanta)'의 의미로 해석된다.(Pañc arthabhāṣyam, 5, 1)

이 파의 근본경전인 『파슈파타수트라』의 주석자 카우틸리야가 파의 개조 라쿠리샤에 관해서 다음과 같이 기술한다. '사람의 모습

---

118) Taittirīya-āraṇyakam(ĀSS), II, p.470. 산디 등은 출판본 그대로 고형을 보존하고 있다. 사야나주는 p.471

119) John Marshal, Indus Civilization, Vol.III, p.52

을 한 신(bhagavān)은 바라문의 신체로 옮겨가서 카야바타라나의
땅에 화현한 것이다. 이렇게 해서 걸어서 밧쟈이니에 도착했다.' 여
기서 소위 가장 수승한 수도원(atyāśrama)의 법당을 세워 설교하고
회욕(灰浴, bhasmasnāna, 재로 목욕함)을 의식으로 채택했다. 목욕
으로 몸을 깨끗하게 하는 대신 재를 바르고 재 위에 앉기도 하고
눕기도 하며 수행을 하였다. 그 특징으로 인해 현장(玄奘)은 그들을
'도재외도(塗在外道)'라고 불렀으며, 서인도에서 융성했다고 보고하
였다.

즉, 『바유프라나』 나 『시바프라나』 의 지리지(地理誌)에 의하
면120) 학파의 개조인 라크리샤(뒤의 나크리샤는 변화된 형태)는 성
후리구의 땅 즉, 나르마타 하구(지금의 후로치)에서 출생하여 강가
에서 유아기를 보냈다. 거기서 서국도(西國道)를 통해서(paścimamā
rgeṇa) 카야바타라나(화현)의 땅으로 이동하여 '파슈파타의 요가규
거'(Pśs. I , 1)에 눈을 떠 실천하고 웃쟈이니로 올라가서 포교했다.
따라서 서인도의 라크리샤 비문에서 말하는 라다국은 파슈파타파
의 융성에 직면했을 것이다. 라크리샤는 바라문 신분을 취했다고
전하며 그 계급주의(jātivāda)가 교전에 잘 나타나 있다.

『쿠르마프라나』 에도 시바 신이 파슈파타파의 개조인 나크리슈
바라로 화현하여 카야바타라나 즉, 지금의 나르마타 하류 지역에
있는 카르바시에 나타나 카리 요가 시기의 28인 성자 가운데 한

---

120) Gaṇakārikā of Ācārya Bhāsarvajña(GOS.) ed. C. D. Dalal(1966), Appendix
　　IV에 의한다. 나아가 『가나카리카』 는 'ttīni vṛttayaḥ' 등의 변화된 형태가 보이며
　　다른 한편 그 주석 『라트나딧카』 는 'pramāṇābhāsajaṃ jñānam' 등 니야야학파
　　에 낯익은 말투로부터 책 말미의 'ācāryabhāsarvajñaviracitāyāṃ gaṇakārikāyā
　　ṃ ratnaṭīkā parisamāptā'는 오자이며, 'bhāsarvajñaviracitā gaṇakārikāyāṃ ra
　　tnṭīkā parisamāptā' 이었을 것이다. 사야나 마드바는 『가나카리카』 의 저자를 '하
　　라닷타스승'이라 한다. Cf. Sarvadarśanasaṅgrahaḥ(VSG.), p.300

사람이 되었다고 한다.[121] 이것은 슈베타 스승으로부터 시작하는 것으로 Kp. I, 14장에서는 슈베타슈바타라 선인을 '대파슈파타파의 지도자(mahāpāśupatottama)'라고 한다. 경소(經疏)에서 '슈베타슈바타라파의 성전 우파니샤드'라 부르는 『슈베타슈바타라우파니샤드』(VI, 21)는 다음과 같이 말한다. '고행의 위력과 신의 은총에 의해서(tapaḥprabhāvād devaprasādacca) 슈베타슈바타라는 브라흐만을 안다. 가장 수승한 수행자의(atyāśramibhya) 최고 청정함을 노래할 것이다. 성인과 선인의 교단에 기뻐하는 바의'라고 한다.[122]

이 우파니샤드에서는 파슈파타 나이야이카가 제시한 '세계 작자'라는 개념을 다루고 있다. 이것은 경소의 저자 카우틸리야에 이르러 '주인인 작자(prabhuḥ kartā)'라든가[123] '동력인(nimita)'이라 부르는 개념으로 발전했다.[124] 그것이 니야야학파의 신의 존재증명에서 논리적 귀결의 술어로서 사용되는 것 같다. 이는 다르마키르티의 반론과 연계된다. 여기서는 우선 파슈파타파의 실천 체계를 살펴보고자 한다.

제2절 파슈파타파의 실천론

『쿠르마프라나』는 그 이름 그대로 원래 비슈누 신의 화신인 거북이가 등장하는 비슈누 계통의 프라나였다. 그러나 파슈파타파의 영향을 받고서 그 실천을 묘사하는 진귀한 플롯을 가진 것처럼

---

121) Kūrmapurāṇam, ed. Rāmaśaṅkara Bhaṭṭācārya, I, 52, 10

122) Śvetāśvatara-upaniṣat(ĀSS.) p.84-85

123) Pañcārthabhāṣyam(TSS.) p.73, 18-19

124) ibid. p.73, 11

되었다. '파슈파타'라는 이름은 이미 『마하바라타』에 '상키야 요가'
와 함께 나온다.

saṅkhyaṃ yogam pañcarātram vedāḥ pāśupataṃ tathā /
jñānāny etāni rājarṣe viddhi nānāmatāni vai // (Mbh.XII.337,
59)

베다의 여러 파 이외는 모두 비정통파이며 『쿠르마프라나』도
도중에 '이교도 · 난행의 무리, 사도의 무리, 또한 판차라트라의 무
리, 파슈파타의 무리를 입에 발린 말로도 찬탄하지 말라'고 한다.(K
p.II, 16, 15) 그러나 Kp. I , 25장은 파슈파타파의 입장을 명확히
내세워 일반 문헌으로서는 종합된 파슈파타파의 서술을 볼 수 있는
진기한 자료가 되고 있다.

비슈누 신의 화신인 크리슈나는 여기서는 남자 아이를 얻고자
하는 평범한 부모의 한 사람으로 등장한다. 그 서원의 마음에서 크
리슈나는 시바의 은총(prasāda)을 얻고자 성선(聖仙) 우파마뉴의 도
량(āśrama)에 나아간다. 고행을 통해 신의 은총에 참여하기 위해서
이다. 그 도량은 '베다학습에 전념하는 자, 아그니 호트라를 시행하
는 자, 명상에 침잠하여(dhyānanirata), 코끝에 시선을 집중하는 요
가행자가 사사(師事)하는 곳'(Kp. I , 25, 8)이라고 한다. 이것만으로
는 현재의 리시케슈 요가 도량과 유사하지만, 다시금 '전신에 재를
바르고 루드라 신을 염송하며 삭발 · 결발하는 청정한 자들이 머물
고 또한 머리를 묶은 고행자가 항상 머물며 브라흐만을 말하는 지자
가 머물렀던 곳'(Kp. I , 25, 11)이라 하여 파슈파타파의 도량임을 알
수 있다. 이들 실천은 다음 절에서 경전을 통해 살펴볼 것이다.

도량의 주인인 우파마뉴는 크리슈나에게 '잘 왔다. 프리시카의

주인 [비슈누]여. 우리의 고행은 효과가 있어'라고 한다. 실로 우파마뉴는 파슈파타의 서계(誓戒, vrata)를 크리슈나에게 받았던 것이며 '저 위력 있는 꿀벌 [크리슈나]는 최상의 무니에게 배움을 받고 거기서 고행에 의해서 루드라를 받들었다.' '전신에 재를 바르고, 삭발하고, 나무껍질을 몸에 붙여 시바를 가슴 사이에 걸어서(śivaikāhitamānasa) 부단히 루드라를 염송했다.'(Kp. I, 25, 51)

그 외 프라나에도 루드라=시바는 대고행자(大苦行者, mahātapa)라 불리며 그 태생 이래의 고행주의가 관철되고 있었다. 하지만 라크리샤가 바라문이기도 하기 때문에 계급주의(jātivāda)나 제식주의가 파슈파타에게 유입되었던 것이다.

여기서 파슈파타파의 근본경전인 『파슈파타수트라』를 카운디냐의 주석 『판차르타파슈야』에 의거해서 읽고자 한다. 내용은 실천론이다.

제1장의 시작 부분에서 경은 다음과 같이 말한다.

> 그렇다면 지금부터 유정주(有情主, paśupatiḥ)의 요가 규범을 설명해보자.(Pśs. I, 1)

카운디냐에 의하면 '파샤바(paśava)'는 '유정(cetanāvanta)'으로 해석되고 있지만, 그것은 유정주를 표방하는 이름이다. 그에 의하면 유정주는 원인·결과와 구제대상·구제수단을 직관하는 자(pratyakṣadarśī)이다. 일체지자인 루드라=시바는 자재력(aiśvarya)을 가지며 해탈한 자로서 의문에 잘 대답할 수 있는 공준(公準)이다. 신(bhagavān)은 가야바타라나의 땅에서 바라문 라크리샤의 모습으로 나타나, 뒤에는 포교를 위해 웃쟈이니로 올라갔다. 크시카 성자가 그의 발에 예를 올리며 말했다. 존자시여! 자기에 의한, 하늘에 의한,

자연에 의한, 일체 고(苦)의 절대 멸각은 있습니까? 그것에 대해서 '그렇다면(atha)'의 언어로 설한 것이 이 경전이라고 카운디냐는 말한다.

경의 목적은 마지막에 기술하는 고의 종언(duḥkhānta)이며 방법론은 유정주의 요가가 규범이다. 그는 '요가'를 신과 인간의 결합이라고 해석한다. 요가는 다만 개념적인 방법이 아니라 각종의 실천을 통해서 얻어지기 때문에 '요가규범(yogavidhi)'이라 한다. 그리고 '유정주(有情主)의'라 하여 상키야 요가를 배척하고 있다고 말하는 것이다. 카운디냐가 보이는 상키야 요가에 대한 반감 혹은 라이벌 의식은 상당한 것으로 '독존위(獨尊位, kaivalya)에 있는 자도 괴로운 것을 보기 때문에'와 같은 야유가 있고, 일체 신의 은총이 있어서 구제되는 것이라는 교리에서 지혜·이욕·자재·법(윤리)에 의한 자력작선(自力作善)의 신인(神人)도 범천(梵天)에서 축생(畜生)에 이르는 윤회의 길을 걷는 자라고 한다.

세 번씩 재로 목욕하라.(Pśs. I, 2)

어슴푸레한 새벽녘, 한낮, 저무는 황혼녘. 이렇게 삼시에 걸쳐서 재를 몸에 발라 청정하게 한다. 불을 통해서 청정한 것, 다른 사람이 향유한 것을 다시 사용하는 것은 무소유와 불살생의 계율에 위배되지 않기 때문에 가능한 한 재를 탁발하라고 소(疏)에서 말한다. 재로써 몸뿐만 아니라 혼도 정화하기 때문에 그것을 '목욕(snāna)'이라 표현한다.

재에 누워라.(Pśs. I, 3)

한낮에 수행자는 지면의 일부를 한정해서 재를 뿌리고 그 위에서 학습과 요가에 전념하며 피곤하면 밤에 그 재 위에서 잘 수 있다. 그러나 수면은 최소한으로 규정된다.

목욕하라.

똥과 오줌의 배설이나 그 외의 더러움을 경험하면 정화를 위해 수시로 재를 발라서 깨끗하게 한다. 재는 파슈파타 사람들의 징표(liṅga)라고 한다.

버린 꽃을 머리에 쓰라.(Pśs. I, 5)
징표를 갖는 자여.(Pśs. I, 6)

입문한 생도에게는 문자 풀의 끈 등이, 집에 머무는 자(家住者)에게는 세 겹의 옷 등이, 유행자(遊行者)에게는 삭발 등이 그 징표인 것처럼 파슈파타 사람들에게는 재가 징표라고 한다.

'성스러운 장소에 머무는 자는' '웃고 노래하며, 춤추고 둔둔 하고 소리를 지르며, 예배하고 시를 암송하며, 공물을 바침으로써 귀의하라.' 대천(大天)의 남면상(南面像, dakṣiṇāmūrti)에 대해서.(Pśs. I, 7~9)

집에 머무는 자가 집 안에서 성스러운 장소를 설치하여 신에게 공물을 드리는 것처럼, 파슈파타 무리들은 지면의 일부나 나무뿌리를 한정하여 성스러운 장소로 삼아 수행의 도량으로 삼는다. 이 수행의 결과, 신의 만남(sabhā)에서 자기를 던져 예배할 것을 권한다.

상면(上面)과 합하여 오면(五面)인 시바상의 남면(南面)을 향하여 귀의한다. 카운디냐는 여기서 5개의 금계(禁戒, yamā)와 5개의 서계(誓戒, niyamā)를 말한다. 5개의 금계는 불살생(不殺生)·금욕(禁慾)·불망어(不妄語)·비세속(非世俗)·불투도(不偸盜)의 오계(五戒)이며, 5개의 서계는 유화(柔和)·사사(師事)·청정(淸淨)·절식(節食)·불방일(不放逸)의 다섯 가지 규칙[五則]이다.

> 한 겹의 옷을 입은 자여, 혹은 전혀 옷을 입지 않은 자여!(Pśs. Ⅰ, 10~11)

옷은 무소유의 정신에 입각하여 탐욕을 없애기 위해서 한 벌만 또는 가능하다면 태어난 그대로의 모습으로 살아간다.

> 대소변을 보아서는 안 된다. 여성이나 노예계급에게 말을 걸어서도 안 된다. 만약 본다든지 말을 건다든지 하는 경우 재를 바르고 호흡을 절제하여 루드라 가야트리 찬가 혹은 바흐루파 찬가를 불러야 한다.(Pśs. Ⅰ, 14~17)

더러운 것을 보았다면 청정함을 위해 재를 몸에 바르고 20~30순간(mātrā) 호흡을 제어(praṇāyāma)하여 입정(入定)에 들어간다. 그리고 파슈파타 지정의 기도찬가—5성구의 제4가 혹은 제3가—를 부르라고 말하는 것이다. 경의 각 장 끝에 이 다섯 가지 성스러운 찬가(五聖歌, pañca brahmamantrā)를 각각 배치하고 있다.

> '청정한 인식을 가지고' '수행하고 있는 자에게' '그것(실천)에 의해서 요가를 행한다.'(Pśs. Ⅰ, 18~20)

여기서 '요가'는 학습이나 명상의 행위 요가를 의미한다. 요가를 '고행'이라 부르는 경우도 있다. 그것에 의해서 신비적 능력을 획득할 수 있다고 한다.

> 이 사람에게 멀리 떨어져 있는 것을 보고 듣고 생각하는 인식이 작동한다. 일체지자이다.(Pśs. I , 21~22)

원래 신에게 속하는 신비적 능력(aiśvarya)을 수행의 완성자도 갖추고 있다. 이것을 '성취자(siddha)'라 한다. 인식론적으로도 종합적·분석적(samāsavistara-vibhāgaviśeṣata)인 능력을 제시한다. 다르마키르티의 인식론적 비판이 이것에도 향하고 있다. '멀리 떨어져 있는 것을 보는 자가 공준(pramāṇa)이라면 가라! 가서 독수리에게 예배하라.'(Pvk.II, 33)라고 그는 말한다.

> 마음의 신속함이나 의욕의 상이며, 파괴자(vikaraṇa)이며, 그 성질을 지닌다.(Pśs. I , 23~26)

이것들은 원래 신의 속성이지만 요가의 성취자에게도 그것이 갖추어져 있다고 한다. 그리고 카운디냐는 그것들이 신의 은총이라고 강조하고, 무신론적 상키야 요가학파에게는 그것이 없다고 한다.

> 이 [성취자는] 모든 지배자이며, 그리고 어떠한 것에도 지배되지 않는 성질이 있다. 모든 것에 옮겨 타며, 어떠한 것에도 옮겨 태워지지 않는 것이다. 모든 것이 그에 의해 소멸되며, 그는 어떤 것에 의해서도 소멸되지 않는다. 그는 두려움이 없으며, 불멸이며, 늙

지 않으며, 불사이다.(Pśs. I , 27~36)

이것들은 신의 속성이지만 성취자는 신과 결합한 신인(神人)이기 때문에 이렇게 이야기된다.

[그는] 모든 곳에서 융통무애하게 나아간다. 이상 존사(尊師, bhagavān)・대천(大天, mahādevaḥ)의 덕성을 갖춘 자는 대권속주(大眷屬主, mahāgaṇapati)라 불린다.(Pśs. I , 37~38)

이들 8개의 자유자재한 능력을 구비한 성취자는 난딘이나 마하카라를 거느린 시바 신과 같이 대권속주(大眷屬主)이다. 『아타르바베다』(XV, 15)에서도 유행자(sannyāsī)인 브라트야들은 고행에 의해서 신에게 수호되는 자가 되었다.

여기서 다음의 성구(brahma)를 노래하라.(Pśs. I , 39)

제1장의 학습을 마칠 즈음에 5성구의 제1구를 읊게 한다. 이하 전 5장의 장말(章末)에는 각 성구(聖句)를 배당한다. 불선(不善)에서 떠나 비법(非法)을 끊고 법을 증장하기 위함이라고 카운디냐는 말한다.

새로 탄생[한 시바]와(sadyojāta) 서로 마주보라. 나는 매번의 생에 약한 자가 된다. 나를 수호하라. 생을 일으키는 자여(bhavodhava)!(Pśs. I , 40~44)

5성구는 『타이티리야아란야카』에서 채용한 것으로 제10권 제1

7~21절(GOS.)에 상당한다. 제10권을 『마하나라야나우파니샤드』라 한다. 그런데 '사됴자타(sadyojāta)'는 태어난 송아지를 의미하는 것 같지만, 카운디냐는 '사드 요 자타(sad yo 'jāta)'라 읽고서 '영원한 존재'의 의미로 해석한다. '신생의 시바'는 아그니 호트라 제사에서 불을 붙여 시바를 권청하기 때문이다.

이어지는 4장은 대강의 핵심을 간단하게 기술한다. 제2장의 특이한 테제는 '불길한 존재가 여기서는 길상하게 된다(maṅgala)'(Pśs. II, 7)는 의미이다. 이 가치전환의 윤리설은 뒤에서 살펴볼 것이다. 전통적 제사를 대신하는 시바 신을 숭배하라고 한다. '모든 것을 의지하는 자(sarvakāmī)'에게로 자기를 내던지는 이른바 집착을 버리고 마음을 내려놓음[放下]과 공양, 고행의 삼위일체가 수행의 방법이 된다. 전통적 바라문교의 신들이나 조상에 대한 제사 대신에 이 수행 방법을 가지고 하라고 한다. '요가'는 신과 신비적 합일을 이루는 것을 의미함과 함께 신비적 자재력의 획득에 이르는 문이다.

제3장은 가치전환의 실천에 근거하여 세간에 모멸을 받고 경멸을 초래하는 것과 같은 행동을 권한다. 왜냐하면 자기를 경멸한 자에게 죄를 되돌려주고 스스로는 정화되기 때문이다. 이렇게 해서 도회지로 나가 미친 광인의 모습을 하여, 제1장에서 언급한 둔둔 음성을 발하기도 하고 웃기도 하며 노래를 부르거나 춤을 추는 행동을 한다. 더러워진 모습으로 귀령(鬼靈, preta)과 함께 춤춘다. 몹시 취한 것처럼 술을 먹고 배를 모는 것 같은 모습을 하여 크게 모멸을 받는다.

제4장에서도 '앎을 숨긴다면 고행(tapa)은 무한히 빛나고'(Pśs. IV, 1)라 하며 서계(誓戒, vrata)나 청정한 말을 감추어서 미친 자(unmatta) 행세를 한다면 그것이 최상의 호주(護呪, yantra)라고 전해진다. 이런 역설적인 실천이야말로 신과 합일을 가져오며 고(苦)의 종언을 도모하는 최상의 길이라고 한다. 제5장에서 다음과 같이 말한다.

'집착해서는 안 되는' '요가수행자', '상주하여' '불생인' '자애자
(慈愛者, maitra)가'(Pśs. Ⅰ, 1~5) '빈집에 숨어 살고'(9) '감관을
제어하여' '6개월을 항상 신과 합일하는 [신인에게]' '[신비적 덕
성이] 최고로 작동한다.'(11~13) '성취하는 요가수행자는 업이나
죄와 결합하지 않는다.'(20) '공인의 찬가(ṛk)를 노래해야 한다.
자기를 제어하여 가야트리 찬가를 노래해야 한다.' '루드라의 찬
가 혹은 다상자(多相者, bahurūpī)의 찬가를 노래해야 한다.' '그
것에 의해서 요가가 작동한다.' '성스러운 소리 옴을 명상하라.'(2
0~24) '이 사람은 이미 일체지자인 성선(ṛṣiḥ)이다.'(26) '대자재
신이다.'(28) '모든 과실의 원인인 그물의 근본(非法)을 끊어서',
(35) '그리고 루드라에 입각하여'(37) '홀로 편안한 자는 근심이
없는 자이다.' '방일하지 않는 자는 괴로움의 종언에 이르게 하라,
주의 은총 때문에(īśaprasādāt).'(39~40)

이렇게 해서 파슈파타파의 실천론은 다음과 같이 결론을 내릴
수 있다. 실천을 나타내는 '요가'라는 말은 신과 합일한다는 신비주
의적 해석과 함께 넓은 의미의 고행의 체계를 표현한다. 그것은 유
신론적 행도(行道)이며 이는 무신론적 상키야 요가학파와 대립한다.
신은 루드라=시바 신이며 다신교적인 바라문교는 원래 힌두교와도
대조적인 일신숭배이다. 그리고 바로 그 파는 단순한 숭배보다도
모멸을 받음으로써 죄를 상대에게 되돌려주고 스스로는 정화된다
는 내면적으로 특이한 카타르시스를 지향한다. 외면적으로는 물 대
신에 재를 바르는 회욕(灰浴)이 특이한 카타르시스이다. 경전에서
는 빈집 등에서 홀로 머무는 것을 상정하고 있지만 프라나에는 스파
도량(atyāśrama)이 묘사되고 있으며, 『슈베타슈바타라우파니샤

드』(VI, 21)에서 이미 언급되고 있다. 궁극의 목표에는 신비한 종교적 목표와 고행의 소멸이라는 인간학적 목표가 병존하고 있다. 그러나 그것도 신의 은총을 전제하고 있다는 점에서 역시 종교적이다.

제3절 신학적 인간학

그렇다면 다음으로 파슈파타파의 인간학을 살펴보자. 『쿠르마프라나』(Ⅰ, 14)는 슈베타슈바타라 선인을 '대파슈파타파의 지도자(uttama)'라 부른다. 카운디냐는 '슈베타슈바타라파의 성전 우파니샤드'라고 표현하여 『슈베타슈바타라우파니샤드』가 파슈파타파에게 많은 영향을 끼쳤음을 알게 한다. 거기서 처음으로 그 신학적 인간학을 볼 수 있다.

최초에 우파니샤드는 의문을 제기한다. 교시하는 말이라든가 조어(釣語)라는 수법이다.

> 작인(kāraṇa)은 무엇인가? 브라흐만인가? 우리들은 어디에서 태어났는가? 무엇에 의해서 태어나고 어디로 가는가? 무엇에 의해 지배되고 다른 상태로 변하는 것인가(adhiṣṭitāḥ kenetareṣu vartāmahe)? 브라흐만 학자들이여!(Śu. Ⅰ, 1)

> 원인은 시간인가, 자성(自性)인가, 운명인가, 우연인가, 원소인가, 푸루샤인가, 혹은 그것들이 결합된 것인가, 라고 생각할 것이다. 어떤 이는 말한다. 그렇지 않다, 신령한 자아의 존재 때문이다. [그렇지 않다.] 신령한 자아도 고·락의 원인에 무력(ātmā 'py aniśaḥ)하기 때문이다.(Śu. Ⅰ, 2)

명상과 요가에 순응하는 자들은 신령스러운 신의 능력을 보았다. 신령의 덕성에 감추어진 곳, 시간에서 영혼에 이르는 그 모든 원인을 합하여 주재하는 자는 하나의 기둥이 된다.(Śu. I , 3)

실존적 삶을 묻고서 그 구조를 신학적으로 시사한다. 즉, 우주의 주인인 신과 속박된 자기의 신령한 자아[靈我]가 묘사되고 그 신을 인식하는 것에서 고(苦)와 죽음으로부터 해탈하는 것이라고 『슈베타슈바타라우파니샤드』는 제시한다. 존재의 신령한 자아가 백조와 같이 노는 장소인 브라흐만의 바퀴 즉, 우주는 신이 지배하는 장소이다. 마치 신에게 사육된 것과 같은 것을 자각하면 주인에게 기쁨을 받고서 불사에 나아가는 것(amṛtatvam eti)이다. 이 제6찬가에 이어서 제7찬가에서는 신을 알고 기뻐하는 자(juṣṭa)는 족쇄인 모태(yoni)에서도 해방되는 자(mukta)가 된다고 한다. 파슈파타파가 사용하는 '족쇄(pāśa)'라는 언어는 실존적 삶을 비유적으로 기술하는 것으로서 사용되고 있다.

주(īśa)는 이 무상한 존재와 불멸인 존재(akṣara), 현현하게 하는 것과 현현하게 하지 않는 것(avyakta) 모두를 하나로 합하여 지지하기도 한다. 주가 되지 않은 신령한 자아는 향수자(bhoktā)이기 때문에 속박된다. 신을 인식하여 모든 것이 족쇄(pāśa)로부터 해방되는 것(mucyate)이다.(Śu. I , 8)

요컨대 '신을 알고서 일체의 족쇄에서 벗어난다(jñātvā devaṃ sarvapāśāpahānih)'라고 말하는 것이 『슈베타슈바타라우파니샤드』의 신학적 인간학이다. 슈베타슈바타라 선인은 '고행의 위력과 신의 은총에 의해서(tapaḥprabhāvād devaprasādācca)’ 브라흐만을 알고 그의 교단(ṛṣisaṅgha)에 의해 기뻐한 청정한 구절을 노래한다고 한다.(Śu.Ⅵ, 21) 여기에 나오는 ‘브라흐만’을 두고 많은 해석이 있지만 『파슈파타수트라』에서 말하는 ‘기도의 구절’의 의미라고도 생각된다. 더구나 ‘브라흐만 학자(brahmavit)들이여’라는 질문은 작자가 정통 바라문교의 영역 밖에 있다는 것을 암시한다. 다르마키르티도 탄트리즘에 관해서 ‘탄트라 학자(tantravit)’라는 표현을 하고 있다. 즉, 종말 가까이에서 노래하는 것이다.

고행의 위력과 신의 은총에 의해서 지자(vidvān) 슈베타슈바타라는 초행자들을 위해서(atyāśramibhya) 최고로 청정(pavitra)한 기도의 구절(brahma)을 바르게 설한다(saṃyak provāca). 성선의 교단에서 기쁘게 되는 바의(ṛṣisaṅghajuṣṭam).(Śu.Ⅵ, 21)

파슈파타파는 이 슈베타슈바타라를 먼 조상으로 권청하였던 것이다. 앞의 『쿠르마프라나』에서는 크리슈나가 자식 스시라를 얻고서,

루드라의 장(rudrādhyāya)과 루드라의 이야기에 의해서 산(山)의 주인인 [시바]를 염송하고 또한 다른 각종의 찬가나 베다에서 나오는 산부(시바)의 노래로 찬송하였다.(Kp. I , 14, 30)

이 사이에 크리슈나는 가까이 오고 있는 슈베타슈바타라 대선인과 대파슈파타파의 지도자를 보았다고 서술한다. 온몸에 재를 바르고 고행으로 초췌해진 모습으로 묘사된다. 그런데 실제『슈베타슈바타라우파니샤드』의 인간학은 상키야 요가이다. 거기서 파슈파

타파로 거슬러 올라가서 카운디냐의 경소(經疏)인 『오의소(五義疏, Pañcārthabhāṣyam)』의 인간학을 살펴보면, '다섯의 의미(五義)'란 고멸(duḥkhānta), 작인(신), 결과(피조물), 요가 및 규거(vidhi)의 5범주(padārthā)를 말한다.(Pañc. p.6, 21)

이들 범주에 관해서 카운디냐의 해설을 살펴보자.

다음에 그 고의 소멸은 무엇에서 얻어지는 것인가? 혹은 어떠한 방법으로 얻어지는 것인가? 그것에 답한다. 신에 의해서라고. 은 총으로부터라는 것이 나머지 구절이다. 여기서 신이란 유정주(有情主, paśūnām pati)이다. 여기서 유정이란 신인(神人, siddheśvara)을 제외한 일체의 유정이다.(Pañc.4, 20~5, 1)

묻는다. 그들 유정성(有情性)이란 무엇인가? 답한다. 비자재성인 계박(繫縛, bandha)이다. 작인 능력과 서로 상반하는 성질을 가진 비독립성(asvātantraya)이 비자재성이며 무시이래의 계박이다.(5, 2~6)

그 가운데 족쇄(pāśa)란 결과 및 도구(karaṇa)라 부르는 제요소이다(kalā).(5, 5~6)

상키야 요가에 의해서 해탈하는 자 및 상키야 요가의 신인은 모두 범천에서 축생에 이르는 유정(paśava)이라 일컬어진다.(5, 15~16)

생(bhava)이란 지(vidyā) · 요소 · 유정을 합한 것을 일컫는다. 생이란 태어나 대대로 유전하기 때문이다. 신은 그들을 천(天) ·

인(人)·축생(畜生)으로서 태어나 유전하게 한다. 법(法)·지(知)·이욕(離欲)·자재(自在)와 비법(非法)·무지(無知)·욕망(欲望)·비자재(非自在)인 자를 낳고 유전하게 하기 때문에 [생(bhava)][인 신의 이름]이 된다.(54, 6~9)

'bhave bhave nātibhave'를 카운디냐는 '신에게 아[푸루샤]는 초월하지 못한다'라고 해석한 것이다. 기도구에 관해서는 다음 절에서 살펴볼 것이다. 윤회의 장(sthānāni)에 신인(yogeśvara)을 더하지 않는다. 법·지·이욕·자재자도 윤회한다고 하는 것은 『상키야카리카』 제23게송에서 사트바성의 마음의 선한 성질로서 거론하고 있는 것이다. 따라서 여기서도 상키야학파에 대한 카운디냐의 야유라고 볼 수 있다. Pañc.73, 11에 '신은 동력인이다(īśvaro nimittam)'라는 구절이 보인다. 이것은 신의 증명에서 중요한 주장명제가 된다.

여기서 '생'이란 지·요소·유정을 일컫는다. 그것을 일으키는 작자(作者)는 신(bhagavān)이기 때문에 '생을 일으키는 자(bhavodbhava)'라고 한다. 여기서 '작인(kāraṇa)'이란 낳고 유지하고 파괴하는 성질을 갖는 것이다. 생기게 되고 유지되고 붕괴되는 성질을 갖는 것이 '결과(kārya)'이다.(55, 5~7)

여기서는 '브하바(bhava)'를 심신으로 간주하고 있다. '지'는 정신, '요소'는 신체, '유정'은 영혼을 의미한다. 이 학파에서는 범천과 비슈누의 생성·유지 활동도 시바에게 돌린다.

이렇게 해서 신은 시간(kāla)이며 영혼(kṣetrajña)은 시간적 존재(kālya)이다. 윤회의 장소(sthānāni)는 '범천·인드라·제천

· 조상'이라는 말에 의해서 범천의 세계, 생주(prajāpati)의 세계, 소마신의 세계, 인드라신의 세계, 간다르바의 세계, 야차의 세계, 나찰의 세계, 귀령(piśāca)의 세계가 된다. 또한 '바라문·노예· 소·사슴·모든 존재(bhūtā)·작물'이라는 말은 마찬가지로 인간·소·사슴·새·뱀·식물 등을 말한다. 또한 신인(yogeśvara)은 천(天)들에 포함된다. 왜 그러한가? 여러 가지 비법(非法)이 있기 때문이다. 이렇게 장소의 측면에서 말하면 윤회는 14종이다. '요소'라고 하는 말에서 신이 동력인이다(īśvaro nimittam). (73, 5~11)

'칼라(kāla)'는 시간이라는 것에서 비유적으로 죽음을 가져오는 것으로 간주되며, '마하칼라(mahākāla)'와 같이 '신'을 의미하기도 한다. 이것을 카운디냐는 '나아간다'는 의미의 10류 어근 √kal에서 해석한다.

여기서 요소(kalā)란 결과와 도구라 불리는 것의 요소이다. 그 가운데 결과라 불리는 것은 지·수·화·풍·공이다. 공(空)은 음성을 성질로 한다.(74, 2~3)

마찬가지로 소리·감촉·맛·향기가 [결과이다]. 도구라 불리는 것은 귀·피부·눈·혀·코·항문·요문·손·언어·마음(mana)·자아의식(ahaṅkāra)·인식(buddhi)이다.(74, 6~7)

카운디냐의 상키야 요가에 대한 대항의식이 강하게 보이며 "상키야 요가에서 해탈하여 독존의 지위(獨存位, kaivalya)를 얻었다고 해도 우두커니 있을 뿐이다(sammūrchitavat sthitaḥ). 그런데 우리

파슈파타파에는 앎이 있다." 등이라 한다.(140, 12) 그러나 인간학에
서는 그 체계를 모방하여 『슈베타슈바타라우파니샤드』에서 범형
을 채용한다. 즉, '파슈파타 요가'라는 말은 '상키야 요가'와 대치되는
것이다. 카운디냐는 고(苦)에 대해서 다음과 같이 말한다.

> '고(苦)의' 라는 것과 관련해 우리는 자아에 관한 고통, 물질에
> 관한 고통, 천(天)에 관한 고통을 인정한다. 그 가운데 자아에
> 관한 고통은 두 가지가 있다. 육체에 관한 것과 마음에 관한 것이
> 다.(141, 10~11)

> 마찬가지로 고(苦)에도 다섯 가지가 있다. 즉, 수태의 고·탄생의
> 고·무지의 고·늙음의 고·죽음의 고이다.(141, 16~17)

> 또한 그 외에도 5종의 고가 있다. 즉, 현세의 공포, 내세의 공포,
> 흉한 존재와 만나는 것, 길한 존재와 이별하는 것, 원망의 좌절이
> 다.(143, 10~11)

상키야학파의 삼고(三苦)나 불교의 사고(四苦)와 유사하다. 바사
르바즈냐의 저술로 보이는 『라트나디카(Ratnadika)』에서는 '각자
성전의 견해에서 말해도 좋다. 바이세시카학파에 있어서 실체(drav
ya)와 같이'라고 한다. 신학의 근간 위에 각 학파의 개념을 받아들여
도 좋다는 취지이다. 『니야야만자리』에서는 다르마키르티를 모방
하여 요가 수행자의 지각을 받아들였다.(Rr. p.10, 21~22, Nm. p.95
~97)

이렇게 해서 파슈파타파의 인간학은 상키야학파나 불교와도 유
사한, 즉 고로부터 출발하여 그 소멸을 목표로 하고 있음을 알 수

있다. 다만 신학적 우주론을 갖는 부분이 다를 뿐이다.

제4절 니야야·바이세시카신학과 신의 증명

『유크티디피카(Yuktidipika)』의 작자가 '이와 같이 바이세시카학파 등의 유신론은 파슈파타파가 말한 것이다'라고 말하는 것처럼[125] 프라사스타파다의 우주론은 세계창조의 작자를 시바 신(Īśvara)이라 하였다. 논리학에서는 디그나가의 영향을 받고서 성스러운 언어(śabda)를 추리(anumāna)에 포함하여 추리와 증명을 나누고, 지각의 정의를 'akṣam akṣam pratītyotpadyate'라 하였지만[126] 창세신화는 카운디냐의 '신이 동력인이다(īśvaro nimitta)'라는 말을 계승하여 질료인만 바이세시카학파의 체계에 보냈다.[127] 그 체계를 여기서 번역하면 다음과 같다.

> 여기서 4개 원소(mahābhūtāni)의 창조와 파괴 방식이 기술된다. 범천의 계량(計量)에 의한 100년이 끝날 때, 그때 범천의 종말의 시간에 전세계주(全世界主, sakalabhuvanapati)인 대자재신에게 서원이 일어난다. 윤회로 괴로워하는 모든 중생에게 밤의 휴식을 주기 위해서 소멸할 작정(jihīrṣā)이라고 한다. 그것과 동시에 신체·감관·원소의 기체가 되고 있는 모든 영혼에 존재하는, 눈에 보이지 않는 힘(adṛṣṭa)의 활동이 정지된다. 그러자 대자재신의 의욕(iccha)과 영혼·원자의 결합에서 생긴 업인 신체·감

---

125) Yd.73, 8~9

126) Praśastapādabhāṣyam(CSS.), p.442

127) Praś. pp.121-131. 金倉圓照『인도의 자연철학』 p.117-118에 번역되어 있다.

관의 질료인 원자(kāraṇāṇu)의 분리에 의해서 그 결합이 붕괴되어 그들 원자에 이르기까지 소멸한다. 이렇게 해서 지·수·화·풍의 원소(mahābhūtāni)도 실로 이 순서대로 뒤를 향하여 소멸해간다. 그 뒤 원자에서 분리하여 존속하고 영혼은 법·비법의 에너지(saṃskāra)에 침투하여 그 사이[범천의 100년]만큼씩 [존속한다].

그것으로부터 또한 유정(prāṇina)의 향수가 생기는 것처럼 대자재신(maheśvara)이 세상을 창조하려고 하든 하지 않든 모든 영혼에 존재하는, 눈에 보이지 않는 힘이 활동을 개시하고 그것에 의거해서 바람의 원자에 활동(karma)이 일어난다. 그들 상호 결합에서 분자(dvyaṇukā) 등이 차례로 생긴다. 조대한 바람이 발생하여 궁창(nabhasi)으로 움직여 존재하게 된 이들 원자에서 저 차례로 큰 바다가 생겨 물이 가득 차 넘쳐흐르면서 존속한다. 그것에 이어서 바람 속에 이들 원자로부터 실로 거기에 땅의 원자에서 대지가 확고하게 존재한다. 그것에 이어서 실로 큰 바다에 있어서 불의 원자에서 분자(dvyaṇukā) 등의 순서로 큰 불이 발생하고 그 어떤 것에 의해서도 제어되지 않기 때문에 빛으로 존속한다.

이와 같이 4종의 원소(mahābhūtāni)가 발생하면 대자재신이 서원하는 것에 의해서 지(地)원자를 동반한 화(火)원자에서 큰 알이 출현한다. 거기에 4면의 연꽃과 같이 모든 세계의 조상(pitāmaha)인 범천을 전 세계와 함께 낳아서 유정의 창조(sarga)를 명하는 것이다. 그리고 대자재신에 의해 명령을 받은 범천은 뛰어난 지혜와 이욕과 자재를 갖추고 유정의 업의 성숙(karmavipāk a)을 알고서 생주(生主, prajāpati)를 낳는다. 후자는 활동에 상응한 지혜와 향수와 수명을 갖춘 정신적 창조(mānasa)의 후손이다. 또한 전자는 인간의 조상(manu)과 신들과 성인과 선인과 조상의 한 무리를 창조하고 후자의 입·손·발에서 4개의 계급과 다른 여러 가지 존재를 창조하고 의지(āśaya)에 준하여 법과 지혜와 이욕과 자재력(aiśvarya)을 부여했다.

이상은 프라사스타파다가 『리그베다』 창세신화를 가미한 유신론적 바이세시카학파의 신학이다. 바이세시카학파를 소재로 시바 신의 주재를 명료하게 한 것이지만, 브라흐마니즘 신화를 포함시킨 것이다. 이 세계관에 근거해서 니야야학파의 웃또타카라는 『니야야바르띠카』에서 신을 증명(sādhayati)한다.

『니야야수트라』(IV, 1, 19~21)에서는 이미 '신이 작인이다(īśvaraḥ kāraṇam)'라는 명제를 계속해서 다루고 있기 때문에 웃또타카라가 갑자기 니야야학파를 파슈파타파적으로 바꾼 것은 아니다. 그러나 『니야야수트라』(Ns.IV, 1, 14~20)는 세계관에 관한 논의이며, 이 명제가 긍정적으로 다루어지는 상황이었다. 스스로 '파슈파타 논사'라고 선언한 웃또타카라와는 파슈파타파의 영향 면에서 상당한 차이가 있다. 밧쯔야야나는 단지 '신은 인간의 행위를 돕는다(puruṣakāram īśvaro 'nugṛhṇāti)'라고 말할 뿐이다.128) 그것은 아크샤바다의 논의에 충실한 해설일 것이다. 그리고 신의 실체를 영혼의 최상의 존재로, 영원의 지혜라는 특징으로 인식한다. 파슈파타신학과 비교하면 상대화되고 있다고 말할 수 있다.129)

---

128) Nyāyabhāṣyam(CSS.), 683, 1

129) 밧쯔야야나는 이 Ns, IV, 1, 19를 'athāpara āha'로서 인용하는 것이다. 다만 無著의 『順中論』은 당시부터 니야야학파와 파슈파타신학이 결부되어 있음을 시사

그런데 다르마키르티가『프라마나바르띠카』종교론에서 논의하고 비판하는 대상은 웃또타카라 등의 신의 증명이기 때문에 여기서는『니야야바르띠카』의 논의를 살펴보고자 한다.130) 웃또타카라는 말한다. "신은 동력인(nimittakāraṇam īśvara)이다. 그런데 신의 존재증명(astitva-siddhi)을 묻고 있는데, 원인이기 때문에 저절로 그 존재가 확정된다." 논리학의 세계에서는 존재증명이 가능한가? 라는 것이 더 중요하다. 그 점에서 웃또타카라의 문제의식이 합당함을 획득한다.

논의 상대는 대부분 상키야학파이다. 근본질료인(pradhāna)이 영적인 인격(puruṣa)을 위한 행위라고 하는 상키야학파에 대해서 웃또타카라는, 이미 존재하는 영적 인격을 더욱 성취하지 않으면 안 되는 이유가 없다고 말한다. 또한 업설에 기초하여 원자라는 물질원리가 세계를 움직인다고도 말하지만 정신이 없는 것이 단독으로 행동할 수는 없다고 논박한다. 이렇게 해서 정신이 없는 것은 정신이 있는 존재(buddhimān)에 의해 주재된다. 세계라는 정신이 없는 존재를 움직이게 하는 것은 정신을 지닌 존재 즉, 세계를 아는 일체지자 즉, 신이다.

또한 행위 없는 정신만이 동력인일 수도 있다. 유정에 있는 업(karma)을 도구인으로 하여 신은 세계를 창조한다. 가령, 베틀 북을 도구로 하고 실을 소재로 하여 천을 짜는 것과 같다. 이 비유에서 마지막으로 다음과 같은 논증식이 가능하게 되었다. '바람[원소]에 이르는 원소들(mahābhūtāni)은 각자의 유지(dhāraṇa) 등의 작용에 있어서, 인식인 작인(buddhimatkāraṇa)에 의해 주재되어(adhiṣṭhitāni) 작동

한다.

130) Nyāyavārttikam(KSS.), 457, 3~467, 12

한다. [원소들이] 비정신이기 때문이다(acetanatvāt). 가령, 도끼 등과 같이.'131)

그의 주요 명제는 '인식의 작인에 의해 주재되어 작동한다' 혹은 '결과를 이룬다'라고 하는 패턴이 많다. 즉 '법·비법의 [업]은 작인에 의해 주재되어 사람에게 향유된다. 도구(Karaṇa)이기 때문이다. 가령 도끼 등과 같이'라고 한다.132)

또한 말하기를 '근본질료인(pradhāna)인 여러 원자와 업(karma)은 작용 이전에 정신인 작인에 의해 주재되기 때문에 작동한다. 비정신이기 때문이다. 가령, 도끼 등과 같이.' 소위 종(宗)·인(因)·유(類)만 거론되지만 이 논증식은 합(合)·결(結)을 더하고 있다.133)

그의 논리는 ①비정신인 존재를 주어로 하고, ②술어는 따라서 정신적 작인에 의해 조작되어 결과적 활동을 실현한다는 것이다. ③논리적 이유는 ①의 내용, 결국 비정신인 존재 등을 근거로 한다. 논리적 이유와 논리적 귀결의 구함식(句含式)을 비유의 항목에서 설명하는 것이지만 그것은, 비정신적인 질료나 도구적인 것은 정신적인 작인에 의해 조작되지 않으면 작동하지 않는다는 일상의 경험에 근거한 것이다. 다르마키르티는 '정신인 작인(buddhimatkāraṇa)'이라는 일상적 표현이 고의로 신의 작업이라는 인간적 행위 이외에 존재하는 것까지 포함하면 과주연의 오류를 범한다고 종교론에서 지적했다.(본편 제2장 제3절 참조) 뒤에 보는 것처럼 경험 밖의 대상에 관해서는 논리에 포함시키지 않는 것이다. 이러한 다르마키르티의 입장은 칸트의 선험적 이성론과 궤를 같이한다.

웃또타카라의 또 하나의 증명도 마찬가지 논리형태를 취한다.134)

---

131) Nv. 467, 7~8

132) Ibid. 449, 18~19

133) Ibid. 457, 18~20

(주장) 원소 등이 현현하게 되는 것은 정신인 작인에 의해 주재되어
　　고·락의 동인이 된다.
(논리적 이유) 왜냐하면 색 등을 가지기 때문이다.
(비유) 가령, 베틀북 등과 같이.

　　buddhimatkāraṇādhiṣṭhitam mahābhūtādi vyaktaṃ sukhadu
　　ḥkādinimittam bhavati rūpādimattvāt turyādivat

비정신적 물체가 인간에게 고(苦)나 락(樂)을 경험하게 하는 것은
정신적인 주재자에 의한다는 것이 주장명제이며 색 등을 지니는
것과 같은 적당한 원소의 성질을 든다. 직물을 짜는 기계는 직물을
짜는 동인(도구인)이기 때문이다.

　신의 인식에 관해서 웃또타카라는 과거·현재·미래의 모든 것
을 대상으로 하여 직접 지각한다고 한다. 신의 정신은 영원하고 항
상 보이기 때문에 기억할 필요가 없다. 기억이 없기 때문에 기억에
의지하는 논리적 인식도 없다고 한다.[135] 이 신의 일체지자성—믿는
사람은 당연하다고 생각하겠지만—은 파슈파타파의 실천론에도 언
급되고 있다.

제5절 파슈파타신학의 정리

인도에서 전개해왔던 파슈파타=시바숭배는 특이한 실천 체계를

---

134) Ibid. 459, 16∼17
135) Ibid. 465, 19∼466, 4

가진 파슈파타파를 형성했다. 그러나 유행(遊行)과 고행(苦行)의 형태는 『아타르바베다』 제15권에서 '위라드야'로서 묘사된다. 가택을 방문하여 환영을 받게 되면 복을 받는다고 한다. 1년간 직립을 유지한다는 것과 고행을 특징으로 한다. 그 이름의 유래는 뒤에 나오는 위라드야·스투마 의식에서 카스트가 아울러 해석되지만, 그것은 원인과 결과가 역전하고 있다. '브라타(vrata)에 따르는 사람'의 의미가 아닌가 생각되지만 하여튼 시바교의 영향이 있고, 고행하는 이 위라드야에게 찬부 등 시바의 권속이라 여겨지는 신들이 따르고 있다.(Av.ⅩⅤ, 5)

이 형태는 『리그베다』 제10권 제136편의 무니 찬가에 이미 나와 있다. '바람을 띠[帶]로 하는 무니들은 때 묻은 사푸란 색 옷(가사)을 입고 바람의 뒤를 따라간다. 신들이 타고 이동할 때'(Rv.Ⅹ, 136, 2) '고행을 통해 황홀한 지역에 도달하고 우리들은 바람을 탄다. 그대 인간들은 우리들의 형해(形骸)만을 본다.'(ibid. 3) '그는 허공을 비상한다. 모든 것을 굽어보면서. 무니는 신의 좋은 벗이 된다. 성스러운 행동 때문에.'(ibid. 4)

'무니(muni)'의 파생형 '마우나(mauna)'는 '침묵'의 의미로도 사용된다. '무니(muni)'를 √man에서 도출하는 것은 문법가의 생각이지만 요가수행이 무니의 특징이기도 하였다. 고행자(tapa)였기 때문에 필연적으로 장발을 한 사람(keśī)이었다. 모헨조다로에서 출토된, 머리띠로 긴 머리를 묶고서 가사를 착용하고 명상의 표정을 떠올리는 석고상은 이 이미지에 어울린다. 파슈파타파의 고행적 실천은 이렇게 긴 역사를 가지고 있는 것 같다.

그것이 논리학과 결부하여(그것도 불교논리학의 성과로서의) 플라톤이나 그리스도교 신학의 신의 존재증명과 유사한 논증이 파슈파타 논사(웃또타카라의 자칭이다)에 의해 행해졌던 것이다. 이 다소 기이한 종교적 전개는 거기서 그치지 않는다. 다르마키르티가 그것을 논리학적으로 비판하고 니야야학파도 또한 그 나름으로 공부를 계속했기 때문이다.

즈냐냐슈리미트라가 전하고 있는 샹카라스와민과 트리로차나는 그 가운데 오스트리아의 비인학파에 의해 제시된 논증가이다. 그 연구 성과에 의하면 상카라(라 하여 즈냐냐슈리미트라에 의해 인용된다)는 다르마키르티의 비판에 대응하여 신의 작업인 대지 등과 인간의 조작이 명백한 궁전 등 사이에 결과(kārya)로서 변함이 없다고 하였다. 트리로차나의 제자인 바차스파티미슈라는 소작 상사[결과라는 것을 궤변적으로 비난한다고 하는 비판]의 과실은 없다고 다르마키르티에게 반론한다.[136] 고의로 인위적인 사물과 비인위적인 존재를 함께하고 있다고 하는 다르마키르티의 비판이란 소위 서로 자기에게 유리한 이론만 내세워 결말이 나지 않는 논쟁으로 귀결되지만, 재미있는 것은 칸트도 궁전과 자연의 논리적인 차이에 관해서는 신의 존재증명 비판으로 제시한다는 것이다. 샹카라는 이 두 개의 항목 사이에 필연적인 논리관계(avinābhāva)가 있다고 주장하였다. 따라서 궁전이 정신을 본질로 하는 작인에 의해 창조되었다는 것을 인정한다면 필연적으로 대지(kṣiti) 등도 정신인 작인에 의해 창조된 것이라고 논증한 것이 된다고 슈타인켈너 교수는 보고하였다.[137]

또한 트리로차나는 웃또타카라가 제창한 단순 부정식에 의한 논리적 이유(kevalavyatirekī hetu)를 신의 증명에 응용했다. 주어 개념을 S, 술어 개념을 P, 근거개념을 M이라 하면 다음과 같은 작법이

---

136) Nvt. p.693
137) E. Steinkellner, Augenblicklichkeitsbeweis und Gottesbeweis bei Śaṅkaras
    vāmin(Dissertation, Wien, 1963)

괄호 안과 같이 표시된다.

(주장) 모든 피조물은 정신[을 본질로 하는] 작인을 갖는다. (S⊃P)
(근거) 왜냐하면 생기하게 하는 성질이기 때문이다. (∵S⊃M)
(사례) 허공 등 불생의 존재는 정신[을 본질로 하는] 작인을 갖지
　　않는다. (∵~P⊃~M)
(적용) 그런데 피조물은 생기를 성질로 한다. (S⊃M)
(결론) 그러므로 피조물은 정신[을 본질로 하는] 작인을 갖는다.
　　(∴S⊃P)

논리적으로는 부정 변충만 성립해도 환질(다시 부정하는)과 환위(주어와 술어를 좌우로 바꾸는 것)에 의해서 같은 가치의 원명제가 성립하게 된다. 이 논리적 공부가 주어개념의 '피조물(kāryāni)'이 인위 혹은 비인위라는 다르마키르티의 비판에 답하기 위해서 행해졌다. 비인위의 존재가 정신을 본질로 하는 작인을 갖는다고 하는 긍정적 변충(M⊃P)의 대전제로서 성립할 수 없다는 다르마키르티의 비판에 대한 변호이다. 이 '피조물'과 '정신을 본질로 하는 작인'의 논리적 관계를 '본질적 결합(svābhāvika-sambandha)'이라고 바차스파티미슈라는 불렀다고 하는 것이 오버햄머 교수의 지견이다.138)

다르마키르티는 이 일련의 증명을 불교논리학자로서 처음으로 그것도 본격적으로 비판하였다. 즈냐냐슈리미트라가 11세기에 이 테마를 대대적으로 제시하였지만 제목은 '사프타슈로키비야키야나(Saptaślokīvyākhyāna)', 결국 다르마키르티의 증명비판의 평석이라

---

138) G. Oberhammer, Der Svābhāvika-Sambandha, ein geschichtlicher Beitrag zur Nyāya-Logik(WZKSO. Bd.8). Cf. Nyāyavārttika-tātparyaṭīkā(KSS.), p. 693

는 형식을 취하고 있다. 서양 즉, 그리스도교권 안에서의 신의 증명 방법은 플라톤이 『법률』에 있어서 사회 보안을 위해서 종교적 정보를 유지하며 신을 증명하려고 한 것에 발단을 두고 있다. 그렇기 때문에 플라톤적 이데알리즘적인 취약성이 그 증명에는 늘 따라다닌다. 우주의 정연한 운행의 배경에는 영원한 전지의 영혼-신의 섭리가 있다고 하는 논법은 기본적으로 니야야학파와 같다. 서양에서는 칸트가 비판한 것을 상기하는 것이다.

제2장 다르마키르티의 프라마나론

제1절 『프라마나바르띠카』 종교론에 관하여

앞 장에서 파슈파타 계통 논리학파의 신의 존재증명을 살펴보았다. 다르마끼르티는 그 비판을 『프라나마바르띠카』 제2장에서 행했다. 장의 이름은 '종교적 권위의 정립(pramāṇa-siddhi)'이다. 『프라마나바르띠카』 는 『프라마나삼웃차야』 의 평석(vārttika)이라고 말하는 비붓티찬드라에 따르면, 그 예배 게송(namaskāra-śloka)에서 이름을 채용하고 있다. 예배 게송의 전문은 1302년에 티베트로 간 비붓티찬드라가 『프라마나바르띠카』 마노라타난딘 주석을 서사(書寫)한 뒤에 붙인 노트에서 인용하고 있다.[139] 그 이외에 전반 게송을 야쇼미트라와 프라즈냐카라굽타가 인용하고 있다. 디그나가의 예배 게송은 다음과 같다.

> 종교적 권위, 세간을 위해서 서원을 세우신 분, 교사, 지혜로운 분, 구제자에게 예배하고 인식근거를 정립하기 위해서 흩어져 있는 자기 학설을 여기에 하나로 집성할 작정이다.
>
> pramāṇabhūtaya jagaddhitaiṣiṇe praṇamya śāstre sugatāya tāyine /
>
> pramāṇasiddhyai svamatāt samuccayaḥ kariṣyate viprasṛtād

---

139) Vibhūti. 518, 26~27; Ak. vyākhyā(BBS.5) p.9; Pbh.(TSWS.1) p.3. 나아가 『유크티디피카』 에서 'āptavacanaṃ tu pramāṇabhūtadvārako 'tyantaparokṣ 'rthe niścayaḥ'(31, 21~22)와 'pramāṇabhūtaḥ'의 용례가 있다.

ihaikataḥ //

다르마키르티는 프라마나 이론을 이 장에서 논의한다. 하지만 인식론으로서의 프라마나 이론은 개론으로 끝내고 '프라마나부타(pramāṇabhūta)'의 의미, 종교론적인 프라마나 즉, 종교적 권위라는 의미의 프라마나 이론을 전개한다. 이 이름의 장을 우리들은 '종교론'이라 약칭한다. '프라마나'의 의미도 따라서 ①인식근거라는 인식론적인 의미와 ②종교적 권위라는 종교론적 의미 두 가지가 있지만, 진리에 관한 근거라는 의미에서는 물론 공통점도 있다. 일반적·문학적으로는 '공준·권위'의 의미가 있다는 것을 이미 서론에서 살펴보았다.

디그나가는 불교문학에서 붓다의 명호로서 '프라마나부타(pramāṇabhūta)'를 사용하였지만, 자기의 테마인 인식론과 연계하지는 않았다. 그런데 종교론적 의미를 테마로 한 것이 다르마키르티이며, 종교론은 이 예배 게송 전반 5종의 부처님 명호를 평석하는 기본 방침을 취하고 있다. 따라서 본 게송(kārika)의 단계에서는 종교론이 제1장이 되어야만 하고 또한 그럴 것으로 생각되지만, 다르마키르티는 추리론에 주석을 가하여 그것을 제1장으로 하였다. 추리론의 자주(自註)에서 '박시야마나니트야(vakṣyamānanityā)'라고 미래형으로 종교론을 시사하고 있는 것이다.140)

그러나 디그나가의『프라마나삼웃차야』구성과 다르마키르티의『프라마나바르띠카』각 장의 순서나 구성은 원래 일치하지 않는다. 왜냐하면『프라마나삼웃차야』의 구성은 예배 게송 뒤에 지각론, 추리론(自比量章), 논증론(他比量章), 유례론, 아포하론, 오류

---

140) 'yathā caturṇām āryasatyānāṃ vakṣyamānanītyā'(M.72, 29[G.109, 16])

론의 순서로 되어 있기 때문이다. 다르마키르티는 아포하론을 추리론에 포함시키고, 오류론을 논증론에 포함시켰다. 게다가 다르마키르티의 평석 체제는 디그나가의 언어를 일부 시사하여 자유롭게 논고를 진행한 것으로서 그것도 종교론 후반에 이르러서는 디그나가가 사용하지 않았던 4개의 성스러운 원리[四聖諦]를 주제로 하고 있는 것이다.

그런데 종교적 권위(pramāṇabhūta)의 근거를 디그나가는 이어지는 4개의 성스러운 부처님 명호에서 찾고 있다. 즉, 디그나가는『프라마나삼웃차야』자주(自註)에서 부처님의 명호에 대해 다음과 같이 기술한다.

> 인과의 완전함 때문에 종교적 권위로서의 세존에게 찬송이 기술된다. 공경하는 마음과 신뢰하는 마음을 일으키기 위함이다. 그 가운데 인(因, 行格)이란 의지(āśaya)와 실천(prayoga)의 완전함이라는 의미이다. 의지(意志)란 중생을 [구제하기] 위한 서원을 [일으킨] 분(jagaddhitaiṣī)이라는 의미이고, 실천이란 중생을 가르쳐 깨닫게 하기 때문에 교사(śāstā)라는 의미이다. 과(果, 行格)란 자리(自利)와 이타(利他)의 완전함이라는 의미이다. 자리(自利)란 지자(sugata)라는 의미로서 세 가지 뜻을 취한다. 하나는 스루파 왕과 같이 마음을 내려놓으신 분, 하나는 열병이 완치되는 것과 같이 불퇴전(不退轉)이신 분, 하나는 물이 가득 찬 병과 같이 원만하신 분 등의 의미이다. 이 세 가지 뜻은 외도의 이욕자(離欲者)·수행자(修行者)·수료자(修了者)들로부터 [부처님의] 자리(自利)의 완전함을 구별하기 위함이다. 이타(利他)의 완전함이란 중생 구제로서의 구제자(tāyī)라는 의미이다. 이와 같은 덕성을 가진 세존에게 예배하고……141)

다르마키르티는 이 도식을 종교론에서 평석하였다. 그가 여기서 정립하고자 한 것은 붓다가 종교적 권위라는 것이다. '인식근거의 정립'이라는 디그나가의 표방을 종교론적인 의미로 변경했다. '(세 존이 종교적 권위임을) 정립하는 것은 자비이다(sādhanaṃ karuṇā)' (k.34)라는 의미는 의지가 완전한 자비자—붓다의 그것을 '대비(大 悲)'와 차별화하는—라는 의미에서 종교적 권위임을 정립하는 것이 다. 논리학적으로도, 다르마키르티의 논리에서 말해도 유례(dṛṣṭānta) 가 얻어지지 않기 때문에 엄밀한 의미의 증명은 아니다. 그래서 우 리는 그것을 '정립'이라 번역하였던 것이다. 붓다의 내포를 분석했다 는 입장에서 필자는 해석하고 있지만, 결론에서 말할 것이기 때문에 여기서는 더 이상 기술하지 않는다. 이렇게 비부티찬드라가 말하는 바에 근거하면 다음의 구조를 갖는다.

이 게송은 프라마나(pramāṇa)라는 언어로 시작하기 때문에 세 존의 진리성을 정립하는 것이며 순차적으로 혹은 역차적으로 알 아야 한다. 세존은 종교적 권위이다. 중생을 위해서 서원을 세우 신 분이기 때문이다. 중생을 위해서 서원을 세우신 분이기 때문 에 교사이다. 교사이기 때문에 지자이다. 지자이기 때문에 모든 중생을 구제하시는 분이다. 그렇기 때문에 이분은 종교적 권위라 는 것이 순차적 설명이다. 다른 한편 역차적 설명으로는 (세존은) 종교적 권위이다. 구제자이기 때문이다. 지자이기 때문에 구제자 이다. 그는 교사이기 때문이다. 그리고 그는 중생을 구제하기 위 한 서원을 세우신 분이기 때문이다. 결과에서 원인을 추리하기

---

141) Psv., Tib.(No.4204), 14b, 2~5

때문에 역차적 설명이다. 여기서 이 게송 전반의 '프라나미야(pra
ṇamya)'라는 말을 제외한 것이 그 장에 의해서 해설된다. 나머지
[말]은 이해하기 쉽기 때문에 해설하지 않는다.142)

이 '순차적·역차적으로(anulomapratilomata)'라는 말은 12인연
의 소위 유전연기(流轉緣起)와 환멸연기(還滅緣起)에서 사용하는
말이다. 디그나가는 4개의 덕칭(德稱)을 가지고 붓다가 종교적 권위
임을 알게 한다는 인과원만이라는 도식으로 삼아서, 단지 제3격에
서 '헤투팔라삼파티야(hetuphalasampattyā)'라고 표현하고 있을 뿐
이다. 다르마키르티는 '프라마나싯디야이(pramāṇasiddhyai)'를 '프
라마나부타트바(pramāṇabhūtatva)의 정립을 위해서'라고 확대해석
하여 덕칭을 상호간에 근거로 삼은 것이다.

제2절 프라마나의 정의

종교론은 먼저 '프라마나부타(pramāṇabhūta)'의 전지(前肢)인 '프
라마나(pramāṇa)'의 인식론적 정의를 행한다.

인식수단이란 정합적 인식이다. 정합적 인식이란 [인식대상에]
효과적 작용(arthakriyā)[을 미치고 있는 인식]이다. 언어의 인식
(śabda)도 [화자의] 의사를 제시하기 때문[에 정합적 인식]이다.
pramāṇam avisaṃvādijñānam arthakriyāsthitiḥ /
avisaṃvādanaṃ śabde apy abhiprāyanivedanāt //(PV II.1)

---

142) Vibhūti. 521, 5~13

다르마키르티의 주저『프라마나바르띠카』의 제3장 지각론(k.3)
과『니야야빈두』(Ⅰ, 15)에도 바른 인식의 검증에는 그 대상의 인
과적 효과(효과적 적용)를 지각하는 것이 필요하다고 한다. 그것에
의해서 그 인식대상이 인과적 효과를 지닌 것으로 인지되며, 아울러
인식은 바른 것으로 검증된다.143) 다르못타라는 '아르타크리야(arth
akriyā)'를 '프라요자나싯디(prayojanasiddhi)'라고 해석한다. 요컨대
그것은 버려야 할 것, 혹은 취해야 할 목표의 달성을 의미한다.
　이어서 다르마키르티는 언어의 인식(śabdajñāna)이라는 주제로
옮겨간다. 화자의 의사를 전하는 인과적 효과성이 있기 때문에 언어
를 매개해도 일정한 타당성이 있다는 것이다. 이것은 화자에 관한
것이기 때문에 성전, 곧 붓다의 어록에 관해서는 배움이라는 행위와
연계된다. 그것이 '계몽(mohanivartana)'이라는 활동으로 되는 것을
이 뒤에서 말하고 있다.

> 세속적 분별지는 바른 인식이라고 인정할 수 없다. 왜냐하면 이
> 미 파악한 것을 다시 파악하는 것이기 때문이다. 통각(dhī)이야
> 말로 바른 인식이다. 버려야 할 것과 취해야 할 것에 대한 행동은
> 그것(인식)을 주된 요인으로 하기 때문이다.
> gṛhītagrahaṇān na iṣṭaṃ sāṃvṛtaṃ dhīpramāṇatā /
> pravṛttes tatpradhānatvāddheyaoupādeyavastuni //(PV Ⅱ.3)

---

143) 즉,『아비다르마코샤』Ⅴ, 26에서 좋다고 간주되는 바수미트라의 시간론과『니
　　야야바샤』에 나오는 용어에서 다르마키르티가 실재의 기준으로서 술어화한 것이
　　었다. '효과적 작용'이라는 번역어는 中村元「인도논리학의 이해를 위하여 Ⅱ」에
　　의거했다. 우리는 'arthaḥ'를 '用', 'kriyā'를 '作'라고 하여 '作用'이라고도 번역한다.
　　다르마키르티가 '능력'을 붙인 것은 대상의 실재의 활동이 다음 찰나에 이어지는
　　것도 있기 때문이다.

단지 '이것이 그것이다'라는 재인식(pratyabhijñāna)은 기억에 의지하는 것이기 때문에 실상을 은폐하고 있다. 그러나 대상을 인식하고 그것이 인과적 효과성을 지닌 현실적 존재로서 버린다든지 아니면 취한다든지 하는 행위의 대상이 되는 것인가, 라는 검증지는 그 뒤의 지각에 의존한다. 이 포괄하는 하나의 인식을 다르마키르티는 '디(dhī)'라 하며 우리는 '통각'이라 번역하였다. 그것은 칸트의 '아프젭션(Apperzeption, 통일적 자아)' 번역어를 차용한 것으로, 후자에는 감성에서 오성으로 상승하는 인식이라는 의미가 있다. 이 포괄하는 하나의 인식에 대해서 프라즈냐카라굽타는 동시에 검증해 알 수 있다면 그것을 넘어설 수는 없다고 한다.144) 데벤드라붓디는 이전 순간의 지각과 이후 순간의 지각을 구별해야 한다고 말한다.145) 바수미트라(世友)가 '현재'의 정의에 사용한 작용성(Akk, V, 26)은 이후 순간의 지각에서 검증하자마자 아비다르마적으로는 아포리아에 빠지게 된다. 하지만 다르마키르티의 인식론은 상식에서 이야기될 정도로 무분별적 인식에만 구속되어 있지는 않다. 이 인과적 효과성의 검증 문제도 그 하나의 사례이다.

> 또한 통각은 대상의 형상(ākāra)의 차이에 의해서 인지(adhigama)를 달리하기 때문에 [바른 인식이다]. 전자(형상)가 있어야만 후자(대상인식)가 있을 수 있기 때문이다. [즉, 통각은 표상하는] 형상을 자신이 인지하는 것이다.
>
> viṣayākārabhedāc ca dhiyo adhigamabhedataḥ /

---

144) Pbh. 4, 14~15
145) PpT. la, 4~3a, 3

bhāvād eva asya tadbhāvāt svarūpasya svato gatiḥ // (PV
Ⅱ.4)

프라즈냐카라굽타는 '승의적으로는 하나인 자기인식(svasaṃved
ana)뿐'이라고 하여 통각을 인식결과의 자기인식에 배당하고 있다.
'자신으로(svata)'란 인식이 자기자신을 인식한다고 하는 유식론적
관점에서 해석한 것이다. 프라즈냐카라굽타에 의하면 인식작용(과
정)은 대상에 지향하는 것(unmukhatā)과 대상의 상을 표상하는 것
이다. 그 인지가 인식결과이다.(Pbh. p.25)

[통각은] 세속적으로 바른 인식이다. 성전은 계몽이다. 혹은 또한
[인식수단이란] 미지의 대상을 드러내는 것이다. 자기 형상(자
상)의 인지 뒤에 공상의 인식이 획득된다. 미지의 대상에 대한
인식이 인식수단이라는 의미에서 [이 제2의 정의가 있다. 현자는]
자상을 자세하게 사찰(伺察)하는 분이기 때문이다.
prāmāṇyaṃ vyavahāreṇa śāstraṃ moha-nivartanam /
ajñātārthaprakāśo vā svarūpādhigateḥ paraṃ //
prāptaṃ sāmānyavijñānam avijñāte svalakṣaṇe /
yajjñānam ity abhiprāyāt svalakṣaṇavicārataḥ // (PV Ⅱ.5~6)

앞서 통각은 바른 인식이라고 하였다. 하지만 통각은 승의의 차원
에서가 아니라 세속의 차원에서 바른 인식이다. 프라즈냐카라굽타
는 추리도 올바른 인식수단이기 때문에 세속의 차원에서 바른 인식
이라고 해석한다. 그것은 공상(sāmanyalakṣaṇa)의 특징이 있기 때
문에 우선 현자는 인과적 효과성이 있는 현실적 존재인 자상의 인식
을 추구하는 분이라고 다르마키르티는 말한다. 그리고 그 검증지와

추리(anumāna) 및 자기인식을 포함한 인식을 세속적으로(vyavahār
eṇa) 바른 인식이라고 말한다. 추리는 세속적으로 바르지만 기억에
의존하는 인식이다. 예를 들면 연기를 보고 저 산에 불이 있다는
것을 추리해도 연기와 불의 포함관계를 기억하여 불의 존재를 추리
할 뿐 뜨거운 불을 얻을 수는 없다.

> 마찬가지로 세존은 인식수단이다. 불생(不生)을 부정하기 위해
> 서 '부타(bhūta)'라는 말이 있다. 그렇기 때문에 증명에 의거한
> 진리성을 갖추고 있다.
> tadvat pramāṇaṃ bhagavān abhūtavinivṛttaye /
> bhūta-uktiḥ sādhana-apekṣā tato yuktā pramāṇatā // (PV
> II.7)

인식론적으로 성전(불전)은 계몽적인 것이라고 말했지만 종교론
적으로는 붓다의 진리성에 의거한다. 그 경우, 인격론적인 표현으로
서의 '프라마나부타(pramāṇabhūta)'가 그것은 생기자마자 비존재가
되는 무상한 현실적 존재를 표현하고 또한 무상하기 때문에 현실적
존재인 것이다. 결국 이것은 제1장에서 논한 신의 인식을 부정한
것이다. 그러므로 그 진리성은 변증으로 이해된다.

> 인식수단은 결코 영원한 것이 아니다. 왜냐하면 현실적 존재에
> 대한 인식은 바른 인식이기 때문이다. 그리고 그 인식대상은 무
> 상이기 때문에 그 [인식도] 무상이다. 순서를 쫓아서 생기는 것이
> 영원[을 본질로] 한 존재로부터 생긴다는 것은 있을 수 없기 때문
> 이다. [무상한 존재에] 의존하여 [영원을 본질로 한 존재가 무상
> 한 존재를 낳는다는 것은] 모순이기 때문이다. [인식이] 영원[을

본질로 한다고] 해도 바른 인식일 수는 없다.

nityaṃ pramāṇaṃ na eva asti prāmāṇyād vastusaṅgateḥ /

jñeyānityatā tasyā adhrauvyāt kramajanmanām //

nityād utpattiviśleṣād apekṣāyā ayogataḥ /

kathañcin na upakāryatvād anitye apy apramāṇatā // (PV II. 8~9)[146]

인식론적으로 인식수단은 대상의 무상성에서 무상임을 아는 것이다. 종교론적으로도 인식수단인 붓다는 실제로 존재한 인격으로서 무상한 존재였다고 해석되며, 부타(bhūta)의 제1격 내포의 동격한정복합어(Karmadhāraya, 持業釋, a+b에서 a가 b를 한정하지만, a와 b 사이에 격 관계가 없는 경우) '프라마나부타(pramāṇabhūta)'가 그것을 표현하여, 추상적인 '프라마나(pramāṇa)'보다 그쪽이 더 이해하기 쉽다. 성전론에도 언어가 영원을 본성으로 하는 형이상학적 존재로부터 생기는 것이 아니라는 것을 다르마키르티가 어떻게 논하고 있는지 제1편에서 살펴보았지만, 여기서도 인식수단의 무상성을 설명하고 있다.

웃또타카라는 신의 인식(īśvarabuddhi)을 과거·현재·미래에 걸친 일체를 대상으로 하는 지각 그것이기 때문에 논리도 성전도 아니라고 하였다.[147] 또한 신의 인식은 영원을 본질로 한다고 논한다.[148] 이러한 주장을 비판한 것이 바로 무상(無常)의 인식론이다. 이상으로 인식론에 대한 개괄적인 설명을 마친다.

---

146) Pvk. 'kramajanmanaḥ'도 의미는 같다. Pvk. 'nityānutpatti…'를 다른 판본에 의해서 정정

147) Nv. 465, 19~21

148) Nv. 465, 8~13

제3절 신의 존재증명 비판

이 절은 앞장에서 살펴본 신의 존재증명, 즉 신=시바가 세계창조 주이며 주재자라고 하는 주장을 다루고 논박하는 절이다. 웃또타카라의 증명 외에 산타라크시타와 카말라쉴라가 전하는 아빗타카르나 등의 증명도 함께 시사한다.

> [영원을 본질로 하는 질료인이 언제나 작용하는 것이 아니라 때로는] 잠시 멈추고 난 뒤 작용[하는 것], [지·수·화·풍·공의 다섯 원소에 의해 구성되는 사물들의] 다양한 형태, [비정신적인 존재인 실체·세계·감관 등의] 인과적 효과를 낳는 능력 등 [주재신의 논리적 이유]에 대해서는 중복증명이든가 혹은 유례가 성립하지 않든가 또는 불확정이다.
>
> sthitvāpravṛttisaṃsthānaviśeṣārthakriyādiṣu /
>
> iṣṭasiddhir asiddhir vā dṛṣṭānte saṃśayo atha vā // (PV II. 10)[149]

『니야야바르띠카』에는 이 논리적 이유(論證因) 그대로 기술되어 있지 않지만, 앞에서 살펴본 것처럼 다음과 같은 증명이 이 '잠시 멈추고 난 뒤 작용하는 것(간헐적 작동)'을 의미하는 것 같다.

주장 : 질료인의 원자와 업은 작동하기 전에(prāk pravṛtte) 인식
[을 본질로 하는] 작인에 의해 주재된다.
근거 : 왜냐하면 비정신이기 때문이다.

---

149) Pvk. 'sthitipravṛtti…'를 다른 판본에 의해서 정정

유례 : 가령, 도끼 등과 같이.150)

이것이 산타라크시타와 카말라쉴라에 의해 다음과 같이 변형되
어 인용되고 있다. 그러나 『논리적 이유론(論證因論)』과 같은 별
도의 저술도 웃또타카라는 시사하고 있기 때문에 다르마키르티는
그것을 인용한 것인지도 모른다.

> 주장 : 세계인(世界因, bhuvanahetava)인 질료인의 원자(pradhān
> aparamāṇava)와 눈에 보이지 않는 힘은 자기의 결과를 낳을 즈
> 음에 탁월한 인식을 가진(atiśayabuddhimān) 주재자에게 의존
> 한다.
> 근거 : 왜냐하면 [영원을 본질로 하는 질료인이 언제나 작용하는
> 것이 아니라 때로는] 잠시 멈추고 난 뒤 작용하기 때문이다.(sthit
> vā pravṛtte)
> 유례 : 가령, 실과 베틀 북과 같이.151)

이쪽이 다르마키르티의 인용에 가깝다. 그러나 『타트바상그라
하』(BBS.)를 편집한 사스트리가 '니야야바르띠카(Nv.IV, 1, 21)'라
고 기술하고 있는 것처럼 명료한 원전 부분은 얻을 수 없다. 중요한
것은 비정신적 존재이기 때문에 정지한 뒤에 움직이는 것은 그것을
움직이게 하는 작인이 따로 존재하는 증거라고 말하는 것이다.
또한 다음의 '[지·수·화·풍·공 다섯 원소에 의해 구성되는
사물들의] 다양한 형태(saṃsthānaviśeṣa)'라는, 다르마키르티가 시

---

150) Nv.457, 17~19
151) Tsp.54, 6~7

사하는 증명 근거는 산타라크시타가 『타트바상그라하』 게송(47)에
서 말하고 있고, 카말라쉴라는 아빗타카르나의 증명이라 하여 다음
의 논증식을 인용하고 있다.

> 주장 : 두 개의 감관에 의해 파악되고 또한 파악되지 않는 바의
> 　　　논의 주제가 되는 것(vimatyadhkaraṇabhāvāpanna)은 인식[을
> 　　　본질로 하는] 작인을 전제한다.(buddhimatkāraṇapūrvaka).
> 근거 : 왜냐하면 자기 구성 부분의 형태가 각종이기 때문이다.
> 유례 : 가령, 병 등과 같이.152)

'[비정신적인 존재인 실체·세계·감관 등의] 인과적 효과를 낳
는 능력(arthakriya)' 쪽은 『니야야바르띠카』에서 시사된다. "바람
(vāta)에 이르는 원소는 각자의 보지(保持) 등의 작용(dhāraṇādikriy
ā)에 즈음해서 인식을 본질로 하는 작인에 의해 주재되어 작동한다.
비정신적 존재이기 때문이다. 가령, 도끼 등과 같이. 마찬가지로 결
과이기 때문이다. 풀[草] 등을 주제로 한다면 보고 감촉하는 대상이
기 때문이라고 기술해야 한다. 이와 같이 논의가 있다면 어느 것이
든 주어가 되어(pakṣīkṛtya) 이 논리와 이 도끼 등의 비유를 들어
증명하는 것이 적절할 것이다."153)

다르마키르티가 '작용 등'이라 말한 것은 이 기사에 유래할 것이
다. 이들 증명의 술어는 모두 '인식을 본질로 하는 작인에 의존한다'
는 것이지만 영원을 본질로 한 인식을 가진 신인지 무상을 본질로
한 인식을 가진 인간인지가 분명하지 않다. 고의로 양자택일하여

---

152) Tsp.52, 14~15
153) Nv.467, 7~12

분별하지 않는 곳에 공부가 있는 것이지만 다르마키르티는 예리하게 그것을 간파하여 '무상을 본질로 한 인식을 가진 인간이 주재자라면 아무 쓸모가 없는 중복 증명'이라고 하였던 것이다. 따라서 그것은 다름 아닌 토톨로지적인 오류이다. 또한 다른 한편 그것이 영원을 본질로 한 인식을 가진 신의 주재라고 한다면 아주 유사한 사례가 그 밖에 얻어지지 않는다. 요컨대 신 이외에 영원을 본질로 한 인식을 가진 작인이 주재하는 사례가 없기 때문에 논리적 이유(論證因)와 논리적 귀결(所證)인 술어 사이의 변충(vyāpti)이 대전제로서 성립하는 것이 의문(saṃśaya)이며, 그 논리적 이유는 불확정적인 의사 논리적 이유이다. 앞장의 트리로차나 증명에서 이용한 기호를 사용하면 S⊃P ∵S⊃M이라는 증명에서 M⊃P라는 대전제가 의문이 된다.

이 문제는 붓다가 종교적 권위라는 증명에서도 사례가 그 밖에 달리 구해지지 않는 논리학상의 의문점과 연계되어 있다. 그것에 관해서는 의미론적으로 다르마키르티의 정립을 해석하는 것을 시도하고 싶지만, 문제는 다르마키르티가 어떻게 생각하고 있었던가 하는 점이다. 자비에서 종교적 권위를 증명한다고 해도 붓다의 자비는 '대비(大悲)'라 불리어 차별화되고 있기 때문이다. 개별적인 케이스만으로는 집합의 요소에 지나지 않고, 집합개념 사이의 포함관계(변충)를 구성하지 않는다.

그런데 프라즈냐카라굽타는 불교적 세계관으로서 『아비다르마코샤』의 업설(業說)을 인용한다. 즉, '세계의 각종 상(相)은 인간의 업(業)에 의한다(karmajaṃ lokavaicitryam)'(Akk.Ⅳ, 1)고 하는 것이다. 다르마키르티의 해설은 계속된다.

[개개의] 주재자의 유무에 준하는 것과 같은 '형태' 등은 인정된

다. 그것으로부터 증명되는 것은 바르다.

siddhaṃ yādṛg adhiṣṭhātṛbhāvābhāvānuvṛttimat /

sanniveśādi tad yuktaṃ tasmād yad anumīyate // (PV Ⅱ. 11)

인간이 주재자가 되어 사물의 형태를 여러 가지로 만들기 때문에
'형태'라는 논리적 이유가 '인간'이라는 주제에 소속하는 성질(소위
종법성)인 경우에 추론은 바르게 행해진다.

개개의 현실적 존재에 있어서 누구나 아는 것도 유사한 언어에
의한 공통[의 논리적 이유]에서는 바른 추론지가 얻어지지 않는
다. 가령, 불을 단지 '흰 것(pāṇḍudravya)'에서 [추론]하는 것과
같다.

vastubhede prasiddhasya śabdasāmānyād abhedinaḥ /

na yuktānumitiḥ pāṇḍudravyād iva hutāśane // (PV Ⅱ.12)[154]

각각의 주제에 있어서 누구나 아는 성질이라면 논리적 이유가
되지만, 성질이 확실하지 않은 개념은 논리적 이유가 될 수 없다.
예를 들면 흰 연기에서 불을 추론할 수 있지만, 안개 혹은 수증기로
오인할 수 있는 '흰 것'에서 불을 추론할 수는 없다. 이 사례는 『니야
야빈두』(Ⅲ, 62)에서 이용된다.

그렇지 않으면 도공은 병 등 어떤 흙 작업을 하는 것으로부터
개미무덤도 도공의 작[품]이 되어버린다.

anyathā kumbhakāreṇa mṛdvikārasya kasyacit /

---

154) Pvk. 'pāṇḍudravyādivad'를 다른 판본에 의해서 정정

ghaṭādeḥ karaṇāt sidhyed valmīkasya api tatkṛtiḥ // (PV II.13)

개념의 외연이 어디까지인지가 명료하지 않은 경우 다음과 같은 과실의 사례가 제출된다.

주장 : 개미무덤은 도공의 작[품]이다.
근거 : 왜냐하면 [도공은] 흙[을 가지고] 작업하기 때문이다.
유례 : 가령, 병 등과 같이.

'도공의 작[품]'은 흙 작업 중에도 '도자기'라는 한정된 개념으로부터 도출된다. '어떤 흙 작업'에는 외연이 명료하지 않다.

술어[인 무상성]에 주연(周延)하기 때문에 '피조성'이 [주어와 유례에] 공통으로 논리적 이유가 되는 경우, 두 유법은 다르기 때문에 무상성도 다르다고 시비를 가리는 과실이 '소작상사(所作相似)'라고 우리들은 생각한다.
sādhyena anugamāt kārye sāmānyena api sādhane /
sambandhibhedād bhedoktidoṣaḥ kāryasamo mataḥ // (PV II.14)

이것은 원래 『니야야수트라』 (V, 1, 37)에서 니야야학파의 언어무상 이론에 대해서 미망사학파가 의지직결성(prayatnānantarīyaka tva)을 논리적 이유로 삼을 수는 없다고 반론했을 때, 그것은 잘못된 논의라고 한 것이다. 니야야학파는 병(瓶)과 언어를 다 같이 의지의 소산이라고 한다.155) 역으로 '피조성(kāryatva)'은 넓게 해석해도 좋다고 한다. 프라즈냐카라굽타는 아래 디그나가의 소작상사(所作相

似) 정의를 인용한다.

> 약간 다른 피조성(kāryatva)에 의해서 술어[인 무상성]은 증명할
> 수 없다고 보는 것이 소작상사[인 잘못된 논란]이다. 그런데 이것
> 은 논란자의 의도에서 세 종류로 나눌 수 있다.
> kāryatvānyatvaleśena yat sādhyāsiddhidarśanam /
> tat kāryasamam etat tu tridhā vaktur abhisandhitaḥ / (Psk.
> VI, 7)

요컨대 다르마키르티는 신의 존재증명에 사용된 '피조성'을 논란
한 것이 잘못된 논란(誤亂, jāti)에 해당한다는 니야야학파의 공격에
대비한 것이다. 그러나 역시 바차스파티미슈라에게 이야기되었다.
『타트하리야디카』에서 위의 제12게송과 제14게송을 인용하면서
신의 증명을 옹호하고 있다.156)

> 한정된 류에서만 인정된 것을 언어의 유사[성]을 보는 것만으로
> 증명하는 것은 바르지 않다. 가령, 언어 등이 '가우(gau)'이기 때
> 문에 '뿔이 있는 것'이라고 증명하는 것과 같다.
> jātyantare prasiddhasya śabdasāmānyadarśanāt /
> na yuktaṃ sādhanaṃ gotvād vāgādīnāṃ viṣāṇivat // (PV Ⅱ.
> 15)157)

'가우(gau)'라는 말은 다의적이다. '암소' 외에도 '다이아몬드'나

---

155) 北川秀則, 『인도고전논리학의 연구』 p.300 참조
156) Nvt. p.693
157) PV. 'viṣāṇavat'를 다른 판본에 의해서 정정

'태양' 등 3가지 특성에 걸쳐 많은 의미가 있다. 하여튼 '가우(gau)'라는 말과 동음이기 때문에 뿔이 있는 것을 의미한다고 말하는 것과 같다.

> 언어는 [화자의] 의사에 의존하는 것이기 때문에 어디서든 작동하지 않는다고 할 수가 있을까? 그것(언어)이 있다고 해서 의미를 정립할 수 있다고 한다면, 모든 [언어가] 모든 [논리적 귀결을] 정립할 것이다.
> vivakṣāparatantratvānna śabdāḥ santi kutra vā /
> tadbhāvād arthasiddhau tu sarvaṃ sarvasya sidhyati // (PV Ⅱ.16)

언어는 화자의 의사(abhiprāya=vivakṣā)를 전하는 것이다. 사람의 의사는 자유이기 때문에 언어도 자유(svātantrya)라고, 성전론에서도 말하고 있다. 유사한 언어에서 사물을 증명한다면 증명은 융통무애하게 되어버린다. '피조물'이라는 애매한 말을 가지고 신의 주재를 증명하고자 한 니야야학파에 대한 총괄적 비판이다. 이상으로 신의 존재증명 자체에 대한 비판을 마친다.

제4절 논리와 언어

논리학의 어원은 '바다(vāda)' 즉, '논리'이다. (logikē도 logos[언어]를 어원으로 한다) 다르마키르티는 존재론적 언어론, 인식론적 언어론에 이어서 논리학적 언어론을 여기서 언급한다. 다르마키르티에 따르면, 언어의 논리로 조직할 때 그 언어는 엄밀한 사용을 필요로 한다는 것이다.

> 이상으로 상키야학파 등의 '비정신(acaitanya)' 등이 고찰되었다.
> 또한 '무상이기 때문' 등도 [고찰되었다. 또한 자이나교가 나무는]
> '껍질이 벗겨짐으로 인해 죽기 때문에 정신을 갖는다' [라고 말하
> 는 논리를 우리가 고찰한 것이 된다.]
> etena kāpilādīnām acaitanyādi cintitam /
> anityādeś ca caitanyam maraṇāt tvagapohataḥ // (PV II.17)

여기서 언어 사용의 애매한 사례로서 상키야학파와 자이나교의
변증 사례를 거론한다. 『니야야빈두』(III, 59~60)에서 제시하는 불
성사인(不成似因)의 용례와 같다. 즉, 상키야학파는 물질원리로서
근본원질로부터 전개한 마음(buddhi) 등을, 생기성·무상성을 논리
적 이유로 하여 비정신=물질이라고 증명한다. 그러나 이 '생기·무
상'이라는 개념은 원래 불교의 개념으로 무 → 유, 유 → 무라는
경과를 거치는 것을 내용으로 한다. 상키야학파 인중유과설(因中有
果說)의 입장에서는 근본원질 속에 결과가 이미 포함되어 있기 때문
에 이 논리적 이유는 주장하는 사람 자신에게는 성립하지 않는다.
(不成似因)

또한 자이나교도는 나무나 식물에 영혼(jīva)이 있음을 증명하기
위해 나무나 식물의 껍질을 벗기면 그것들이 죽기 때문(maraṇāt)이
라는 논리적 이유를 내세운다. 그러나 불교도가 말하는 '죽음'은 인
식 등의 정지를 의미한다. 프라즈냐카라굽타는 『아비다르마코샤』
(II, 45)의 '명(命)이란 생명이며, 열과 인식의 보존과 유지(āyur jīvit
am ādhāra uṣṇavijñānayor hi yaḥ)'라는 구절을 인용한다.(Pbh.46,
17) 이것은 반대논사가 인정하지 않는 불성사인(不成似因)의 사례

이다.

> 현실적 존재의 자기 형상(자상, svarūpa)이 [지각의 대상으로서] 확립되지 않을 때, 이 논리가 성립한다. 성립하는 경우는 특성(viśeṣaṇa)이 [언어상에서] 확립되지 않아도 관계가 없다(abhādhaka). 가령, '음성은 허공에 의존한다'라고 말하는 것과 같이.
> vastusvarūpe asiddhe ayaṃ nyāyaḥ siddhe viśeṣaṇam /
> abādhakam asiddhāv apy ākāśāśrayavad dhvaneḥ // (PV Ⅱ. 18)

주장하는 대상(pakṣa)이 지각된다면 언어상에서 다른 학파가 그 특성을 인정하지 않아도 지장이 없다. 바이세시카학파가 음성을 두고 영원을 본질로 하는 허공(ākāśa)의 속성이라 한 것은 유명하다. 하지만 불교도에 의하면 음성은 무상이기 때문에 영원·불생의 허공의 속성으로는 곤란하지만 실제는 음성이 귀에 들리고 소멸하여 무상한 것이 주지의 사실이기 때문에 특별한 지장은 없다. 의지직결성은 인정되기 때문에 그것으로부터 결과성을 도출하여 그것을 논리적 이유로 하여 무상성을 이해시키는 방법도 있다.

> 결국 언어가 성립되지 않아도 그 대상인 현실적 존재가 성립된다면 [논증은] 성립한다. 예를 들면 바이세시카학파에게 불교학파가 [원자의 무상성의 근거로서] '물체(muūrti)' 등의 논리적 이유를 기술하는 것과 같다.
> asiddhāv api śabdasya siddhe vastuni sidhyati /
> aulūkyasya yathā bauddhena uktaṃ mūrtyādisādhanam // (PV Ⅱ.19)

바이세시카학파의 세계[를 구성하는] 요소가 되는 영원을 본질로 하는 원자(paramāṇava)를, 불교도는 그 물질성에서 논박하려고 한다. 즉, 반론의 논리적 이유는 '물체(mūrti)'이다. 그 의미는, 불교도에게는 소촉성(spraṣṭavyayoa)이며 바이세시카학파에게는 특정한 장소를 점하는 물체의 질량(parimāṇa)이다. 언어상의 정의는 다르지만 물체성 자체가 공통의 지각체험이기 때문에 불교학파의 논리적 이유는 유효하다.

> 그것(언어)에 부정합성이 있다면 언어가 [아무리] 정합적이라고 해도 논리적 이유는 오류를 범한다고 알아야 한다. 현실적 존재(vastu)에서 현실적 존재가 증명되기 때문이다.
> tasya eva vyabhicārādau śabde apy avyabhicāriṇi /
> doṣavat sādhanaṁ jñeyaṁ vastuno vastusiddhitaḥ // (PV Ⅱ. 20)

논리적 이유가 되는 언어 용법의 엄밀함이 증명의 핵심이다. 인간의 활동과 관계되는 논리적 이유에서 신의 소작(所作)을 증명할 수는 없다. 논리적 이유의 비판은 여기서 마치고, 다음 절에서는 파슈파타신학 그것, 결국 세계 작자라는 신앙 명제를 타파하기로 하자.

제5절 신·동력인설의 비판

제1장에서 본 파슈파타신학의 기본은 시바 신의 세계지배였다. 프라사스타바타의 우주론에서 본 것처럼 시바는 세계창조와 세

계종말을 담당한다. 그에 대해서 다르마키르티는 다음과 같이 말
한다.

> [세계를 창조할 때] 그 현실적 존재(신)가 작인(kāraṇa)인 경우
> 에는 [그 이전에는] 그것은 작인이 아니라고 말한다. 그 경우,
> 전자를 작인이라고 생각하고 어떻게 하여 비작인이라고는 인정
> 하지 않는 것인가?
> yathā yat kāraṇaṃ vastu tathaiva tadakāraṇam /
> tadā tat kāraṇaṃ kena mataṃ na iṣṭam akāraṇam // (PV Ⅱ.
> 21)

파슈파타신학은 세계 작인설을 주된 내용으로 간주한다. 데벤
드라붓디는 이 절의 비판 대상이 영원을 본질로 하는 신인 시바라
고 한다. 때에 따라 동력인이 되기도 하고 되지 않기도 한다는
자의적인 활동을 모순이라고 하여 비판한다. 상카라는 다음과 같
이 말한다.

> 파슈파타파(māheśvarā)는 결과·원인·요가·규거·고의 종
> 언이라는 5종의 구의(句義)를 유정(有情)의 주인(paśupati)인 신
> 이 유정의 계박을 벗어나게 하기 위해 설했다고 생각한다. 다시
> 말하면, 유정의 주인인 신은 동력인(nimittakāraṇa)이라고 설명
> 하는 것이다. 마찬가지로 바이세시카학파 등 어떤 학파도 무엇인
> 가 자기의 방법으로 신은 동력인이라고 설명한다.158)

---

158) Brahmasūtrabhāṣyam(KSS), p.567, 1~4

이 동력인설에 대해서 다르마키르티는 다시 야유한다.

차이트라 달[月]은 무기 및 의약과 관계하기 때문에 [사람을 해치
는] 상해[의 효과]와 치료[의 효과]가 있다. 그렇다면 관계가 없는
기둥이 동력인이라고는 생각할 수는 없는 것인가?
śastrauṣadhābhisambandhāc caitrasya vraṇarohaṇe /
asambaddhasya kiṃ sthāṇoḥ kāraṇatvaṃ na kalpyate // (PV
Ⅱ.22)

4월에 해당하는 차이트라 달에는 종교적 의례(神事)로서 무기를
숭배하는 라마 탄생제가 열린다. 또한 태양이 백양궁에 들어가는
춘분에 1년이 시작되기 때문에 니모 나뭇잎을 먹고서 1년의 병을
예방하는 신년제가 있다.159) 이들 종교적 의례가 다르마키르티에게
는 미신으로 보였던 것이다.

자성(自性)의 차이 없이 활동이 있다는 것은 이치에 맞지 않다.
영원[을 본질로]한 존재는 [결과로부터 작인을 함의하는] 역의
개시를 보이는 것은 아니기 때문에 [인과적 효과] 능력이 있다고
하는 것은 이해할 수 없다.
svabhāvabhedena vinā vyāpāro api na yujyate /
nityasya avyatirekitvāt sāmarthyañ ca duranvayam // (PV
Ⅱ.23)

데벤드라붓디의 해석에 따랐다.(PpT.126, 3〜4) 결과에서 원인을

소급하여 함의하는 것이 여기서는 '배제(viyatirekī)'이다. '아비야티레키(aviyatirekī)'와 '두란바야(duranvaya)'를 다르마키르티는 제시하고 있지만, 마노라타난딘는 '두라바가맘(duravagamam)'으로 해석한다.(Pvv. p.17, 6) 영원을 본질로 한 신은 작용 능력이 없기 때문에 원인으로서 추론될 수 없다.

> [원인이] 존재한다면 확실히 [결과가] 존재하지만, 전자 [원인] 이외의 다른 것을 그 [결과의] 원인으로 생각한다면 모든 것에 원인의 무한소급이 발생할 것이다.
> yeṣu satsu bhavaty eva yat tebhyo apy asya kalpane /
> taddhetutvena sarvatra hetūnām anavasthitiḥ // (PV II. 24)[160]

종자가 원인이 되어 결과인 싹이 생긴다면 종자와 싹의 인과관계는 이해할 수 있다. 그런데 종자 이외의 존재를 원인으로 한다면 원인의 원인과 원인의 원인의 원인이라는 무한소급의 오류를 범하게 된다. 반대논사가 말하기를, 싹에 대해서는 영원을 본질로 하는 대지(大地)가 원인이 되는 것은 아닌가? 라고 반문한다. 그에 대해서 다르마키르티는 다음과 같이 답한다.

> 싹이 생기는 경우, 흙 등은 그 자성의 전변에 의해서 원인으로 된다. 그것이 작용하는 것에서 이 [싹의] 변화가 보이기 때문이다.
> svabhāvapariṇāmena hetur aṅkurajanmani /
> bhūmyādis tasya saṃskāre tadviśeṣasya darśanāt // (PV II.

---

160) Pvk. 'yasya sattvam'을 다른 판본에 의해서 정정

25)

대지(bhūmi)라고 해도 본질(自性, svabhāva)을 가진 각각의 흙이
다. 그것이 원인이 되어 싹이라는 결과가 전변한다. 쟁기의 사용
방법에 따라 발아에 차이를 보이는 것에서 대지의 본질의 작용—현
실적 존재의 작용—을 알 수 있다.(Pvv. p.17, 17~18, Pbh. p.49, 15~
16)

> [반대논사가 말하기를 지원소의 차원에서는] 차이가 없다고 해도
> [지원소의] 대상이 감관과 접촉하여 지각의 원인이 되는 것과
> 같이, 이 경우(신의 경우)도 마찬가지이다. [답한다.] 그렇지 않
> 다. 그 경우도 차이성은 있다.
> yathā viśeṣena vinā viṣayendriyasaṃhatiḥ /
> buddher hetus tathā idaṃ cen na tatra api viśeṣataḥ // (PV
> II.26)

지원소(地元素)라는 단계에서는 차이성이 없음에도 불구하고 [같
은 지원소로 이루어진] 감관과 접촉하여 지각[이라는 결과]을 일으
킨다고 니야야학파는 생각한다.(Ns. I , 1, 4) 그에 대해서 다르마키
르티는 그 경우도 자성이 작용하고 있다고 생각한다.

> [원소들의 시·공간적 근접이라는 조건에서 발생하는] 탁월한 자
> 성이 없다면 개별적으로는 능력이 없는 [감관과 대상이] 결합한
> 다고 해도 [인식을 낳는] 힘은 없을 것이다. 그러므로 [심식의
> 본질의] 탁월성이 인정된다.
> pṛthak pṛthag aśaktānāṃ svabhāvātiśaye asati /

saṃhatāv apy asāmarthyaṃ syāt siddho atiśayas tataḥ //
(PV Ⅱ.27)

지각은 감관과 대상의 접촉 결과라는 사고방식을 다르마키르티
는 거부한다. 다르마키르티에 따르면 지각을 낳는 것은 심식의 본질
이며, 심상속이 인식주체이다. 제1편에서 살펴본 것처럼 찰나멸인
심식이 대상에 지향하여 그 모습을 표상한다. 시각뿐만 아니라 청각
내지 촉각도 마찬가지이다.

> 그러므로 개별적으로는 능력이 없다고 해도 결합하면 [결과를
> 낳는다는] 특성이 있는 것에는 원인성(hetutā)도 있지만, 신(īśva
> ra) 등은 [비작자와] 비차별[이며 영원을 본질로 하는 것]이기
> 때문에 [그와 같은 능력 즉, 원인성은] 없다.
> tasmāt pṛthag aśakteṣu yeṣu sambhāvyate guṇaḥ /
> saṃhatau hetutā teṣāṃ neśvarāder abhedataḥ //(PV Ⅱ.28)

여기서 신이 세계의 작인이라는 파슈파타신학을 부정하는 최종
결론을 내린다. 역설적으로 찰나적·순간적 존재만이 작용 능력이
있으며, 이것만이 현실적 존재(vastu)라는 존재론으로 파슈파타신
학을 논박하였다.

제6절 붓다의 의의

베다 성전이 초감관적 인식을 낳는다고 말하는 미망사학파나 신
의 일체지를 말하는 파슈파타파에 대해서, 다르마키르티는 붓다가

탁월한 종교적 권위인 까닭을 간결하게 제시한다.

> 어떤 학파(미망사학파)는 말한다. [베다에 의한] 초감관적 대상
> 의 인식은 참된 인식근거이다. 그리고 그것을 증명할 수가 없기
> 때문에 [다른 인식근거의] 발동도 없다고 한다.
> prāmāṇyaṃ ca parokṣārthajñānaṃ tat sādhanasya ca /
> abhāvān na asty anuṣṭhānam iti kecit pracakṣate // (PV Ⅱ.29)

이미 살펴본 것처럼 미망사학파(jaiminīyā)는 베다의 교령(敎令)
을 절대적인 인식근거라 하였다. 샤바라스바민은 경소(經疏)에서
'교령은 과거·현재·미래의 존재, 미세한 존재, 장애가 있는 존재,
먼 곳에 있는 존재와 같은 종류를 알게 하는 것이 가능하다'라고
하였다.(Śbh.3, 12~13) 인간의 지각이나 추리는 이것에 필적할 수
없으며 또한 베다의 진리는 독립불패(svataḥ prāmāṇya)라고 쿠마리
라는 주장하였다. 다시 말하면 베다에 필적하는 지자는 존재하지
않는다는 것이다. 이것에 대해서

> 무지한 자가 교시를 행할 때, 그가 말하는 것을 이해하기 위해
> 거짓은 아닌가, 라고 의심하는 사람에 의해서 지식을 가진 어떤
> 사람이 탐구된다.
> jñānavān mṛgyate kaścit taduktapratipattaye /
> ajñopadeśakaraṇe vipralambhanaśaṅkibhiḥ // (PV Ⅱ.30)

붓다로 회심(回心)하는 것을 말한다. '지식을 가진 어떤 사람'이란
고를 소멸하는 길을 교시하신 분이다.

그러므로 실천해야 할 [길을] 갖춘 이 [세존의] 인식을 자세하게
고찰해야 한다. 곤충의 수(kīṭasaṅkhyā)까지 모조리 다 안다고
하는 인식은 우리에게 무슨 소용이 있을까.
tasmād anuṣṭheyagataṃ jñānam asya vicāryatām /
kīṭasaṅkhyāparijñānaṃ tasya naḥ kvopayujyate // (PV II.
31)[161]

이것은 일체지(sarvajñāna)의 가치를 부정한 구절이다. '일체지자
(sarvajñā)'라는 붓다의 호칭은 당시에 이미 정착해 있었고 다르마
키르티학파의 프라즈냐카라굽타조차 반복해서 강조할 정도였다.
'일체지'라는 말은 『문다카우파니샤드』에 처음으로 나온다. '지
식으로 이루어진 고행을 갖춘 일체지자'라 부르는 범천에서 브라흐
만이 태어났다고 말하는 것이다. 그러나 그 지식도 문자 그대로의
일체지가 아니라 브라흐만의 지를 가장 수승하다고 한다.(I , 1, 1)
『수타니파타』에 '일체를 아는 성인과 선인을 보라'는 기술이 있다.
『바라마타자티카』의 주해에는 '모든 법을 아는 일체지자'를 일컫
는다고 한다.[162] 그렇다면 그 앞 게송에서 말하는 '깊은 지혜가 있는
사람'은 결국 그 주해에 있는 '오온에 관한 깊은 지혜'라는 것이 된다.
하여튼 문자 그대로의 무의미한 일체지를 말하고 있는 것은 아닌
것 같다. 다르마키르티는 그와 같은 일체지자(一切智者)를 실제로
는 지각불가능하다는 사례로 거론한다.[163]
많은 사람들이 필요로 하는 종교적 권위는 다음과 같은 분이라고
다르마키르티는 언명한다.

---

161) 밑줄 친 부분을 다른 판본에 의해서 정정
162) 村上眞完・及川眞介『佛의 말씀註』2, 47~48쪽 참조
163) M.83, 10[G.124, 23]. Cf. Nb.Ⅲ, 130~131

버려야 할 것과 취해야 할 것의 실상을 그 원인과 함께 가르치는 분(세존)이 종교적 권위(pramāṇa)로 인정받는다. 그런데 일체를 가르치는 자가 [프라마나(종교적 권위, 올바른 인식근거)]인 것은 아니다.

heyopādeyatattvasya sābhyupāyasya vedakaḥ /

yaḥ pramāṇam asāv iṣṭo na tu sarvasya vedakaḥ // (PV Ⅱ.32)

디그나가는 붓다의 권위성을 무모순적인 언어라는 점에서 논리와 같다고만 제시하였지만, 다르마키르티는 4개의 성스러운 원리[사성제]를 설하는 것을 종교적 권위의 기준으로 삼았던 것이다. 이 원리의 평석을 종교론의 후반에서 행하고 있는 다르마키르티는, 일찍이 고의 소멸과 소멸하는 방법인 도의 2원리만 중시했다는 경량부의 생각과는 약간 다른 것 같지만,164) 합리적이며 이해하기 쉬운 수도론이라는 측면에서 보면 디그나가보다 충실하다는 것은 분명하다. '베다카(vedaka)'는 '베다'에서 제시된 표현으로, 그것을 야유하는 효과를 가진다.

먼 곳을 보든 보지 아니하든 원하는 실상(tattva)을 보아야 한다. 먼 곳을 보는 자가 종교적 권위라면 오게나. [와서 먼 곳을 보는] 독수리에게 경배하게나.

dūraṃ paśyatu vā mā vā tattvam iṣṭaṃ tu paśyatu /

pramāṇaṃ dūradarśī ced eta gṛdhrān upāsmahe // (PV Ⅱ. 33)165)

---

164) 高井觀海 『小乘佛敎槪論』 pp.212~213 참조

‘먼 곳을 보는 자’라고 말한 것은 『파슈파타수트라』(I, 21)에서 청정한 지혜로 행하는 사람에게 ‘멀리 있는 것을 보고, 듣고, 생각하는 지식이 작동한다’는 것을 염두에 둔 것으로 보인다. 결국 일체지의 반대논사는 파슈파타논사나 논리학자일 수 있다. 미망사학파도 먼 곳을 보는 권위를 말하고 있다.

이상으로 ‘프라마나’를 둘러싼 인식론적 · 종교론적 논의를 마친다.

제7절 정리

이 장에서 살펴본 것은 『프라마나바르띠카』 종교론 제1~33게송이다. 이 가운데 처음 부분에서 인식론적인 프라마나 이론이 개략적으로 논의된다. 디그나가에 의해 종합된 프라마나 이론은 유심론적인 삼분설(三分說)에 의해서 간단하게 다루어졌을 뿐이다.(Psk. I, 10) 이에 반해 언어인식이나 대상의 작용을 검증하는 인식까지 포함한 다르마키르티의 인식론은 디그나가의 인식론보다 내용이 훨씬 풍부하다. 그것은 제1편에서 본 것처럼 다르마키르티의 인식론이 첫째 경량부적인 것, 둘째 유식학파적인 것으로 이분(二分)되기 때문이다. 대상의 인과적 효과성을 검증하는 인식이 그 대상 인식의 참됨을 검증한다는 생각은 결코 유심론적 발상에서는 나올 수 없는 것이다.

인과적 효과 이론은 지각론 외에 미망사학파나 니야야학파의 논쟁에도 자주 사용되는 다르마키르티의 근본개념 가운데 하나이다.

---

165) Pvk.는 ‘ehi’로 되어 있다.

프라마나 이론과 연관된 인식론에서는 이 세속적 차원에서의 인식론과 3분설에 입각한 유심론적 인식론-자기를 검증하는 인식이 압축적으로 다루어지고 있다.

일전하여 붓다가 프라마나라고 하는 종교적 권위론이 되면 다른 학파의 종교적 권위, 즉 미망사학파의 베다·인식근거론과 파슈파타파의 주재신론 및 니야야학파의 그 증명이 반박당한다. 전자는 추리론에서 상세하게 반론되고 있음을 우리는 볼 수 있었다. 파슈파타의 주재신론은 니야야학파의 신의 존재증명에 대한 종교적 근거가 되고 있는 것으로, 지금까지 학회는 이를 전혀 다루지 않았다. 신의 증명에 대해서는 비인학파가 자주 언급하였지만, 비판하는 쪽은 말하지 않고 침묵하는 듯한 인상이다.(가톨릭국가인 것과는 관계가 없겠지만, 신의 증명이 그 종교적 분위기와 결부되어 있다는 것은 우리의 비판적 연구가 불교적 분위기와 결부하고 있는 것과 정서적으로 대응하는 것일지도 모른다.)

여기서 신의 존재(주재)론 비판은 다르마키르티의 찰나멸 이론과 인과적 효과 이론이 그 근거 혹은 원리가 되고 있다. 특히 다른 학파 철학의 비판에는 그 철학이 존재론적 근거가 되고 있다. 그것은 대단히 예리한 사상적 무기로서, 다르마키르티 이후 불교학파의 전범이 된다. 즉, 산타라크시타나 라트나키르티 그리고 즈냐냐슈리미트라는 크든 작든 다르마키르티를 인용하고 있다.

다르마키르티의 증명비판은 그의 논리학이 근거가 되고 있다. 스스로 도구(organon)를 만들어 사용하였지만, 서양에서는 도구를 만든 아리스토텔레스나 보에티우스, 페트루스 히스파누스와 신의 존재증명을 시도한 플라톤·안셀무스·라이프니츠·아퀴나스·데카르트가 별 관련이 없다. 논리학자는 증명을 하지 않고, 증명을 한 사람들은 논리학자가 아니었다. 그런데 다르마키르티는 논리학을 형성하여 증명비판을 한 것이다. 그 기본은 확립된 대전제, 결국 유례에 시사된 변충관계(vyāpti)에 의해서 증명을 해야만 한다는 것이다.

제3장 붓다·종교적 권위론의 정립

제1절 심상속의 입증

제1장에서 붓다가 '프라마나부타(pramāṇabhūta)'라 불린 의미를 다르마키르티는 인식수단으로서의 '프라마나' 정의에서 찾았다. 따라서 귀중한 인식론 개설이기도 하다. 그리고 종교적으로도 붓다가 중생에 있어서 인식수단이 된다고 하여 '프라마나부타(pramāṇabhūta)'를 해설하고 그 이유를 4개의 성스러운 원리[四聖諦]의 교시에 있다고 하였다. 반대논의로서 바라문교의 베다 계시론과 파슈파타파의 시바신학설을 논박했다. 이렇게 해서 붓다가 종교적 권위임은 평석되었다. 아래에서 디그나가가 '인과의 완전함에 의해'라고 한 인위(因位)의 '중생을 위해 서원을 세우신 분(jagaddhitaiṣī)'과 '지자이신 분(sugata)', 과위(果位)의 '교사(śāstā)'와 '구제자(tāyī)'인 것을 다르마키르티는 평석한다.

> 자비는 [세존이 종교적 권위임을] 정립하는 것이다. 그것(자비)은 반복된 [마음의] 수습(abhyāsa)으로부터 (일어난다). 마음은 신체에 의존하기 때문에 수습이라는 것은 성립하지 않는다고 한다면, 그렇지 않다. 신체가 마음의 근거임은 부정되기 때문이다.
> sādhanaṃ karuṇābhyāsāt sā buddher dehasaṃśrayāt /
> <u>asiddho abhyāsa</u> iti cen na āśrayapratiṣedhataḥ // (PV II. 34)[166]

디그나가가 사용한 붓다의 제2의 호칭 '중생을 위해 서원을 세우신 분(jagaddhitaiṣī)'에 관하여 평석하는 곳이지만 그것을 간단하게 '자비(karuṇā)'의 문제로 환원하여, 자비가 붓다의 종교적 권위성을 증명한다고 한다. 이것은 '인과의 완전함에 의해'라는 『프라마나삼웃차야』 자주(自註)의 구절을 반복하는 것에 지나지 않는다. 그 뒤는 마음에 있어서 수행이라는 것을 유물론적 관점에서 부정하는 유물론학파(Cārvāka)에 대해서, 신체가 마음의 근거이며 의지처라는 유물론적 견해를 논파하려고 힘쓴다.

붓다의 자비는 특히 '대비(大悲)'라 불러 차별화하는 편이 더 이해하기가 쉽다. 왜냐하면 종교적 권위성을 이끄는 것은 류(類)를 보지 않는 분이기 때문이다. 즉, '대비 → 종교적 권위'라는 추이식을 제시하고 있다. 논리식이지만 다르마키르티의 논리적 이유의 세 가지 규칙에 즉한 것이라고는 생각할 수 없다. 유례에서 제시하는 변충식이 성립하지 않기 때문이다. 이 문제는 현대 논리학에도 마찬가지이며 집합 사이의 함의 관계가 붓다라는 특이점의 주위에 성질상 확대되고 있지 않기 때문이다. 이 추이식은 디그나가의 서정적인 예배게송과 그 해설에 따른 것에 지나지 않는다. 그러므로 다르마키르티는 후반에서 4개의 성스러운 원리(四聖諦, catvāry āryasatyāni)라는 주제를 설정하여 그것에 의해서 붓다의 교설(성전)에 대한 권위성을 평석하고자 하였다. 의의론적으로 종교적 권위성을 입증하고자 하였던 것이다.

의의론적으로는 자비 내지 애정을 가진 자에 대해서 신뢰성이 있다는 도식이 되고 있다. 앞서 거론한 바사바닷타의 플롯에서도 꿈에서 본 칸다르바케투와 해후하여 '이제 어떻게 하면 좋을지는

---

166) Pvk. 'asiddhābhyāsa'를 다른 판본에 의해서 정정

당신에게 따르겠습니다(bhavān eva pramāṇa)'라고 말하는 것이다.
(Vd. p.240, 6) '대비(大悲)'는 그 특이점으로서 붓다에게만 특징적인
성질이 되며, 거기서부터 의의론적으로 유일한 종교적 권위성을 정
립하는 구조가 된다.

'중생을 위해 서원을 세우신 분(jagaddhitaiṣī)'의 평석은 실제로는
자비 수행의 유효성을 부정하는 로카야타(Cārvāka)학파에 대해서
심식의 찰나상속(santāna)이 내세에까지 이어진다는 것을 변증해가
고 있는 것이 대부분을 차지한다. 왜냐하면 마음은 신체에 의존하여
성립하거나 신체의 파괴에 수반하여 소멸하지 않기 때문에 수행이
유효하다고 한다. 아래는 심식이 윤회의 주체가 되어 내세로 나아가
는 것을 논한다.

> 자기의 상속에 의존하지 않는 호흡이나 감관, 마음이 신체만으로
> 부터 생길 수는 없다. 만약 [신체로부터] 생을 받는다면 '[돌 등에
> 서도 생을 받는다고 하는] 과대적용의 오류를 범하기 때문이다.
> [현세에] 생을 맺는 능력이 있는 것이 보이며 내세에는 생을 맺지
> 않기 때문에 존재하지 않는다고 할 수 있는 것이 있을 수 있을까?
> prāṇāpānendriyadhiyāṃ dehād eva na kevalāt /
> svajātinirapekṣāṇāṃ janma janmaparigrahe //
> atiprasaṅgād yad dṛṣṭam pratisandhānaśaktimat /
> kim āsīt tasya yan na asti paścād yena na sandhimat // (PV
> II.35~36)

생명 현상으로 여겨지는 호흡(prāṇāpṇnau)이나 감각기관(indriyā
ni), 마음(dhī)이 오직 신체만이 원인이 되어 다음 찰나 자신의 상속
을 야기하는 것은 아니라고 한다. 모든 것은 찰나적 존재이면서 인

격으로서 통일하고 있는 것은, 자기의 상속(santāna)이 이전 찰나의
마음을 질료인으로 하고 업을 동력인으로 하여 이어지기 때문이다.
인격뿐만 아니라 얼핏 영속적으로 보이는 존재 모두가 상속이론에
서 고찰된다. 그리고 인간 존재에 속하는 호흡이나 감각기관, 의식
도 신체를 원인으로 하는 것이 아니라 심식을 원인으로 한다. 지(地)
등의 원소로 구성되는 신체에서 그들 생명 현상이 생긴다면 같은
원자로 구성된 돌 등에서도 생명 현상이 생긴다고 하는 모순을 도출
하여 귀류 논증으로 증명한다.

여러 주석에 의하면 부모의 신체에서 자기의 생명 현상이 생기는
것을 부정한 것이다.167) 그와 같은 발상은 로카야타학파뿐만 아니라
의학적으로 생각하기 쉬운 현세적 일반관념이기도 하다. 그것들에
대해서 다르마키르티는 심식을 주체로 하는 윤회를 정립하려고 한
다. 12인연의 사이클로 말하면 '무명에 의해서 행이 있고, 행에 의해
서 식이 있고'의 식(vijñāna)이 주체이다. 『아비다르마코샤』 (III,
21)에서 생을 맺는 것(sandhi=pratisandhāna)은 오온 가운데 식온이
라는 명제가 있다.168) 다르마키르티의 이 기술은 그것과 같다. 상키
야학파를 제외한 다른 학파는 영혼을 윤회의 주체로 보지만 로카야
타학파는 현세에 육체와 함께 마음도 소멸하며, 따라서 죽음이 곧
해탈이라고 한다. 여기에서 말하는 다르마키르티의 윤회이론은 바
수반두의 『아비다르마코샤』 세간품의 윤회설을 불교설로서 받아
들인 것이다.

---

167) PpT. 18a, 1~2

168) 바수반두는 '母體에 생을 맺는 찰나에는 五蘊은 識이다(mātuḥ kukṣau pratisadh
    ikṣaṇe pañca skandhā vijñānam)'라 한다. 다르마키르티도 '윤회의 주체는 五蘊이
    다'라고 말할 때가 있지만 이것은 거기에서 말하는 것처럼 識蘊을 五蘊의 근원으로
    하는 것이다. Cf.Ak.(TSWS.) p.131, 26

생류(生類)가 습생(濕生) 등에서 태어나지 않는 경우, 지(地) 등
어떠한 부분도 [존재할 수] 없다. 따라서 모든 것은 종자[思業]에
서 이루어진다.
na sa kaścit pṛthivyāder aṃśo yatra na jantavaḥ /
saṃsvedajādyā jāyante sarvam bījātmakaṃ tataḥ // (PV II.
37)

『아비다르마코샤』(III, 8)에서 '그 가운데 유정에게 난생 등의
4생이 있다'라고 한다. 바수반두는 해설에서 생류를 난생(aṇḍajā)·
태생(jarāyujā)·습생(saṃavedajā)·화생(upapādukā=anupapāduk
ā)의 4종으로 분류하고 있다. 이들 생류로 태어나지 않을 경우에는
신체 부분은 존재하지 않는다. 따라서 생사윤회의 헤게모니를 쥐는
것은 바수반두가 말하는 사업(思業, cetanākarma)이다. 이것을 비유
적으로 종자(bīja)라 부른다. 경량부적인 호칭이다.(P. S. Jaini)

그렇기 때문에 자기의 상속에 의존하지 않는 감관 등이 [신체로부
터] 생긴다고 한다면, 그것들은 어떤 [신체로부터] 전변하는 것처
럼 모든 것으로부터 [전변하는 것이] 될 것이다. 왜냐하면 [지 등의
원소로 구성된다는 점에서 신체와 사물은] 같기 때문이다.
tat svajātyanapekṣāṇām akṣādīnāṃ samudbhave /
pariṇāmo yathā ekasya syāt sarvasya aviśeṣataḥ // (PV II.
38)

자기 상속(svajāti)이란 감관(akṣa) 등이 의존하고 있는 심식(心
識)이다. 윤회를 할 즈음에는 심식에 의존하지 않고 신체에 의존한
다면, 지금 본 것처럼 물질적인 사물 모두로부터 감관 등이 생기게

될 것이다. 하지만 그것은 경험법칙에 위배된다. 따라서 그 반대가
정립된다.

'스바자티(svajāti)'란, 주석에 의하면 '사자티(sajāti)'이다. 즉, 이
것은 유식설에서 말하는 윤회상속의 근거인 중동분(衆同分, nikāyas
abhāga)이다.[169] 로카야타학파의 사고는 사야나 마드바가『사르바
다르사나상그라하』제1장에서 소개하고 있다. '거기서는 지 등의
4원소가 원리이다. 신체의 형태로 전변한 그것들로부터 정신이 생
긴다. 술에서 명정(酩酊)[이라는 정신현상이 생기는 것]처럼. (그것
들이) 소멸하면 저절로 (정신도) 소멸한다.'[170]

> 각각의 감관이 파괴되어도 의식은 파괴되지 않는다. 그런데 후자
> 가 파괴되면 전자도 파괴되는 것을 본다.
> pratyekam upadhāte api na indriyāṇāṃ mano mateḥ /
> upaghāto asti bhaṅge asyās teṣāṃ bhaṅgaś ca dṛśyate //
> (PV II.39)

공포·비탄·절망·노여움 등에 의해 의식이 손상되면 눈앞이
캄캄하게 되거나 하얗게 되는 것과 같은 감관의 손상을 우리들은
경험한다. 그러나 눈이 보이지 않는다고 해도 의식의 손상은 있을
수 없다. 감관이 의식에 의존하고 있는 것이다. 마노라타난딘 등에
의하면 마노마티(manomati)=마노비즈냐나(manovijñāna)=비칼파
붓디(vikalpabuddhi)이다. '디(dhī)' 역시 '의식'이라고 해도 좋을 것
이다. 그냥 '마음'이라 하지 않은 것은, 우리말 '마음'에는 정서적인

---

169) Cf. Triṃśikāvijñapti-bhāṣyam(ed. Lévi) p.18, 8
170) Sarvadarśanasaṅgrahaḥ(VSG.) p.4

뉘앙스가 담겨 있기 때문이다. 나는 인식론적으로 중요한 개념으로서 '의식'이라 번역하였다. 다른 한편 '붓디(buddhi)'라고 할 때는 단지 '지(知)'와 '마음[心]'의 양쪽으로 번역하였다. 그런데 다르마키르티는 의미를 넓게 사용하기 때문에 문맥의 상태에 따라 나누어 번역한다. '마나(mana)'는 단순하게 '마음'으로 번역한다.

> 그러므로 [마음이] 마음 존재의 근거이다. 마음이 어떤 의미에서 근거이다. [또한 마음은] 감관의 원인이며, 따라서 감관은 마음에서 생긴다.
> tasmāt sthityāśrayo buddher buddhim eva samāśritaḥ /
> kaścin nimittam akṣāṇāṃ tasmād akṣāṇi buddhitaḥ // (PV Ⅱ. 40)

프라즈냐카라굽타는 신체적 생명현상인 눈 등의 감관(akṣāṇi)을 '사업(思業)과 사이업(思已業)'이라는 『중아함경』을 인용하여 사이업(四已業) 가운데 신업(身業)에서 생긴 것이라 한다.

> [감관 등을] 야기한 것과 같은 [신식이] 다음 [생]에도 있을 것이다. [마음은] 그것(신식)에 의해 조성되는 것이기 때문에 [세존은] '마음은 신체에 의존한다'고 말씀하셨다.
> yādṛśyākṣepikā sā āsīt paścād apy astu tādṛśī /
> tajjñānair upakāryatvād uktaṃ kāyāśritaṃ manaḥ // (PV Ⅱ. 41)

신식(身識)은 신업(身業)에 의해서 발생한다. 그것은 사이업(思已業)이며 언어의 행위와 함께한다. 이렇게 해서 붓다가 팔리 『디가

니카야(Dīghanikāya)』(PTS. Vol. I , 76, 33~77, 2; 209, 2~6)에서
마음은 무상한 신체에 의거해서 무상이라고 설하고 있는 것은 신식
에 유래하는 것을 말씀하신 것과 통한다. 안식에 있어서는 눈이 근
거가 되며 신식에 있어서는 신체가 근거가 된다. 그러나 그와 같은
방식으로 마음이 신체에 의존하지 않는다. 그러나 마음이 신식에
의해 조성되는 경우도 있기 때문에 붓다는 비유적으로 그렇게 말씀
하셨다고 설명한다.

> 가령 감관 없이 마음(buddhi)은 없다고 해도 전자는 후자 없이는
> 있을 수 없다. 상호간에 원인이 되며 그것에 의해 [다음 생에]서
> 도 상호간에 원인이 된다.
> yady apy akṣair vinā buddhir na tāny api tayā vinā /
> tathā apy anyonyahetutvaṃ tato apy anyonyahetuke // (PV
> II.42)

이것은 『아비다르마코샤』에 기술된 경량부 고사(古師)의 소위
색심호훈설(色心互薰說)을 근거한 것이다. 바수반두는 다음과 같이
말한다. '마음과 감관이 속해 있는 신체의 양자는 상호간에 원인이
된다고 옛 논사는 설한다.'171) 다르마키르티의 설명은 이 옛 경량부
의 설도 고려하면서 심식이 신체발생의 원인이며 신식은 마음의
조성인이라는 것이다.

> 비계기적인 것에서 계기적인 것(결과)은 생기지 않는다. 또한 비
> 차이성[을 본질로 하는 것]이 [차이성·계기성을 본질로 하는 것

---

171) Ak. p.72, 21~22

에] 의존하는 것도 [있을 수] 없다. 마음(dhī)은 [무상한] 신체에서 생기며 그 차례도 드러난다.

na akramāt kramiṇo bhāvo na apy apekṣā aviśeṣiṇaḥ /
kramād bhāvantī dhīḥ kāyāt kramaṃ tasya api śaṃsati //
(PV Ⅱ.43)[172]

비계기적인 것이란 영원한 것, 계기적인 것이란 찰나적인 것으로 무상이며 차이성(viśeṣī)을 본질로 한다고 한다.(PpT. 22b~23a, 1) 여기서 인용하고 있는 것은 아가마이다.

찰나 찰나마다 과거와 다른 [신체·마음은] 과거에 걸치는 찰나의 존재가 그것의 원인이 될 것이다. 그렇기 때문에 언제나 원인이 경험된다.

pratikṣaṇam apūrvasya pūrvaḥ pūrvaḥ kṣaṇo bhavet /
tasya hetur ato hetur dṛṣṭa eva astu sarvadā // (PV Ⅱ.44)[173]

신체와 마음으로 구성되는 인간 존재는 (생류 전체의 이치이지만) 과거 찰나의 신체와 마음을 원인으로 한다. 이 이치는 신체가 소멸한 뒤의 생을 야기하는 원리이기 때문에 여기서 내세를 입증할 수 있다. 다르못타라에게 『내세의 증명(Paralokasiddhi)』이라는 텍스트가 있는 것처럼, 그것은 후기 불교인식논리학파의 주제 가운데 하나가 되었다.

---

172) Pvk. 'kramiṇo 'bhavo'를 다른 판본에 의해서 정정
173) Pvk. 'na pūrvasya'를 다른 판본에 의해서 정정

임종 [시]의 마음이 다음 [순간]의 마음에 연계된다는 데 대해
어떤 모순이 있을까? 또한 마찬가지로 아라한의 마음이 [다음 생에]
연계되지 않는다고 어떻게 생각할 수 있는가?

cittāntarasya sandhāne ko virodho antya-cetasaḥ /

tadvad apy arhataś cittam asandhānaṃ kuto matam // (PV
II.45)

바비베카의 『반야등론(般若灯論)』 그 외에 인용하는 로카야타
학파의 내세 부정 논증이 있다.174) 데벤드라붓디는 다음과 같이 전
한다.

주장 : 중생이 임종할 때의 마음은 다음 순간의 마음에 연계되지
　　　않는다.
근거 : 왜냐하면 최후의 마음이기 때문이다.
유례 : 가령, 아라한의 최후의 마음과 같이.(PpT. 23a, 5~7)

마음이 원인이라면 다음 생의 마음에 연계될 것이다. 결국 발생론
적인 인과론이다. '이것이 있으면 저것이 있다'는 아가마의 인과론은
조금 뒤에 평석된다. 로카야타학파는 보이지 않기 때문에 존재하지
않는다고 추론하고 있지만 거기에 자체 비인식의 논증은 할 수 없다.
기본적으로 내세는 현세의 인간에게는 지각되지 않기 때문에 비인
식에 의해서도 비존재를 추론할 수는 없다.

---

174) 生井智紹 「후기불교도에 의한 Bārhaspatya 비판[Ⅰ]」(『印度學報告』 No.2),
　　동[Ⅱ](동 No.2)가 보고하고 있다.

논리에 의해서 대상이 정립되지 않는 명제(siddhānta)에 어떻게
따를 수 있겠는가? 원인의 소멸 때문에 그렇다고 한다면 여기서
왜 그것을 기술하지 않았던 것인가?
asiddhārthaḥ pramāṇena kiṃ siddhānto anugamyate /
hetor vaikalyatas tac cet kiṃ tad eva atra na uditam // (PV
Ⅱ.46)

'임종 시의 마음은 소멸하기 때문에 다음 마음을 일으킬 수 없다'
라고 해도 데벤드라붓디에 의하면 어떠한 것도 정립하지 못하는
바의, 소위 디그나가의 불공부정인(不共不定因)이다. 현세 사람에
게는 내세의 결과가 자각되지 않기 때문에 부정도 긍정도 할 수
없다.

의식은 감관과 공통하는 [신체에서 생기는] 것이 아니다. [만약
그렇다면 의식은] 그 감관지와 같이 파악하는 것이 되는 [모순]
때문이다. 의식을 낳게 하는 힘은 각기 다르기 때문에 모든 감관
으로부터 [의식이 생기는 것]도 아니다.
taddhīvad grahaṇaprāpter manojñānaṃ na sa indriyāt /
jñānotpādanasāmarthyabhedān na sakalād api // (PV Ⅱ.47)

신체(kāya)를 감관과 공통하는 신체와 다른 신체로 나눈다. 하지
만 그 어떤 신체로부터도 의식은 생기지 않는다고 하는 딜레마논법
이다. 눈을 감더라도 의식은 남는다. 그렇기 때문에 의식을 생기게
하는 것은 눈이 아니다. 안식만 사라지기 때문이다. 모든 감관에서
의식이 생기는 것도 아니다. 그 가운데 하나를 결여해도 마음은 생
기지 않는다고 하는 모순에 빠진다.

다른 한 쪽[의 비감관의 신체]에서도 [의식은 생기지] 않는다.
[전자는] 비정신이기 때문이다. [신체와 마음의] 원인이 나누어져
있지 않기 때문에 [결과인 신체와 마음도] 공존하고 있는 것이다.
여러 감관과 같고 색과 맛과 같이, [신체를] 대상으로 함으로써
[의식은] 변이하는 것이다.

acetanatvān na anyasmād hetvabhedāt sahasthitiḥ /
akṣavad rūparasavad arthadvāreṇa vikriyā // (PV Ⅱ.48)

감관과 분리된 신체는 구체적으로는 감각이 없는 손톱이나 털
등을 가리킨다. 그것으로부터 의식이 생긴다고 하는 것은 돌이나
물에서도 마음이 생긴다고 하는 앞의 모순과 같다. 이러한 것이 한
개인에게 공존하고 있다는 것은 업에 의해서 원인이 공존한 이후이
며, 이들 사이에 의존하는 것과 의존되는 것의 관계는 있을 수 없다.
예를 들면 어떤 음식물에 색과 맛이 공존하는 것과 같은 것이다.
마음이 신체에 영향을 받는 것은 신식(身識)을 대상으로 하여 감수
하고 변이하는 것이다.

항상 어떤 것에 수반하기 때문에 그것이 [수반하는 것의] 존재조
성인일 때 전자는 후자의 원인이다. 그러므로 (asmin sati라는)
제7격, 그것으로부터 '우트파다트(utpādāt)'인 [제5격이 세존에
의해] 기술되었던 것이다.

sattopakāriṇī yasya nityaṃ tadanubandhataḥ /
sa hetuḥ saptamī tasmād utpādād iti ca ucyate // (PV Ⅱ.49)

어떤 것에 수반하여 다른 것이 일어나고, 어떤 것이 무너지면 다

른 것도 무너진다. 그 경우 전자는 후자의 원인이다. 이 발생론적인 인과관계를 붓다는 '저것이 있을 때 이것이 있고, 저것이 생길 때 이것이 생긴다'고 하였다. 그 원인성을 '아스민 사티(asmin sati)'라고 제7격(於格)으로 표현하고, 또한 '아쉬야우트파다트(asyotpādāt)'라고 제5격(由格)으로 표현했다고 다르마키르티는 말한다. 이 인과율의 팔리 명제는 다음과 같다.

> imasmiṃ satīdaṃ hoti / imassuppādā idaṃ uppajjhati / imasmin asati idaṃ na hoti / imassā nirodhā idaṃ nirujjhati /[175]

신체와 마음 사이에는 이 인과율이 들어맞지 않는다. 신체의 변화는 의식에 영향을 미치지 않지만 의식의 변화는 계속되는 다음 찰나의 마음에 영향을 미친다. 이렇게 해서 프라즈냐카라굽타는 심상속이 입증되었다고 한다.(Pbh. 63, 6~7)

제2절 마음의 헤게모니

제2절에서는 인격이 윤회 상속하는 데 있어서 마음이 그 헤게모니를 장악한다는 것을 논의한다.

> 혹은 또한 어떤 때 [신체가] 심상속을 조성하는 것이라 해도 여하튼 소멸하는 것은 아니다. 병 등에 있어서 불과 같이.
> astu upakārako vā api kadācic cittasantateḥ /

---

175) Saṃyutta-Nikāyo(PTS.)Vol.Ⅱ, 65, 5~7

vahnyādivad ghaṭādīnāṃ vinivṛttir na tāvatā // (PV II.50)

불은 병을 구워 만들지만 병을 파괴하지 않는 것처럼 신체는 심상속을 조성해도 그것을 파괴하지는 않는다. 신체가 죽어도 마음은 다음 생으로 이어진다. 신체가 신식(身識)을 매개로 마음에 영향을 미친다는 것은 앞에서 논했다.

> 또한 [신체가 마음의 직접적인 원인이라면, 죽어 있는] 신체에 마음이 남아 있다는 모순에 빠진다. 들숨과 날숨(prāṇāpānau)은 그것(마음)이 있다면 존재하기 때문에, [또한 마음에] 지배되는 것이기 때문에 그것(마음)에서 [생긴다]. 그것(마음)은 [들숨과 날숨에서 생기는 것은] 아니다.
> ani_vṛttiprasaṅgaś ca dehe tiṣṭhati cetasaḥ /
> tadbhāvabhāvād vaśyatvāt prāṇāpānau tato na tat // (PV II. 51)

신체가 마음의 직접적 원인이라고 하면 마지막 찰나의 신체에 이어지는 찰나에 마음이 생겨 죽은 시신에 정신이 깃든다고 하는 모순을 설명하지 않으면 안 된다. 심상속의 이론에서는 마지막 찰나의 신체와 마음에 이어지는 다음 찰나에 마음이 생기며, 중유(中有, antarābhava) 상태를 거쳐 다시 태아로서 신체를 얻어 윤회한다. 중유 상태를 다르마키르티는 뒤에 인정한다.

호흡이라는 생명현상도 감관과 마찬가지로 마음에서 생긴다. 왜냐하면,

> 바람의 출입은 의지가 없이 무엇으로부터 생기는가? [그렇지 않

으면 들숨과 날숨] 양자의 증감에 의해서 [마음도] 증감하게 될
것이다.

preraṇākarṣaṇe vāyoḥ prayatnena vinā kutaḥ /
nirhrāsātiśayāpattir nirhrāsātiśayāt tayoḥ // (PV II.52)

몸 밖으로 나오는 바람이 프라나(prāṇa), 몸 안으로 들어가는 바
람이 아파나(apāna)이며 마음의 상태에 따라서 호흡이 변한다.

양쪽 모두 같은 모순이 발생하지만 마음을 [호흡의] 원인으로
한다면 같은 [모순은 발생하지] 않는다. 그 외에 [업도] 존재를
야기하는 원인으로서 간주되기 때문이다.

tulyaḥ prasaṅgo api tayor na tulyaṃ cittakāraṇe /
sthityāvedhakam anyac ca yataḥ kāraṇam iṣyate // (PV II.53)

앞서 신체를 마음의 원인이라 한다면 죽은 시신에 마음이 생기는
모순에 빠진다. 지금 호흡도 신체에서 나오는 것이라 한다면 죽은
시신에 호흡이 발생하는 모순에 빠진다. 마지막 찰나의 마음에서
다음 찰나의 마음이 생기지만, 그 경우 마음은 소위 질료인이며 업
이 동력인이 되어 중유와 내세에 마음을 야기한다. 업이란 의사(ceta
nā)의 성질을 지니며 마음과 별체가 아니다. 다만 과거 행위의 여훈
(vāsanā)이 작동하게 된다.

[반대논사는 말하기를, 체액의] 불순에 의해서 조화를 상실한 신
체는 [마음의] 원인으로는 되지 않는다. [조화를 상실한] 등불
심지가 [불의 원인이 되지 않는 것]처럼. [답한다. 그렇다면] 죽은
자에게 불순이 다스려지면 다시 소생하게 될 것이다.

na doṣair viguṇo deho hetur vartytādivad yadi /

mṛte śamīkṛte doṣo punar ujjīvanaṃ bhavet // (PV II.54)[176]

인도생리학에서는 체액(dhātu)에 있어서 풍질(風質, vāta)·담질
(膽質, pitta)·점질(粘質, śleṣma)이라는 3질(triguṇa)의 평형을 신
체의 순조로움이라 하고, 각 요소의 조화가 상실됨을 문자 그대로
'비사마(viṣama)'라 부르며 여기서는 '비구나(viguṇa)'라 부른다. 이
런 관점에서 볼 때 죽음이란 조화 상실의 극한이며 따라서 신체로부
터 마음은 생기지 않는다고 반대논사는 변론한다. 그런 로카야타학
파에 대해서, 체액의 불순에서 죽음이라는 현상이 있다면 죽음에
의해서 그 불순이 치료되어 마음이 생기게 되는 것은 아닌가? 술에
서 명정(酩酊, 술에 몹시 취함)이라는 정신이 생긴다는 로카야타학
파의 비유와 같다고 응수한다.

　　[반대논사가 말하기를] 불이 소멸해도 땔감은 회복되지 않는 것
　　과 같이 그것도 회복할 수는 없다. [답한다.] 그렇지 않다. [신체의
　　불순에는] 치유의 길이 있다.
　　nivṛtte apy anale kāṣṭhavikāravinivṛttimat //
　　tasya anivṛttir iti cen na cikitsāprayogataḥ // (PV II.55)

　　'타시야 아니브리띠(tasya-anivṛtti)'란 신체가 소멸하면 신체의
부조화가 없게 된다(nivṛtti)는 것을 부정한 것이다.

---

176) Pvk.'śamīkṛte'. '진정화하다'와 'samīkṛte' '순조롭게 된다'의 차이가 사본 가운데
　　나왔다.

어떤 것은 어떤 것에 대해 회복불가능하게 변형(變形)을 초래한
다. 어떤 것은 역으로 [회복 가능하게 변형을 초래한다.] 각각
땔감과 금에 대한 불과 같이.
apunarbhāvataḥ kiñcid vikārajananaṃ kvacid /
kiñcit viparyayād agnir yathā kāṣṭhasvarṇayoḥ // (PV II.56)

불이 땔감에 가한 변형은 회복 불가능하지만 금은 냉각하면 다시
고체성을 회복하는 것과 같은 변형이다. 마음에 있어서 수면은 회복
가능, 죽음은 회복 불가능한 변형이다. 체액의 위화라는 생리학적
설명으로는 병과 죽음을 구별할 수 없다.

전자의 경우는 조금의 회복도 없다. 그러나 [후자의] 회복 가능한
변형을 가하게 되면 다시 그것은 이전으로 회복할 것이다. 가령,
금에 있어서 고체성과 같이.
ādyasyāpo 'py <u>asaṃhāryaḥ</u> pratyāneyas tu yat kṛtaḥ /
vikāraḥ syāt punarbhāvas tasya hemni kharatvavat // (PV
II.57)177)

치료수단을 얻기 어렵기 때문에 혹은 수명(āyu)이 다함으로써
[죽음은] 절대 치료 불가능한 것이다. 그러나 [죽음이] 단지 [체액
의] 위화라면 치료할 수 없다고는 할 수 없게 된다.
durlabhatvāt samādhātur asādhyaṃ kiṃcid īritam /
āyuḥkṣayād vā doṣe tu kevale na asty asādhyatā // (PV II.
58)

---

177) Pvk. 'asantāpaḥ'를 다른 판본에 의해서 정정

[예를 들면 독 등으로] 죽게 되면 [로카야타학파의 견해에 의하면] 독 등을 제거하거나 그 상처를 절개하는 등[의 응급처치를] 하여 [죽음의] 변형의 원인을 제거하면 다시 죽은 자가 소생하는가?

mṛte viṣādisaṃhārāt tad daṃśacchedato api vā /
vikārahetor vigame sa ucchvasiti kim punaḥ // (PV II. 59)

사야나 마드바에 의하면 로카야타학파는 죽음을 해탈이라 했다고 한다.(dehacchedo mokṣa, SDS. p.9) 죽음이 단지 체액의 위화라고 하는 것은 이 문맥 때문이다.

[신체가 마음의 질료인이라고 한다면] 질료인의 변형 없이 결과의 변형은 있을 수 없다. 가령 흙의 변형에 의하여 병 등[의 변형이 있는 것]과 같이.

upādānāvikāreṇa na upādeyasya vikriyā /
kartuṃ śakyā vikāreṇa mṛdaḥ kuṇḍādino yathā // (PV II.60)

데벤드라붓디에 의하면 신체와 마음 사이의 질료인과 결과의 관계(upādānopādeyabhāva)를 묻는다.(PpT. 30b. 2~5) 흙과 병의 관계와 같다면 질료인의 변형에 의해서만 결과의 변형이 있다는 것을 알 수 있지만, 마음에 있어서 실신 등의 작은 변형은 비탄·공포 등 이전의 마음의 변화에 기인하는 것은 아닌가?

어떤 것이 변형하지 않고 다른 것이 변형할 때, 전자가 후자의 질료인이라는 것은 불합리하다. 소와 물소의 관계와 같이. [아무

관계가 없다.]

avikṛtya tu yad vastu yaḥ padārtho vikāryate /

upādānaṃ na tat tasya yuktaṃ gogavayādivat // (PV Ⅱ.61)

제49게송에서 다르마키르티는 아가마의 인과율, 즉 '저것이 있을 때 이것이 있고, 저것이 멸함으로 인해 이것이 멸한다'를 인용한다. 전자가 변형하지 않는데 후자가 변형한다면 전자는 후자의 질료인(upādāna)일 수 없다.

마음과 신체도 마찬가지로 결과를 일으키는 원인이 공동함으로써 [결과인 신체와 마음도] 공존하고 있는 것이다. 마치 불과 구리[銅]의 유동성이 [공존하고 있는 것처럼].

cetaḥśarīrayor evaṃ taddhetoḥ kāryajanmanaḥ /

sahakārāt sahasthānam agnitāmradravatvavat // (PV Ⅱ.62)

현재에 신체와 마음이 공존하고 있는 것은 과거에 그 여러 원인이 공동(sahakāra)하고 있었기 때문이다. 신체의 원인인 신체와 마음, 마음의 원인인 마음이 업에 의해서 공동하여 신체와 마음이 공존하는 결과를 낳았던 것이다.

제3절 작인 없는 찰나생멸

신체와 마음의 문제를 잠시 중단하고 바수반두 이래의 찰나멸 이론, 요컨대 찰나에 생멸하는 것에 관해서는 원인에 의거하지 않는다는 철학을 다르마키르티는 여기서 밀고 나간다.

존재(有)와 비존재(無)에 관해서는 근거가 없기 때문에 [신체와 마음에 그 관계가 있을 수] 없다. 유인 존재인(存在因, sthitikāraṇa)이 [소멸의] 근거(āśraya)라고 한다면 거기에 근거는 없다. 존재하는 것(sthātā)과 다르지 않기 때문이다.

anāśrayāt sadasator nāśrayaḥ sthitikāraṇam /

sataś ced āśrayo na asyāḥ sthātur avyatirekataḥ // (PV Ⅱ.63)

　신체의 상속과 마음의 상속이 어떠한 원인을 가지고 있는가에 대해서는 지금까지 충분히 논의해왔다. 지금부터는 상속의 근본적 실상인 찰나유(刹那有)와 찰나멸(刹那滅)의 원인에 관해서 고찰하고자 한다. 존재(有)와 비존재(無) 그 자체에 관해서는 소의라든가 작인 같은 것이 있을 수 없다. 존재의 본성으로서 찰나생멸만이 있을 뿐이다. 쿠마리라 등은 소멸을 인정하지 않고 원인에 의해서 변화할 뿐이라고 한다. 하지만 찰나멸의 외적 원인을 인정하지 않는 다르마키르티는 물자체 속에 찰나마다 소멸하는 프로그램이 내장되어 있다고 한다. 그는 이것을 '법성(法性, dharmatā)'이라 부른다.

　바수반두는 신업(身業), 자세하게 말하면 신표업(身表業)에 관해서 신체가 움직인다는 것을 무상성의 관점에서 부정하고, 제4장 업품(業品)의 시작에서 사물은 모두 찰나에 소멸한다고 주장했다. 그리고 그 소멸에는 원인이 없다. 즉, 존재와 비존재 그 자체는 결과(kārya)가 아니라고 하였다. 한 주야에 이르는 『아비다르마코샤』 시간론에서는, 한 찰나(kṣaṇa)는 75분의 1초이며178) '한 순간'이라는 원래의 의미가 좋지만 다르마키르티는 찰나멸뿐만 아니라 찰나유의

---

178) Akk.Ⅲ, 88~89

생성도 원인이 없다고 하였다. 그 이유를 생멸인 존재는 생멸인 것과 다르지 않다고 한 것이다.

> [존재하는 것과 존재하는 사물이] 배제의 관계에 있다면, 그 [존재하는 것의]원인이 있을 터이지만, 그러나 그것에 의해서 존재하는 사물에 무엇이 행해질까? [또한 존재의 원인이 있다면] 소멸하는 것이 없다고 하는 모순이 일어난다. [반대논사가 말하기를] 그것은 소멸하는 것의 원인에 의거한다.
> vyatireke api taddhetus tena bhāvasya kiṃ /
> avināśaprasaṅgaḥ sa nāśahetor mato yadi // (PV Ⅱ.64)

> [답한다.] 그 경우도 같은 모순이 발생한다. 하물며 존재하는 것의 원인에 무슨 소용이 있을까? [반대논사가 말하기를] 소멸하게 하는 [원인에] 이르기까지 그것(존재하게 하는 원인)에 의해서 존재하는 것이다. [답한다. 그렇지 않다.] 소멸은 현실적 존재의 본성(dharmatā)이다.
> tulyaḥ prasaṅgas tatra api kim punaḥ sthitihetunā /
> ā nāśakāgamāt sthānaṃ tataś ced vastudharmatā // (PV Ⅱ. 65) nāśasya…179)

존재하는 것과 존재하는 사물이 배제의 관계에 있다면, 존재하는 것의 원인이 여하튼 존재할 것이다. 그렇다면 그것이 이미 존재하고 있는 사물에 무엇을 적극적으로 작용하게 하는가? 또한 그와 같은 원인이 존속하는 한 존재하고 있는 사물은 소멸의 시간이 오지 않는

---

179) Pvk. 'anāśaka…'를 다른 판본에 의해서 정정

다. 존재하고 있는 사물이 찰나마다 소멸하는 것은 그 자신이 지닌 본성이다.

소멸하는 것의 원인이 있다고 한다면 그 경우도 같은 모순이 발생한다. 소멸하는 것과 소멸하는 사물은 변별할 수 없다. 소멸하는 것의 원인이 있다고 해도 이미 소멸을 프로그램으로서 가지고 있는 사물에 무엇을 행할 수도 없다. 그것에 그것이 있다면 존재할 수도 없게 된다. 소멸하는 것의 원인에 이르기까지는 존재하는 것의 원인이 있다고 한다면, 우리들의 입장은 그와 같은 작위를 필요로 하지 않는다. 존재는 생기자마자 소멸하기 때문에 어떠한 원인도 필요로 하지 않는다. 그것이 현실적 존재의 본성[法性]이다.

> 있다면 그것은 아무 지장이 없으며, 그렇기 때문에 존재하는 것에 무슨 원인이 필요할까. 마치 물과 그릇과 같다고 한다면 그 경우도 [과실은] 마찬가지이다.
>
> nāśasya saty abādho asāv iti kiṃ sthitihetunā /
> yathā jalāder ādhāra iti cet tulyam atra ca // (PV II.66)

반대논사가 말하기를 마치 물이 그릇에 담겨 있는 것처럼 신체는 마음의 그릇이라고 한다. 답하여 말하기를, 그릇에 비유한 신체의 소멸에 의해서는 그 안에 담겨 있는 마음이 소멸하지 않는다. 지금의 'ādhārādheyabhāva'도 앞의 'āśrayāśrayibhāva'과 같다.(Pbh. 81, 14~27)

> 존재들이 찰나 찰나에 소멸할 때 그것(신체)은 존재의 상속을 그와 같이 일으키는 원인이기 때문에 [마음의] 근거가 될 수 있지만, 다르다면 바르지 않다.

pratikṣaṇavināśe hi bhāvānāṃ bhāvasantateḥ /
tathā utpatteḥ sa hetutvād āśrayo yuktam anyathā // (PV Ⅱ.
67)

다만 인정되는 것은, 어떤 마음이 찰나 상속할 때 어떤 신체의
장(場)에 상속하게 하는 공동인으로서 존재이며, 근거라고 말할 수
있는 것은 그와 같은 조성인(upakārī)의 의미밖에 없다.

물 등의 활동을 멈추게 하기 때문에 '그릇(ādhāra)'일 테지만 활
동이 없는 '속성(guṇa)', '보편(sāmānya)', '운동(karma)'에 어떻
게 해서 그릇이 필요할까?
syād ādhāro jalādīnāṃ gamanapratibandhataḥ /
agatīnāṃ kim ādhārair guṇasāmānyakarmaṇām // (PV Ⅱ.68)

바이세시카학파는, 실체는 운동을 갖는다고 한다.(Vs. Ⅰ, 1, 14)
운동의 범주 자체는 운동을 갖지 않는다고 한다.(Vs. Ⅰ, 10) 그렇다
면 운동을 갖지 않는 속성 등의 범주(padārthā)에 어떻게 해서 실체
(dravya)라는 그릇이 필요한가?

이것으로 '화합(samavāya)'이나 '화합인(samavāyikāraṇa)', 류
(jāti) 등의 존재가 부정되었다. 근거의 부정 때문이다.
etena samavāyaś ca samavāyī ca kāraṇam /
vyavasthitatvaṃ jātyāder nirastam anapāśrayāt // (PV Ⅱ.69)

또한 니야야학파가 말하는 '화합'이나 '화합인', '류'와 같은 것도
논파했다. 즉, 움직이지 않는 것을 멈추게 한다는 것은 허망한 의미

라고 하였다.180)

> 다른 [원인]에 의해서 존재가 소멸하는 것이라면 그것이 존재하
> 는 것의 원인을 필요로 할까? 다른 [원인] 없이 그것이 소멸하는
> 것이라면 존재하는 것의 원인은 능력을 가지고 있지 않다.
> parato bhāvanāśaś cet kiṃ sthitihetunā /
> sa vinaśyed vinā apy anyair aśaktāḥ sthitihetavaḥ // (PV Ⅱ.
> 70)181)

어떤 존재의 소멸의 원인을 그 존재 밖에서 구한다면, 그것이 없
다면 존재하는 것이기 때문에 그대가 말하는 존재하는 것의 원인은
필요 없을 것이라고 한다. 쿠마리라는 『슈로카바르띠카』 제6장(Śa
bdanityatādhikaraṇa)에서 소멸은, 예를 들면 병을 막대기로 쳐서
부수는 것과 같이, 사람의 인식이 선행하고 있다(buddhipūrvavināś
a)고 하여, 소멸은 원인을 가지지 않는다고 주장하는(āhuḥ vināśam
ahetuka) 불교설을 비난한다.182) 물론 언어가 영원을 본질로 한다는
것을 정립하기 위해서이다. 바수반두는 소멸에 원인이 없다고만 하
여 찰나멸 이론을 강조했기 때문에 쿠마리라는 특히 존재의 작인에
관해서는 말하지 않는다.

존재하는 사물은 모두 근거를 갖는다. 또한 생기에 즈음해서 근

---

180) Cf. Nbh. p.280에서는 종류(jātiḥ)라는 의미로서 수종(樹種)에 관해서 말하고
　　있다. 화합은 예를 들면 아트만을 화합인(samavāyi-kāraṇam)으로서 모든 부속하
　　는 성질이 화합하고 있다(samavetaḥ) 혹은 화합(samavāyaḥ)이라 한다. 예를 들
　　면 'jñānasamavetātmā'(Ns.Ⅲ, 2, 23)라 한다.

181) Pvk. 'na śaktaḥ'를 다른 판본에 의해서 정정

182) Śv.Ⅳ, 22~30

거를 갖는다고 한다면 그것으로부터 모든 존재가 소멸의 시간을
맞이할 수 없다[고 하는 모순이 발생한다].
sthitimān sāśrayaḥ sarvaḥ sarvotpattau ca sāśrayaḥ /
tasmāt sarvasya bhāvasya na vināśaḥ kadācana // (PV Ⅱ.
71)183)

스스로 소멸하는 성질이라면 다른 어떠한 존재인(存在因, sthāpa
ka)이 그것에 있을 수 있을까? 스스로 소멸하는 성질이 아니라고
한다면 그것에 다른 어떠한 존재인이 있을 수 있을까?
svayaṃ vinaśvara-ātmā cet tasya kaḥ sthāpakaḥ paraḥ /
svayaṃ na naśvara-ātmā cet tasya kaḥ sthāpakaḥ paraḥ //
(PV Ⅱ.72)

소멸에 원인이 있든 없든 존재하는 것 자체에 원인이 필요치 않다
는 것을 딜레마 논법으로 변증한 것이다. 예를 들면 질료인이나 조
성인을 의식의 발생으로 생각하는 다르마키르티이지만, 그것은 찰
나유의 의식 존재에 대한 근거가 아니라 찰나 상속하는 심식의 활동
가운데 하나인 의식에 관해서 말한 것이기 때문에, 심식 자체는 원
인이 없이 찰나유이다. 이상으로 '소멸은 원인을 기다리지 않는다
(滅不待因)'라고 하는 바수반두설을 계승·발전시킨 절의 설명을
마친다. 결국 프라즈냐카라굽타에 의하면, 제70~72게송은 총괄 게
송(saṅgrahaśloka)이다.

---

183) Pvk. 'kathañcana'를 다른 판본에 의해서 정정

제4절 윤회의 실상

지금까지 심상속의 증명이나 윤회에 있어서 마음이 헤게모니라는 논의를 계승하여 더 상세하게 생리학적 이론까지 제시한다.

> 신체의 증감이 아니라 마음 작용의 차이에 준해서 지혜 등 [마음 작용]도 증감이 있다.
> buddhivyāpārabhedena nirhrāsātiśayāv api /
> prajñāder bhavato dehanirhrāsātiśayau vinā // (PV Ⅱ.73)

지혜나 자비와 같은 마음의 작용은 과거 마음의 수습에 따라서 증대한다. 이 장의 시작(34게송)에서 제시된 것과 같다. 마음의 특성이 증대하거나 감소하는 것은 과거의 마음에 그 원인이 있다.

> 이것은 등불에 의존하고 있는 빛 등에는 존재하지 않는다. [그러나 신체가] 마음의 조성인인 경우에는 이 [마음의] 차이가 그것(신체)에서도 생기는 것과 같다. 조성하지 않는 마음에 있어서는 그렇지 않다.
> idaṃ dīpaprabhāādīnām āśritānāṃ na vidyate /
> syāt tato api viśeṣo asya na citte anupakāriṇi // (PV Ⅱ.74)

쿠마리라는 『슈로카바르띠카』 지각론에서 지각능력이 감관에 의존하고 있다는 것을 등불과 빛의 관계에 비유해서 말한다. 눈의 손상으로 볼 수 없게 되는 경험에서 지각은 감관에 의존한다고 말하는 것이다.[184]

다르마키르티는 이 즉물적인 설명에 대해서 감관이 지각의 조성인인 경우를 인정했다. 그러나 그것은 등불과 같이 의존하는 것(能依)과 의존되는 것(所依)의 관계가 아니라 조성(upakāra)하는 것과 조성되는 것의 관계이다. 그 이유는 다음에 논한다.

어떤 경우에 [신체의] 비대 등에서 [마음에] 욕망 등이 일어나는 것은 [마음의] 쾌락과 고통에서 생기는 것이다. 그리고 양쪽은 체액 평형(dhātusāmya)의 내적 경계에 [신식이] 접하기 때문이다.

rāgaādivṛddhiḥ puṣṭyādeḥ kadācit sukhaduḥkhajā /

tayoś ca dhātusāmyaāder antararthasya sannidheḥ // (PV Ⅱ. 75)

세간에서는 신체가 비대한 자는 정욕적이라고 말한다(데벤드라 붓디).185) 그러나 그것은 비대한 신체가 직접 영향을 미친 것이 아니라 의식에 있어서 쾌락(sukha)이 영향을 미친 것이다. 또한 체액의 3요소(guṇa)가 평형하고 있음을 신식(身識)이 감지하는 것이다. 또한 체액의 위화(viguṇa)를 감지하여 고통이 마음에서 생기고, 욕망(rāga)이 감퇴하여 증오(dveṣa)가 증대한다.

이로써 졸도에 의한 기억 상실 등이 이해되었다. 내적인 경계의 특수함에 의해서 생기는 마음이 [다음 찰나의] 마음을 파괴하는 것이다.

etena sannipātādeḥ smṛtibhraṃśādayo gatāḥ /

vikārayati dhīr eva hy antararthaviśeṣajā // (PV Ⅱ.76)

---

184) 'dīpaprabhā yathā yasmin vinaśyati vinaśyati / tathā bahirgatāpy eṣā mūla
  cchedād vinaśyati //'(Śv.Ⅳ, 49)

185) PpT. 35a, 1~2

마치 호랑이[의 소리]를 듣는다든지 피를 본다든지 하여 어떤
특수한 상속(사람)에게 실신 등이 발생하는 것처럼.
śārdūlaśoṇitādīnāṃ santānātiśaye kvacit /
mohādayaḥ sambhavanti śravaṇekṣaṇato yathā // (PV Ⅱ.77)

호랑이가 포효하는 소리를 듣는다든지 피를 본다든지 하면 기가
약한 사람은 정신을 잃지만, 그것도 이식(청각)이나 안식(시각)을
매개로 하여 공포의 의식(이 경우는 자증지)이 발생하여 다음 찰나
의 의식을 변형케 하는 것이다.

그러므로 마음은 확실하게 따르는 영향력을 초래한 [이전 찰나의
마음에] 직접적으로 관계하고 있다. 그렇기 때문에 [마음은] 마음
에 의존하는 것이다.
tasmāt yasyaiva saṃskāraṃ niyamenānuvartate /
tannāntarīyakaṃ cittam ataś cittasamāśritam // (PV Ⅱ.78)[186]

이전 찰나의 마음이 다음 찰나의 마음에 영향력을 미친다. '업'에
의한 세속적 혹은 심리적인 영향을 '상스카라(saṃskāra)'라고 하였
다. 이것은 '바사나(vāsanā)'라는 유식학파의 술어에 가깝다. 여기서
'모하(moha)'는 실신, 혹은 눈앞이 캄캄하게 되어 몹시 놀라 마음의
평정을 잃는 등의 정신적 변화를 가리킨다. 다르마키르티는 이와
같은 의학적 관찰도 세밀하게 행하고 있다.

---

186) 다른 판본은 'svasyaiva'라 하지만 프라즈냐카라굽타는 'yasyaiva cittasyaiva'
라고 해설한다. 마노라타난딘이 사용한 사본은 이미 'svasyaiva'로 되어 있는 것
같다.

[마음에] 각인된 청문(聽聞) 등의 영향력이 시간에 응하여 각각
의 마음에 현현하는 것처럼 [신체와 마음이 만약] 일체(一體)라
고 하면 신체에도 [마음과] 같은 특성이 있을 것이다.
yathā śrutyādisaṃskāraḥ kṛtaś cetasi cetasi /
kālena vyajyate abhedāt syād dehe api tathā guṇaḥ // (PV
Ⅱ.79)187)

보통 생각하는 것처럼 신체와 마음이 한 몸[一體]이라고 하면 마
음에서 오는 영향력이 신체에 즉시 나타나게 될 테지만, 실제로 그
와 같은 일은 없다. 신체는 신식(身識) 안에 내재하는 내적인 대상에
지나지 않는다. 병에 물을 담을 때에는 병이 물의 근거가 된다. 병이
깨지면 물도 없어진다. 그러나 신체와 마음 사이에는 그와 같은 영
향 관계가 없다.

자아를 갈애하는 자는 고통을 버리고 쾌락을 얻으려고 함으로써
[모태인] 열악한 장소에 이른다. 다른 유정[神]에 이끌리지 않은
채로.
ananyasattvaneyasya hīnasthānaparigrahaḥ /
ātmasnehavato duḥkhasukhatyāgaāptivāñchayā // (PV Ⅱ.
80)

처음 구절 '다른 유정(anyasattva)'은 여러 주석에 의하면 신(神,

187) Pvk. 'kṛtāśrayanacetasi'를 다른 판본에 의해서 정정. 산스크리트 여러 판본의
'tataḥ'를 티베트 오역에 의해서 'tatha'라 하였다.

īśvara)을 의미한다. 신에 의해 유도되고 지배되어 윤회하는 것이
아님을 말했다. 뒤에 아견(我見, ātmadarśana)이 무명의 근본이며
윤회의 근본 원인임을 다르마키르티는 논한다.

고(苦)인 것에 대한 전도된 마음과 갈애(tṛṣṇā)가 유정을 결박하
는 원인이다. 양자(전도된 마음과 갈애)가 존재하지 않는 자는
[다시는 윤회전]생으로 나아가지 않는다.
duḥkhe viparyāsamatiḥ tṛṣṇā ca ābandhakāraṇam /
janmino yasya te na sto na sa janma adhigacchati // (PV II.81)

실은 괴로운 것인데도 불구하고 그것을 갈애하는 전도된 마음(vip
aryāsamati)이 그 사람을 모태로 이끌게 하는 원인이다.

[반대논사가 말하기를, 이 세상과 내세의] 왕래는 보이지 않는다.
[답한다. 그것은] 감관이 둔하기 때문이다. 약한 눈에는 희미한
연기가 솟아오르는 것이 보이지 않는 것처럼.
gatyāgatī na dṛṣṭe ced indriyāṇām apāṭavāt /
adṛṣṭir mandanetrasya tanudhūmagatir yathā // (PV II.82)

반대논사가 논증한 내세의 비존재는, 존재한다면 반드시 볼 수
있으나 보이지 않는 '비인식으로서의 논리적 이유(非認識因)'를 적용
할 수 없다. 감관이 둔한 자만이 중유(中有)의 오온을 보지 못하기
때문이다.

미세한 까닭에 어떤 [중유의] 신체는 다른 것에 대해서 결코 장애
를 일으키지 않는다. 가령, 물이 [병에 대해서 장애가 되며] 수은

이 금에 대해서 [장애가 되는 것]과 같다. 보이지 않는다고 해서
존재하지 않는 것은 아니다.

tanutvānmūrtam api tu kiñcit kvacid aśaktimat /
jalavat sūtavaddhemni na adṛṣṭer asad eva vā // (PV Ⅱ.83)

다르마키르티는 바수반두가 말하는 중유(中有)의 세계를 긍정하
고 있다. 프라즈냐카라굽타는『아비다르마코샤』(Ⅲ, 10a게송)의
'사유(死有)와 생유(生有)의 중간에 있는 것[이 중유(中有)이다]' 및
같은 11a게송 '쌀이 상속하는 것처럼 부단히 존재가 생성한다'라는
구절을 인용한다. 중유의 윤회는 '사유(死有)와 생유(生有) 사이에
존재하며, 다른 곳에 태어나 변하기 위해서 머무는 장소를 중유라
부른다'라고 바수반두는 정의한다.188) 쌀은 볍씨를 매개로 매년 계
속해서 생산된다.

제5절 니야야·바이세시카 학설 비판

이제부터는 능의(能依)와 소의(所依) 관계의 학설을 가진 니야야
학파를 먼저 비판하고, 이어서 바이세시카학파를 논박한다.

[신체는 '전일자'가 아니다.] 손이 떨리면 [신체] 전체가 떨리기
때문이며, 일자에 있어서 모순된 행위는 [전일자라면] 불합리하
기 때문이다. 그렇지 않으면 [부분과 전체가] 다른 것이 되어 비
로소 확립될 것이다.

---

188) Ak. p.120, 7~8

pāṇyādikampe sarvasya kampaprāpter virodhinaḥ /

ekatra karmaṇo ayogāt syāt pṛthak siddhir anyathā // (PV
II.84)[189]

니야야학파는 인식대상을 부분(avayava)과 전체(avayavī)로 분
류한다. 지각대상은 부분만을 대상으로 한다. 즉, 감관과 접해 있는
부분만을 지각하는 것에 대해서 '나무'와 같은 전체적인 것은 추론
의 대상이라고 한다.[190] 뒤에는 문법학파의 영향도 있어, 자상(svala
kṣaṇa)과 공상(sāmānyalakṣaṇa) 혹은 류(jāti)라 말하기도 하였다.
바이세시카학파의 6범주(padārtha)설에서는 대상을 분해할 수 있
기 때문에 따로 인식대상으로서 '전체'라는 것을 설정한 번역도 있
다. 밧쯔야야나는 6범주로 분류한 대상의 전체를 파악하는 '이것은
병이다' 등의 인식대상인 '전체'가 존재한다고 하고, '실체(dravya)'
도 원자의 상태에서는 감관의 대상이 되지 않기 때문에 '전체'를
인식하고 있는 것이라고 하였다.[191]

밧쯔야야나의 이 이론을 신체와 마음의 문제에 해당시키면 신체
가 마음을 포함한 전체자로 간주되지 않을 수 없기 때문에 그런
경우 마음은 신체의 일부가 될 것이다. 이것에 대해서 다르마키르티
는 신체가 마음을 포함한 전체(전일자)라면 위 게송(84송)에서 언급
한 것처럼 모순이 발생하기 때문에 신체는 전체가 아님을 논했던
것이다. 이 '전체'상은 다르마키르티의 체계에서는 아포하 이론적으
로 가상으로 구성된 관념적인 대상이 되는 것이다. 그러나 니야야학
파는 전체를 실체시하기 때문에 여기에 지적되는 모순이 발생한다.

---

189) Pvk. 'janmaprāpter'을 다른 판본에서 정정
190) Nbh. ad Ns. II, 1, 31~37
191) Nbh. p.276~277

또한 일부분이 가리어지게 된다면 전체가 가리어지게 될 것이다.
[전체가] 가리어지지 않으면 [부분이] 보이게 될 것이다. 또한
일부분이 물들게 되면 [전체가] 물들게 되며, 물들지 않은 것도
물들어 보일 것이다.

ekasya ca āvṛttau sarvasya āvṛttiḥ syād anāvṛttau /
dṛśyeta rakte ca ekasmin rāgo araktasya vā gatiḥ // (PV II.85)

이것으로부터 전일자(ekasamudāya)인 것은 존재하지 않는다.
[반대논사가 말하기를 원자의 집합으로서는] 다자이다. [답한다.]
앞과 같은 모순이 남는다. [전일자와 별개의 상태나 운동이 되어
버린다. 반대논사가 말하기를 원자 자체는] 차별할 수 없고, 또한
미세하기 때문에 식별할 수 없는 것이다. [답한다.] 차별할 수
없다고 하는 것은 성립하지 않는다.

na asty ekasamudāyo asmād anekatve api pūrvavat /
aviśeṣād aṇutvāc ca na gatiś cen na sidhyati // (PV II.86)

'전체'를 실체로 보는 관점을 논파한 것이지만, 신체가 전체자라
고 말하는 반대논사를 예상하고 있다. 원자는 미세하여 하나하나를
조사할 수 없기 때문에 사람은 전체를 본다고 반대논사는 말할지도
모른다. 그러나 사람은 미세한 원자가 아니라 조대한 대상을 지각하
고 있는 것이며 마노라타난딘의 주석에 의하면 조대한 천[布]은 역
시 실[絲]의 집합이라고 말할 수 없는 것과 같다.

개개의 [조대한 대상이] 감관에 의해 파악되고 그런 까닭에 미세
한 것은 아니다. 이것으로부터 [원자는] 장애 등이 없다고 하는

것이 논파되었다.

aviśeṣo viśiṣṭānām aindriyatvam ato anaṇuḥ /

etena āvaraṇaām abhāvaś ca nirākṛtaḥ // (PV Ⅱ. k.87)

신체를 구성하는 원자는 미세하기 때문에 장애(障碍)와 파지(把
持) 등이 가능하지 않다. 그것이 가능한 것은 조대한 전체가 별도로
존재하기 때문이라는 반대논사의 이론은 위에 기술한 우리의 변론
에서 배척되었다. 지각대상이 조대한 이상, 새삼스럽게 원자(param
āṇava)를 구상할 필요가 없는 것이다. 『니야야수트라』(Ⅱ, 1, 36)의
'또한 [전체에 의해서] 파악·수지가 가능하기 때문'이라 한 것에
관한 비판이다.

혹은 또한 수은과 금 등의 합금이나 타는 석탄 등이 보이는 것은
무슨 까닭인가? [그대의 주장에 의하면 대상과] 별도로는 [인식
을 일으킬] 능력이 없는 눈 등이 현재 인식하고 있는 것은 무슨
이유인가?
kathaṃ vā sūtahemādimiśraṃ taptopalādi vā /
dṛśyaṃ pṛthag aśaktānām akṣādīnāṃ gatiḥ katham // (PV
Ⅱ.88)[192]

니야야학파가 원자 외에 전체자가 있다고 하면, 금과 수은의 합금
(合金)이 가능한 것은 이상하며, 석탄의 지원소와 불의 원소가 합하
여 연소라는 현상이 있다고 하는 것도 불합리하다. 전체가 따로 존
재한다면 혼합은 일어나기 어렵기 때문이다. 니야야학파의 이론에

---

192) Pvk. 'sūta …… taptopalādikam'을 다른 판본에 의해서 정정

서는, 눈은 대상과 접촉하여 인식을 일으킨다. 현재 인식하고 있는 대상은 원자와 접촉하고 있는 것이다. 전체인 것이 있다면 현재 인식하고 있는 대상은 원자와 접촉하여 보이지 않는 원자는 접촉해 있지 않는 것이라는 일은 일어날 수 없다. '전체'와 '부분'이라는 발상은 인식에 관해서 발생한 이론이지만 존재론적으로 그 난점을 다르마키르티는 지적했다.

> [반대논사가 말하기를 그것은 원자의] 결합에서 나온다. [답한다.] 그 경우도 모순은 마찬가지다. [반대논사가 말하기를] 금과 수은의 화합이 보이지 않는가? [답한다.] 소의[인 원자]가 불가시(不可視)인 것임에도 불구하고 [그들의 결합을 우리는 어떻게 해서 현재] 지각하고 있는가?
>
> saṃyogāc cet samāno atra prasaṅgo hemasūtayoḥ /
> dṛśyaḥ saṃyoga iti cet kuto adṛṣṭāśraye gatiḥ// (PV Ⅱ.89)

니야야학파는 수은의 화합물이 가능한 것 등을 원자설로 설명하려고 한다. 하지만 그렇다면 원자 자체를 지각할 수 없는데 그 결합인 화합물을 지각할 수 있는 것은 무슨 까닭이냐고 다르마키르티는 반문한다. 요컨대 '원자와 전체'라는 구상은 이율배반이기도 하며 한쪽의 미비한 점을 다른 쪽이 보완하는 것도 불가능하다. 다르마키르티의 입장은 다만 인과적 효과성에서 인식대상의 진실성을 검증한다고 할 뿐 '전체'에 대한 개념적 구상은 아포하적 관념론에 속한다.

이상으로 니야야학파에 대한 논박을 마치고 이어서 바이세시카학파에 대해서 속성(guṇa)의 결합(saṃyoga)이라는 사고를 논파한다. 이것도 화합(samavāya)이라는 니야야학파의 사고방식을 논파

한 것의 영향이다. 마음이 신체나 아트만의 속성이라고 말하지 않게
하기 위함이기도 하다.

> 또한 [바이세시카학파에서] 색이나 맛이 결합한다는 것은 모순
> 이다. [반대논사가 말하기를] 비유적 표현이기 때문에 인정할 수
> 있다. [답한다.] 그렇다면 실제는 다른 것을 지각하고 있는 것이
> 될 것이다. 혹은, 또한 '긴 화환(paṅktidīrghā)'이란 어떻게 [가능
> 한가]?
> rasarūpaādiyogaś ca viruddhā upacārataḥ /
> iṣṭas ced buddhibhedo astu paṅktidīrgheti vā katham // (PV
> II.90)

바이세시카학파에 의하면 '결합(saṃyoga)'도 실체에 더한 속성
(guṇa)의 하나이다.[193] 그렇다면 예를 들어 요구르트는 이미 원자의
결합인데 그것에 나아가 우유 흰 색을 더한다든지 달콤한 맛을 첨가
한다든지 하는 것은 바이세시카학파의 입장에서는 있을 수 없을
것이다. 『바이세시카수트라』(GOS, I, 1, 15)에서 속성에 속성은
부가할 수 없다고 단정하고 있기 때문이다. 또한 화환 자체가 원자
의 결합이기 때문에 더욱이 '긴 화환(dīrghā paṅkti)'(Pbn.95, 9)과
같은 것도 있을 수 없을 것이다. '이것은 맛있다'라고 말할 수 있을
까? 비유(upacāra)라고 한다면 실제로는 색이나 맛을 첨가하지 않는
것이 된다.

수·결합 [등의 속성]이나 운동 등의 형상도 그것을 가진 사물의

---

193) Padārthadharmasaṅgrahaḥ(KSS.) p.3, 6

본체나 표현과는 다른 것으로서, 마음에 현현하는 것은 아니다.
saṃkhyāsaṃyogakarmāder api tadvat svarūpataḥ/
abhilāpāc ca bhedena rūpam buddhau na bhāsate // (PV Ⅱ.91)

다르마키르티의 체계에 의하면 대상의 성질이나 운동은 대상 자체의 지각 속에서 함께 인식되며 아포하적으로 판단되어 '한 마리 크고 흰 소가 걷는다'와 같은 식으로 표현된다.

현실적 존재의 차별상에 준하는 분별에 의해서 판단된 대상에 대해서 언어와 인식이 작동한다. 속성 등에 대한 것과 같이, 과거 · 미래의 존재에 대한 것과 같이.
śabdajñāne vikalpena vastubhedānusāriṇā /
guṇādiṣv iva kalpyārthe naṣṭajāteṣu vā yathā // (PV Ⅱ.92)

언어와 분별적 인식(jñāna)은 타자의 부정을 매개하여 대상에 귀속(adhyāropa)시킨 것이다. 바이세시카학파가 말하는 속성(guṇa)은 이것을 의미하며, 현재는 존재하지 않는 과거나 미래의 존재마저 분별하여 표현할 수 있는 것도 이 분별적 인식(vikalpabuddhi) 때문이다.

이것에 대해서 비유가 [언어표현의] 기초라고 생각한다면 그것이야말로 일체의 존재에 대한 [언어와 판단] 양자의 원인이라고 어떻게 인정하지 않는가?
mato yady upacāro atra sa iṣṭo yan nibandhanaḥ /
sa sarvabhāveṣu hetuḥ kiṃ na iṣyate tayoḥ // (PV Ⅱ.93)

세간적인 언어표현의 기초는 비유(upacāra)라고 말한다면(비붓티찬드라), 오히려 모든 언어표현에 그것을 말해야만 하는 것은 아닌가? 라고 다르마키르티는 말한다. 대상의 제1차적인 의미(mukhya)에 대해서 비유적인 표현을 반대논사가 구상하기 때문이다. 그러나 언어는 수에 관해서도 실상과 다른 표현을 한다. 즉, 아가씨 한 사람을 '다라(dāra)'라고 복수로 표현하고, 다수인데도 문법학파의 6도파(都派)를 '산나가리(ṣaṇṇagarī)'라고 단수로 표현한다.(추리론 69[G.67])

> [반대논사가 말하기를] 모든 경우가 비유적 표현이라고 하는 것은 아니다. 제1차적 의미(mukhya)는 개별적인 존재의 한정이기 때문에 비차별적인 [비유적인 표현에서] 개별적인 의미가 어떻게 해서 갖추어질 수 있을까?
> upacāro na sarvatra yadi bhinnaviśeṣaṇam /
> mukhyam ity eva ca kuto bhinne abhinnārthateti cet // (PV Ⅱ.94)

반대논사는 역시 제1차적 표현과 비유적 표현을 구별한다. 언어의 자유분방한 성격을 칭하여 '비차별적인 의의를 갖는다(abhinnārthatā)'라고 한다.

> [답한다. 그 언어는] 별도의 다른 대상을 원인으로서 갖고 있다고 하지 않아도 '희다' 등의 속성에 대해서 수 등이 결합한 언어는 이음동의(異音同義, paryāya)가 아니다. [반대논사가 말하기를] 그 경우도 [수 등의 속성을] 다른 대상으로서 [표현하고 있다].
> anarthāntarahetutve apy aparyāyaḥ sitādiṣu /

samkhyādiyoginaḥ śabdas tatrāpy arthāntaraṃ yadi // (PV
II.95)

아포하 이론의 최초는 같은 대상에 대해서 아무리 언어를 거듭해
도 이음동의가 되지 않는다는 것이다. 지금 속성 등을 실체시하는
바이세시카학파에 대해서 다음과 같이 말한다.

> [답한다.] 속성과 실체(dravya)에 차이는 없을 것이다. 별도의
> 다른 존재를 대상으로 하지 않아도 [다른 형상] 부정의 차이에
> 순응하여 [언어와 판단은] 다양한 것으로 될 것이다. [마치 그대
> 들에 있어서] '비운동'이나 '비실체'인 언어가 [각각 '실체'나 '운
> 동'과 이음동의인 것]처럼.
> guṇadravyāviśeṣaḥ syād bhinno vyāvṛttibhedataḥ /
> syād anarthāntarārthatve apy akarmādravyaśabdavat // (P
> V II.96)

제1편 제1장 제3절에서 본 아포하 이론을 여기서 적용하고 있다.
추리론에서 이루어진 상세한 논의에 대해서 여기서는 이미 알고
있는 것처럼 다루고 있기 때문에, 혹은 처음부터 추리론이 제1장이
었을 수도 있다고 생각하는 것이다. 하나의 대상에 대해서 여러 가
지로 판단하여 언어로 표현할 수 있는 것은 다른 형상을 어떻게
해서든 부정하는 소극적 인식에 의존한다. 여기서 다르마키르티는
바이세시카학파가 실체를 '비운동', 운동을 '비실체'라고 우습게 표
현한 데 대해 해학적으로 비유한다. 실체는 비실체의 부정에 의해서
표현되는 것이기 때문에 이 지적은 물론 이론적인 것이 아니라 단순
히 야유하는 것이지만, 프라사스타파다도 운동의 범주[句義]를 '비

화합인'이라고 한다.194)

> 수 등을, 마치 그것을 갖는 사물과는 다른 것처럼, 존재를 표현하
> 는 언어로 기술하지만 그것은 그것 이외의 성질과 구별한 것에
> 지나지 않는다.
> vyatirekīva yac ca api sūcyate bhāvavācibhiḥ /
> saṃkhyādi tadvataḥ śabdais tad dharmāntarabhedakam / (P
> V II.97)

마노라타난딘의 비유를 사용하면 '병이 하나(ghaṭasyaikatva)'라
는 표현은 병과 한 개라는 수가 전혀 다른 것처럼 들린다. 병과 다른
대상을 말한 것은 아니다. 병이 두 개도 아니며 다수도 아니라는
것을 말한 것이기 때문에 그 밖에 다양한 표현을 그 병에 대해서
말할 수 있다.

> 그 [속성만] 알고 싶어 하는 자는 다른 속성을 표현하는 언어를
> 사용하지 않는다. 어떤 것에 대해서 다른 존재를 말하는 것과
> 같이 '손가락의 결합'이라고 한다.
> śrutis tanmātrajijñāsor anākṣiptā khilā parā /
> bhinnaṃ dharmam iva ācaṣṭe yogo aṅgulyā iti kvacit // (PV
> II.98)

실체(dharmī)와 그 속성(dharma)이라는 분류 방식을 답습하면 특
히 속성을 표현하고자 할 때에는 '손가락의 결합(aṅgulyā yoga)'이

---

194) ibid. 147, 6

라고 말하고 '병이 하나'라고 말한다. 다른 속성이 있는 것도 예상한 본체를 표현하는 경우는 '결합된 손가락'이라고 말하고 '하나의 병(e ko ghaṭaḥ)'이라 표현한다. 이 분류는 밧쯔야야나가 논증 내용의 두 가지 양태로서 거론하고 있다. 존재에 한정된 속성은 'śabdasyānitya tvam'이라고 하고 속성에 의해 한정된 존재는 'anityaḥ śabdaḥ'라 표현한다.195)

> 실체(dharmī)를 지시하는 언어는 모든 것을 함의하기 때문에 '결 합된 손가락'이라 표현한다. 하나의 대상을 지시하는 데에도 [약 속에 의해] 그와 같이 형태가 결정된다.
> yuktāṅgulīti sarveṣām ākṣepād dharmivācinī /
> khyātaikārthābhidhāne 'pi tathā vihitasaṃsthitiḥ // (PV II.99)

속성을 지시하는 언어는 그것 이외의 속성을 배제하듯 작용하고, 속성을 갖는 존재를 표현하는 경우는 특히 다른 속성을 배제하는 듯하게는 작용하지 않는다. '결합된 손가락'은 손가락의 길이 등을 배제하는 것이 아니다. '손가락의 결합'은 결합해 있는 것만을 표현 하려고 한다. 이와 같은 표현의 차이는 사회적 약속(saṅketa)이라 부르는 언어습관에 의해서 때와 경우에 따라 구분하여 쓰이게 되지 만, 바이세시카학파도 'sāmayika'라고 부르는 것에서 유사한 언어 이론을 가지고 있음을 호우조 켄죠(北條賢三) 논문은 보고하고 있 다.196) 밧쯔야야나의 언어이론은 바이세시카학파의 언어이론을 답 습한 것이다.(Cf. Vs.VII, 2, 24)

---

195) Nbh.143, 1~144, 1
196) 北條賢三 「바이세시카의 언어론에 있어서 한두 가지 문제」 (『문화』 제27권 3 호) p.106에 의한다.

색 등의 개별 능력을 포함하지 않는 것에 의해서 그들 공통의
결과(작용)의 원인이 아닌 것을 배제하여 '병(ghaṭa)'이라는 언어
가 작동한다.
rūpādiśaktibhedānām anākṣepena vartate /
tatsamānaphalā ahetuvyavacchede ghaṭaśrutiḥ // (PV Ⅱ.
100)

성질(dharma)을 지시한다면 그것이 아닌 여러 성질을 아포하적
으로 배제하는 언어가 작동하지만 성질을 갖는 사물을 지시하는
경우는 어떻게 되는가? 그 경우는 사물의 활동 즉, 병이라면 물을
담는 등의 활동이 효과적 작용이며, 그 여러 원인이 아니라는 아포
하적 배제를 행한다. 여러 주석에서도 물을 담는 작용을 거론하고
있다.

그러므로 '병은 색이다(rūpaṃ ghaṭaḥ)'라는 동일근거 관계[를
표현하는] 언어는 없다. 그렇기 때문에 이것이 류(jāti)의 표현기
술과 집합(samudāya)의 표현기술 차이이다.
ato na rūpaṃ ghaṭa ity ekādhikaraṇā śrutiḥ /
bhedaś cāyam ato jātisamudāyābhidāyinoḥ // (PV Ⅱ.101)

'색(rūpa)'은 류를 표현하며 '병'은 집합(류의 모임)을 기술하기 때
문에 '병의 색(ghaṭasya rūpa)'이라 한다. 동일한 대상을 갖는 '동일
기체성(sāmānādhikaraṇya)'의 관계는 아니다.

색깔과 모양 등의 능력의 차이를 버리지 않고 그 (색깔과 모양

등) 가운데 같은 결과의 원인이 아닌 것을 배제하고 부정할 때
병이라는 언어가 있다.

rūpādayo ghaṭasya iti tatsāmānyopasarjanāḥ /
tacchaktibhedāḥ khyāpyante vācyo anyo apy diśānayā // (P
Ⅶ.102)

그러나 속성을 표현하여 다른 속성을 배제한다고 해도 집합(samu
dāya=dharmī)을 표현하는 언어를 속격으로 말하고 있다. 이것은 병
이 가진 공통의 능력인 물의 보지(保持)라는 활동을 내포하면서 표
면적으로는 직접적인 능력인 색 등을 지시하고 있다. '우파사르자나'
란 문법학 용어로 격한정 복합사(tatpuruṣa)에 있어서 전지(前肢)의
격변화를 숨긴 것을 말한다. 여기서는 '병의'라고 집합을 속격으로
표현하여, 그것을 '우파사르자나(放下, 자신의 격어미를 버리고 복
합사 등을 형성하는 부분)'라 부른다.197)

제6절 속·심상속의 입증

여기서 다시 윤회에서 마음의 헤게모니를 논하여, 마음이 상속의
주체임을 변증해간다.

또한 [신체] 전체가 [마음의] 원인이라면 그 일부분이 결여되어
도 [마음은] 생기지 않을 것이다. 혹은 또한 [신체의] 각 부분에
[마음을 일으키는] 능력이 있다면 동시에 많은 [마음이] 일어날

---

197) Cf. R. V. Abhyankar, *A Dictionary of Sanskrit Grammar*, p.83

것이다.

hetutve ca samastānām ekāṅgavikale api na /

pratyekam api sāmarthye yugapad bahusambhavaḥ // (PV
II.103)

마음이 신체에서 생긴다는 유물론에서는 심상속이 신체의 소멸
에 의해서 단절되는 것이 되기 때문에 그 주장의 모순을 더욱 자세
하게 추구한다.

> 호흡이 다자라 해도 [신체와] 같기 때문에 [호흡은 마음을] 한정
> 하는 것이 아니다. [호흡이] 일자라고 해도 그 원인[인 신체]와
> 항상 접촉하고 있기 때문에 많[은 마음]이 현현하게 된다.
> na anekatvasya tulyatvāt prāṇāpānau niyāmakau /
> ekatve api bahuvyaktis tadhetor nityasannidheḥ // (PV II.
> 104)

프라나를 생명원리로 보는 방식도 예부터 있어왔기 때문에 그것
들이 신체에 속하여 마음을 발생시키는 것이 아니라는 것을 말한다.
'생명(āyu)'은 물론 신체가 마음과 결합해 있는 상태지만, 『아비다
르마코샤』에서 '식(識)과 열(熱)'로 정의하고 있는 것은 생명의 징
표를 일컫는 것이며 유부와 같이 명(命)을 실체시하지 않는다. 이
경량부적 발상을 다르마키르티는 채용한다. 업에 의해서 마음이 신
체와 결합하여 이 세상을 사는 힘을 생명이라 한다. 식은 소위 전5식
의 감관지이다. '아트만'도 『리그베다』에서는 '호흡(독일어로 Ate
m)'의 의미로도 사용되며, 영혼은 최후에 입에서 나온다고 여기는
것도 프라나=내쉬는 숨(呼氣)이 특히 생명의 징표라 하여 중시한

생각도 있었음을 시사한다.198)

> 다수[인 마음]의 원인이 아니라고 한다면 답한다. [호흡은 시간적
> 으로] 같기 때문에 점차로 [마음을 낳는다고 할 수가] 없다. 프라
> 나[날숨] 사이에도 [마음은] 다수인 것을 대상으로 하기 때문에
> 전자에서 후자를 한정할 수가 없다.
> na anekahetur iti cen na aviśeṣāt kramād api /
> na ekaprāṇe apy anekārthagrahaṇān niyamas tataḥ // (PV Ⅱ.
> 105)

하나의 호흡이 다수인 마음을 동시에는 낳을 수 없다고 반대논사
가 말한다면 답한다. 호흡은 여러 찰나에 걸쳐서 천천히 작동하지만
마음은 그 사이에 다양한 활동을 한다. 따라서 호흡과 마음의 인과
관계는 성립하지 않는다.

> [반대논사가 말하기를 다수인 마음이 동시에 호흡에서 생기는
> 것이 아니라] 하나의 마음이 [호흡에서 생겨] 다수를 인식한다.
> [답한다.] 그렇다면 한 번에 그것이 있어야 한다. [반대논사가 말
> 하기를, 점차로 다수를 인식한다고 하는 것은] 모순되지 않기 때
> 문이다. [답한다.] 점차로 [다수를 인식한다]라는 것은 있을 수
> 없다. [호흡과 같이 그것으로부터 나온 마음도] 전자와 같기 때문
> 이다.

---

198) 『샤타바타브라흐마나』(X, 3, 3, 6)에서 말한다. '사람이 잠이 들면 언어도 시력
도 마음도 청력도 모두 프라나로 돌아간다. 그리고 깨어나면 다시 프라나에서 나오
게 된다.'(金倉圓照 역 『印度哲學史要』pp.26~27) 그러나 金倉 박사는 프라나를
육체원리에 대한 정신원리를 포함하여 아트만이나 마나스와 병용하고 있다.

ekayā anekavijñāne buddhyās tu sakṛd eva tat /
avirodhāt krameṇa api mā bhūt tadaviśeṣataḥ // (PV II.106)

호흡은 서서히 이어지며 다른 한편으로 마음은 원숭이처럼 움직임을 멈추지 않는다. 양자 사이에 인과관계는 역시 성립하지 않는다.

[반대논사가 말하기를] 여러 찰나의 프라나가 자기의 상속에서 [다수로서] 동시에 존재하지 않고 그것들이 같은 마음의 원인이라고 생각할 수 있다.
bahavaḥ kṣaṇikāḥ prāṇa asvajātīyakālikāḥ /
tādṛśām eva cittānāṃ kalpyate yadi kāraṇam // (PV II.107)

[답한다.] 계기적인 원인이 없는데 그것들(프라나)이 어떻게 해서 계기적인 것이 되는가? 과거의 자기 상속이 [계기적인 프라나 생성의] 원인이라고 하면 최초[의 프라나]는 일어나지 않을 것이다.
kramavantaḥ kathaṃ te syuḥ kramavad dhetunā vinā /
pūrvasvajātihetutve na syād ādyasya sambhavaḥ // (PV II. 108)

계기적인 것(kramavān)이란 찰나 상속하고 있는 것을 가리킨다. 프라나를 마음의 원인이라 생각하여 요컨대 생명원리라고 하는 학파는 찰나멸이라는 입장을 취하지 않을 것이다. 프라나가 계기적으로 발생하여 계기적으로 발생하는 마음의 원인이 된다고 변론한다. 그런 반대논사에게 프라나가 계기적으로 발생하는 원인은 어디에서 오는지 반문한다. 자기의 과거 상속이라고 말한다면 최초의 프라나는 어떠한가?

> 그 [마음의] 원인은 그와 같은 것이 아니다. 그렇지 않다면 확실
> 히 다자가 되어버린다. 프라나는 다양한 장소를 갖기 때문이다.
> 그렇기 때문에 [다자인] 마음이 동시에 생기게 될 것이다.
> taddhetus tādṛśo na asti sati vā anekatā dhruvam /
> prāṇānāṃ bhinnadehatvāt sakṛj janma dhiyām ataḥ // (PV
> II.109)

원래 호흡은 체내에서 다수라고 생각되고 있었던 것이다. 그렇기
때문에 마음도 다수가 되어버린다.

> [반대논사가 말하기를] 동시 존재[의 프라나]가 다자라고 해도
> 하나의 마음의 원인이다. [답한다.] 그렇다면 호흡이 쇠약한 사람
> 등에 있어서 하나[의 프라나라]도 결여되면 [마음은 발생하지]
> 않을 것이다.
> yady ekakāliko aneko apy ekacaitanyakāraṇam /
> ekasya api na vaikalye syān mandaśvasitādiṣu // (PV II.110)

중병에 걸린 사람 등의 호흡이 약해진다 하더라도, 마음은 존재
하는 것 아닌가.(PpT. 48a, 6~7)

> 또한 [프라나가] 진실로 [마음의] 원인이라면 [결과인] 인식에서
> 도 그 특성이 있어야 할 것이다. 결과가 어떤 것의 특성에 응해서
> 변하지 않으면 그것은 후자의 결과가 아닌 것이기 때문이다.
> atha hetur yathābhāvaṃ jñāne api syād viśiṣṭatā /

na hi tat tasya kāryaṃ yady asya bhedān na bhidyate //
(PV Ⅱ.111)

인과관계는 결과가 원인의 특성에 응해서 특징을 갖는다는 것인
데, 프라나와 마음에는 이러한 증감관계의 대응이 없다. 따라서 인
과관계가 없다.

하나의 식은 [업의] 힘으로 결정되기 때문에 하나의 식의 원인이
된다. 다른 대상에 대한 지향을 떠난 식이라면 [다음 찰나의 식은]
다른 대상을 파악하지 못하기 때문이다.
vijñānaṃ śaktiniyamād ekam ekasya kāraṇam /
anyārthāsaktiguṇe jñāne nārthāntaragrahāt // (PV Ⅱ.112)

업의 힘(śakti)은 식의 상속의 통일성을 행한다. 예를 들면 하나의
대상에서 식이 떠난다면 다음 찰나의 식은 역시 그 대상을 지향하지
않는다. 프라나와 마음 사이에 이와 같은 긴장관계는 없다.

[반대논사가 말하기를] 신체에서 한 번에 생긴 마음이 뒤에 자신
의 상속으로서 확정하는 것이다. [답한다.] 그런 능력이 있는 신
체가 [뒤에는 능력을] 정지하는 것은 무슨 까닭인가?
śarīrāt sakṛd utpannā dhīḥ svajātyā niyamyate /
parataś cet samarthasya dehasya viratiḥ kutaḥ // (PV Ⅱ.113)

한 번에 신체가 마음을 낳을 수 있고 뒤에 그 힘을 멈추는 것은
이상한 것 아닌가? 라고 말한다.

[반대논사가 말하기를 마음이 신체에] 의존하지 않는 것이라면 죽은 시신에 마음만 남게 될 것이다. [답한다.] 심상속의 존재원인이 신체의 원인인 [모태에서의] 발생을 얻기 위한 공동인으로 되지 않는다면 내세의 신체를 일으키는 원인은 지금 생의 5감관이다.

anāśrayān nivṛtte syāccharīre cetasaḥ sthitiḥ /
kevalasya iti cec cittasantānaṃ sthitikāraṇam //
taddhetuvṛttilābhāya na aṅgatāṃ yadi gacchati /
hetur dehāntarotpattāu pañcāyatanam aihikam // (PV Ⅱ.114;
115)

  ‘판차아야타나(pañcāyatana)’란 ‘판차인드리야니(pañcendriyāṇi)’이다.(PpT. 50a, 3; Pvv. 45, 15) 업의 힘이 소진하여 감관적인 신체(sendriyakāya)가 다음 생의 감관적 신체를 낳는 공동인(조성인)으로 되지 않는다면 무색계(無色界)에서 청정한 윤회가 된다고 경량부는 말한다.199) 이 부분도 앞에서 본 색심호훈설(色心互薰說)과 유사하다. 다만 감관적 신체가 중동분(衆同分)인 것을 주장하는 것이 바수반두가 전하는 경량부 고사(古師)와 다른 부분이다.

  양자(업과 감관이 속해 있는 신체)가 공동인과 원인이라는 것을 부정하는 반대논사의 ‘비인식’[인 근거]는 부정(不定)이며, 감관 등이 [다음 생에 연계되지 않는다]고 말하는 것도 의문이라고 답한다.

tadaṅgabhāvahetutvaniṣedhe anupalambhanam /

---

199) Ak. p.112, 18

aniścayakaraṃ proktam indriyaādy api śeṣavat // (PV Ⅱ.116)

　마노라타난딘의 설명에서는 윤회에 즈음하여 업이 조성인이며 감관적 신체가 질료인(upādāna)이라고 하는 주장에 대해서 중유(中有)가 보이지 않기 때문에 존재하지 않는다고 반대논사는 주장한다. 이 반대논사의 주장에 대해서, 앞에서 말한 것처럼 약한 시력이기 때문에 보이지 않는 것에 지나지 않는다고 답하여, 반대논사의 논박은 부정(anaikāntika)의 의사논증을 사용한다고 지적한다. 'aniścaya kara'도 'śeṣavat'도 대전제의 변충이 성립하지 않는 '유예부정(猶豫不定)'이라 번역된 과실을 띤 의사 논리적 이유이다.

> 과거의 감관이 자신의 상속에서 갖는 능력은 경험된다. 결국 변이를 경험하기 때문에 [감관이] 차례로 생기는 것이 증명된다.
> dṛṣṭā ca śaktiḥ pūrveṣām indriyāṇāṃ svajātiṣu /
> vikāradarśanāt siddham aparāparajanma ca // (PV Ⅱ.117)

　현세에서 감관이 명징·혼탁 등의 변화를 겪는 것에서 찰나멸이며, 게다가 자기의 상속에서 인과관계를 갖고 있음을 알 수 있다. 이 경험이 중유에서 내세(다음의 신체)로 나아가는 것을 추론하게 한다고 말하는 것이다. 이것은 윤회전생설(輪廻轉生說)의 증명이다. 이것은 원인에서 결과를 추론하는 논리구조가 된다.[200] 그러나 그것은 발생론적이다.

　신체에서 그것(감관)들이 생긴다고 한다면 이전과 같이 모순에

---

200) Cf. Steinkellner, Dharmakīrti. On the Inference of Effect(Kārya)

빠진다. 마음에서 [감관이 생긴다]고 한다면 그것에 의해 다음
생의 신체도 생길 것이다.
śarīād yadi tajjanma prasaṅgaḥ pūrvavad bhavet /
cittāc cet tata eva astu janma dehāntarasya ca // (PV II.118)

감관 없는 신체(손톱이나 털 등)에서 감관적 신체가 발생한다면
같은 원소인 돌 등에서도 그것이 발생하게 된다는 것은 이미 언급했
다. 또한 다수인 원자군에서 다수인 감관적 신체가 생긴다는 주장의
오류는 앞에서 지적한 바 있는, 프라나에서의 발생과 같은 판단이다.
마음에서 감관이 속해 있는 신체도 발생한다고 한다면, 윤회는 잘
설명할 수 있다.

그러므로 모든 임종[시의] 마음은 원인의 쇠약 때문에 [결과인
다음의] 생을 맺지 않는다는 것으로는 되지 않는다. 따라서 우리
는 이와 같은 변증이 의문이라고 생각한다.
tasmān na hetuvaikalyāt sarveṣām antyacetasām /
asandhir īdṛśan tena śeṣavat sādhanaṃ matam // (PV II.119)

『프라마나바르띠카』 제2장 종교론 제45, 제46게송에서 제시한
'원인의 쇠약 때문(hetuvaikalyāt)'이라는 내세부정의 논리적 이유는
극히 의문이며, '임종[시의] 마음 때문(antyacetasa)'은 더한층 결정
할 수 없다. 현세의 심상속의 실태는 내세(다음 생)에 태어나 변하는
것을 논증하고 있다고 한다.

제7절 자비의 종자

[반대논사가 말하기를] 수행에 의해서 [마음이] 전변한다고 해도 [마음의] 본성을 넘어설 수는 없다. 도약(跳躍)이나 뜨거운 물[熱水]과 같이. [답한다.] 만약 그것이 행해진다면 [도약은] 두 번의 노력에 의한 것이라 하고 [물과 같은 불안정한 것이 근거라면 [소멸하여] 역시 변이는 증대하지 않을 것이다. 그런데 [마음의] 본성이란 그와 같은 것이 아니다.

abhyāsena viśeṣe api laṅghanodakatāpavat /
svabhāvātikramo mā bhūd iti ced āhitaḥ sa cet //
punar yatnam apekṣeta yadi syāccāsthirāśrayaḥ /
viśeṣo na eva vardheta svabhāvaś ca na tādṛśaḥ // (PV II.120; 121)

지금까지 자비심의 수행이 자비심을 고양하고 마음이 뒤의 마음의 원인이라는 것을 논했다. 그런데 반대논사는 수행이 마음의 덕성을 고양한다고 해도 본성의 전변까지는 무리라고 한다. 그 비유에서, 어느 정도 수행을 쌓아도 도약은 1요자나는커녕 반 요자나도 무리인 것처럼, 혹은 물을 뜨겁게 해도 물 자신은 뜨겁지 않는 것과 같다고 한다. 그러나 처음의 비유는 여러 번 신체적인 노력을 해서 높은 수준을 유지할 수 있는 것이며, 물은 뜨겁다가 증발해버리는 불안정한 것이다. 마음은 그와 같은 것이 아니며, 일단 본성에 이르면 수행을 계속하지 않는다고 해도 다시는 퇴전하지 않는다고 한다.

이렇게 [과거에] 유효한 힘을 가지고 있었던 수단은 뒤에 나타나는 전변에 대해서는 능력이 없고, 또한 언제나 근거가 있는 것은 아니기 때문이다.

tatra upayuktaśaktīnāṃ viśeṣān uttarān prati /
sādhanānām asāmarthyān nityaṃ ca anāśrayasthiteḥ // (PV
II.122)

[그와 같은 전변은] 본성이 없기(無自性) 때문에 증대해도 [다시
퇴전한다]. 행해진 [전변이] 두 번의 노력에 의한 것이 아닐 때는
전변을 행하는 것이 다른 노력일 것이다.

viśeṣasya asvabhāvatvād vṛddhāv apy āhito yadā /
na apekṣeta punar yatnaṃ yatno anyaḥ syād viśeṣakṛt //
(PV II.123)

마음의 수행은 그와 같은 육체적 수행이나 물질적 전환과도 달라
서 한정된 본성이 나타나게 된다는 구조가 된다.

수행에 의해서 생긴 자비 등은 마음에 본연적으로 전개한다. 마
치 불 등에 의한 나무나 수은, 금 등(의 변화와) 같이.

kāṣṭhapāradahemāder agnyāder iva cetasi /
abhyāsajāḥ pravartante svaraseṇa kṛpādayaḥ // (PV II.124)

수행에 의해서 마음에 자비(kṛpā) 등이 나타나면 그것은 본연적
인 변화이기 때문에 나무가 타서 재가 되며 금을 합금할 수 있는
것과 같이 안정된 상태가 된다.

그러므로 그들에 생긴 덕성은 본성으로서 일어난 것이며 그 뒤에
건너는 노력은 덕성을 연마하는 것이다.

tasmāt sa teṣām utpannaḥ svabhāvo jāyate guṇaḥ /

taduttarottaro yatno viśeṣasya vidhāyakaḥ // (PV Ⅱ.125)[201]

자비 등의 덕성이 수행에 의해서 생기지만, 그것은 마음의 본성으로서 이어지고, 그 뒤의 노력은 소위 깨달음 뒤의 수행이다.

그리고 [반대논사는] 자비 등의 마음은 동류의 상속인 과거의 종자에서 증대하는 것이기 때문에 수습이 이루어질 때 왜 [과거의 자비의 종자가] 생기는가 [라고 묻는다면],
yasmāc ca tulyajātīyapūrvabījapravṛddhayaḥ /
kṛpādibuddhayas teṣām satyabhyāse kutaḥ sthitiḥ // (PV Ⅱ. 126)[202]

과거의 마음에 있는 자비의 종자(bīja)는 수행에 의해 왜 증대하는가? 도약 등은 어느 정도 연습해도 진보에 한계가 있다고 반대논사나 일반인들은 생각할 것이다.

[답한다.] 이렇게 [마음의 수행과 달리] 도약에서 거듭 도약이 있을 수는 없다. 체력(bala)과 노력(yatna)에 의한다. 그 두 원인은 능력이 한정되어 있기 때문에 도약에도 한계가 있는 것이다.
na ca evam laṅghanād eva laṅghanam balayatnayoḥ /
taddhetvoḥ sthitiśaktitvāl laṅghanasya sthitātmatā // (PV Ⅱ. 127)

---

201) Pvk. 'caiṣām'을 다른 판본에 의해서 정정
202) Pvk. 'satyābhyāse'를 다른 판본에 의해서 정정

노력에는 한계가 있다. 반면 마음의 덕성을 연마하는 것은 종자를
연장시키는 것이기 때문에 자비 등에서 거듭 자비 등이 증대한다.
도약 등은 체력(bala)과 노력에 한계가 있는 이상 스스로 달성에
한계가 있다.

> 그에게는 신체의 부조화로부터 [노력의] 뒤와 같은 도약이 가능
> 하지 않다. 노력에 의해서 점차 부조화가 제거되어 자신의 체력
> 안으로 수렴된다.
> tasya ādau dehavaiguṇyāt paścādvad avilaṅghanaṃ /
> śanair yatnena vaiguṇye niraste svabale sthitiḥ // (PV II.128)

일반적으로 생각하는 도약과 같은 체력의 작용은 연습을 통해
신체의 부조화를 제거하여 자기의 체력을 능력이 미치는 한도까지
발휘하게 한다. 반면 마음의 수행은 원래 있었던 덕성의 종자를 증
대케 하여 궁극의 경지까지 끌어올린다고 하는 차이가 있다.

> 자신의 종자에서 초래되는 자비는 마찬가지로 자신의 종자에서
> 초래되는 그것과 대립하는 [혐오 등] 것에 의해 방해받지 않는
> 한 마음[의 상속]에서 절대적인 본성(atyantasātmātā)에 이르는
> 것이다.
> kṛpā svabījaprabhavā svabījaprabhavair na cet /
> vipakṣair badhyate citte prayāty atyantasātmatām // (PV II.
> 129)

절대의 본성을 견성(見性)하면 여래장이 부처님으로 성장한 것이

며 이것은 뒤에 설하고 있다.

소위 탐·진·치 삼독(三毒)도 종자로서 있기 때문에 수행에 의해서 그것들을 끊지 않으면 안 된다. 다르마키르티는 그것들의 뿌리가 자아의식(ātmadarśana)이라고 설한다.

> 실로 뒤의 자비라든가 이욕이라든가 지혜라든가 하는 마음의 덕성이 명백함에 대해서는 앞에 반복되는 수행이 그 근기(根基)가 된다.
> tathā hi mūlam abhyāsaḥ pūrvaḥ parasya tu /
> kṛpāvairāgyabodhaādeś cittadharmasya pāṭave // (PV Ⅱ. 130)

> 수행에 의해서 자비가 [마음의] 본성이 된다. 마치 뛰어남·이욕·애욕이 본성이 되는 것처럼.
> kṛpātmakatvam abhyāsād ghṛṇāvairāgyarāgavat / (PV Ⅱ. 131a)

수행은 마음의 성질을 강화하는 방법이기 때문에 애욕(愛欲)도 이욕(離欲)도 그것에 의해서 마음의 본성이 된다. 자비를 수행한다면 자비가 본성이 된다. '세간을 위해서 서원을 세우신 분(jagaddhita iṣī)'이라는 붓다의 명호는 이와 같이 대비를 본성으로 하는 분을 일컫는 것이다. 이 장은 마음이 헤게모니를 취하여 윤회하는 것을 논고하였다. 따라서 붓다의 마음 수행은 전생에 보살로서 행하셨다는 본생담(本生譚)적 불전을 뒷받침한다고 본다. 현생의 붓다는 중생 구제의 대비를 처음부터 가지고 있고 제도의 방법을 연구하여 학자(śāstā)가 되었다고 해석하고 있는 것 같다. 보드가야에서 대오

각성을 한 뒤에는 지자(sugataḥ=jñānī)가 되었으며, 초전법륜 뒤에는 구제자(tāyī)의 길을 걸었다. 다음 절에서는 붓다의 명호 하나하나를 평석할 것이다.

제8절 '교사'라는 명호에 관하여

지금까지 '세간을 위해서 서원을 세우신 분(jagaddhitaiṣī)'이라는 명호를 평석하였지만, 사실상 심상속의 윤회에 관해서 다르마키르티는 여러 가지로 고찰해왔다. '세간을 위해서 서원을 세우는 것'은 자비라는 심성의 문제가 되며 자비는 마음의 수행(abhyāsa)으로부터 증대하는 것이라 한다. 그런데 마음이 신체와 함께 소멸하게 되면 내세의 자비의 과보가 불가능하게 되어버린다고 다르마키르티는 생각했다. 이것은 한마디로 말해서 '보살'적 붓다관을 가지고 있었다는 것이다. 이렇게 해서 붓다는 '자비이신 분'을 완성하고 나서 '교사(śāatā)'가 되기 위해 노력한다고 다르마키르티는 평석한다.

> 자비를 증대하고 나서 타자의 고통을 견디지 못하고 [마음에서] 솟아나는 대비자(dayāvān)는 [중생의] 고통을 버리게 하기 위해서 방책을 궁구한다. 얻어야 할 것(고의 소멸)과 그 원인(고를 소멸하는 길)을 보지 못하는 자가 그것을 설하는 것은 어렵기 때문이다.
>
> niṣpannakaruṇopakarṣaḥ paraduḥkhakṣamer itaḥ /
> dayāvān duḥkha-hāna-artham upāyeṣv abhiyujyate //
> parokṣopeyatadhetos tadākhyānaṃ hi duṣkaram // (PV II.13 1b;132)[203]

붓다는 자비의 정신을 완성하고 나서 중생의 고통을 보고 치유하는 방법(upāya)을 연구했다(abhiyujyate=parīkṣate)고 한다. 그렇기 때문에 '교사'란 연찬(硏鑽, 깊은 연구)에서 시작하는 '학자'(원래는 '辨道의 사람'이라는 의미)라는 의미이다. 즉, 불전에서 말하면 6년간의 고행과 보드가야에서 했던 명상을 포함하여 '교사'라 한다. 그 연찬 내용은 고의 소멸이다. 불전에서는 자비의 정신이 선행하기 때문에 붓다의 수행은 타자의 고통을 없애기 위한 수행이 되고 있지만 그 뒤 자리(自利)의 완성이 이루어졌기 때문에 붓다 자신의 지혜를 완성하는 것이기도 하다.

> 논리와 성전에 의해서 고찰하면서 고의 원인과 그 무상 등의 상을 고(苦)의 여러 특성으로서 [세존은] 연구하셨다.
> yuktyāgamābhyāṃ vimṛśan duḥkhahetuṃ parīkṣate /
> tasya anityādirūpāṃ ca duḥkhasya eva viśeṣaṇaiḥ // (PV Ⅱ. 133)

논리(yukti=anumāna)는 고찰에 필요한 것이며 성전의 고찰에도 필요한 수단이 된다는 것은 이미 살펴보았다. 게다가 일반 사람들이 볼 수 없고 또한 생각할 수 없는 대상을 시사하여 계몽의 수단이 되는 것도 성전이었다. 프라즈냐카라굽타에 의하면 먼저 성전에 의해서 고의 원인을 알고 뒤에 논리에 의해서 고찰한다고 말하지만, 고를 자각하고 나서 경전의 가르침을 받지 않으면 안 될지도 모른다. 이어서 자신으로부터 논리적으로 그것을 고찰하는 것이 대단히 중

---

203) Pvk. '…karṣa-para…'를 다른 판본에 의해서 정정

요하다고 다르마키르티는 설한다. 마찬가지로 자신의 논리로 중관 철학을 고찰한 바비베카도 그와 같이 생각하고 있었다고 여겨진 다.204) 이것은 다름 아닌 '문·사·수(聞·思·修)'의 실천체계이다.

그와 같이 원인이 있다면 결과가 없을 수 없다는 것을 경험하기 때문에 [세존은 그] 원인을 소멸하기 위해서 그 이류(고의 원인의 역의 범주, vipakṣa)를 연구하셨다.
yatas tathā sthite hetau nivṛttir na iti paśyati /
phalasya hetor hānārthaṃ tadvipakṣaṃ parīkṣate // (PV Ⅱ. 134)

'연구'는 옛날 용어로 '연찬·변도'를 의미했다. 고가 있다면 그 원인도 존재하기 때문에 고를 소멸하기 위해서는 고의 원인의 역(논리적으로 반대인 것)을 붓다는 연구하셨다. 그리고 그것은 자아의식=아견(我見)임을 규명하셨다.

[고의] 원인의 상을 깨닫는 것으로 그 반대도 논증된다. '나다', '나의 것이다'라고 파악함으로써 행해진 [자아에 대한] 집착은 업의 경계(業境, saṃskāragocaraḥ)이며 [고의] 원인이다. 반대 인 무아견은 그것을 끊는 것이다.
sādhyate tadvipakṣo api heto rūpāvabodhataḥ /
ātmātmīyagrahakṛtaḥ snehaḥ saṃskāragocaraḥ //

---

204) S. Iida, Āgama(Scripture) and Yukti(Reason) in Bhāvaviveka(『金倉 박사 고희기념 인도학불교학논집』) 참조. 나아가 '바비베카'는 찬드라키르티의 『Prasa nnapadā』 간행본에 의한 것으로 '청변'의 원어는 '바비베카'인 것을 江島惠敎「Bh āvaviveka/Bhavya/Bhāviveka」(『인도학불교학연구』 제38권 2호)가 논하고 있다. 우리는 '바비베카'라고 통일해서 부른다.

hetur virodhī nairātmyadarśanaṃ tasya bādhakam / (PV II. 135;136a)[205]

　고가 경험된다면 좋지만 중생이 그것을 경험하지 못할 때는 그렇기 때문에 고에 대하여 설하지 않으면 안 된다. 고라는 자기인식에는 원인이 있고, 그것을 붓다는 자아의식[我見]에 유래한다고 갈파했다. 여기서 세존은 논리적으로 반대의 관계에 있는 무아견(nairātmyadarśana)을 고의 소멸로 가는 길의 출발점이라고 말씀하셨다는 것이 다르마키르티의 생각이다. 아견 → 고, 무아견 → 고의 소멸이라는 추이식은 수도론 상에서도 다르마키르티가 논리적으로 정비했다고 말할 수 있다. 이것을 붓다의 지혜인 4개의 성스러운 원리[四聖諦]에 적용하여 해석한 것이다. 고와 고의 소멸 및 그것들의 원인은 단지 구조적 도식이어서 내용을 부여할 필요가 있다. 다르마키르티는 4개의 성스러운 원리에 충당된 16개의 개념에서 이와 같은 기본 내용을 다시 구성했다.

> 그는 이 다종다양한 방편을 긴 시간에 걸쳐서 선사(禪思)함으로써 그에게 과실과 덕성이 현현하기에 이른다. 그리고 마음이 예리하게 되기 때문에 이것에 의해 [괴로움의] 원인의 습기(vāsanā)가 [그에게] 버려진다.
> bahuśo bahudhā upāyaṃ kālena bahunā asya ca /
> gacchanty abhyasyatas tatra guṇadoṣāḥ prakāśatām //
> buddheś ca pāṭavāddhetor vāsanātaḥ prahīyate / (PV II.136 b; 137)

---

205) Pvk. 'hi'를 다른 판본에 의해서 정정

‘그에게(asya)’란 ‘보살에게’라는 의미라고 마노라타난딘은 말한다. 전생의 보살시대에 아견의 습기도 6~7년의 변도(辨道)에 의해서 소멸했다. 깨달음에 의해 정신이 예리해졌기 때문이다. 아견(我見)의 과실과 무아견(無我見)의 덕성(guṇa)이 그에게 잘 알려졌다는 의미이다.

> 위대한 성자는 타자를 위하여 움직이기 때문에 이것이 무소[인 성문과 연각] 등보다 뛰어난 것이다. 이 방법에 대한 수행이 가르침(śāsanam)이라는 것이라고 우리들은 생각한다. 후자는 전자를 목적으로 하고 있기 때문이다.
>
> padārthavṛtteḥ khaḍgāder viśeṣo ayaṃ mahāmuneḥ /
> upāyābhyāsa eva ayaṃ tādarthyācchāsanam matam // (PV Ⅱ.138)

‘교사(śāstā)는 우선 연구자이지 않으면 안 된다’고 한다. 여기서는 고를 소멸하는 방법(upāya)을 그 대상으로 하기 때문에 그의 가르침(śāsana)이란 방법의 수행이라고 말할 수 있다. 따라서 ‘교사’라 불린다.

‘무소(khaḍga)’란 『수타니파타』의 ‘무소뿔의 경전’에서 ‘무소’의 뿔과 같이 혼자서 가라(eko care khaggavisānakappo)고 말씀하시기 때문에 혼자서 가는 것은 성문과 연각이라고 여겨진다. 결국 타자를 위해서 행동하는 보살과 차별화하고 있다. 자비로부터 붓다의 종교적 권위성을 정립하고자 하는 것이다. 여기서 붓다를 교사라고 하는 명호의 평석을 마친다.

제9절 '지자'라는 명호에 관해서

지금부터 붓다의 제4의 명호인 '지자(sugata)'의 특성을 평석한다. '수가타(sugata)'는 '선서(善逝)'라 직역된다. 다르마키르티의 해석에서는 이것이 '일체지자'를 대신하는 개념이며, 일체지가 무의미한 한편으로 무엇인가 새로운 지자(jñānavān)의 개념을 추구한다고 제6절의 종교론 제30게송에서 말하고 있다. 그것이 이 '지자'이다. 이 '지자'는 자리완성(自利完成)하신 '수가타(sugata)'를 의역한 것이다.

> [자비이신 분과 교사다움을] 완성시킨 뒤 비로소 [지자다울] 수 있기 때문에 앞의 두 가지(자비이신 분과 교사)가 [후자의] 원인이라고 [디그나가 논사께서] 말씀하셨다. [고의] 원인[인 갈애]의 염리(厭離, 싫어하여 떠남)가 삼덕[을 갖춘] '지자'다움이다.
> nispatteḥ prathamam bhāvāddhetur uktam idaṃ dvayam /
> hetoḥ prahāṇaṃ triguṇaṃ sugatatvam // (PV II.139)

자비이신 분과 교사라는 인행격(因行格)을 완성한 뒤 지자다움과 구제자다움이 과행격(果行格)으로서 존재한다. '삼덕을 갖춘 지자'란 여러 주석자들이 인용하는 것처럼 『프라마나삼웃차야』의 자주에서 다음과 같이 기술하기 때문이다. '자리의 완성이란 지자다움이며, 여기에는 세 가지 뜻이 있다. ①스루파 왕과 같이 찬탄(讚嘆)되는 것, ②열병이 완치되는 것과 같이 불퇴전(不退轉)인 것, ③물로 가득 찬 병과 같이 남음이 없는 것(無餘)이다. ①은 법을 위해서 자신도 가족도 다 버린 스루파 왕에 관해서 '프라샤스타타(praśastatā)'라고 한다. 다음의 게송에서 다르마키르티는 이것을 고의 완전한 소멸의 비유로 삼고 있다.

> 고에 의거하지 않기 때문에 또는 무아견 혹은 [그] 논리 때문에
> [지자다움이] 찬탄되는 것이다. 탄생과 과실이 [사람에게] 일어나
> 는 것은 '퇴전(退轉)'이라 불린다.
> aniśrayāt /
> duḥkhasya śastaṃ nairātmyadṛṣṭeś ca yuktito api vā /
> punar āvṛttir ity uktau janmadoṣasamudbhavau // (PV II. 140)

'프라샤스타트바(praśastatva)'를 다르마키르티는 단지 '찬탄된 것'으로 해석한다. 그것은 스루파 왕의 플롯에서도 알 수 있지만, '스루파(Surūpa)'='미남(美男)'이라는 의미에서 도출한 것은 아니다. [출전에 관해서는 M. Hattori, Dignāga, On Perception(HOS), p.75 참조]

다음에 참된 지자는 역시 무지로 퇴전한 적이 없는 분이라는 해석은 뒤에 여래장사상을 개진할 때 다르마키르티가 언급하고 있다. 이것은 디그나가의 해설과 맞닿아 있다. 수도론의 측면에서 말하면 견도(見道)에서 견혹(見惑)을 끊고 수도(修道)에서 수혹(修惑)을 끊은 성자가 무학도(無學道)에 들어가 불퇴전(不退轉)이 된다. 다르마키르티에 의하면 인식론적인 요가수행자의 지각은 세간적으로 최상위의 요가 단계이다.

> 아견인 취지를 버리기 때문에 '불퇴전'이다. 그것(아견)은 진실에 반하는 성질이기 때문이다. [이어서 '남음이 없음'의] '남음(śeṣa)' 이란 번뇌가 없이 열병을 다스렸지만, 신·구·의 [3]업에 아직

결함이 있는 것, 혹은 도를 설해도 불명확한 점이 남아 있다는 것이다.

ātmadarśanabījasya hānād apunarāgamaḥ /
tadbhūtabhinnātmatayā śeṣam akleśanirjvaram //
kāyavāgbuddhivaiguṇyaṃ mārgoktyapaṭutā api vā / (PV II.
141;142a)[206]

'지자'란 언어뿐만 아니라 행위나 사상에도 결함이 없고 고를 소멸하는 길(mārga)을 명석하게 설한 분이다. 『마하파리니파나경』에 '나는 제자들이 법을 뛰어나게 설하지 못하는 동안에는 열반에 들어가지 않겠다'라고 부처님이 죽음의 악마에 응수하는 장면이 있다. 논리의 완전함과 관련하여 고를 소멸하는 길을 명석하게 설하는 것이 종교적 권위성의 이유 중 하나가 된다고 여기서 말하고 있다.

> [세존은] 수행에 의해서 그것을 남김없이 버리셨던 것이다. 어떤 학파[의 논사]는 언어 등에 의해서 과실은 없어지지 않는다고 말한다. 그러나 그 [논증의] 부정 변충(vyatireka)은 의문이며, 그런 까닭에 [이것은] 일탈된 [논증이다].
>
> aśeṣahānam abhyāsād uktyāder doṣasaṃkṣayaḥ /
> na ity eke vyatireko asya sandigdho vyabhicāry ataḥ// (PV
> II.142b;143a)

미망사학파 요컨대 쿠마리라는 『슈로카바르띠카』 (II, 169)에서 다음과 같이 말한다.

---

206) Pvk. 'aśeṣam akleśasaṃkramaḥ'를 다른 판본에 의해서 정정

그렇기 때문에 이 [부처님의 말씀 등은] 인간에 기인하고 있으므로 허망한 뜻임을 알 수 있다. 그런데 베다에서는 그 화자가 존재하지 않기 때문에 그와 같은 성질은 없을 것이다.

다르마키르티는 이미 추론장 제314게송에서

[쿠마리라는 인위적인 성전의 허망한 의미를] 마음, 감관, 언어, 인간임 등의 논리적 이유를 토대로 설하지만 이것은 의사논증이다. 유비추리(比論, śeṣavat)에서는 여실한 인식이 있을 수 없기 때문이다.

라고 하였다. '인간의 언어이기 때문에 믿을 수 없다'는 논리는 긍정적 변충이지만, 부정적 변충인 '신뢰할 수 있는 것은 비인위적 언어이다'라는 논증식이 초감관적 대상이기 때문에 성립하지 않으며, 또한 의문이기도 하다(sandigdha).

또한 그들은 '과실들은 다 소멸할 수가 없다. 왜냐하면 항상 존재하고, [소멸시킬] 방법이 없으며, [또한] 방법이 알려져 있지 않기 때문'이라고 허망 분별할 것이다.
akṣayitvaṃ ca doṣāṇāṃ nityatvād anupāyataḥ /
upāyaparijñānād __iti__ vā parikalpayet // (PV Ⅱ.143b;144a)[207]

여기서도 그들은 '언어를 발하는 자이기 때문에 탐욕과 갈애 등의

---

207) Pvk. 'api'를 다른 판본에 의해서 'iti'라 정정

과실들은 소멸하지 못한다'고 허망하게 분별할지도 모른다. 성전론에서는, 인위적인 것이기 때문에 부처님의 말씀 등(buddhādivacana)이 허망한 의미임을 제시했다. 여기서는, 언어를 발하는 자는 과실에서 벗어나지 못한다는 논증식을 대전제로 삼을지도 모른다. 인간인 존재는 과실을 다 소멸할 수가 없으며, 항상 존재하고, 소멸시킬 방법도 없고, 또한 소멸시킬 방법이 알려져 있지도 않다는 것을 상정한다. 그런데 방법이 있다면 그 논란은 성립하지 않는다.

> 그러나 방법이 있기 때문에 [과실은 다 소멸할 수 있다. 고의]
> 원인의 역을 수행함으로써 [과실은] 다 소멸할 수 있기 때문이다.
> [과실의] 원인의 본질(svabhāva)을 앎으로써 그것(역)에 대한
> 인식이 성립한다.
> hetumattvāt viruddhasya hetor abhyāsataḥ kṣayāt /
> hetusvabhāvajñānena tajjñānam api sādhyate // (PV Ⅱ.144
> b;145a)

'화자인 것'을 논리적 이유로 한 [과실 등이 있음]의 연역은, 과실이 없는 것은 화자가 아니라고 하는 부정 변충이 성립하지 않기 때문에 불확정(anaikāntika)적인 의사논증이다. 또한 과실을 소멸하는 방법도 있다. 그 원인인 자아의식[我見]의 역[반대대당]인 무아견(無我見)을 수행하는 것이며 자아의식에서 오는 과실들도 소멸할 수 있기 때문이다. 이상으로 붓다의 자리(自利)의 완성인 '지자이신분'을 평석했다.

여기서는 무의미한 일체지가 아니라 ①자기의 고를 모두 소멸하는 인식, ②완성하여 후퇴가 없는 인식, ③허물이 없는 원만한 인식이라는 세 가지 뜻을 디그나가의 설명을 이어서 기술했다. 마노라타

난딘은 '수가따(sugata)'의 '수(su)'를 '선(善)·완(完)·만(滿) 등 세 가지 의미로 설명한다. 그렇지만 스루파 왕이 찬탄되었다(praśasta)는 비유는 가족도 자신도 버리고 모든 집착으로부터 해방되었기 때문인가 아니면 고(苦)도 다 놓아버렸기 때문에 칭찬받았다는 의미인가 하는 의문이 남는다. 하여튼 이것이 '일체지자(sarvajña)'라고 널리 불리게 된 붓다의 인식을 곧바로 정의한 다르마키르티의 해석이다.

제10절 '구제자'라는 명호에 관해서

이어서 다르마키르티는 '구제자(tāyī)'라고 디그나가가 제시한 다섯 번째 부처님 명호에 대해서 평석한다.

> '구제'(tāya)란 자신이 깨달은 길을 설하는 것이다. 망언(妄言)은 불모(성과나 발전이 없는 것)이기 때문에 [세존은] 설하지 않으셨다.
> tāyaḥ svadṛṣṭamārgoktir vaiphalyād vakti na anṛtam / (PV II.145b)

'구제자'의 '구제'라는 이유를 부처님 지혜의 중심인 사성제(四聖諦, catvāryāryasatyāni)의 개시, 특히 고를 소멸하는 길(mārga)을 설한 의의에서 해석하고 있다. 인위의 언어 모두가 허망한 뜻임을 주장하는 미망사학파 등에 대해서, 그것은 불모(vaiphalya)이기 때문에 기술되지 않는다고 단정한다.

팔리어 계통의 성전에서 고를 소멸하는 길은 8개의 바른 길[八正

道, attaṅgiko maggo]을 가리키지만 다르마키르티는 과실의 근본인 아견의 반대인 무아견의 수행을 가지고 해석한다. 실천체계도 논리적인 구조(논리학적이라는 의미가 아니라)를 갖는다. 이 사성제는 종교론의 후반에서 상세하게 논의되기 때문에 다음 장에서 살펴볼 것이다.

> 자비 때문에, 또한 타자를 위해서 모든 것을 실천하는 데 노력하시기 때문에 [세존은] 프라마나이다. 환언하면 '구제'란 사성제의 개진이다.
>
> dayālutvāt parārthaṃ ca sarvārambāhbhiyogataḥ /
> tasmāt pramāṇaṃ tāyo vā catuḥsatyaprakāśanam // (PV Ⅱ.146)

구제자이기 때문에 다시 제1의 명호인 '프라마나로서 태어나신 분(pramāṇabhūta)'을 이해하게 하는 구조가 되고 있다. 디그나가는 '인과를 완성케 하시기 때문에 프라마나이신 분으로서의 세존에게 찬송을 기술한다(stotrābhidhāna)'라고 말한다. 프라마나[인식근거]의 체현자는 종교적 권위라는 의미이다.

『아비다르마코샤』에서는 붓다의 대비(大悲)를 '마하크르파(mahākṛpā)'라 부른다.(Ⅶ, 33) 그리고 그 뒤에 거론한 부처님의 '인과의 완성'은 디그나가의 조직과 전혀 일치하지 않는다. 그리고 과행격(果行格)으로 '일체지'를 거론하고 있다.[208]

이상으로 디그나가가 거론한 붓다의 다섯 명호에 관해서 다르마키르티는 고·집·멸·도 4개의 원리[사성제]를 깨달은 분·실천

---

208) Ak. p.412~414

자라는 이유로서 평석하고 있음을 알 수 있다. 그 하나하나는 뒤에 자세하게 논할 것이다. 그것은 역시 평석이 아니라 다르마키르티 자신의 실천론 개진이다.

제11절 종교적 권위 정립의 총괄

다르마키르티는 프라마나싯디장 전체 286게송을 할애하여 전반에 있는 종교적 권위론의 총괄을 행하고 있다. 다음 장에서 보는 사성제의 평석은 '구제자' 평석의 경우 혹은 그것에 이어지는 경우이다. 뒤에 제281게송에 이르러서는 붓다가 구제자이기 때문에 지자, 교사, 자비자를 순서대로 이해하게 하여 그것에서도 다시 붓다가 종교적 권위(pramāṇabhūta)임을 정립한다고 말한다. 비붓티찬드라는 구제자 → 지자 → 교사 → 자비자 → 종교적 권위의 증명을 순차적인 것(anulomata)에 상대하는 '역차적인 것(pratilomata)의 정립'이라 부른다.209) 여기서는 종교론 '프라마나싯디장'의 총괄이 되는 부분이다.

> 구제에 의해서 진실·견고·무여(無餘)의 수승한 지혜가 증명된다. ['sugataḥ'의 동사어근 √gam은] '깨닫다'라는 의미이기 때문이다. 그러므로 [세존은] 외도[의 이욕자]·유학(有學)·무학(無學)을 넘어서신 분이다.
>
> tāyāt tattvasthirāśeṣaviśeṣajñānasādhanam /
> bodhārthatvād gamer bāhyaśaikṣāśaikṣādhikas tataḥ // (PV

---

209) Vṛtti-pariśiṣṭam(JBORS), p.521, 10~13

Ⅱ.281)[210]

　　여기서 디그나가의 『프라마나삼웃차야』 예배게송 전반에 나오
는 세존의 명호를 역순으로 거슬러 올라가 정립한다. 다르마키르티
는 구제라는 사실이 지자(sugata)다움을 함의한다고 말한다. 지자의
세 가지 뜻으로 여기서는 진실한 인식(tattvajñāna)과 견고한 인식,
남음이 없는 인식을 말하고, 제9절에서 본 세 가지 뜻과 비교·대조
하면 처음의 ‘프라샤스타타(praśastatā)’가 ‘진실한 인식’이 된다. 무
아견을 근간으로 하는 인식이므로 고에 의거하지 않는, 결국 스루파
왕은 모든 인연을 내려놓은 자라고 해석하고 있지만 여기서는 ‘진실
한 인식’이라 한다.

　　또한 ‘수가타(sugata)’를 우리들은 ‘지자’라 번역하였지만 여기서
는 다르마키르티가 ‘깨달음’이라는 의미(gamer bodhārthatva)라고
말한 것에 근거한다. 핫토리 마사아키(服部正明)는 ‘스루파’를 미남
(美男)으로 번역하지만 그것을 채용하지는 않겠다.[211]

　　그러므로 그의 교시(śāsana)인 타자를 위한 인식의 개시가 [정립
된다]. 그러므로 타자의 이익을 제일로 하는 [세존의] 자비가 [추
리된다]. 싯따르타는 게으른 적이 없기 때문이다.
arārthajñānaghaṭanaṃ tasmāt tacchāsanaṃ <u>tataḥ</u> /
<u>dayā</u> parārthatantratvaṃ siddhārthasya avirāmataḥ // (PV
Ⅱ.282)[212]

---

210) Pvk. ‘…aśeṣaṃ niḥśeṣa…’를 다른 판본에 의해서 정정
211) 그러나 불교문학에 있어서 스루파 왕에 관해서는 Hattori, op. cit. p.75 참조
212) Pvk.는 ‘…daya/tataḥ…’라 한다. 마노라타난딘의 독해방법에 의한다.

부처님의 인식은 타자를 위해서 괴로움을 제거하고 그들로 하여
금 즐거움을 얻게 하는 방향으로 향하는 것이기 때문에 '싯따르타(Si
ddhārtha)'인 전설적 아이 때의 이름조차 '타자의 이익을 성취시키신
분'이라고 다르마키르티는 해석한다. 그리고 대비의 정신에서도 다
시 붓다가 종교적 권위임을 다음과 같이 미루어 알게 한다.

> [세존은] 자비에 의해서 가장 오묘한 것을 말하고 지혜에 의해서
> [고와 고의 소멸이] 성립하는 요인을 포함한 진리(satya)를 말씀
> 하신다. 그리고 그것을 말씀하시려고 노력하시기 때문에 [세존은
> 중생에 있어서의] 종교적 권위이다.
> dayayā śreya ācaṣṭe jñānāt satyaṃ sasādhanam /
> tac ca abhiyogavān vaktuṃ yatas tasmāt pramāṇatā // (PV
> II.283)

'프라마나타(pramāṇatā)'는 '프라마나부타트바(pramāṇabhūtatva)'
와 같은 뜻으로, 직역하면 '인식근거임'이라는 것이다. 인식론적인
인식근거나 인식방법과 다르지 않고 해탈론적인 견해나 사고방식
을 중생에게 전한다는 점에서도 인식근거나 인식방법의 구현자이
다(pramāṇabhūta). 그것은 역시 단순히 '인식근거'나 '인식방법'이
아니라 '종교적 권위'라 부르는 것이 더 적절하다.

> [세존의] 교설의 진실성에 대한 찬송은 그의 교설에서 인식근거
> 의 이치를 증명하기 위함이다. [지각뿐만 아니라] 논리에도 장애
> 가 없기 때문이다.
> upadeśatathābhāvastutis tad upadeśataḥ /
> pramāṇatattvasiddhyartham anumāne apy avāraṇāt // (PV

II.284)

　디그나가의 『프라마나삼웃차야』 서사(序詞)에서 붓다를 5종의 명호로 불러 예배한 것은 붓다의 어록인 불교성전이 지각(pratyakṣa)에도 적절하고 논리의 이치도 갖추고 있음을 정립(siddhi)하기 위함이다. 논리에 적합한 것, 논리의 구현자인 것은 다음 장에서 볼 수 있다. 고 등 4개의 성스러운 원리[四聖諦]를 깨닫고 16상, 특히 무아성을 근본으로 하는 도의 진리를 깨달은 것 자체가 뛰어난 지각이다. 언어로 표현한 것은 판단적 지각의 특징이다. 그런데 여러 주석들은 기묘하게도 『아비다르마식신족론』의 직접지각 정의를 인용한다. 비붓티찬드라가 인용한 것213)을 번역해보면 "안식과 부합하는 사람은 청색을 인식한다. 그런데 '푸르다'라고는 인지하지 않는다"이다. 이것은 직접지각의 정의이다. 판단을 가하지 않는 직접지각의 성과가 붓다 인식의 근본이라는 의미일 것이다.

> 또한 이 논리식이 [성전에] 보이기 때문이다. 즉, '모든 생성의 속성을 가진 것은 모두 소멸의 속성을 갖는다' 등 다수가 있다.
> prayogadarśanād vā asya yat kiñcid udayātmakam /
> nirodhadharmakaṃ sarvaṃ tad ity ādāv anekadhā // (PV II. 285)

　다르마키르티가 붓다 언어의 논리성을 나타내주는 전형으로 거

---

213) Vṛtti-pariśiṣṭam, p.518, 4~5. 'cakṣurvijñānasamaṅgī pudgalo nīlam jānāti no tu nīlam eveti'. 자이나 싱하스리의 인용에 관해서는 Frauwallner, Abhidharmastudien II(WZKSO.VIII)에 보고되고 있다. 한역은 '眼識唯能了別靑色, 不能了別此是靑色'(大正版 559항 중단 27~28행)

론한 '생성하는 것은 반드시 소멸한다'는 의미의 성구(聖句)라면 팔리 장부의 『마하파리니파나경』에 나오는 '모든 존재는 무상이 다(anicca saṅkhāra)'라는 구절이 있지만, 다르마키르티의 인용은 팔리율·마하박가의 불전에 있어서 눈을 뜬 다섯 비구의 투기의 구절, 즉 '모든 생성하는 속성을 갖는 것은 모두 소멸의 속성을 갖는 것이 다(yam kiñci samudayadhammam sabbam tam nirodhadhamman)' 라고밖에 생각되지 않는다. 다른 부파의 상응 부분, 결국 한역유부 율 『마하바스투』, 『사중경(四衆經)』(발트 슈미트본) 등의 상응 부분은 이 테제를 빠뜨리고 있지만 다른 구절(사성제를 현관했다) 에서 충당하고 있기 때문이다. 앞에서 우리들은 지변처(地遍處) 등 의 요가에 대한 다르마키르티의 비판을 살펴보았다. 비판적으로 팔 리 성전을 다루고 대승불교사상의 자성청정심(自性淸淨心)이나 여 래장사상(如來藏思想)을 뒤섞고 있는 것에서 다르마키르티와 스리 랑카 계통의 베두라(方廣)와 어떤 관계, 예를 들면 출가한 교단과 같은 것이 생각되는 것이다.

이 구절이 논리적인 까닭은 '본질로서의 논리적 이유[自性因]'이 기 때문이다. 생성⊃무상성이라는 논리식은 밧쯔야야나도 언급하 고 있다.214) 밧쯔야야나는 'utpattidharmakatvam unityaṃ dṛṣṭa m'이라고 하였다. 밧쯔야야나가 말하는 바에서는, 바이세시카학파 는 언어를 허공의 속성이라 하고 불교도는 원소의 진동에서 생긴다 고 생각한다. 생멸의 두 성질에서 이루어진다고 보는 것은 같다. 제1편 제1장 제4절에 보았던 것처럼, 다르마키르티는 이 논리식을 '본질로서의 논리적 이유'의 논리 모델로 삼았다. 또한 그가 언어의 정의는 이와 같이 두 파가 다르지만 언어 자체는 지각대상으로서

---

214) Nbh. p.142

공통이기 때문에 관계없다고 말하고 있는 것도 제2편 제1장 제4절에서 살펴보았다. 이렇게 이 무상의 논리는 아주 적당한 논리 모델이 되며, 종교 테제와 논리학을 연계하는 논리 모델이 되었던 것이다.

> [술어와의] 논리적 결합을 특징으로 하는 논리적 이유(liṅga)가 논리의 근거이다. 논리적 이유는 술어와의 변충관계를 나타내기 때문이다. 그리고 그것이 [세존에 의해] 명료하게 설해졌던 것이다.
> anumānāśrayo liṅgam avinābhāvalakṣaṇam /
> vyāptipradarśanāddhetoḥ sādhyena uktaṃ ca tat sphuṭam//
> (PV II.286)

이것이 종교적 권위 정립장(프라마나싯디)의 마지막 게송이다. 논리적 이유가 주장하는 테제의 술어(sādhya)에 포섭되고 포함되는 것이며, 주어와 술어로 이루어진 주장 테제를 증명하고자 한다. 그것을 붓다가 명료하게 설한 것이며 그 논리성도 이해할 수 있을 것이라고 다르마키르티는 말한다. 이렇게 해서 붓다는 직접지각과 논리에 있어서 정교하게 그 의미에서도 '인식근거'가 되는 분이지만, 고를 소멸하는 길을 비롯한 4개의 성스러운 원리[四聖諦]를 설하였기 때문에 종교적 권위가 되신 분이다.

제12절 정리

종교론의 전반은 인식론을 제외하면 붓다의 종교적 권위성을 변증하는 것을 목적으로 한다. 먼저 붓다가 종교적 권위라는 이유를 고·집·멸·도 4개의 성스러운 원리[四聖諦]를 설하여 제시한 것

에서 구하고 있다. '일체지자'의 가치론적 부정은 그때까지 붓다의
공인된 호칭이며, 비나야·마하박가 이래 전통이 있는 말이었기 때
문에 파천황이라 말할 수 있는 주장이면서, 그 설한 이유는 누구라
도 만족할 수 있는 근거를 가지고 있었다. 정보 중에는 무가치한
정보도 많다. 안개가 자욱한 바다에서 항로를 잃고 헤매는 선원들이
나침반을 애타게 바라는 것처럼, 생사 윤회하는 고의 바다에서 중생
이 기다리는 것은 자신을 구제해줄 종교적 권위이다. 그분은 고 등
의 원리를 모두 다 알고 계신 프라마나(공준)이신 분이다.

이렇게 해서 부처님이 종교적 권위임을, 디그나가가 계속해서 거
론한 4종의 부처님 명호인 '세간을 위해 서원을 세우신 분', '교사',
'지자', '구제자'를 통해 알 수 있다. 그것을 '프라마나싯디(pramāṇasi
ddhi)'라 하였지만 원래 디그나가가 사용한 그 말은 '인식론 정립'이
라는 의미였다. '증명'이 아니다. 따라서 종교적 권위에 관해서 다르
마키르티도 '정립한다'는 의미에서 '싯디(siddhi)'를 사용한 것은 아
닌가, 라는 상정이 가능하다.

증명에는 그 논리적 이유를 구성하는 변충(vyāpti)관계를 이해하
게 하는 유례를 제시할 필요가 있다고 다르마키르티는 반대논사를
압박한다. 디그나가의 예배 게송 자주(自註)에 근거하는 것만으로
'인과의 완전함에서 종교적 권위로서의 세존에게 찬송을 기술한다'
는 이유가 논리적인 것이라고 할 수는 없다. 그것은 종교적 정서를
토로한 바의 서정시이다.

즉, 논리학적 근거[매개항]는 외연의 집합 사이에 있는 논리적
관계에서 성립하는 것이기 때문에 주관적이고 서정적인 문학 안에
서만 성립하고 있다는 이유(전건 → 후건)는 그 관계를 만족시키지
않는다. 그런데 '싯디(siddhi)'라든가 '사다남 카루나(sādhanaṃ karu
ṇā)'의 '사다나(sādhana)'는 예를 들면 'mantrāṇāṃ kasyacit kāryasā

dhanam'(Pvk. I , 295b[G.292a])의 용법에 가깝다고 보지 않으면 안 된다. 다소 증명하고 싶다는 심리를 가미하여 '정립'이라 번역하는 것이 좋다고 우리는 생각하는 것이다. 그러나 논리학적으로는 무리가 있다는 것을 다르마키르티 자신도 물론 잘 알고 있었다. 그렇기 때문에 내용적으로 고 등 4개의 성스러운 원리[四聖諦]를 개시하는 것이 종교적 권위의 이유임을 논했던 것이다. 논리학적 증명이 아니라 실천론적 논고인 것이다.

그 실천적 의미에 관해서는 이어지는 종교론 후반에서 고·집·멸·도의 사성제를 테마로 한 평석을 전개하고 있다. 제4장에서 살펴볼 것이다. 다소 논리학적 의미가 있는가 어떤가 하는 것은 더욱이 마지막 결론에서 고찰할 것이다. 여기서는 내포론(의미론) 상에서 대비(大悲)를 가지고 있지 않는 구제자인 것이 종교적 권위자임을 정립하는 것이라고 하는 다르마키르티의 논의를 이해했으면 좋겠다. 그 사이 사실상 혼(魂)인 심식의 윤회상속이론의 논고를 살펴보았고, 인도철학의 여러 학파들과 벌인 다양한 논쟁을 살펴보았다. 이것은 후반의 실천론에 이르러서도 계속된다.

제4장 4개의 성스러운 원리와 실천론

제1절 고의 원리

지금까지 평석해왔던 붓다의 명호는 그 덕성이나 활동에 기인한 것이었다. 그것은 도(道)의 교시라는 것에서 단적으로 상징된다고 할 수 있다. 여기서는 그것을 중심으로 하는 고·집·멸·도의 원리에 대한 평석을 시작한다. 다르마키르티는 종교론의 후반을 사성제(四聖諦)에 대한 설명으로 충당하고, 끝으로 다시 종교적 권위성(pramāṇabhūtatva)을 역순으로 총괄하는 구성을 취하고 있다.

> 윤회하는 (오)온은 고이다. [과거로부터 훈]습(abhyāsa)에 의해서 애욕(rāga) 등을 강하게 추구하기 때문이다. [애욕 등은] 우연적인 것이 아니다. 무인(無因)이라면 생성하는 것과 모순하기 때문이다.
> duḥkhaṃ saṃsāriṇaḥ skandhā rāgādeḥ pāṭavekṣaṇāt /
> abhyāsān na yadṛcchāto ahetor janmavirodhataḥ // (PV Ⅱ. 147)

소위 색·수·상·행·식이라는 심신의 오온(skandhā)은 고라고 하는 것이 불교적 정리(定理)이다. 팔리 율장 등에서 '벗이여! 고의 성스러운 원리란 무엇인가? 태어남[生]은 고며, 늙음[老]은 고며, 병듦[病]은 고며, 죽음[死]은 고다. 사랑하는 사람과 이별하는 것도 고[愛別離苦]며, 바라는 것을 얻지 못하는 것도 고[求不得苦]며, 미워

하는 사람과 만나는 것도 고[怨憎會苦]며, 오취온도 고[五陰盛苦]다'
라고 한다.215) 이 생·노·병·사 4개의 고[四苦]와 뒤의 사고(四苦)
를 합하여 팔고(八苦)라 한다. 『아비다르마코샤』에 따라서216) 다
르마키르티는 윤회하는 주체를 심신의 오온으로 본다. 과거로부터
훈습(俱生의 본능)에 의해서, 욕망추구의 체계로서 자기는 애욕을
끊지 못하고 더욱더 욕망을 추구한 결과, 팔고(八苦)를 체험하는
것이다. 이렇게 해서 고에는 원인이 있다고 한다. 그런데 원인을
알게 되면 대책을 세울 수가 있다.

> [애욕 등이] 풍질 등의 속성은 아니다. 왜냐하면 일탈하기 때문이
> 다. [반대논사가 말하기를] 체질은 일탈하는 것이기 때문에 [마음
> 에] 과실은 없다. [답한다.] 애욕 이외의 속성이 거기에 보이지
> 않는 것이 있을까?
> vyabhicārān na vātādidharmaḥ prakṛtisaṅkarāt /
> adoṣaś cet tadanyo api dharmaḥ kiṃ tasya na īkṣyate // (PV
> Ⅱ.148)217)

마음은 신체를 원인으로 한다고 주장하는 로카야타파(유물론)가
반대논사이다. 유물론자에 의하면 체액의 세 가지 성질(triguṇa) 가
운데 풍질(vāta-prakṛti)은 우매, 담즙질(pitta-prakṛti)은 증오(dveṣ
a), 점액질(śleṣma-prakṛti)은 애욕의 마음을 일으킨다고 한다. 그러
나 양쪽의 범주에 상호 관계는 존재하지 않는다. 반대논사는 각각의

---

215) Pali Vinayo, Mahāvagga(PTS.), Ⅰ, 6, 42; Majjhima-nikāyo(PTS.), Vol.1,
    185, 3~7
216) Ak. 124, 18
217) Pvk. 'ca'를 다른 판본에 의해서 정정

범주에서 세 가지가 일탈하기 때문에 전혀 관련이 없다고 말할지도 모른다. 그러나 마음에는 거칠고 난폭한 성질 등 그것 이외의 성질도 보인다. 이것을 어떻게 설명할 수 있는가? 라고 반문한다.

> [애욕은 체질의] 모든 성질이 아니다. [그렇다면] 모든 애욕이 같게 되는 모순이 발생하기 때문이다. [반대논사가 말하기를 지원소에도] 색 등의 [차이가 있는 것]같이 오류는 [범하지] 않는다. [답한다.] 그 경우도 마찬가지로 비판받게 된다.
> na sarvadharmaḥ sarveṣāṃ samarāgaprasaṅgataḥ /
> rūpaādivad adoṣaś cet tulyaṃ tatra api codanam // (PV Ⅱ. 149)

> 그 [색 등에 대한] 여러 가지 업의 지배가 만약 없다면 [색 등도 같게 될 것이다]. [체질의] 불순의 차이가 있어도 [애욕 등은] 같게 되기 때문에 [이 귀류 논증은] 성립한다. 모든 [체질의] 변이에 의해서 [고통이] 변이해서 일어나며 [증오가 그것에 수반하여 생기지만, 애욕 등은 생기지 않는다]. 또한 모든 [체질]에서 [애욕 등이] 생기는 것도 아니다. 원인이 증대하는데 결과가 감소하는 것은 불합리하다.
> ādhipatyaṃ viśiṣṭānāṃ yadi tatra na karmaṇām /
> viśeṣe api ca doṣānām aviśeṣād asiddhatā //
> na vikārād vikāreṇa sarveṣāṃ na ca sarvajāḥ /
> kāraṇe vardhamāne ca kāryahānir na yujyate // (PV Ⅱ. 150; 151)

체액(dhātu)의 세 가지 성질에서만 마음의 애욕 등의 현상이 생긴다고 한다면, 마음의 현상은 단순한 변화밖에 보이지 않을 것이다. 하지만 실제로 마음의 활동은 지극히 복잡하다. 이것은 귀류 논증이다. 즉, 업이라는 요소가 마음의 중대한 요인이 되고 있다. 지원소(地元素)는 변화가 없는데 색이 가지가지인 것도 업에 의한다고 다르마키르티는 생각한다. 그러나 유물론자는 점액질의 증대에서 애욕이 생긴다고 말할지도 모른다. 그와 같은 체액의 변동은 우선 불순위화에 의한 고통과 증오를 마음에 일으키는 것이다. 열병 등의 고통은 담즙질의 증대에서 생기며, 애욕이 그곳에서 감퇴하는 경우 원인이 증대하여 결과가 감퇴하는 것은 어떻게 되는 것인가?

열병 등과 마찬가지다. [반대논사가 말하기를] 애욕 등의 변이도 쾌락 등에서 생길 뿐 [체액의] 위화에서 오는 고통에 의해서 애욕은 일어나지 않는다. 묻는다. 그렇다면 무엇에 의해서 생기는가? [반대논사가 답한다. 체액의] 평형에서 정액이 증대하고 그것으로부터 애욕이 [일어나는 것이다]. [답한다.] 그렇지 않다. 위화 불순인 자도 애욕을 가지며 다른 자는 평형인 경우에도 그렇지 않음을 경험한다.

tāpādiṣv iva rāgāder vikāro api sukhādijaḥ /

vaiṣamyajena duḥkhena rāgasya anudbhavo yadi //

vācyaṃ kena udbhavaḥ sāmyān madavṛddhiḥ smaras tataḥ /

rāgī viṣam adoṣo api dṛṣṭaḥ sāmye api na aparaḥ // (PV Ⅱ. 152;153)

애욕의 원인인 담즙질이 증대하는데도 불구하고 결과인 애욕이 고통의 증대에 의해서 감소하는 것이 되어 불합리하다고 하는 귀류 논증이다. (반대논사가 말하기를) 애욕이 생기는 것은 체액의 평형에서 오는 쾌락의 마음으로부터이다. 다르마키르티가 말하기를 체액의 위화 불순인 자도 애욕을 가지며 역으로 순조로운 자도 애욕을 가지지 않는 경우가 있다고 한다.

출혈한 자의 [정액이] 소진해도 반대[로 애욕을 가질 수]도 있다. [그렇기 때문에 정신이 애욕의 원인이다.] [술지게미가 원인이라면] 정액은 한 사람의 여성에 대해서만 향하게 되는 것은 아니기 때문에 한 사람의 여성에게만 애욕이 강렬하게 되는 일은 없을 것이다. [애욕의] 조성인인 [여성의] 자태 등도 [그것에 관계한다면] 그렇지 않다. 모든 것은 불확정적이다. [여성의 자태 등] 특정 여성에 기인하는 [애욕]도 있을 것이다. [또한 물질적인 원인이 애욕에 있다면 여성에게] 마음이 끌리지 않아도 그것(애욕)이 있는 것이 된다.

[반대논사가 말하기를] 그 마음이 이끌리게 된다(guṇagraha)는 것도 애욕의 조성인이다. [답한다.] 그렇다면 모든 여성에게 마음이 끌리게 되는 것은 아닌가? [즉, 모든 여성에게 마음이 끌리게 될 것이다.] 여러 원인들은 [물질이라 생각하므로] 같기 때문이다.

kṣayād asṛksruto apy anye na ekastrīṇiyato madaḥ /
te na ekasyāṃ na tīvraḥ syād aṅgarūpādy api iti cet //
na sarveṣām anekāntān na ca apy aniyato bhavet /
aguṇagrāhiṇo api syād aṅgaṃ so api guṇagrahaḥ //
yadi sarvo guṇagrāhī syāddhetor aviśeṣataḥ / (PV II.154~156a)[218]

요컨대 반대논사는 애욕이라는 심리적 현상을 육체에 기인한다고 생각한다. 그것에 대해서 다르마키르티는 애욕의 정신적 요인을 거론한다. 다르마키르티에 따르면, 특정한 여성에게 애욕을 느끼는 원인은 마음이다. 또한 여성의 자태가 아름다운 것 등은 애욕의 조성인이라고 말하는 반대논사에 대해서, 그 경우도 물질적인 요인을 생각하고 있다면 모든 여성에게 애욕이 일어나야 한다는 귀류 논증은 유효하다고 다르마키르티는 말한다.

유물론자는 생리학적으로 체액의 상태에서 심리적 상태를 생각한다.

어떤 체질을 가진 자가 애욕을 가진다고 생각하면 그와 같은 자는 증오를 가진 자는 아닐 것이다. 왜냐하면 두 체질은 전혀 다른 성질이기 때문이다. [그러나 실제로는] 확정은 여기에 보이지 않는다.

yad avastho mato rāgī na dveṣī syāc ca tādṛśaḥ /
tayor asamarūpatvān niyamaś ca atra na īkṣyate // (PV Ⅱ. 156b;157a)

체액의 점액 체질에서 애욕이, 담즙 체질에서 증오가 생긴다면, 점액 체질을 가진 자는 증오를 갖지 않고 담즙 체질을 가진 자는 애욕을 갖지 않아야 할 것 같지만, 실제로는 그렇지 않다.

애욕 등은 자기의 상속에 있어서 여훈(svajātivāsanā)의 차이에

---

218) Pvk. 2개 부분을 다른 판본에 의해서 정정

결부하여 일어난다는 [우리들의 견해에] 이와 같은 모순은 생기
지 않는다.
svajātivāsanābhedapratibaddhapravṛttayaḥ /
yasya rāgādayas tasya na ete doṣāḥ prasaṅginaḥ // (PV Ⅱ.
157b;158a)

자신의 과거에 걸친 상속에서 오는 업의 여훈이 현재 순간의 마음
에 있어 애욕 등의 마음의 원인이 된다. 다르마키르티는 과거의 훈
습에 의해서 그것이 반복·강화되는 것이라고 말한다.

이에 의해서 [애욕 등이] 물질 원소의 속성임이 부정되었다. 또한
[신체가] 근거(niśraya)임의 부정에서 [그것이 부정되었다]. 흰
색 등은 지 등의 [요소에] 의존하는 것이 아니다.
etena bhūtadharmatvaṃ niṣiddhaṃ niśrayasya ca /
niṣedhān na pṛthivyādiniśritā dhavalādayaḥ // (PV Ⅱ. 158b;
159a)

마노라타난딘에 의하면 후반은 제63게송의 '유·무에 근거는 없
기 때문에 신체는 마음의 원인이 아니다'라는 것을 시사하고 있다.
하물며 애욕 등이야 말할 필요도 없을 것이다.

'tad upādāya'(그것에 의해서) 라는 말은 [근거가 아니라] 원인을
의미한다. 자기의 근거와 밀접하게 관계하기 때문에 '근거'라고
[임시로 표현하는 것이지] 다른 것이라면 바르지 않다.
tadupādāya śabdaś ca hetvarthaḥ svāśrayeṇa ca /
avinirbhāgavartitvād āśrayā ayuktam anyathā // (PV Ⅱ.

159b;160a)[219]

세간의 언어에 있는 '색 등은 지원소 등에 기인하여 생긴다'라고 말하는 경우 'upādāya'라는 후치사는 'hetūkṛtya'의 의미라고 한다. 색 등은 고유한 대상에 대해서 판단(niścaya)된 인식이라는 것이 다르마키르티의 입장이다. '지(地) 등에 의해서'라고 말하는 것은 대상이 인식 원인의 하나이기 때문이다. 근거=기체라는 의미는 아니다.

[반대논사가 말하기를] 몹시 취하는 것 등과 같이 [원인과] 분리하여 [정신이 존재한다]. [답한다. 그렇지 않다.] 현실적 존재의 능력은 현실적 존재와 다르지 않다. 현실적 존재는 소멸하겠지만 의존하는 것은 근거가 완전한 경우는 없어지지는 않는다.
[반대논사가 말하기를] 그것과 같다. [답한다.] 그렇지 않다. 원소와 심리작용은 다르기 때문이다. 왜냐하면 양자는 각각 다르게 현현하는 것을 보기 때문이다.
madādiśakter iva ced vinirbhāgo na vastunaḥ /
śaktir arthāntaraṃ vastu naśyen na āśritam āśraye //
tiṣṭhaty avikale yāti tat tulyaṃ cen na bhedataḥ /
bhūtacetanayor bhinnapratibhāsāvabodhataḥ // (PV II.160b;
162a)

반대론자는 원소(bhūta)와 색의 관계를 스라주(酒)와 명정(酩酊, 술에 취함)의 관계에 비유한다. 따로 떨어져 존재해도 양자 사이에

---

219) Tib.에 의해서 산스크리트 제본을 정정

인과관계가 있다고 말하는 것이다. 다른 한편 다르마키르티는 스라 주의 명정 작용을 바로 현실적 존재의 인과적 효과성이라 생각한다. 그렇기 때문에 별도로 달리 존재하는 것을 인정하지만 사물의 뜨거움이나 견고함은 대상에 대한 지각이며 두 성질은 분리하여 지각되는 것이 아니라고 한다. 그런데 애욕 등의 심리는 자증지(自證知, 자기인식)이며 대상의 존재와는 존재방식을 달리한다.

> [만약 심리 작용이 신체를 원인으로 한다면] 신체가 변하여 무너질 때까지 마음은 색 등과 같이 동일한 형상을 보존하는 것이 될 것이다. 분별이 외부의 대상에 의존한다고 어떻게 말할 수 있는가?
> ā vikārañ ca kāyasya tulyarūpaṃ bhaven manaḥ /
> rūpādivad vikalpasya kaivārthaparatantratā // (PV II.162b; 163a)[220]

> 신체에 의존하지 않고서 어떤 지식이 여훈(습기)의 지각의 원인이 될 때 그것에 의해서 어떤 것에 전자로부터 후자가 생길 것이다.
> anapekṣya yadā kāyaṃ vāsanābodhakāraṇam /
> jñānaṃ syāt kasyacit kiñcit kutaścit tena kiñcana // (PV II. 163b;164a)[221]

과거 상속의 애욕 등의 여훈(습기)을 어떤 찰나의 의식이 수용하여 반복·강화하면, 이어지는 그 의식은 한층 그 여훈(습기)을 증대

---

220) Pvk. 'avikārañ'을 다른 판본에 의해서 정정. 마찬가지로 다음의 게송 'kadācana' 을 정정

221) Kadācit를 다른 판본에 의해서 정정

하게 된다.

> 의식이 없는 존재는 인식의 질료인(upādāna)이 아니기 때문에
> [의식의 상속이] 성립한다. [반대논사가 말하기를] 모든 현실적
> 존재에 인식의 능력이 결합해 있기 때문에 [의식이 없는 존재는
> 마음의 질료인이라는 것이] 인정된다.
> [답한다.] 아직 현현하기 이전에는 풀끝에 백 마리의 코끼리가
> 있다는 것을 상키야학파 바보 이외에 부끄러움을 아는 사람이라
> 면 설하려고 할까?
> avijñānasya vijñānānupādānāc ca sidhyati /
> vijñānaśaktisambandhād iṣṭañ cet sarvavastunaḥ //
> etat sāṃkhyapaśoḥ ko anyaḥ salajjo vaktum īhate /
> adṛṣṭapūrvam asti iti tṛṇāgre kariṇāṃ śatam // (PV II. 164b;
> 166a)

이렇게 해서 인식을 질료인으로 하여 다음 찰나의 인식이 발생하
여 의식의 상속이 성립한다. 이것은 의식의 흐름이 없다면 상속체도
없다. 과거의 업이나 여훈(습기)이 전해지면서 하나의 상속을 이루
고 인격으로서 인지된다. 신체와 같은 물질이 인식의 질료인이 된다
고 생각하는 것은 바비베카가 『반야등론』에서 전하는 상키야학파
이다. 그들은 흙 속에 가능성으로 병이 있고, 곡물 속에 싹이 있는
것 같다고 하는 인중유과설(因中有果說)을 주장했다고 한다.222) 근
본 질료인에 가능성의 세계가 포함되어 있다는 것이지만, 그 이론에
대해 야유를 보낸 것이다.

---

222) 古坂紘一 「상키야의 śakti 개념」 (東北印度學宗敎學會論集 제2호)에 의한다.

현현태에 이른 형상(rūpa)이 그것 이전에는 보이지 않는다는 것
은 논리적 이유를 백 가지로 전개한들 있을 수 있을까?
yad rūpaṃ dṛśyatāṃ yātaṃ tad rūpaṃ prāṅ na dṛśyate /
śatadhā viprakīrṇe api hetau tad vidyate katham // (PV II.166
b;167a)

과거세에 없었던 것이 현현한다면 애욕 등이 결정되지 않게 될
것이다. [반대논사가 말하기를 그것은] 원소(bhūtāni)를 본성으
로 하는 것과 분리되는 것이 아니기 때문에 모든 것은 애욕을
갖는다.
rāgādy aniyamo apūrvaprādurbhāvo prasajyate /
bhūtātmatā anatikrānteḥ sarvo rāgādimān yadi // (PV II.167
b;168a)223)

[답한다. 그렇다면] 모든 것이 똑같이 애욕 등을 갖게 될 것이다.
[반대논사가 말하기를] 원소 간에 우열이 있기 때문에 그렇게
될 수 없다. [답한다.] 원소의 생류성(prāṇita)이 변해도 그 차이
는 소의의 우열에 준해서 존재하는 것이기 때문에 [애욕을 여읜
자라면] 원소를 소멸할 것이다.
sarvaḥ samānarāgaḥ syād bhūtātiśayato na cet /
bhūtānāṃ prāṇita bhede apy ayaṃ bhedo yad āśrayaḥ //
tan nirhrāsātiśayavat tadbhāvāt tāni hāpayet / (PV II.168b;
169)224)

---

223) Pvk. 'bhūtārthatā'를 다른 판본에 의해서 정정

애욕은 과거 심성의 여훈(습기)으로서 현재에 존재하는 것이라고 다르마키르티는 말한다. 유물론자와 같이 물질에서 애욕 등이 유래한다고 생각하면 물질이 분포하는 것과 같이 모든 것에 보편적으로 애욕 등도 분포하는 것이 되어, 그것도 현실을 말해주는 것이 아니다. 현실적 존재에 우열이 있는 것처럼 심성에도 우열이 있다고 반대논사가 반론하자, 애욕을 소멸한 자는 원인인 원소도 이미 없었던 것인가? 라고 반문한다.

[반대논사가 말하기를 애욕 등에] 차이가 있어도 애욕 등의 원인이 한결같지는 않다. [답한다. 그렇다면] 모든 사람에게 서로 유사한 애욕이 있어야 할 것이다. 원인이 같기 때문이다.
na ced bhede api rāgādihetutulyātmatākṣayaḥ /
sarvatra rāgaḥ sadṛśaḥ syāddhetoḥ sadṛśātmanaḥ // (PV Ⅱ. 170)

서로 유사한 성질이 생기는 '소'라는 관념(pratyaya)에는 어디에도 정도의 차(tātramya)가 없다. 이 경우도 지(地) 등의 생류성 등에 [정도의 차는 없는 것이다].
na hi gopratyayasya asti samānārthabhuvaḥ kvacit/
tāratamyaṃ pṛthivyādau prāṇitāder iha api vā // (PV Ⅱ.171)

아포하적 분별 인식은 '소'에게 좀 더 좋은 소(gotarā), 최상의 소(gotamā)와 같은 정도의 차를 의미로 가지지 않는 것처럼, 물질에

___
224) Pvk. 'prāṇito'를 다른 판본에 의해서 정정

서 생긴 애욕 등에도 정도의 차(tāratamya)는 없을 것이다. 그러나 실제는 개인차가 큰 것이 사실이다.

> [반대논사가 말하기를] 뜨거움에 정도의 차가 있어도 불이 뜨겁지 않다는 것은 결코 [있을 수] 없다. 이 경우도 마찬가지이다. [답한다.] 그렇지 않다. 불은 곧 뜨거움이어서 [양자의] 차이는 부정되기 때문이다.
>
> auṣṇyasya tāratamye api na anuṣṇo agniḥ kadācana /
> tathā iha api iti cen na agner auṣṇyād bheda-niṣedhataḥ //
> (PV II.172)

반대논사는 불의 뜨거움에 그다지 뜨거움의 차이가 없는 것처럼, 지(地) 등으로 이루어진 신체에서 생긴 심성에도 큰 차이는 없다고 한다. 다르마키르티는 그것에 대해서 불과 뜨거움은 동체(同體)지만 원소와 심성은 별체(別體)라고 반론한다.

> 다른 존재의 속성들이 정도의 차를 보이는 경우, 그 존재에 있어서 [속성은] 그것과 다르기 때문에 소멸하는 것도 있다. [천 등의] 흰색 등과 같이.
>
> tāratamyānubhavino yasya anyasya sato guṇāḥ /
> te kvacit pratihanyante tadbhede dhavalādivat // (PV II.173)

만약 애욕 등의 심성이 신체의 속성이라면 천의 흰색 등과 같이 그 사람에게는 그것이 없게 되는 일도 일어나는 것 아닌가? 그런데 그렇지 않고 많은 사람에게 애욕 등이 보인다.

[물질에 의해 한정되는] 색 등과 같이, [애욕 등은 물질에 의해] 한정되지는 않는다. 전자는 원소와 불가분이기 때문이다. [반대 논사가 말하기를] 그것과 같다. [답한다.] 그렇지 않다. 애욕 등은 [원소와] 함께 생긴다고 하는 모순이 발생하기 때문이다.

rūpādivan na niyamas teṣāṃ bhūtāvibhāgataḥ /
tattulyañ cen na rāgādeḥ sahotpattiprasaṅgataḥ // (PV Ⅱ. 174)

[애욕 등은] 분별의 대상이기 때문에 외적 대상이 그것들을 한정할 수 없다. 또한 [원소는] 동류인을 떠나 있기 때문에 애욕 등을 한정할 수 없다. [그렇지 않으면 원소는] 원인과 접하고 있기 때문에 항상 모든 마음(buddhi)을 낳을 것이다.

vikalpyaviṣayatvāc ca viṣayā na niyāmakāḥ /
sabhāgahetuvirahād rāgāder niyamo na vā //
sarvadā sarvabuddhīnāṃ janma vā hetusannidheḥ / (PV Ⅱ. 175;176a)

애욕은 분별대상(vikalpyaviṣaya)을 갖는다. 그것(분별)에 좌우되기 때문에 외부의 물질적 대상에서 오는 것은 아니라고 한다. 물질적 신체와 항상 접하고 있기 때문에 유물론자에 따르면 항상 애욕이 일어나야 할 터이지만 실제로는 그렇지 않다. 마음의 동류인인 과거 찰나의 마음으로부터 애욕과 같은 사업(思業)의 여훈(습기)이 전달된다. 그 외 고·락의 자기인식이나 우매(moha), 예지와 같은 심성이 전해져 반복 강화되어 각각 다른 심성을 일으키는 것이다.

[상주하는 존재는 언제나 지각하지만 무상한 존재는] 어떤 경우

에[만] 지각하기 때문에 그것은 무상이다. 과실에 의거하고 [다른] 원인에 지배당하고 있기 때문에 고이다. 자아(ātmā)가 아니며, (자아에) 속하는 것도 아니다.

kadācid upalambhāt tad adhruvaṃ doṣaniśrayāt /

duḥkhaṃ hetuvaśatvāc ca na ca ātmā na apy adhiṣṭhitam

// (PV Ⅱ.176b;177a)

지금까지 고의 원리에 속하는 무상·고·공·무아의 사상을 평석하였다. 일찍이 바수반두는 『아비다르마코샤』 제6장에서 사성제의 16상을 자세하게 주석한다. '그것은 조건에 의존하기 때문에 무상이다. 고통을 본질로 하기 때문에 고이다. 나의 것(ātmīya)이라는 사고방식을 뒤집기 때문에 공(śūnya)이다. 무아는 아견을 뒤집기 때문이다.'225) 바수반두는 여기서 4개의 성스러운 원리[四聖諦]에 속하는 각 사상(四相), 합계 16상의 명상(瞑想)을 전하고 있다. 그중에서도 이 사상(四相)이 근본적인 불교정리이기 때문에 이 사상과 다른 세 가지 원리를 합해서 7상을 설하는 논사도 있다고 한다.226)

원인이 없는 존재는 주재자(adhiṣṭhātā)가 아니다. 영원한 존재가 어떻게 해서 능산자일 수 있을까. 그렇기 때문에 각기 다른 순간에 단일자로부터 다수의 존재가 생길 수는 없다.

na akāraṇam adhiṣṭhātā nityaṃ vā janakaṃ katham /

tasmād anekam ekasmād bhinnakālaṃ na jāyate // (PV Ⅱ.

---

225) Ak.400, 2~3

226) Ak.399, 16~17

177b;178a)[227]

   다른 학파가 말하는 바의 영혼(ātmā)과 같은, 다른 원인에 의존하지 않는 영원한 존재에게는 결과를 일으키는 인과적 효과성은 있을 수 없다. 이렇게 해서 영혼으로부터 매순간 인식이 생길 수는 없다. 따라서 인식이 작용하는 상속은 무아임이 정립된다. 지금까지 무상 → 고 → 무아라는 팔리 비나야의 추이식을 답습하고 있다.

> 다른 여러 요인이 [영원한 존재와] 결합해도 결과는 생기지 않기 때문이다. [무상인 존재에 대해서는] 다른 요인을 추량할 수 있지만 영원한 존재에 대해서는 이것이 없다.
> kāryānutpādato anyeṣu saṅgateṣv api hetuṣu /
> hetvantarānumānaṃ syān na etan nityeṣu vidyate // (PV II. 178b;179a)

   오래된 불교의 정리인 삼법인(三法印)도 다르마키르티에 의하면 찰나적 존재인 현실적 존재의 인과적 효과성이라는 존재론으로 설명된다. 이상이 고의 원리와 그 사상(四相)에 대한 평석이다.

제2절 집의 원리

   이어서 다르마키르티는 집의 원리(samudayasatya)를 평석한다.

---

227) Pvk. 'kāraṇam'을 다른 판본에 의해서 정정

어떤 순간의 존재라는 것(명제)으로부터 이 고(苦)에 원인이 있음이 정립된다. 원인이 없는 것은 다른 것에 의존하지 않기 때문에 [고가 원인이 없다면] 항상 유라든가 항상 무라든가 [둘 중의 하나가] 될 것이다.

kādācitkatayā siddhā duḥkhasya asya sahetutā /

nityaṃ sattvam asattvaṃ vā ahetor anyānapekṣaṇāt // (PV II.179b;180a)

후반 게송은 추리론 제37a게송(G.35a)과 같다. 『니야야만자리』(KSS. p.93)에 인용된 유명한 게송이다.(논리적 이유 이론에서는 불과 인과관계에 있는 연기라는 논리적 이유에 대해서 말하고 있다.) 여기서는 고의 원인에 관한 원리이기 때문에 고에 원인이 있음을 언명하고 있다. 그것에 대해서도 집·인·연·생(集·因·緣·生)의 사상(四相)이 있다고 한다.(마노라타난딘) 프라즈냐카라굽타에 의하면 각각 무인설, 1인설, 인중유과설, 생기의 능력이 없다는 설을 논파한 것이다.

마치 가시 등에 있어서 날카로움 등에 원인이 없는 것처럼 이 [苦도] 원인이 없다고 어떤 학파는 말한다.

taikṣṇyādīnāṃ yathā na asti kāraṇaṃ kaṇḍakādiṣu /

tathā akāraṇam etat syād iti kecit pracakṣate // (PV II.180b; 181a)

원인이 없다는 것을 설하는 학파는 '자성론자(svabhāvavādī)'라 불리며, 원인이 있다는 것을 설하는 불교학파 등에 대해서 숙명론을 주장한다. 오래된 주장으로는 아지비카파의 숙명(niyati)론이 자성

론과 유사하다고 한다.228) 이 비유는 『슈베타슈바타라우파니샤
드』의 시작 부분에 나온다. 가시의 날카로움은 원인을 필요로 하지
않는 본성적인 것이라고 하여, 비유로 사용한 것이다. 자이나의 구
나라트나가 다음과 같은 게송을 인용하고 있다.

누가 가시의 날카로움을 만들고, 갖가지 새의 상을 만드는가?
본래적으로 이들 모두가 존재하며, 마음대로 할 수 없다. 어떻게
해서 인위적인 것이 있을 수 있을까?

또한 『사르바다르사나상그라하』의 로카야타파 장에서도 읊고
있다. '눈에 보이지 않는 업의 힘을 인정하지 않으면 세상의 갖가지
상은 변덕에 의해 자의적으로 만들어진 것이 될 것이다'라고 한다면
그것은 바르지 않다. 왜냐하면 세상의 갖가지 상은 자성(svabhāva)
을 원인으로 하여 생기기 때문이다.

불은 뜨겁고 물은 차갑다. 마찬가지로 바람은 시원하다. 이러한
갖가지 상을 누가 만들었을까? 그것은 자성에서 나온 것이다.
agnir uṣṇo jalaṃ sītaṃ samasparśas tathānalaḥ /
kenedaṃ citritaṃ tasmāt svabhāvāt tad vyavasthitiḥ // (SD
S. p.21)

이것에 의하면 이 자성론자(svabhāvavādī)도 로카야타파이다.

어떤 것이 있어야만 다른 것이 생긴다. 전자가 소멸하면 후자도

---

228) A. L. Basham, History and Doctorines of the Ājīvika, p.224f

소멸하게 되는 경우, 전자는 후자의 원인이라 한다. 그것은 그들 [가시 등]에도 있는 것이다.

saty eva yasmin yaj janma vikāre vā api vikriyā /

tat tasya kāraṇam prāhus tat teṣām api vidyate // (PV Ⅱ.181 b;182a)

갑의 존재에 의해서 을이 생기며 갑이 소멸하면 을도 소멸하는 경우, 갑은 을의 원인이다. 가시가 날카로운 원인은 종자 등에 있을 것이다. 불교의 정리로서의 인과론을 다르마키르티는 제49게송에서 기술하고 있다. '저것이 있을 때 이것이 있고, 저것이 생길 때 이것이 생긴다. 저것이 없을 때 이것이 없고, 저것이 소멸할 때 이것이 소멸한다'라는 정형구이다.

눈으로 볼 때 감촉에 의한 인식도 색의 원인이기 때문에 이것도 원인이 된다. 영원한 존재의 부정에 의해서 신 등도 있을 수 없다.

sparśasya rūpahetutvād darśane asti nimittatā /

nityānām pratiṣedhena na īśvarādeś ca sambhavaḥ // (PV Ⅱ. 182b;183a)

인과관계는 상호 간에 원인이라는 관계도 있다. 가시의 날카로움은 종자가 원인이 되며, 가시의 아픈 감촉은 녹색의 원인이기도 하다. 『아비다르마코샤』가 말하는 구유인(sahabhūhetu)이다. 원인 자체도 무상이기 때문에, 신·영혼·근본 질료인 등의 영원을 본질로 하는 원인은 부정된다.

[그와 같은 것은 인과적 효과의] 능력이 없기 때문이다. 그렇기

때문에 [고의] 원인은 생에 대한 욕망이다. 사람들이 그것을 얻고
싶다는 욕망에 의해 특정한 장소(모태)에 이르기 때문이다.
asāmarthyād ato hetur bhavavāñchāparigrahaḥ /
yasmād deśaviśeṣasya tat prāptyāśākṛto nṛṇām // (PV Ⅱ.183
b;184a)

'āśākṛta parigraha'라고 이어지고, 'tṛṣṇākṛta'를 일컫는다는 마
노라타난딘은 다음의 아가마를 인용한다. '그 가운데 집성제(集聖
諦)란 무엇인가? 애욕을 수반하는 재생의 기쁨으로 여기저기에 희
열한다. 즉, 사랑에 대한 갈애, 생에 대한 갈애, 죽음에 대한 갈애이
다.'229) 다음 게송이 그것을 근거로 하고 있다.

그 생에 대한 욕망이란 유정은 즐거움을 얻고 괴로움을 버리고자
하는 활동이 있는 것에서도, 애욕과 죽음에 대한 욕망의 양자가
[성전에] 고찰되고 있다.
sā bhavecchā āptyanāptīcchoḥ pravṛttiḥ sukhaduḥkhayoḥ /
yato api prāṇinaḥ kāmavibhavecche ca te mate // (PV Ⅱ.184
b;185a)

단지 고통을 버리고자 하는 서원은 좀 더 나은 생을 살고자 하는
서원에 근거하기 때문에 죽음에 대한 욕망과 마찬가지로 잘못된
것으로 간주된다.

---

229) Pāli Vinayo, Ⅰ.10, 31~33; Saṃyutta-nikāyo, Ⅲ.26, 2~4; etc "yāyaṃ tanhā
   ponobhavikā nandirāgasahagatā tatra tatrābhinandinī / seyyathīdaṃ kāmata
   nhā bhavatanhā vibhavatanhā /"

모든 괴로운 존재에 대해서 즐거움이라고 상념하는 아애(我愛)
가 [생의] 원인이기 때문에 [그것에 의해] [윤회] 전생해가는 것
이다. 그러므로 갈애(tṛṣṇā)는 생의 소의(=근거)이다.
sarvatra ca ātmasnehasya hetutvāt sampravartate /
asukhe sukhasaṃjñasya tasmāt tṛṣṇā bhavāśrayaḥ // (PV
Ⅱ.185b;186a)

소위 자아에 대한 본능적 애착이 윤회·전생하는 동력인이며 과
거 찰나의 심식이 그 질료인이다. 프라즈냐카라굽타는 여기서 '연
(緣)'의 상[특징]을 평석했다고 한다.

'이욕자가 태어나는 것을 보지 못하기 때문'이라고 [니야야학파]
논사들은 말한다. 그리고 신체가 없는 자에게 애욕은 보이지 않
기 때문에 신체에서 애욕이 생기는 것이라고 한다.
viraktajanmādṛṣṭer ity ācāryāḥ sampracakṣate /
adeharāgādṛṣṭeś ca dehād rāgasamudbhavaḥ // (PV Ⅱ.186b;
187a)

이것은 『니야야수트라』(Ⅲ, 1, 24) 'vītarāgajanmādarśanāt'를
시사한 것이다. 영혼의 영원성을 이해시키기 위해 애욕을 지닌 자가
태어나는 것이라고 밧쯔야야나는 주석한다.230) 태어나는 것은 신체
이며 영혼은 영원이다. 무상한 신체도 영혼의 욕망을 짐 지고 태어
난다. 그것은 아트만이 전생에서 경험하는 것의 상기라고 말하는
것이다. 밧쯔야야나는 불교에서 말하는 '업의 습기'를 '영혼의 기억'

---

230) Nyāyabhāṣyam, 475, 1~476, 3

이라 한다.

> [신체를 전생의] 동력인이라 인정한다면 [이미 우리도] 인정하고
> 있다. 그러나 질료인인 것은 부정한다. 그런데 [로카야타파는]
> 이 이론을 탐구하면서 스스로 자신의 체계에 위배하고 있다.
> nimittopagamād iṣṭam upādānaṃ tu vāryate /
> imāṃ tu yuktiman vicchan bādhate svamataṃ svayam //
> (PV II.187b;188a)

다르마키르티는, 애욕은 신체를 조성인으로 하여 생긴다는 성전
의 설을 회통하였다. 그리고 윤회의 직접적인 원인 가운데 동력인(ni
mitta)이 되는 것은 애욕의 마음이다. 그 태생인 질료인(upādāna)은
전 찰나의 마음이다. 신체적인 욕망이 윤회로 향하게 하는 것이지만
윤회의 소의(주체)는 심상속이라고 한다. 로카야타파는 신체가 윤
회의 원인이라고 하여, 윤회 자체를 인정해버린다고 말하는 것이다.

> [반대논사가 말하기를] 태어난 자에게 욕망(rāga)이 보이기 때문
> 에 [욕망은] 생과 공존하는 것이다. [답한다. 욕망은] 동류의 질료
> 인에서 생긴 것이기 때문에 [그대들에게도] 과거세가 성립할 것
> 이다. 무지는 [윤회의] 동력인이라고 해도 [직접적인] 원인은 아
> 니다. 갈애야말로 생에 상속을 추진하기 때문에 [원인이 된다고]
> 하는 것이다. 업도 또한 직접적으로는 [원인이 아니다]. 왜냐하면
> 그것이 있는 것만으로는 [윤회가] 일어나지 않기 때문이다.
> janmanā sahabhāvaś cet jātānāṃ rāgadarśanāt /
> sabhāgajāteḥ prāk siddhiḥ kāraṇatve api na uditam //
> ajñānam uktā tṛṣṇā eva santānapreraṇād bhave /

ānantaryācca karma api sati tasminn asambhavāt // (PV Ⅱ.
188b;190a)

갈애 등의 마음이 동류인(sabhāgahetu)이며, 전 찰나의 같은 마음
이 질료인이다. 그렇다면 여기서 우리가 알 수 있는 것은, 상속은
심상속이라는 것, 또한 심상속은 신체를 원인으로 하지 않는다는
것이다. 신체와 욕망이 공존하기 때문에 로카야타파도 신체를 그와
같은 마음의 원인이라고 생각한다. 하지만 그것은 업설에 가까운
주장이라 할 수 있다. 심리적 요인 중에서도 옛 언어로 갈애(tṛṣṇā)
라 부르는 마음이 직접적인 작용의 동인이다. 단순한 사이업(思已
業)만으로는 윤회의 동력인이 될 수 없다. 아라한이나 보살처럼 업
이 남아 있어도 지금 생을 청정하게 보내는 사람들이 있는 것이다.

제3절 멸의 원리

그것(고)은 절대적인 것이 아니다. [고의] 원인[인 갈애]를 항복
받는 것 등이 가능하기 때문이다. [반대논사가 말하기를] 윤회한
다면 해탈은 [있을 수] 없다. [윤회를 본성으로 하는 것이 중생이
다. 따라서 중생은 해탈을 할 수 없다.] [답한다.] 그렇지 않다.
[윤회는] 누구나 아는 것이지만, [해탈은] 누구나 아는 것이 아니
기 때문이다.
tad anātyantikaṃ hetoḥ pratibandhādisambhavāt /
saṃsāritvād anirmokṣo na iṣṭatvād aprasiddhitaḥ // (PV Ⅱ.
190b;191a)

여기서 멸의 원리(nirodhasatya)의 평석으로 들어간다. 프라즈냐 카라굽타는 멸의 원리에 '지멸(nirodha)·적멸(śānta)·안락(praṇīta tā)·안은(niḥsaraṇa)의 사상(四相)이 있다'고 한다.(Pbh.136, 17) 그러나 다르마키르티는 그것들을 일괄하고 있다. 미망사학파는 윤회의 실상을 인정하면서도 고의 원인이 소멸함에 따른 해탈을 인정하지 않는다. 제사 시행에 의한 미래의 과보만을 약속하고 있을 뿐이다. 불교도들은 당연히 해탈은 가능하며, 중복·증명이지만 미망사학파에게는 제사가 없는 해탈에 관한 승인은 증명할 필요가 있을 것이다. 데벤드라붓디의 해석에 의거한다.(PpT.82a, 2~5)

자아에 집착하는 사람은 [자아를] 싫어하여 떠나지(厭離) 않는 한 고통스러운 [자아]를 세워 고통으로 번민한다. 그래서 안심입명(安心立命)은 [있을 수] 없다.
yāvad ātmani na premṇo hāniḥ sa paritasyati /
tāvad duḥkhitam āropya na ca svastho avatiṣṭhate // (PV Ⅱ. 191b;192a)

[욕망을 떠난 사람은 완전하게] 해탈을 한 사람이라고 할 수 없지만, [그는] 허망한 분별을 버리기 위해 힘쓴다. 욕망을 떠난 사람(離欲者)은 자비에 의해서 [고의로] 혹은 업에 의해서 [지금의 생만 청정하게] 시간을 보낸다.
mithyādhyāropahānārthaṃ yatno asaty api moktari /
avasthā vītarāgāṇāṃ dayayā karmaṇā api vā // (PV Ⅱ.192b; 193a)

자기의 성품이 무아임을 깨닫는다면 아직 남아 있는 업의 힘으로 지금의 삶을 청정하게 보낼 뿐만 아니라 자비에 의해서 중생 구제의 사업을 행한다. 전자는 아라한이며 후자는 보살이다.

> [생을] 일으켜 [고인 상속을] 끊어지지 않게 하기 때문이다. [윤회의] 공동인(sahakārī인 갈애)은 다했기 때문에 생에 대한 갈애를 초월한 사람의 업은 다음 [생]을 불러일으키는 데 충분하지 않다.
> ākṣipte avinivṛttīṣṭeḥ sahakārikṣayād alam /
> na ākṣeptum aparaṃ karma bhavatṛṣṇāvilaṅghinām // (PV Ⅱ.193b;194a)

> 고에 관한 인식이 있다면 불퇴전인 자에게는 과거의 잠세력에 의해서 초래되는 자비가 생긴다. 그것(자비)은 유정[에 대한 잘못된 견해]에 수순하는 것이 아니라 현실적 존재의 속성이다.
> duḥkhajñāne aviruddhasya pūrvasaṃskāravāhinī /
> vastudharmodayotpattir na sā sattvānurodhinī // (PV Ⅱ.194 b;195a)[231]

'사트바(sattva)'란 '사트바드르스티(sattvadṛṣṭi)'(Pvv.68, 13), 요컨대 유신견(satkāyadṛṣṭi)이며 자아의식(ātmadarśana)을 의미한다. 고·무상·무아 등의 실상을 파악한 사람은 남아 있는 업에 의해서 지금 생을 보내지만, 자아의식의 불식에 의해서 내세의 윤회로 이끄는 힘은 더 이상 남아 있지 않다. 또한 보살행과 같은 전생의 선업(善業)에 의해서 자비를 본성으로 하는 인격은 뒤에서 언급하는 것처럼 역시 윤회로 퇴전하지 않는다.

---

231) Pvk. '⋯dharmādayo⋯'를 다른 판본에 의해서 정정

[무상·고·공·무아와는] 다른 본질을 가탁하는 것에 근거해서
그와 같은 [무상·고·공·무아라는] 본질을 가지지 않는 법에
대한 탐욕이 생긴다. [한편] 자비는 고의 상속을 경험하는 것에
의해서만 생긴다.

ātmāntarasamāropād rāgo dharme atadātmake /
duḥkhasantānasaṃsparśamātreṇa eva dayodayaḥ // (PV Ⅱ.
195b;196a)

무상·고·공·무아인 법에 대해서 영원·쾌락·나의 것·나라
고 허망하게 분별하여 갈애하는 것이 세간의 실상이다. 자기나 타자
의 상속(인격)이 고임을 투철하게 직관하는 것만으로 갈애 대신에
자비가 생긴다.

또한 어리석음은 모든 결점의 근원이다. 그리고 그것(어리석음)
은 유정에 대한 집착이다. 그것(유정에 대한 집착) 없이 고뇌의
원인에 대한 혐오는 없다. 따라서 자비가 결점은 아니라고 본다.

mohaś ca mūlaṃ doṣāṇām sa ca sattvagraho vinā /
tena ādyahetau na dveṣo na doṣo ataḥ kṛpā // (PV Ⅱ.196b;
197a)

무지는 모든 과실의 최초의 원인이다. 그것이 없다면 증오가 없이
자비가 생긴다. 성전에서는 '육체의 오온(rūpaskandha)이 자아(ātm
a)이다. 자아는 육체의 오온을 가지며 자아 속에 육체의 오온이 있
다. 육체의 오온 속에 자아가 있다'는 4종의 분별을 일으키고, 각
온에 그것이 있기 때문에 합계 20종의 유신견[薩迦耶見]이 있다.

과거의 업의 힘이 다하면 다음 생에 지속하지 않기 때문에 해탈이 그 사람에게 있다. 힘이 남아 있는 업을 지닌 사람들은 청정하게 [지금 생을] 보내는 것이다.

na amuktiḥ pūrvasaṃskārakṣaye anyaapratisandhitaḥ /
akṣīṇaśaktiḥ saṃskāro yeṣāṃ tiṣṭhanti te anaghāḥ // (PV II. 197b;198a)

데벤드라붓디는 보살의 존재에 비유한다.(PpT.84b, 7)

[성문들은] 자비가 미약하기 때문에 [이 세상에] 머물려고 크게 노력하지 않는다. 그러나 대비(mahatī kṛpā)를 지닌 사람은 다른 사람에게 봉사하여 [지금 생을] 보내는 것이다.

mandatvāt karuṇāyāś ca na yatnaḥ sthāpane mahān /
tiṣṭhanty eva parādhīnā yeṣāṃ tu mahatī kṛpā // (PV II.198 b;199a)

[묻기를] 유신견(satkāyadṛṣṭi)을 끊는 것으로부터 초도(初道)에 있어서 무생(無生)이 될 것이다. [답한다.] 본능적인 것(有身見)은 끊어지지 않기 때문에 그렇지 않다. 혹은 [그것도 초도에서] 끊는 경우는 물론 반드시 생기는 것이 있을 것이다. 어떻게 해서 생기하는 것이 있을 수 있을까.

satkāyadṛṣṭer vigamād ādya eva abhavo bhavet /
mārge cet sahajāhāner na hānau vā bhavaḥ kutaḥ // (PV II. 199b;200a)

이론적인 견혹을 끊는 견도(darśanamārga)에서 유신견을 끊는 것이 된다. 그것은 예류향(豫流向, srotāpanna, 성자의 흐름에 들어간 사람)이라 불린다. 그렇다면 예류과 이하의 수도(bhāvanā-mārga)는 무의미한 것 아닌가? 라는 질문이다. 본능적인(sahaja) 자아의식(修惑)은 아라한과에서 끊어지는 것이다.

> 즐거움을 얻고자 하고 괴로움을 버리고자 갈망하는 자의 '나'라는 의식(aham iti dhīḥ)이야말로 본능적인 유신견이다.
> sukhī bhave ayaṃ duḥkhī vā mā bhūvam iti tṛṣyataḥ /
> yā eva aham iti dhīḥ sā eva sahajaṃ sattvadarśanam // (PV Ⅱ.200b;201a)

> '나'라는 견해가 없는 사람은 누구도 자아에 대해서 애착하지 않는다. 그리고 자아에 대한 애착이 없이 안락을 원하는 자는 [모태로] 나아가지 않는다.
> na hy apaśyann aham iti kaścid ātmani snihyati /
> na ca ātmani vinā sukhakāmo abhidhāvati // (PV Ⅱ.201b;202a)[232]

'아트마(ātmā)'도 '프라나(prāṇa)'와 마찬가지로 베다시대는 '호흡'의 의미가 있고 '영혼'과 '자아'를 표현하는 언어이기도 하였다.(독일어 'atem'은 원래의 의미 그대로이다.) 다르마키르티는 인간의식의 심층구조에까지 고찰을 진행한다.

---

232) Pvk. 'sa paśyann'를 다른 판본에 의해서 정정

계박(bandha)은 고를 일으키는 원인이다. 영원한 것에 어떻게
해서 그것이 있을까? 해탈은 안락을 일으키는 원인이다. 영원한
것에 어떻게 해서 그것이 있을까?
duḥkhotpādasya hetutvam bandho nityasya tat kutaḥ /
aduḥkhotpādahetutvam mokṣo nityasya tat kutaḥ // (PV Ⅱ.
202b;203a)233)

영원을 본질로 하는 영혼이라면 속박되어 고통을 느낀다든지 해
탈하여 안락을 느낀다든지 하지는 않는다. 다르마키르티의 존재론
에 의하면 무상한 자아이기 때문에 그와 같은 작용이 있다.

무상이라 일컬어지지 않는 것은 어떠한 것의 원인도 아니다. 또
한 그렇게 일컬어지지 않는 것에 있어서는 속박과 해탈은 결코
있을 수 없다.
anityatvena yo avācyaḥ sa hetur na hi kasyacit /
bandhamokṣāv avācye api na vidyete kathañca na // (PV Ⅱ.
203b;204a)234)

마노라타난딘에 의하면 푸드갈라 이론이 자아를 영원하다거나
무상하다고 단정하지 않기 때문에 무상설을 확인한 것이다.(Pvv.71,
6~9) 또한 데벤드라붓디에 의하면 속박과 해탈은 영원을 본질로
하는 자아와 양자택일이라는 것을 말한 것이다.(PpT.132a, 4~5)

---

233) Pvk. Pvv는 'duḥkhasyotpādahetutvam'
234) Pvk. 'yujyete'를 다른 판본에 의해서 정정

자성(svabhāva)이 소멸하지 않는 것을 지자들은 '영원'이라고
한다. 그렇기 때문에 이 부끄러워해야 할 견해를 버리고 그것을
무상이라고 말해야 한다.

nityaṃ tam āhur vidvāṃso yaḥ svabhāvo na naśyati /
tyaktvā imāṃ hrepaṇīm ato 'nityaḥ sa ucyatām // (PV II.204
b;205a)[235]

이상으로 멸의 원리(滅諦)에 대한 평석을 마친다. 그것은 다르마
키르티의 해탈이론과 밀접하게 결부되어 있다.

제4절 도의 원리

지금부터 도의 원리(道諦)를 평석한다.

[해탈로 가는] '길[道, mārga]'은 [제135게송에서] 이미 설하였
다. 그것(무아견의 도)의 수습에 의해서 존재의 근기(소의)는 전
의한다. [반대논사가 말한다. 그와 같은 전의는 결코 궁극적인
것이 아니다.] 그 길의 본성이 된다고 해도 다시 과실이 수반되기
때문이다. [가령, 생사의 한가운데 있다고 해도 그것이 번뇌에
오염되지 않고서 현현할 수 있는 것과 같다]라고 한다면, 그것은
그렇지 않다. [아견이 남김없이 제거되면] 그와 같은 [어리석음을
낳는] 능력은 없기 때문이다.

ukto mārgaḥ tad abhyāsād āśrayaḥ parivartate /

---

235) Pvk. 3개 부분을 다른 판본에 의해서 정정

<u>sātmye</u> api doṣabhāvaś cen mārgavan na avibhutvataḥ //
(PV Ⅱ.205b;206a)[236]

제138게송 후반에서 '가르침(śāsana)은 그것(방법의 수습)을 목적으로 하기 때문에 실로 방법의 수습(upāyābhyāsa)이라 생각한다'고 말한 것을 가리켜서 '도는 이미 설해졌다'라고 한다.(PpT.87a, 4) '교사(śāstā)'라는 부처님의 명호와 관련이 있다. '근기'란 프라즈냐카라굽타에 의하면 심상속 또는 아뢰야식이다. 전자는 경량부적 해석이며 후자는 유식파적 해석이다. 이 절은 무상유식(無相唯識)적 표현이 다수 있기 때문에 '전의(āśrayaparāvṛtti)'를 말하고 있다.

대상의 있는 그대로를 파악하는 것이 인식의 본질이다. 그리고 그것(대상)이 그것(인식)을 생기게 하는 현존재임을 본질로 한다. 그것(대상)이 그것(인식)의 본질이지만, 그것은 다른 [객진의 번뇌와 내적인 무명 등이라는] 요인에 의해 방해되어 착각한다. 또한 그 [착란지가] 소멸할 때에는 [그 대치라는] 조건에 의존한다. 따라서 그것은 [어두운 암흑 속에서 새끼줄을 잘못 생각하여] 뱀이라는 관념과 같이 고정적인 것이 아니다.

viṣayagrahaṇaṃ dharmo vijñānasya yathā asti saḥ /
gṛhyate so asya janako vidyamānātmanā iti ca //
eṣā prakṛtir asyās tan nimittāntarataḥ skhalat /
vyāvṛttau pratyayāpekṣam adṛḍhaṃ sarpabuddhivat //(PV
Ⅱ.206b;208a)

---

236) Pvk. 'sāmye'를 다른 판본에 의해서 정정

대상을 무상·고·공·무아 등의 상으로서 파악하는 인식이 청
정한 존재방식이다. 다른 인연을 얻어 인식은 착란하기도 하고 전환
하여 청정하게 되기도 한다. 『섭대승론(攝大乘論)』 등에서 허망분
별의 사례로 새끼줄을 뱀으로 잘못 보는 지각을 말한다. 새끼줄로
보는 것이 연기적인 현실적 존재의 세계를 표현하고, 그것도 공이라
고 보는 것이 소위 원성실성(圓成實性)이다.

> 이 마음은 본성적으로 청정한 것이다. [아견에 의한 과실의] 더러
> 움은 밖에서 온 것이다. 이미 이전에 [번뇌를 생기한] 효력이 없
> 는 것이 어떻게 해서 그 [수도] 이후에 그 [도]의 본성이 되고
> 있는 [마음에] 장애를 일으키는 효력이 생길 수 있을까?
> prabhāsvaram idaṃ cittaṃ prakṛtyā āgantavo malāḥ /
> tatprāg apy asamarthānāṃ paścācchaktiḥ kva tanmaye //(P
> VⅡ.208b;209a)

이 전반 게송이 반야경전에서 유명한 문장이다.237) 하지만 『앙굿
타라니카야(Aṅguttaranikāya)』에 이미 나오는 것을 반야경전이 원
용했을 것이다. '그것 이전'이란 문(聞)·사(思)의 단계이며 뒤의 단
계는 수(修)의 단계이다.(데벤드라붓디)

> [번뇌를 낳는] 힘이 있다고 해도 반대[의 길]을 낳는 힘을 내포하
> 고 있는 것(마음)에 있어서 [더러움은] 절대적으로 자랄 수 없다.
> 물이 흐르는 지면에 있어서 불과 같이.

---

237) Aṣṭasāhasrikā Prajñāpārmitā(ed. Mitara) p.5; Pañcaviṃśatī-sāhasrikā P.(e
d. Dutt) p.21; Śatasāhasrikā P.(ed. Ghosah) p.495

na alaṃ praroḍhum atyantaṃ syandinyām agnivad bhuvi /
bādhakotpattisāmarthyagarbhe śakto api vastuni // (PV II.
209b;210a)

본래 청정한 도에서 이루어진 마음은 번뇌의 더러움을 제거하는
힘을 내포하고 있는 현실적 존재(garbhaṃ vastu)이다. 여러 주석에
는 '타타가타가르바(tathāgatagarbha)'라는 말이 없다. 그러나 내용
은 그 깨달음의 도를 내장하고 있다는 것이다.

고통이 없는 진실의 경계를 본질로 하는 사람은 전도[된 분별]에
힘쓴다고 해도 장애를 받지 않는다. 마음은 그 방향(도)으로 나아
가기 때문이다.
nirupadravabhūtārthasvabhāvasya viparyayaiḥ /
na bādhā yatnavattve api buddhes tat pakṣapātataḥ // (PV
II.210b;211a)

본래 청정한 마음은 대상을 무상 등의 상으로 보는 것이다. 하지
만 일단 새끼줄로 알게 되면 역시 뱀의 인식은 없는 것처럼 다시
퇴전하지 않게 된다.

아견이라는 하나의 원인을 가지며 [또한 상호 간에] 인과관계에
있기 때문에 애욕과 증오는 [정의상] 다르다고 해도 [실제로는]
서로 배제하는 것이 아니다.
ātmagrahaikayonitvāt kāryakāraṇabhāvataḥ /
rāgapratighayor bādhā bhede api na parasparam // (PV II.
211b;212a)

애욕과 증오는 무지나 자아의식과 함께 수도(修道)에서 끊어지는 본능적인 과실이라 여겨진다. 『요가수트라』(II, 3)나 『니야야수트라』(IV, 1, 3)에서도 그것을 받아들이고 있다. 다만 다르마키르티는 그것들의 근본을 자아의식[我見]이라 한 것이며 무지란 그것을 일컫는다.

> 자애(maitrī) 등은 무지와 상반하는 것이 아니기 때문에 [거기서] 완전하게 과실을 상쇄할 수는 없다. 모든 더러움은 그것(무지)을 근본으로 한다. 그리고 그것은 유신견이다.
> mohāvirodhān maitryāder na atyantaṃ doṣanigrahaḥ /
> tanmūlāś ca malāḥ sarve sa ca satkāyadarśanam // (PV II. 212b;213a)

자애는 우애이기도 하며 여러 과실과 혼재하는 심리이다. 그것만으로 과실을 상쇄할 수는 없는 것이며 거기에는 여러 과실의 근원이 되고 있는 자아의식[我見]의 근절이 중요하다.

> 무지란 지혜의 반대(pratipakṣa)이다. [또한] 마음에 속한 것으로서 인지되기 때문이다. [佛典의] 언어에 의해서도 다른 [정의는] 바르지 않다.
> vidyāyāḥ pratipakṣatvāc caittatvena upalabdhitaḥ /
> mithyopalabdhir ajñānam ukteś ca anyad ayuktimat // (PV II.213b;214a)
> *PvT에 의하여 다른 판본을 정정한다.

프라즈냐카라굽타나 마노라타난딘에 의하면, '무지'의 정의는
『아비다르마코샤』의 '심상응법(心相應法)'에서 '상응'의 설명을
근거로 한다. 바수반두의 심소법(心所法) 설명은 46종을 열거하는
것이기 때문에 다르마키르티가 그와 같은 계통을 주장한 것은 아
니다.

> 여기서 [아견과 결과의] 상위가 설해져야만 한다. 그리고 그 상위
> 로부터 그것(아견)에서 성립하는 모든 과실이 공관(śūnyatādṛṣṭi)
> 과 상반하는 것이 인정된다.
> vyākhyeyo atra virodho yas tadvirodhāc ca tanmayaiḥ /
> virodhaḥ śūnyatādṛṣṭeḥ sarvadoṣaiḥ prasidhyati // (PV Ⅱ.
> 214b;215a)

여기서 '공관(空觀)'이란 무아견(無我見)을 의미한다. 사상(四相)
을 말할 때는 무아소(無我所, anātmīya)의 견해이지만 자아가 공임
을 봄으로써 모든 과실을 불식시킬 수 있는 것이다.

> [반대논사가 말하기를 장애는] 다하지 않는다. 중생의 본질이기
> 때문이다. 색 등과 같이. [답한다. 그렇지 않다.] 논리적 이유는
> 성립하지 않기 때문이다. 반대대당[인 무아견이] 갖추어지면 그
> 들(여러 과실)도 버림당하는 것을 경험하기 때문이다.
> akṣayaḥ prāṇidharmatvād rūpādivad asiddhitaḥ /
> sambandhe pratipakṣasya tyāgasaṃsarjanād // (PV Ⅱ.215b;
> 216a)[238]

---

238) Pvk. Pvv. 'nākṣayaḥ'는 마노라타난딘의 해설 'syād etad akṣayo rāgādhḥ'에

여러 죄들은 중생의 본질이라고 말하는 것에 대해서 무아견에
의해 근절할 수 있기 때문에 '중생의 본질'이라는 논리적 이유는
성립하지 않는 것이다.

> [모든 과실은 구리 등에 있어서] 고체의 모양과 같이는 다시 생기
> 지 않는다. 과실의 반대대당이 본성이기 때문이다. 또한 그것이
> 다시 소멸하는 것도 아니기 때문이다. 재[로부터 땔감이 소생하
> 는 일은 없는 것]처럼, [과실이 재생하는 것도] 명확하지 않기
> 때문이다.
> na kāṭhinyavad utpattiḥ punar doṣavirodhinaḥ /
> sa ātmatvena anapāyatvād anekāntāc ca bhasmavat // (PV
> II.216b;217a)

반대논사는 구리[銅]가 불을 여의게 되면 다시 단단함을 되찾는
다는 것을 예로 들어 과실의 재생을 말한다. 그러나 재로부터 땔감
이 소생하지 않는 것처럼 그와 같은 일은 있을 수 없다고 한다. 이것
은 비유를 들어 응수한 것이다.

> '나'라는 견해를 내는 자는 그것에 대해서 '자기'라는 영원한 애착
> 이 있다. 애착 때문에 쾌락에 집착하고 그 집착이 과실을 [은폐하
> 여 범하는 줄도] 모르게 한다.
> yaḥ paśyaty ātmānaṃ tatra aham iti śāśvataḥ snehaḥ /
> snehāt sukheṣu tṛṣyati tṛṣṇā doṣāṃs tiraskurute // (PV II.217

의해서 'na'를 취한다.

b;218a)[239]

주석자들은 『브리하드아란야카우파니샤드』 (IV, 5, 6)의 '자아를 보고, 듣고, 생각하고, 고요하게 사려해야만 한다(ātmā vā draṣṭavyaḥ śrotavyo mantavyo nididhyāsitavyaḥ)'는 말을 인용한다. 이와 같은 자아 확립의 유혹이 과실을 은폐해버린다고 다르마키르티는 구전(口傳)으로 가르친 것이다.(야즈냐발키야와 아내 마이트레이의 대화)

> 욕심나는 것을 보는 자는 '나의 것'이라고 갈애하고, 그 성취를 취한다. 그것에 의해서 자아에 애착하는 한, 그 사람에게 윤회는 있다.
> guṇadarśī paritṛṣyan mama iti tat sādhanāny upādatte / tena ātmābhiniveśo yāvat sa saṃsāre // (PV Ⅱ.218b;219a)

> 자기가 있다면 남이라는 관념이 있고, 자기와 남의 구별에서 애착과 증오가 일어난다. 이 양자와 관련하여 모든 과실이 생기게 되는 것이다.
> ātmani sati parasañjñā svaparavibhāgāt parigrahadveṣau / anayoḥ sampratibaddhāḥ sarve doṣāḥ prajāyante // (PV Ⅱ. 220b;221a)

자기라는 견해를 일으키자마자 남이라는 관념도 일어나 증오의 대상이 된다. 이와 같은 관찰은 다르마키르티의 뛰어난 심리학적·윤리학적 관찰이며 교학과 같은 것을 초월하여 현대에 이르고 있다.

---

239) Pvk. Pvv. 'tatrāsyāham'을 다른 판본에 의해서 정정

전반의 게송은 글자가 남는다.

[반대논사가 말하기를] 애착한다는 것이 과실을 수반하는 것이
지, [자기라는 견해가 과실을 수반하는 것은 아니다.] [답한다.]
그렇게 말한다고 해서 애착을 버릴 수가 있을까? 그 대상(자기)
에 과실이 없다면 [더욱더] 애착을 버릴 수가 없다. [즉, 자기 자신
을 부정(不淨)하다고 느끼지 못하는 자아라면 애착은 점점 더
심해질 것이다.]
snehaḥ sadoṣa iti cet tataḥ kiṃ tasya varjanam /
adūṣite asya viṣaye na śakyaṃ tasya varjanam // (PV II.221
b;222a)

아름다운 것과 추한 것에 결부한 욕망과 혐오의 마음을 내려놓는
다고 하는 것은 그 양자를 대상으로 보지 않는다는 것이다. 외부
대상에 있어서 순서는 [내부 심리와 상응]하지 않는다.
prahāṇir icchādveṣāder guṇadoṣānubandhinaḥ /
tayor adṛṣṭir viṣaye na tu bāhyeṣu yaḥ kramaḥ // (PV II.222
b;223a)[240]

자아 확립이라는 미명하에 대상의 장점을 보는 데 힘쓰고, 애착이
라는 과실을 자기 인식 상에서 보려고 하지 않기 때문에 쉽사리
그 마음을 내려놓기가 어려운 것이다.

애착은 애착의 장점에 의해서 생기는 것이 아니라 대상의 장점을

---

240) Pvk를 다른 판본에 의해서 정정

보고서 생기는 것이다. 그 원인이 갖추어져 있다면 어떻게 해서
결과가 제거될 수 있을까?

na hi snehaguṇāt snehaḥ kiṃ tv arthaguṇadarśanāt /
kāraṇe avikale tasmin kāryaṃ kena nivāryate // (PV II.223b;
224a)

대상의 좋은 점은 애착이라는 좋지 않은 결과를 낳는 것이다. 자
기라는 견해를 세운 채로 욕망을 떠날 것을 설하는 외도 각 학파는
착각하고 있다.

또한 애착에 어떠한 과실을 보는가, [그것이] 고의 소의인 [한의
의미라고 반대논사가 말하면 답한다.] 그럼에도 불구하고 이것
(애착)에 이욕은 [있을 수] 없다. 자아에 대한 자기라는 견해[를
내는 것] 같이.

kā vā sadoṣatā dṛṣṭā snehe duḥkhasamāśrayaḥ /
tathā api na virāgo atra svatvadṛṣṭer yathā ātmani // (PV II.
224b;225a)

그것들(애착)이 없다면 자아는 고의 원인이 되지 않는다고 한다
면 [답한다.] 전적으로 그와 같다(자아가 없다면 고의 원인이 되
지 않는다). 이렇게 해서 양쪽 모두 과실이 없다. 그러므로 양쪽에
대한 이욕은 [있을 수] 없다.

na tair vinā duḥkhahetur <u>ātmā</u> cet te api tādṛśāḥ /
nirdoṣaṃ dvayam apy evaṃ <u>vairāgyaṃ</u> na dvayos tataḥ //
(PV II.225b;226a)

*Pvk. 본을 다른 판본과 PvT.에 의해서 정정.

　반대논사는 자아도 애착도 고의 원인이 아니라면 좋다고 논박하지만 자아를 아주 뛰어난 것으로 보는 한 애착이 생기며, 이욕은 가능하지 않고 고의 원인이 된다고 다르마키르티는 답한다.

　[반대논사가 말하기를] 고의 수습에 의해서 그것을 이룰 수 있다. 독사에게 물린 부분을 절단하는 것처럼. [답한다.] '나의 것'이라는 마음(ātmīya-buddhi)을 싫어하여 떠남[厭離]으로써 이것(애착)을 여의는 것이며 다른 것(자아의 고통)만으로 [염리할 수는] 없다.
duḥkhabhāvanayā asyāc ced ahidaṣṭāṅgahānivat /
ātmīyabuddhihānyā atra tyāgo na tu viparyaye // (PV II.226 b;227a)

　고행은 세간의 염리(厭離, hāni)와 같이 볼 수 있지만, 나라는 생각[我見]을 내려놓는 것이 핵심임을 잊고 있다. 영적인 자기(jīva)의 독립 존재의 지위를 구하는 자이나교 등을 향한 비판이다.

　향유의 근거라 여겨지는 감관 등에 있어서 '자아'라는 마음이 어떻게 해서 배제되는가? 거기에 그 이욕이 어떻게 해서 존재할까?
upabhogāśrayatvena gṛhīteṣv indriyādiṣu /
svatvadhīḥ kena vāryeta vairāgyaṃ tatra tat kutaḥ // (PV II. 227b;228a)

　바사르바쟈냐도 향유의 근거가 감관임을 말한다. 그것은 널리 인정된 관념이지만 자아의식의 근거이기도 한다. 감관의 활동으로부

터 자아의식을 제거하는 것이 얼마나 힘든지를 다르마키르티는 말
하고 있다.

> [이것은] 모두가 알고 있는 것(pratyakṣa)이다. 신체로부터 떨어
> 진 모발 등에는 싫어하여 떠나고 싶은 마음이 생기지만, 다른
> 쪽[의 떨어지지 않는 모발 등]에는 애착의 마음이 생기는 것처럼.
> pratyakṣam eva sarvasya keśādiṣu kalevarāt /
> cyuteṣu saghṛṇā buddhir jāyate anyeṣu saspṛhā // (PV Ⅱ.228
> b; 229a)

신체에서 단절되어 떨어진 모발에 역시 '나의 것'이라는 관념은
없고, 다만 쓰레기로 다룰 뿐이다. 애착이라는 과실의 근본원인은
'나의 것'이라는 내적인 관념이다. 이와 같이 도(道)를 현혹하는 자
아에 대한 애착도 도의 원리를 평석하는 가운데 다시 논해졌다. 아
비다르마에는 나열되어 있었던 소위 심소법이 다르마키르티에 의
해서 인간학적·심리학적으로 체계화되었다.

제5절 다른 학파의 해탈이론 비판

지금부터 바이세시카·상키야·자이나의 해탈이론을 도의 원리
(道諦)에 대한 이론의 상대 논의로서 제시하여 비판해보고자 한다.

> [바이세시카학파에 있어서] 자아인 마음은 화합(samavāya) 등
> 의 결합에 의해서 그 (영혼)에서 생긴다. 그 결합은 [고를 수습해
> 도] 마찬가지이기 때문에 [과실을 보고도] 버리지 않는다.

samavāyādisambandhajanitā tatra hi svadhīḥ /

sambandhaḥ sa tathā eva iti dṛṣṭāv api na hīyate // (PV Ⅱ.229

b;230a)

바이세시카학파에 의하면 영혼(ātmā)이라는 실체(dravya)에 괴
로움과 즐거움의 인식(buddhi)이라는 속성(guṇa)이 화합한다고 한
다. 실체는 화합인(samavāyi-kāraḥa)이며, ‘영혼에 괴로움과 즐거움
이 화합한다.(Vs.GOS.Ⅹ, 1)’ 등으로 표현한다. 이들의 기본은 『바이
세시카수트라』 (Ⅰ, 3~4)에 기술되어 있다. 대상의 추한 면을 보고
고통이라는 속성이 영혼에 일어나도 마음의 집착을 내려놓지 않고
영혼에 고통으로부터 증오를 일으켜 비법의 업을 짓고 윤회하게
된다. 『바이세시카수트라』 자신이 ‘쾌락에서 탐욕이 증가하고(Vs.
Ⅵ, 2, 12)’ ‘탐욕과 증오에 근거해서 법과 비법의 업을 짓는다(Vs.Ⅵ,
2, 17)’라고 말한다.

> [상키야학파에서는] 화합 등의 개념이 없어도 모든 것에 [애착을
> 일으키는 것을] 조성하는 것으로 된다.
> samavāyādyabhāve api sarvatra asty upakāritā / (PV Ⅱ.
> 230b)

상키야학파는 윤회의 물질적 원리인 ‘근본원질(pradhāna)’에서 사
트바・라자스・타마스의 3체질을 보고, 라자스의 활동에서 애욕 등
을 설명한다. 게다가 ‘대(大)’인 마음이 그것으로부터 전개함과 함께
자아의식(ahaṅkāra)을 도출하는 것이다.

[반대논사가 말하기를 뱀에 물린] 손가락과 같이 고를 조성하기

때문에 '자아'라는 마음은 없을 것이다. [답한다.] 그 고는 '절대로 (ekāntena)'는 아니며 '상당히(bhuyasā)'이다. 독을 머금은 식물과 같이.

duḥkhopakārān na bhaved aṅgulyām iva cet svadhīḥ /
na hy ekāntena tad duḥkhaṃ bhūyasā saviṣānnavat // (PV II.231)

『상키야카리카』의 서두에서 '세 가지 고통에 시달리기 때문에 그것을 소멸하는 수단에 관해서 고찰하고 싶다'라는 구절이 있다. 그러나 다르마키르티는, 그와 같은 고통은 상대적인 고통이며 절대적이라 말할 수 있을 정도의 고통은 아니라고 하찮게 대한다.

특별한 안락을 바란다면 그것과 반대대당의 존재에 대해서 이욕(離欲)하는 자가 될 것이다. 특별한 안락을 희구함으로써 어떤 안락을 싫어하여 떠나는 자가 될 것이다.

viśiṣṭasukhasaṅgāt syāt tadviruddhe virāgitā /
kiñcit parityajet saukhyaṃ viśiṣṭasukhatṛṣṇayā // (PV II. 232)

'특별한 안락'이란 물론 윤회로부터 해탈하는 것이다. 해탈을 바라는 것을 '트르스나(tṛṣṇā)'라는 말로 표현한다. 사트바를 본질로 하는 법·인식·욕망을 떠남[離欲]·자재 등은 상대적인 선(善)이며 어느 정도의 안락(安樂)이다. 상키야학파가 말하는 것은 모두 세간적인 안락에 근거하는 것이다. 절대의 해탈에는 이것들을 모두 내려놓지 않으면 안 된다.

그런데 무아를 본성으로 하는 것에 대해서 자아에 대한 애착으로
인해 [착각하여 자아를] 체득한 것처럼 흥분하여 춤춘다. 매력적
인 여성을 얻지 못하면 짐승에게 욕망[을 표출]하는 것이 보이는
것처럼. [즉, 獸姦의 경우와 같이]
nairātmye tu yathālābham ātmasnehāt pravartate /
alābhe mattakāśinyā dṛṣṭā tiryakṣu kāmitā // (PV Ⅱ.233)

다르마키르티는 애착해서는 안 되는 대상을 애착하고 있음을 상
대가 알 수 있도록 비근한 비유로 설명하였다.

자아를 갈애하는 자에게 그 소멸이 어떻게 해서 있을 수 있을까?
[푸루샤인 정신원리를] 모든 경험(anubhava)·생활(vyavahār
a)·신체속성(guṇā)의 기체(āśraya)가 소멸한 것[이라고 상키
야학파는 주장하지만] 그와 같은 애착을 반드시 인정해야 할 것
이다. 애착의 본질이 그와 같이 [단절하는 것]은 아니기 때문이다.
yasya ātmā vallabhas tasya sa nāśaṃ katham icchati /
nivṛttasarvānubhavavyavahāraguṇaāśrayam //
icchet prema kathaṃ premṇaḥ prakṛtir na hi tādṛśī / (PV Ⅱ.
234;235a)[241]

영혼(puruṣa)은 증인(sākṣī), 독립(kaivalya), 중립적(mādhyasthya)
존재, 비행위자적인 존재(akartṛbhāva)라고 『상키야카리카』 제19장
은 언명한다. 육체원리는 그 정신원리를 갈애하여 윤회가 일어나는

---

241) Pvk. '…ś ca'를 다른 판본에 의해서 정정. Vetter, Der Buddha und seine Lehre
   in Dharmakīrtis Pramāṇavarttika, p.132에서 대론자를 바이세시카학파라고 하
   는 것은 착오이다.

것이지만 불교적으로 말하면 후자는 무아라고 할 수 있는 것이어서
애착의 대상으로 여기는 것은 우습다고 한다.

하여튼 아견은 자아에 대한 애착을 극히 강고하게 한다. 그 '나의
것'에 대한 애착(ātmīyasneha)의 종자는 그 [강고한] 상태로 향
하게 되는 것 같다.
sarvathā ātmagrahaḥ sneham ātmani draḍhayaty alam /
ātmīyasnehabījaṃ tat tadavasthaṃ vyavasthitam // (PV II.
235b;236a)

[이욕에] 힘써도 현재 존재하는 [자아에 대한 애착이] '나의 것'에
대한 이욕(離欲)을 방해한다. 아주 적은 장점에 의거하여 그 장점
을 덮어 은폐하는 것이다.
yatne apy ātmīyavairāgyaṃ guṇaleśasamāśrayāt /
vṛttimān pratibadhnāti tad doṣaṃ saṃvṛnoti ca // (PV II.236
b;237a)[242]

[반대논사가 말하기를] 영혼에 대해서도 이욕한다. [답한다.] 그
경우 이욕되는 것이 염리한다는 말은 있을 수 없다. 자기에 대해
서 [버린 적이 없는] 것처럼. 그렇기 때문에 고의 수습(bhāvanā)
은 무의미하다.
ātmany api virāgaś cenna idānīṃ yo virajyate /
tyajaty asau yathā ātmānaṃ vyarthā ato duḥkhabhāvanā //
(PV II.237b;238a)

---

242) Pvk. 'doṣam'을 다른 판본에 의해서 정정

상키야학파가 말하는 푸루샤는 일반의 아트만에 해당되지만 윤회와 해탈의 주체는 3가지 원질[사트바, 라자스, 타마스]을 가진 육체원리이다. 그 가운데 사트바가 이욕과 관련을 갖는다. 상키야학파는 법(法)・지(知)・자재(自在)의 성질인 사트바에 의해서 이욕(離欲)하고, 고와 그 원인인 상대하는 라자스의 성질이라고 말한다. 이것들은 상대적으로 활동하여, 절대의 이욕이 영혼에 대해서 일어나는 구조로는 되지 않는다. 영혼 자신도 자기를 버릴 수는 없다. 영혼 자체가 내려놓는 것은 아니기 때문에 고를 수습한다고 해도 상키야학파에게 구제는 있을 수 없다.

고의 수습에 의해서 이 사람은 실로 고통을 경험할 수 있을 것이다. 과거에도 그것은 그렇지만 이욕자는 존재하지 않았던 것이다.
duḥkhabhāvanayā apy eṣa duḥkham eva vibhāvayet /
pratyakṣaṃ pūrvam api tat tathā api na virāgavān // (PV II.
238b;239a)

가령 어떤 사람이 [대상의] 결점에 의해서 그 찰나에 마음을 움직였다고 해도 결코 이욕자는 되지 않는다. [어떤 여성에게는 이욕해도] 다른 여성에 대해서 갈애하는 사람처럼.
yady apy ekatra doṣeṇa tat kṣaṇaṃ calitā matiḥ /
virakto na eva tatra api kāmi iva vanitāntare // (PV II.239b;
240a)

어떤 대상에게 혐오를 느낀다고 해도 다른 좋은 것에 대해 또한 욕망을 느끼기 때문에 고의 수습은 아무 소용이 없다고 한다.

버려야 할 것과 취해야 할 것을 구별하여 후자에게만 애착한다면
그것이 점차 애착을 일으키는 씨앗이 된다.
tyājyopādeyabhede hi saktir yā eva ekabhāvinī /
sā bījaṃ sarvasaktīnāṃ paryāyeṇa samudbhave // (PV Ⅱ.
240b; 241a)

단점이 없는 것을 대상으로 하는 애착은 그것 자체는 문제가 없
는 것이 된다. 기관[인 감관]도 마찬가지이다. 그와 같은 유정은
그렇다면 무엇에 대해서 이욕할 수 있을까?
nirdoṣaviṣayaḥ sneho nirdoṣaḥ sādhanāni ca /
etāvad eva ca jagat kva idānīṃ sa virajyate // (PV Ⅱ.241b;
242a)

[반대논사가 말하기를, 애착하기 때문에] 과실도 있는 것이다.
[답한다.] 그때는 자아에 대해서도 마찬가지이다. 그 과실이 있는
[자아에 대해서] 이욕하지 못하는 사람이 무엇에 대해서 이욕하
는 것인가? 허물(doṣa)을 보는 사람은 덕(guṇa)을 보는 것에서
생기는 애착을 배제할 수는 있지만 감관에 대해서는 그렇지 않다.
유아도 그와 같이 [본능적으로 감관 등을 자기라] 보기 때문이다.
(원문은 주기)243)

---

243) 원문을 보충한다. sadoṣatāpi cet tatra tasyātmany api sā samā / tatrāvirakta
 s taddoṣe kvedānīṃ sa virajyate // guṇadarśanasambhūtaṃ sneham bādheta
 doṣadṛk / sa cendriyādau na tv evam bālāder api <u>darśanāt</u> //(PV Ⅱ.242b~244
 a) Pvk. 'sambhavāt'를 다른 판본에 의해서 정정

심리학적인 자아의식을 연구한 윌리엄 제임스의 『심리학 원리 (Principles of Psychology)』에서 나타나는 '자아의식'의 연구와 이 것들은 필적한다.

[나의 것이라 본다면] 단점인 것에 대해서도 [애착이] 있기 때문에, 그리고 타자의 존재라면 장점이 있어도 [애착은] 없기 때문이다. 또한 자신의 것에서도 분리한 [모발 등에는 나의 것을] 싫어해 떠나기[厭離] 때문이다.

doṣavaty api sadbhāvād abhāvād guṇavaty api /

anyatra ātmīyatāyāṃ vā vyatītādau vihānitaḥ // (PV Ⅱ.244b; 245a)[244]

그러므로 [나의 것]이라는 마음의 원인은 [대상의] 장점을 보는 것이 아니다. 그렇기 때문에 단점을 보고 그 [애착이] 버려지는 것도 아니다.

tata eva ca na ātmīyabuddher api guṇekṣaṇam /

kāraṇaṃ hīyate sa api tasmān na aguṇadarśanāt // (PV Ⅱ. 245b;246a)

또한 진실이 아닌 덕성의 귀속은 그것(자아)에 대한 애착에서 보이기 때문에 그 원인(나라는 생각)을 저지하지 않는 규범이 어떻게 해서 그것(애착)을 막을 수 있을까?

api ca asad guṇāropaḥ snehāt tatra hi dṛśyate /

tasmāt tatkāraṇa bādhī vidhis tam bādhate katham // (PV Ⅱ.

---

244) Pvk. Pvv. 'svabhāvād'를 Tib에 의해서 정정

246b;247a)[245]

다음 게송도 푸루샤와 프라크리티의 결합에서 윤회한다고 생각하는 상키야학파에게 말하는 것이다.(마노라타난딘)

이 사람은 다른 뛰어난 존재를 구하기 때문에, 생멸을 지각하기 때문에, 감관 등과는 다른 자아를 안다.
parāparaprārthanā ato vināśotpattibuddhitaḥ /
indriyādeḥ pṛthag bhūtam ātmānaṃ vetty ayaṃ janaḥ // (P V II.247b;248a)[246]

예를 들면 눈 등의 감관에 고장이 난 사람은 다른 좋은 눈을 선망한다. 자신의 눈에 대해 집착을 여읜 것처럼 보이지만, 실은 눈에 대한 애착이 한층 강화된 데에 지나지 않는다. 상키야학파의 윤회론은 미세한 몸[細身]을 주체로 하여(liṅgaṃ saṃsarati), 영혼의 목적에 닿아 있는 것이다(puruṣārthahetuka). 미세한 몸은 춤추는 무희이며, 영혼은 객관에 비유된다. 춤추는 것을 멈추고 영혼을 해방하는 것처럼, 결국 육체원리는 영혼의 해탈을 위해서 활동을 정지한다.(S k.57~59) 따라서 '이 사람(ayaṃ jana)'은 세신(細身), '다른 자아(pṛthagbhūtātmā)'는 '다른 뛰어난 존재(parāpara)'인 영혼이다. 상키야학파의 체계는 인격이 분열해 있지만 원래 이원론이기 때문에 하는 수가 없다.

---

245) Pvk. 'tatkaraṇā vā dhī'를 다른 판본에 의해서 정정
246) Pvk. 'vināśopāsa…'를 다른 판본에 의해서 정정

그러므로 [상키야파는 두 원리를] 동일하다고 보기 때문에(ekatv
adṛṣṭyā) 애착을 일으킬 수 없다. 자아에 애착하고 있는 자는
본래 인식작용 내적인 감관에(upalambhāntaraṅgeṣu) 애착하고
있는 것이다.
tasmān na ekatvadṛṣṭyā api snehaḥ snihyaṃ ca ātmani /
upalambhāntaraṅgeṣu prakṛtyaivānurajyate // (PV II.248b;
249a)

영혼과 육체를 동일시하는 상키야 형이상학설을 무시하고, 자아
에 대한 애착이라는 비판적 관점에서 다르마키르티는 자신의 의견
을 개진한다.

직면한 고통으로부터 싫어하여 떠나는 것[厭離]에서 오는 염리는
증오(dveṣa)이며 그와 같은 것은 (진정한) 이욕이 아니다. 그런
경우도 그것(자아)에 대한 애착이 있는 것이다. 다른 상태(쾌락)
를 구하기 때문이다.
pratyutpannāt tu yo duḥkhān nirvedo dveṣa īdṛśaḥ /
na vairāgyaṃ tadā apy asya sneho avasthāntar eṣaṇāt //
(PV II.249b;250a)

상키야는 '고에 시달리기 때문에 그 배제의 방법을 희구한다'고
『상키야카리카』의 서두에서 말하지만, 그것은 고에 대한 증오,
결국은 쾌락을 구하는 것이어서 그대들이 말하는 '이욕(vairāgya)'
은 아니라고 한다.

증오는 고통을 원인으로 하기 때문에 후자가 있는 한 전자가 존

재하고 후자가 소멸하면 다시 [애착이라는] 자기의 본성(prakṛti)
을 [이 인간은] 갖는 것이다.

dveṣasya duḥkhayonitvāt sa tāvan mātram saṃsthitiḥ /
tasmin nivṛtte prakṛtiṃ svām eva bhājate punaḥ // (PV Ⅱ.
250b;251a)

상키야학파는 영혼(puruṣa)을 자기라 한다. 이욕하는 것은 고통을
일으키는 증오가 어떤 순간 없어지면 자연적으로 자기는 애착을
본성으로 한다고 반대논사에게 말한다.

그런데 버린다든지 취한다든지 하는 것들을 떠남으로써 도끼와
전단[으로 비유되는 아라한]의 모두에게 무집착인 이욕이 말해
진다.

audāsīnyaṃ tu sarvatra tyāgopādānahānitaḥ /
vāsīcandanakalpānāṃ vairāgyaṃ nāma kathyate // (k.251b;
252a)[247]

'도끼와 전단' 비유를 데벤드라붓디나 프라즈냐카라굽타는 '평등
성(samatā)에 이르는, 욕망을 떠난 자들'이라 해석한다. 베터는 노르
만[K. R. Norman, Middle Indo-aryan Studies(Journal of the Oriental
Institute, Ⅱ, Baroda 1960)]에 따라서 '도끼에 의해서 꽃향기가 퍼지
는 전단과 같은 아라한'이라고 해석했다.[248] 이와 같은 '평등' 이념은
원래 『바가바드기타』의, 승패를 초월한 심성을 크리슈나가 아르

---

247) Pvk. 'tyāgahānopādānataḥ'를 다른 판본에 의해서 정정
248) T. Vetter, Der Buddha und seine Lehre in Dharmakīrtis Pramāṇavārttika
    (Wein 1984), p.146

쥬나에게 권하는 요가의 이념에서 나온 것이다. '고락이나 득실이나 승패를 평등하게 보고(sukhaduḥkhe samekṛtvā lābhālābhau jayājay au /), 성공과 불성공을 평등하게 보는 평등성이 요가라고 설한다(si ddhyasiddhyoḥ samo bhūtvā samatvaṃ yoga ucyatte //)' 한다.249)

> 현상들이 고라는 것을 생각하여 [세존은] 고의 수습을 설하신 것이다. 그것은 우리(불교인식논리학파)에 있어서는 인연생기의 의미이다. 후자는 무아견의 근거이다.
> saṃskāraduḥkhatāṃ matvā kathitā duḥkhabhāvanā /
> sā ca naḥ pratyayotpattiḥ sa nairātmyadṛgāśrayaḥ // (PV II. 252b;253a)

다른 원인에 의해 생기기 때문에 고이며, 그러므로 무아이다. 다르미키르티는 이미 살펴본 바와 같이 인연생기(pratītyasamutpāda)에서 무상·고·공·무아를 설명하고, 나가르주나는 인연생기에서 무자성·공을 설명했다.(『중론』 제24장, 제18게송)

> 그런데 공관에서 해탈한다. 나머지 수습(bhāvanā)은 그것을 목적으로 한다. 그러므로 [세존은] 무상이기 때문에 고를, 고에서 무아를 설하신 것이다.
> muktis tu śūnyatādṛṣṭes tadarthāḥ śeṣa-bhāvanāḥ /
> anityāt prāha tena eva duḥkhaṃ duḥkhān nirātmatām // (PV II.253b;254a)

---

249) Mbh.VI, 24, 38a; 48b

여러 주석도 팔리율·대품이나 『대만월경(大滿月經)』에 해당
하는 다음과 같은 문장을 인용한다. '비구들이여! 존재는 영원인가,
무상인가? 무상입니다, 대덕이시여! 무상인 것은 고인가, 락인가?
고입니다. 대덕이시여! 무상이고 고이며 전변의 성질이 있는 것은
나의 것, 나, 나의 본체인가? 답한다. 아닙니다. 대덕이시여![250]

그리고 이욕하지 않고서 갈애를 지니고 모든 행위에 의거해 머무
는 자는 해탈하지 않은 자이며 그와 같은 자는 업과 번뇌에 의해
서 윤회하는 자이다.
aviraktaś ca tṛṣṇāvān sarvārambhasamāśritaḥ /
so amuktaḥ kleśakarmabhyāṃ saṃsārī nāma tādṛśaḥ // (PV
II.254b;255a)

윤회의 직접적인 동인은 번뇌(kleśa)라고 간주한다. 여기서는
『아비다르마코샤』에 근거하여 업과 번뇌에 의해서 윤회한다고
말한다.

'나의 것'임을 욕망하지 않는 자는 향유자(bhoktā)일 수도 없다.
그때는 영혼(아트만)도 없다. 행위와 향유는 그 [영혼의] 특징이
기 때문이다.
ātmīyam eva yo na icched bhoktā apy asya na vidyate /
ātmā api na tadā tasya kriyābhogau hi lakṣaṇam // (PV II.
255b;256a)

---

250) Vinayo(PTS) Vol. I , 10, 31~33; Majjhima-Nikāyo, Vol.III, 19, 22~30

등신대(等身大)의 영혼(jīva)을 주장하는 자이나교에 대한 비판이다. 자이나교가 주장하는 영혼은 행위하고 결과를 향유한다. 그것을 끊는다고 말하지만, 그 작용이 없는 것은 역시 무아라 해야 한다고 다르마키르티는 반론한다.

> 그러므로 해탈을 서원하는 자들(mumukṣava)이여! 무한한 과거에서 상속하는 동류인의 종자인 유[신]견을 근절하라.
> tasmād anādisantānatulyajātīyabījikam /
> utkhātamūlāṃ kuruta sattvadṛṣṭiṃ mumukṣavaḥ // (PV Ⅱ. 256b;257a)

마노라타난딘은 다음의 비판 대상에 '신(īśvara)은 성전(āgama)에서 다음과 같이 설하고 있는 것 아닌가'라고 인용한다. '영혼은 존재한다. 그 해탈은 정화의식에 기인한다.' 시바교 계통의 성전이 되지만 '딕샤(dīkṣā)'를 해탈의 원인이라 말하는 파슈파타 계통의 논서는 『라트나디카』(p.8, 8~19)이다.

> [그대들의] 성전을 진실에 근거한 것이라 보지 않는 자에게는 성전에만 의존하여 해탈을 설해도 환희하지 않는다.
> āgamasya tathā bhāvanibandhanam apaśyatām /
> muktim āgamamātreṇa vadan na paritoṣakṛt // (PV Ⅱ.257b; 258a)

> 종자 등의 [발아를 멈추게 하는 데] 유효한 의식(儀式)은 사람이 [윤회의 세계에 다시] 태어나지 않게 하는 능력은 없다. [몸에] 기름을 바르거나 소신(燒身) [공양] 등으로 해탈하려는 것은 오

류이기 때문이다.

na alaṃ bījādisaṃsiddho vidhiḥ puṃsām ajanmane /
tailābhyaṅgāgnidāhāder api muktiprasaṅgataḥ // (PV Ⅱ.258
b;259a)

기름을 바르는 것이나 소신공양이 종자에게 유효하다고 말하는
것은 싹을 틔우지 못하게 하는 불생(不生)에 효과가 있다는 야유이
다. 루드라 아디야야를 암송하는 아그니챠야나 제식도 점화와 버터
기름을 바르는 공양의식이 있다.

[의식을 치르기] 전에는 [죄가] 무거운 자가 [의식을 치른] 후에
는 가볍게 되어 소멸한다고 하는 것은 있을 수 없다. 이것(죄)에
는 무거움 등이 있을 수 없다. 왜냐하면 죄는 물질적 형태[를 본질
로] 하지 않기 때문이다. 따라서 [죄는] 무거운 것이 아니다.
prāg guror lāghavāt paścān na pāpaharaṇaṃ kṛtam /
mā bhūt gauravam eva asya na pāpaṃ gurvamūrtitaḥ // (PV
Ⅱ.259b;260a)

바르지 못한 인식과 그것에 의해 생긴 애착의 마음에 지배되기
때문에 열등한 곳으로 가서 태어난다. 따라서 그것을 끊는 자는
[다시는] 생사윤회의 세계에 태어나지 않는다.
mithyājñānatadudbhūtatarṣasaṃcetanavaśāt /
hīnasthānagatir janma tena tacchin na jāyate // (PV Ⅱ.260b;
261a)

고에 대한 허망분별지는 그것을 영원·쾌락·나·나의 것으로

보는 사고방식이다.

> [허망분별지와 애착심] 양쪽이 생에 대한 능력을 가진다. 그것들
> 만으로 [재]생하기 때문이다. 두 개의 마음작용은 원래 업이기
> 때문에 [재]생의 원인으로 충분하다.
> tayor eva hi sāmarthyaṃ jātau tanmātrabhavataḥ /
> te cetane svayaṃ karma ity akhaṇḍaṃ janmakāraṇam // (P
> V Ⅱ.261b;262a)

다음은 의식의 시행에 의해서 신득력(新得力, apūrva)인 힘이 시
주(施主)에 붙어서 과보를 얻는다고 하는 미망사학파의 카르마 이
론에 대해서 반론한다. 이것을 그들은 '불가시의 힘(adṛṣṭa)'이라고
도 한다. 프라사스타파다에 이르면, 불가시력(不可視力)은 시바 신
의 주재가 되어버린다.

> [반대논사가 말하기를] 전이와 지각의 근거는 감관들이며 그것들
> 은 불가시의 힘에 의거한다. 불가시의 힘이 소멸함에 따라 전이
> 는 없게 된다. 그러므로 사업은 업(saṃskāra)이 아니다.
> gatipratītyoḥ kāraṇānyāśrayas tāny adṛṣṭataḥ /
> adṛṣṭanāśād agatis tat saṃskāro na cetanā // (PV Ⅱ.262b;
> 263a)

『바이세시카수트라』 (Ⅳ, 2.2)에서는 목욕이나 단식 등의 선한
행위가 불가시의 힘으로 인도한다고 하여 과보를 얻기 위한 법에
바탕한다고 한다. 미망사학파에서는 제사의 힘이다.251) 따라서 다르
마키르티가 해석한 나쁜 인연으로서의 아푸르바를 어느 파가 말하

고 있는가는 분명하지 않지만, 이미 살펴본 프라샤스타파다의 신학적 우주론에서는 중생의 윤회를 그치게 하고자 하는 신의 서원에서 불가시의 힘이 정지한다고 말하고 있다.252) 전자의 용법이 다르마키르티가 거론하고 있는 반대논사에 가깝다.

> [답한다.] 감관의 생기는 마음의 유무에 따르기 때문에 [마음의] 힘을 경험한다. 다른 한편 [불가시의 힘]에는 없다. 그것들(감관)이 있다면 아무래도 [열등한 곳으로] 전이하지 않는 것이 있을 것이다.
>
> sāmarthyaṃ karaṇotpatter bhāvābhāvānuvṛttitaḥ /
> dṛṣṭaṃ buddher na ca anyasya santi tāni na yanti kim //
> (PV II.263b;264a)

지금까지 마음의 충격으로 눈앞이 캄캄해지는 것 등의 경험에서 마음이 감관을 지배한다는 철학을 알 수 있다. 애착 등 마음의 업에서 감관이 생기며 심신의 5층으로 이루어지는 미세한 몸이 중유(中有)를 이행하는 것과 같은 것을 다르마키르티도 인정하고 있다.

> 청정한 보시행 등에서 곧바로 그 힘이 없어지는 것이라면 그것들(감관)이 대상을 파지·방척·변화·소멸할 수 없게 할 것이다. 그것들은 마음에 의존하는 것이다.
>
> dhāraṇapreraṇakṣobhanirodhāś cetanāvaśāḥ /
> na syus teṣām asāmarthye tasya dīkṣādyanantaram // (PV

---

251) Francis X. D' sa, Śabdaprāmāṇyam in Śabara and Kumārila(Wien 1980), p.147; 148; 202
252) p.162 참조

Ⅱ.264b;265a)

마음과 관계없이 제식에 의해서 윤회의 힘이 없게 된다면 감관도 곧바로 청정한 보시행에 이어져 활동을 하지 않게 될 것이다. 그러나 실제로는 그렇지 않은 것 아닌가?

또한 [반대논사가 말하기를] 그 [죽음의] 때는 마음이 없게 되며, 감관도 없게 될 것이다. [답한다. 마음의] 더러운 [번뇌]에 의해서 생을 연결하는 것이다. 그것들(번뇌)이 청정한 보시행에 의해서 능력을 없게 한다면 생존 중에 [윤회를] 끊을 것이다. [그러나 실제로는 그렇지 않다.]
atha buddhes tadābhāvān na syuḥ sandhīyate malaiḥ /
buddhis teṣām asāmarthye jīvato api syur akṣamāḥ // (PV Ⅱ.265b;266a)

마음의 작용에 의해서 다음 생을 연결한다(sandhīyate)는 불교의 주장에 대해서, 반대논사가 제사 의식을 시행함으로써 죄가 가벼워지게 된다고 말한다면 이렇게 답할 수 있다. 그는 생존 중에 해탈하는 것이다.

[과실들의] 반대[인 무아견]과 원래 [과실들의 근거인] 허망분별지가 각각 증대하는 데 이르러 번뇌가 소멸하고 또 증대하는 것이기 때문에 자기의 종자에서 상속한 과실들은 청정을 받아도 제거되지 않는다.
nirhrāsātiśayāt puṣṭau pratipakṣasvapakṣayoḥ /
doṣāḥ svabījasantānā dīkṣite apy anivāritāḥ // (PV Ⅱ.266b;

267a)

영원한 존재는 [어떠한 것에도] 의존하지 않기 때문에 단계적으로 [감관의 작용이] 일어나는 것은 모순이며 [감관이] 작용할 때 이건 작용하지 않을 때이건 마찬가지로 영혼의 작용이 있다는 것은 모순이다.

nityasya nirapekṣatvāt kramotpattir virudhyate /
kriyāyām akriyāyāñca kriyā ca sadṛśātmanaḥ // (PV II.267b; 268a)[253]

계속해서 다르마키르티는 공격으로 옮겨가 영혼을 주장하는 반대논사에게 영원불변의 영혼과 감관의 찰나 변화하는 존재방식의 모순을 지적한다. 의식 시행에 의해서 영원을 본성으로 하는 영혼이 생을 연결하는 감관의 활동을 멈추게 하는 것과 같은 작용은 모순된다. 다르마키르티의 존재론에 의하면 영원한 존재는 작용할 수 없다.

그리고 인과가 동일하게 될 것이다. 양자가 그것(영혼)과 다르다면 [영혼은] 행위자와 향유자임을 버리는 것이 된다. 그리고 작용 능력은 성립하지 않는다.

aikyañca hetuphalayor vyatireke tatas tayoḥ /
kartṛbhoktṛtvahāniḥ syāt sāmarthyañca na sidhyati // (PV II.268b;269a)

윤회의 주체가 영원을 본성으로 하는 영혼이라면 행위자가 향유

---

253) Pvk. 'kriyāyoḥ'를 다른 판본에 의해서 정정

자에게도 있다. 그것은 심상속에 있어서 인과의 분리와 다르고 동시에 원인이기도 하며 결과이기도 한 것이 된다. 또한 행위와 향유가 영혼과 다르다면 영혼은 행위와 향유로부터 단절되어버린다. 또한 원래 영원을 본성으로 하는 영혼은 그와 같은 것으로 볼 수 있지만, 그것도 다르마키르티의 존재론에서는 우스운 것이 된다.

> [반대논사가 말하기를 무아의 입장에서는] 다른 사람이 상기하고 향유하는 것과 같은 모순이 발생한다. [답한다.] 지장이 없다. 누구의 상기라는 것은 없기 때문이다. 그렇기 때문에 경험에서 기억이 생기는 것이다.
>
> anyasmaraṇabhogādiprasaṅgāś ca na bādhakāḥ /
> asmṛteḥ kasyacit tena hy anubhūteḥ smṛtodbhavaḥ // (PV II.269b;270a)

즉, 무아의 입장에서는 누군가가 행위하고 누군가가 향유한다는 것은 있을 수 없다. 인격의 통일로 볼 수 있는 것은 경험의 연속이다. 그 인과관계는 계속해서 불변의 인격이 아니라고 해도, 그것을 분별하여 '자기 자신'이라고 생각한다. 그것이 고정적이며 영원을 본성으로 하는 자기 존재가 아니라는 것을 말한다. 행위와 향수는 연속한 인과관계에 있어서 보인다.

> 4개의 원리에 대해서 영원이며 쾌락이며 나의 것이며 나 등으로 16의 형상을 허망분별하여 갈애한다.
>
> sthiraṃ sukhaṃ mama ahaṃ ca ity ādi satyacatuṣṭaye /
> abhūtān ṣoḍaśākārān āropya paritṛṣyati // (PV II.270b;271a)

무상·고·공·무아 등의 16 형상에 대해서 전도된 생각을 일으키는 것은 갈애와 과실인 원인이다. 영혼을 주장하는 파에게는 이러한 실상이 있다.

> 그것(성스러운 원리)에 있어서야말로 그것과 반대인 대상의 실상에 눈을 뜬다. 잘 수행한 정견이 부수하는 것과 함께하는 갈애를 끊는 것이다.
> tatra eva tadviruddhātmatattvākārānubodhinī /
> hanti sā anucarāṃ tṛṣṇāṃ samyagdṛṣṭiḥ subhāvitā // (PV Ⅱ. 271b; 272a)[254]

아비다르마에서 소위 간(慳, mātsatya) 등이 갈애(tṛṣṇā)에 부수하는 번뇌들이다.

> 업과 신체가 존재해도 [윤회를 위한] 3개의 원인이 있는 것은 아니다. [핵심이 되는] 하나를 결여하기 때문이다. 종자를 결여하면 싹은 나오지 않는 것과 같은 것이다.
> trihetor na udbhavaḥ karmadehayoḥ sthitayor api /
> ekābhāvād vinā bījaṃ na aṅkurasya iva sambhávaḥ // (PV Ⅱ.272b;273a)

무명과 업과 갈애의 세 가지가 윤회의 원인이지만 마지막 갈애가 가장 중요한 원인이다. 업과 신체를 가지고 있는 현세에서 생존하고 있어도 청정한 사람은 다음 생에 전이하는 요인인 갈애를 결여하고

---

254) Pvk. '…ātmatattva…'를 다른 판본에 의해서 정정

있다.

> [그러나 무명의] 반대[인 지혜]가 일어나지 않기 때문에 업과 신
> 체를 버릴 수가 없다. 그 힘이 없기 때문이다. [여기서] 갈애가
> 있다면 다시 생을 얻기 때문이다. 양자(갈애와 생)를 소멸하기
> 위해 노력하는 경우 업의 소멸에 힘쓴다는 것은 무의미하다.
> asambhavād vipakṣasya na hāniḥ karmadehayoḥ /
> aśakyatvāc ca tṛṣṇāyāṃ sthitāyāṃ punar udbhavāt /
> dvayakṣayārthaṃ yatne ca vyarthaḥ karmakṣaye śramaḥ //
> (PV II.273b;274)

자이나교도(syādvāda)와 같이 영혼(jīva)을 주장한 채로 고행에
의해서 업의 소멸을 도모하는 것은 무의미하다. 영혼이 사업(思業)
·어업(語業)·신업(身業)을 일으켜 업인 물질을 누입하는 것이며
그 소멸을 자이나교도는 생각한다. 그러나 그것은 본말이 전도된
것이라고 다르마키르티는 말한다.

> 그리고 [업의] 결과가 각종으로 되는 것을 보기 때문에 업들의
> 능력 차이를 추리할 수 있다. 그러므로 고행의 수인(受忍)이라는
> 단일한 종류의 수행에서 [업을] 소멸할 수 없다.
> phalavaicitryadṛṣṭeś ca śaktibhedo anumīyate /
> karmaṇāṃ tāpasaṃkleśāt na ekarūpāt tataḥ kṣayaḥ // (PV
> II.275)[255)]

---

255) Pvk. 'ataḥ'를 다른 판본에 의해서 정정

이것은 명백히 자이나교에 대한 비판이다. 그들은 고행으로 업을 소멸하여 해탈한다고 생각한다.

> 그 [업에서] 생기는 결과가 몇 가지 소멸할 수는 있지만, 다른 종류의 결과는 그렇지 않다. 더욱이 또한 [반대논사가 말하기를] 고행은 [업의] 힘이 있고 없음이 섞인 것을 소멸함으로써, 또한 무엇인가의 수고에 의해서 해탈할 것이다. [답한다. 그렇다면] 고행을 하지 않든가 약간의 고행만으로 [업이] 남김없이 소멸하게 될 것이다.
>
> phalaṃ kathaṃcit tajjanyam alpaṃ syān na vijātimat /
> atha api tapasaḥ śaktyā śaktisaṅkarasaṃkṣayaiḥ /
> kleśāt kutaścid dhīyeta aśeṣam akleśaleśataḥ // (PV II.276b; 277)

업에 대응하는 고행이라면 그 고행으로 업을 소멸하는 것도 가능하겠지만 다른 종류의 업에는 전혀 유효하지 않은 것이다. 단일한 방법으로 모든 업이 소멸한다면 머리털 한 오라기를 뽑는 것과 같은 가벼운 고행으로 해탈할 수 있다.(마노라타난딘) 우마즈바딘의 『탓트바르타디가마수트라』에서는 요가 외에 단식이나 식사제한도 고행이라고 한다.256)

> 만약 그 고행이 수고(受苦)와는 다른 것이라 본다면 [혼효한 업의 힘을 소멸하지만] 수고 그것이 [고행이라면] 그것은 [오히려] 업의 결과이기 때문에 업력이 섞인 과보와 같은 것으로는 되지 않

---

256) 金倉圓照 『印度精神文化의 研究』 p.193에 의한다.

는다.

adi iṣṭam aparaṃ kleśāt tat tapaḥ kleśa eva cet /
tat karmaphalam ity asmān na śakteḥ saṅkarādikam // (PV
II.278)

생긴다고 하는 과실을 소멸함으로써 과실의 반대대당[인 무아견의 수습]이 과실에서 발생하는 업에 대해서 억누를 수 있는 힘을 가질 테지만 이미 행한 [업의] 단멸은 어떻게 해서 있을까?
utpitsudoṣanirghātād ye api doṣavirodhinaḥ /
tajje karmaṇi śaktāḥ syuḥ kṛtahāniḥ kathaṃ bhavet // (PV
II.279)

이미 남아 있는 업이 다할 때까지 금생을 청정하게 보내지 않으면 안 된다는 것이 불교의 입장이다. 여기서 '클레샤(kleśa)'는 업의 결과로서 나타나는 고통을 말한다.

업에서 과실은 일어나지 않는다. 과실이 있는 자는 업을 짓는 것이다. 그 역은 아니다. 허망분별(mithyāvikalpa)이 없다면 쾌락에서도 욕망은 일어나지 않는다.
doṣā na karmaṇo duṣṭaḥ karoti na viparyayāt /
mithyāvikalpena vinā na abhilāṣaḥ sukhād api // (PV II.280)

이상으로 다른 파, 특히 상키야학파나 자이나교, 바이세시카학파 등에 대해서 무아견의 명상과 대비하면서 비판하고 있었던 다르마키르티의 이론을 살펴보았다. 이 다음은 앞의 장 제11절에서 살펴본 바의 붓다가 종교적 권위(pramāṇabhūta)라는 내용을 총괄하고 있

다. 주저 종교론의 전체 구조는 그 정립을 위한다는 목적에 닿아
있지만, 붓다의 종교적 권위인 이유는 실은 디그나가가 사용한
덕성만으로는 평석되지 않는다. 여기서 후반에 독자적으로 4개의
성스러운 원리[四聖諦]를 테마로 한 평석을 다르마키르티는 부가
한 것이다. 그 마지막에 언제나 다른 학파 이론에 대한 비판을
행한다.

제6절 정리

제147~170a 게송은 고의 원리(duḥkhasatya)를 테마로 한다. 붓
다는 고를 소멸하는 길(mārga)인 무아의 수습을 설하였기 때문에
중생의 구제자(tāyī)로 정립된 것을 계승하여 다시 그 4개의 원리를
처음부터 다르마키르티는 평석해갔던 것이다. 고의 직후 원인은 갈
애(tṛṣṇā), 결국 애욕(rāga)이다. 그 결과 아가마에서 설한 것처럼
인간 존재의 5층[五取蘊]은 고라고 실감하지 않으면 안 된다. 이
원리는 더욱이 고·공·무상·무아로 전개되는 토대가 되지만 원
래 그것은 다르마키르티의 체계화에 의한다. 기초는 무아성이라는
근본원리이며, 아가마의 무상 → 고 → 무아라는 논증식도 상기된다.
제170b~190a 게송은 집의 원리(samudayasatya)를 다룬다. 고의
원인은 본능적(sahaja)인 것까지도 갈애이며 그것은 자아를 주장하
는 것에 기인한다고 한다. 윤회의 주요 원인은 갈애이며 이하 증오(d
veṣa) 등의 번뇌들이 이어진다. 무지[무명]란 아견(我見)을 의미한
다. 그것은 모든 번뇌의 근본적 원인이다. 업 자체도 금생에 결과를
일으키지만 내세의 윤회를 향한 원인은 아니다. '탐·진·치'라고도
하고, 『아비다르마코샤』 는 '윤회는 번뇌와 업에 의한다'라고도 하

지만, 다르마키르티는 갈애 이하의 번뇌를 더욱 중시한다.

제190b~205a 게송에서 멸의 원리(nirodhasatya)를 평석한다. 자아에 대한 애착의 불식으로 인해 윤회를 벗어나지만 그것이 고래의 표현으로는 유신견(satkāyadṛṣṭi)을 끊는 것이다. 이 원리는 본능적 자아 불식의 상태지만 다르마키르티는 구체적으로 수도에 있어서 본능적 아견의 단멸을 말하고 있다. 해탈은 금생을 마치고 실현하는 것이기 때문이다. 아라한과를 체득한 자의 것도 그다지 말하지 않는다. 자비로 금생을 청정하게 살아간다는 이타의 행과 그다지 이미지가 합치하지 않는다고 보고 있는 것 같다. 붓다는 무학(無學)과 다르다고 강조되는 존재인 것이다.

제205b~229a 게송에서 도의 원리(mārgasatya)를 평석한다. 여기서는 '마음은 본래 빛난다(prabhāsvaram prakṛtyā)'라는 소위 자성청정심의 테제를 선언한다. 그것은 번뇌를 완전히 끊은 마음에 퇴전(退轉)이 일어나지 않는다는 것을 강조하는 문맥 중에 말하고 있다. 반야경전에 나오는 명제라고 하지만 『앙유타라니카야(Aṅguttaranikāya)』에서 처음으로 언급되고 있으며 아마도 다르마키르티는 후자에서 섭취했을 것이다. 이 '도'는 'bhāvanā', 결국 명상과 수습을 본체로 하는 것이지만 그것은 다른 곳에서도 설하고 있으며, 여기서는 4개의 원리를 다시 총합적으로 또한 보충적으로 설명하여 평석하고 있다. 더구나 'bhāvanā'를 다르마키르티는 반복 강화하기 위한 명상이라 하였다.

끝으로 다른 학파의 실천론을 비판하는 제229b~280게송이 이어진다. 상키야학파의 푸루샤 이론을 공격한다. 이 학파는 근본원리(Pradhāna)라고 말하는 질료인에서 전개한 물질적·육체적 원리와 영혼원리가 분열된 구조를 가지고 있다. 고관(苦觀)에서 출발하고 있는 바는 불교와 유사하지만 영혼의 정립이 반드시 갈애를 불러일으킨다는 것을 다르마키르티는 강조한다. 프라우발너는 상키야설의 연원을 서사시 『마하바라타』의 해탈법품(解脫法品)에서 구하고, 그것은 야즈나발키야 학설에서 발전한 것으로 보고 있다.257) 다르마키르티는 『브리하드아란야카우파니샤드』에서의 마이트레이와의 대화에도 아견(我見)의 착오가 있음을 지적한다. 그것은 '영혼(ātma)을 보고 듣고 생각하며 명상해야 한다'는 제언에 대한 것이다. 또 자이나교의 고행자에 대해서는 영혼(jīva)을 전제한 고행이 무의미하다는 것을 설명한다. 업의 속죄에 맞는 고행이라는 것이 난센스라고 비판한다. 또한 역시 바라문교의 청정함은 죄의 경시 등과 즉물적인 표현으로 효과가 있다는 것을 선전한 것이지만 윤회의 동인인 눈에 보이지 않는 힘(adṛṣṭa)이 청정함(dīkṣā)의 보시행에서 소멸하는 것의 모순을 각종으로 지적한다.

텍스트(프라마나싯디)는 제3장 제11절에서 살펴본 종교적 권위 정립을 언급하면서 끝난다.

즉, 147~280게송에 걸쳐서 다르마키르티는 붓다가 구제자(tāyī)인 이유를 4개의 성스러운 원리[사제설]의 평석에 의해서 설명하였다. 본 글에서 '종교론의 후반'이라든가 '실천론'이라고 할 때 이 부분을 가리키고 있다. 다르마키르티가 불교의 골격이라 한 사성제를 경량부가 특히 중시했다는 보고는 없다. 하지만 바수반두는 『아비다르마코샤』 제1장에서 이미 도(mārga)의 원리를 무루의 지혜라 하고(Akk. I , 5) 유루의 지혜(sāsravā prajña)를 나머지 3원리나 문소성(聞所成)·사소성(思所成)·수소성(修所成)의 지혜라 한다. 그리고 제6장(賢聖品)에서 4개의 원리를 상세히 논하고 있어, 바수반두의 교학에도 불교의 근본이 되고 있다.

---

257) E. Frauwallner, Geschichte der indischen Philosophie, Bd. I , p.275ff

또한 다르마키르티는 그것에 속한다고 하는 16의 형상(ākārā) 가운데 무아(anātmya)를 실천수행의 근본대상으로 하지만 바수반두는 『아비다르마코샤』의 마지막에 제9장을 부가하여 무아의 테제를 중시하고 있다. 또한 찰나멸의 존재론도 바수반두(ākasmiko hi bhāvānāṃ vināśaḥ Abh.193, 7)를 이어받아 멸부대인설(滅不待因說)을 논리적으로 전개한다.(본편 제3장 제3절) 또한 여기서 윤회론의 전개는 '설전부(說轉部)'라 불린 경량부를 방불케 하지만 '중유(antarābhava)'의 존재도 이미 살펴본 바와 같이 『아비다르마코샤』를 계승하여 설하고 있는 것 같다. 이것들은 지각설에서 나타나는 자기인식의 인식론과는 이질적인 경량부적 발상에 기초한다.

가토(加藤純章) 『경량부의 연구』(p.120)에 의하면 비유자-쿠마라라타·하리바르만·슈리라타·바수반두의 계보가 경량부라고 한다. 다르마키르티는 대상 인과적 효과성의 존재론이나 인식론뿐만 아니라 불교설 그것을 상당할 정도로 이 계보에서 채용하여 구성했다. 이것들은 디그나가의 유식파적 사고와 다른 요소이다.

결 론

본 글은 7세기 이후의 불교학·인도철학에 막대한 영향을 끼쳤던 불교철학자 다르마키르티의 종교적 권위 변증의 논의를 해명하여 보고한 것이다.

자료는 다르마키르티의 주저 『프라마나바르띠카』 제1장(추리론)의 제3단에서 성전론과 제2장(프라마나싯디장)의 전 게송이다. 그것을 본 글의 제1편과 제2편에서 각각 해석하여 논고했다. 그리고 전자의 논의는 미망사학파와 벌인 대론이 주된 요점이며 후자의 논의는 파슈파타파 계통의 시바교신학을 비판한 것을 대부분 포함하고 있기 때문에 제1편과 제2편의 초장에서 이들의 주장을 우선 살펴보았다.

서론 제1장에서는 다르마키르티 연구사를 총괄하였다. 뷰라가 자이나서고에서 발견한 『니야야빈두석』을 1889년에 봄베이의 피터슨이 편집·출판한 것을 단서로 하여 페테르부르크의 체르바츠키가 다시 출판·번역·연구하고 나서 다르마키르티의 존재가 세계의 학계에 널리 알려지게 되었다. 1930년대에 티베트 사원에 소장되어 있는 다르마키르티 관계사본을 탐사하여 촬영한 네팔의 상크리티야야나가 다르마키르티의 주저인 『프라나마바르띠카』와 여러 주석들을 공간한 이후로 다르마키르티 철학의 상세한 연구를 할 수 있는 상황이 되었다.

주저 제1장의 논리학은 강요서 『프라마나비니쉬차야』 제2장의 그것과 함께 비인학파와 일본 학자들에 의해서 연구되어왔다. 주저 제3장과 강요서 제1장의 지각론도 함께 연구되었다. 그런데 종교철학과 성전론에 관한 위에서 기술한 부분이 남겨진 과제로서 지금 여기에 결론을 제시할 수 있다.

　서론 제2장에서 문제를 남기고 있었던 다르마키르티 연대에 관해서 흥미 깊은 결과를 제시했다. 시극 『바사바닷타』의 저자 수반두가 비유 괘사(掛詞)에서 다르마키르티를 인용하고 있는 것을 논고하여 수반두의 연대를 다르마키르티의 하한연대로 하였다. 상한은 프라우발너에 의한 디그나가 연대론 480~540년과 그에 이어지는 프라샤스타파다, 웃또타카라, 쿠마리라의 뒤가 된다. 수반두는 서시의 기술에서 웃쟈이니의 정치상황에 비추어 보면 555~625년이 되고 다르마키르티는 이들 사이에 위치한다. 따라서 다르마키르티의 연대는 대략 550~620년경이 된다.

　그런데 이 연대론에는 위에서 기술한 두 사람의 유력한 철학자의 연대도 함께 짐작해볼 수 있다. 게다가 다르마팔라와 찬드라키르티의 기술을 다시 확인하는 과정에서 양자는 다르마키르티와 현장 사이에 위치한다는 것을 알 수 있다. 따라서 양자는 다르마키르티와 동시대의 후배가 되는 결과를 얻고, 이것도 학계에 내놓은 새로운 견해가 될 것이다.

　서론의 제3장에서는 시인의 일면도 지니고 있었던 다르마키르티의 시 중에서 전기의 자료가 되는 12편의 시를 해석했다. 다르마키르티 생전에 사람들로부터 부정적 평가를 받았음을 엿볼 수 있다. 따라서 그의 시는 외로움을 읊고 있다. 사상을 전향할 때 지은 시라고 여겨지는 것부터 만년의 것으로 생각되는 시까지 포함하여, 다르마키르티의 철학 그것까지 포함한, '그러므로 세간의 일체는 작자를 가지지 않고, 그렇기에 불교철학이야말로 가장 뛰어나다.'라 노래할 정도이다. 슈타인켈너가 번역한 '열반찬'마저 지금까지 보류되어왔던 작자의 추정에는 문제가 없다. 다만 서정시의 성질상 전기의 재료로 삼지는 않았다.

　제1편은 불전을 성전이라 주장하는 다르마키르티의 논의를 이해하기 위해서 그 대론자인 미망사학파의 여러 논사들이 주장하는 바를 처음으로 살펴보았다. 미망사학파의 성전론은 베다가 교령이며 제사의 과보로서 미래에 있는 지복을 개시하는 것이라 한다. 다른 인식근거는 다수 있지만 하여튼 미래의 과보를 예지하는 것은 아니라고 세속적 인식론 상에서 승의적 인식론이 성립하고 있음을 살펴보았다. 이 이론은 『미망사경』에 의해서 언어와 의미의 선험적 결합이라는 언어 형이상학으로 뒷받침되고 있다.

　결국 쿠마리라가 부연한 것처럼 언어는 영원한 실체이고 비인위적인 것이며, 인간의 과실에 물들지 않는 보증이 거기에 있다고 한다. 그와 같은 베다는 종교적인 인식근거가 되며 다르마키르티의 불전론과 대립한다. 쿠마리라에 의하면 베다는 다른 인식근거로 검증될 수 없다. 지각이나 추리 등은 인간이 발동하는 인식근거이다. 그것에 관해서 미망사학파는 세속적 인식근거로서 6종을 인정한다. 그러나 그것들에는 제사의 과보를 알게 하는 법지자적인 활동이 없다고 한다. 인위적인 성전에는 인간의 과실이 있고, 비인위적인 것에는 그것이 없다는 논리이다.

　인식근거라는 점에서 경·소(經·疏)의 고설(古說)을 부연한 쿠마리라에 대해서 프라바카라미슈라의 계통은 외계가 실유이며 인간의 지식 쪽이 공허하다는 사바라스바민의 주장을 부연했다. 거기에 불교유심론과 바라문교설의 확집이 있고 다르마키르티의 유식설을 샤리카나다가 인용해서 해설하는 인연이 되고 있다. 푸른 것과 그 표상은 언제나 동시에 증지되는 것이 결정된다(sahopalambhaniy amaḥ)는 다르마키르티의 유명한 테제를 인용해서 해설한다.

　이와 같이 해서 미망사학파의 종교철학은 인식론을 구성해왔다. 이에 대해서 다르마키르티는 언어의 인식(sābdajñānam)이 인위적인 것에 한정해서 기능을 발휘한다고 주장한다. 결국 화자의 의사만 바르게 전할 수 있다. 음성으로 이루어진 무상한 언어는 사회적 약속에 따라서 의사 전달의 기능을 담당한다고 주장한다.

언어는 실체를 표현하지 않고 화자의 의사를 표현하며 언어의 의미로서는 세간적 습관에 따른다고 다르마키르티는 말한다. 모두 인위적인 언어 현상임을 부연하는(제1편 제3장) 다르마키르티는 가네쿠라 엔죠(金倉圓照)의 「불교에 있어서 언어의 철학적 고찰」 (『문화』 제3호)에 보고된 경량부적 언어론에 근거한다. 언어가 미망사학파나 문법학파가 생각하는 형이상학적 존재가 아님은 물론 설일체유부가 주장하는 것과 같은 심불상응행의 범주도 아니다. 모든 것은 가법(假法)이며 언어의 의미는 사회적 약속(saṅketa)에 기초하고 있다는 바수반두의 경량부설을 다르마키르티는 나아가 셋으로 분할했다. 전자가 선·악을 떠난 존재로 본(가네쿠라 엔죠) 것에 대해서 후자는 언어를 분별적 인식과 같은 차원으로 보고 (1)자상을 가진 직관대상에서의, 혹은 현실적 존재의 바른 표현, (2)모든 허구적 관념을 표현한 것, (3)그 중간 또는 뒤섞인 것으로 분류했다. (1)에 관해서는 널리 고찰되고 실태를 바르게 전하는 붓다의 언어, 요컨대 불교성전도 들어간다. 언어일반은 (3)뿐이지만 '천국(svarga)'과 같은 허구의 언어를 많이 전하는 베다는 (2)이며, 성전이라 이를 가치는 없다고 다르마키르티는 보았다. 그 변증에 관해서도 '불은 냉기를 없애는 것'이라는 토톨로지의 근거를 예시하여 야유한다. 성전의 정의를 '바른 인식과 모순하지 않는 언어'라 한다.

이렇게 해서 언어나 성전의 문제의 기초에 인식론을 두고 있지만, 그것은 저절로 분별적 인식, 요컨대 유분별지각의 문제와 결부된다. 직접지각을 언어를 떠난 직관이라고 한 전통에서 유분별지각(savikalpaka-pratyakṣa)이라는 장르를 신중하게 다루었던 다르마키르티이지만 경량부적 색채가 강한 다르못타라가 명료하게 그것을 지각설 하에 해설한 것처럼, 분별적 인식(dhī=buddhi=niścaya)은 경량부적 인식론의 전통이었다.(加藤純章『경량부의 연구』) 직관은 감관 이전 찰나의 대상에 대한 것으로 감관이 마주한 대상을 인식하는 것은 아니라고 한 독특한 인식론을 가진 이 조류는 분별적 인식을 그 직관지에 이어서 일어나는 것이라 하였다. 다르마키르티가 말하는 의식의 지각(mānasa-pratyakṣam)은 바로 그것이지만 언어의 영역이 아니라고 생각했었는가에 대해서 극히 애매한 서술로 끝난다. 이것이 다르마키르티의 모순 가운데 하나가 되고 있다.

분별적 인식은 아포하 이론 하에서 『프라마나바르띠카』 추리론의 중단에 설하고 있다. 그리고 하단의 언어론에 이어진다. 판단과 언어는 표리일체라고 보는 다르마키르티는 위의 3분류를 적용하고 있다. 언어는 성전이라고 해도 다르마키르티에 있어서는 결코 독자의 인식수단이 아니며, 인식 결국 바른 직관과 논리에 의해 뒷받침되어야 한다. 그리고 대상의 형상에 준한 표상을 의식에 떠올리는 판단은 세속적 영위에 있어서는 오히려 직접지각보다 중요하다고 말할 정도이다. 그러므로 분별적 인식은 '세속적으로 권증성이 있다(prāmāṇyam vyavahāreṇa)'고 한다. 인식론 상에서 이것을 게재하면 광의의 의미에서 지각(pratyakṣa)에 분별적 인식을 포함해야 비로소 모순 없이 해석할 수 있는 것이다. 직관에 이어지는 판단을 세속적 차원에서 참이라고 한 다르마키르티는 사실상 판단을 수반하는 지각(savikalpaka-pratyakṣam)이라는 것을 세속적으로 인정하고 있는 것이다.

이것들은 자상을 지닌 대상이 외계에 존재한다고 추리하는 인식론으로, 경량부적 발상이다. 가네쿠라 박사는 언어·사회적 약속설도 이 방면에서 나온다고 보고하였다. 니야야학파의 언어이론도 음성 무상론과 함께 이 방면의 영향을 받았다. 유심론의 세계에서는 언어의 참과 거짓을 변별하기 어렵다. 자증지가 인식의 원인이기도 하고 결과이기도 하다고 논한 다르마키르티의 입장은 유식설에 입각해 있기 때문에 언어의 문제보다도 오히려 공·무자성(空·無自性)이라는 무상유식설의 경향을 취하는 쪽이 체계의 심화와 연계된다. 그리고 실제 그런 입장을 취하였다. 대상이 공이기 때문에 인식하는 측도 공이라고 한다. 인식하는 측과 인식되는 측을 나누어 생각하는 것이야말로 허망이며 양자 모두 공이라는 마이트레야의 게송을 아울러 제시하고, 다르마키르티가 무상유식의 입장도 함께 고려하고 있음을 시사한다.

전통적으로 디그나가-다르마키르티 계통은 유상유식으로 간주되었지만(즈냐냐슈리미트라 등), 그것은 '표상하는 것이 인식대상이며 파악하는 형상과 그 자기인식은 인식과정과 인식결과이다. 그러므로 3자는 별도로 나누어지지는 않는다'(『프라마나삼웃차야』I, 10)라는 3분설의 입장을 언급한다. 경량부적인 인식론도 대상의 외재·내재 문제를 제외하고는 기묘하게 연계하는 바가 있어 인식의 유사한 표상은 어디에도 적용할 수 있다. 대상인지의 결과가 유식적 인식론에서는 자기인식에 해당된다.

즈냐냐스리미트라는 '유상(유식)의 증명'이라는 장대한 논문의 권두에 다르마키르티의 『프라마나바르띠카』 서시, 'vidhūtakalpanā jāla…'라는 서론 제3장에서 본 것을 인용하고 있을 뿐만 아니라 『프라마나바르띠카』도 많이 인용하고 있다. 그중 다음 게송이 있다.(TSWS. 5, p.385)

그 [지의] 이 성질은 청색 등의 상을 가지며 그것은 직접지각이다.
nīlādirūpas tasuāsau svabhāvo'nubhavaś ca saḥ / (PVⅢ, 328a)

통각은『프라마나바르띠카』종교론의 처음 경량부적 인식론과 함께 '표상하는 상을 자신이 요지하는(svarūpasya svato gatiḥ)' 것이라 말한다. 유상유식적 인식론과 통한다.

그러나 다르마키르티는 기본적으로 경량부적 발상에서 출발한다. 『프라마나바르띠카』 제2장(종교론)의 윤회 상속설은 바로 경량부적이라는 것을 본론에서 살펴보았지만 지각설에 있어서 대상의 진실성 검증과 같은 발상도 유식파의 것은 아니다. 디그나가의 지각대상·자상(svalakṣana) 이론에 이 효과적 작용(arthakriya) 이론을 결부한 경량부적 입장에서는 대상과 인식의 관계가 잘 나와 있다. 찰나 찰나마다 객체와 주체가 관계를 맺으며 인식은 대상의 형상과 유사하게 표상을 떠올린다. 대상과 감관의 접촉이라는 미망사학파적인 지각설이 아니라 대상과 유사한 작용이 인식과정이라고 한다. 그것을 알고 있었던 결과가 고래로부터 감각적 심리로 일컬어진 '자기인식'이라는 작용이라고 하여 여기서부터 유식학파와 디그나가 인식론이 연계된다. 대상과 서로 유사한 표상을 떠올리는 것이 인식과정이며 자기인식이 그것을 안다.

그 까닭은, 예를 들면 청색의 존재에 대한 지각은 청색과 동시에 '아름답다, 시원하다'와 같은 기쁨의 감정을 함께 인지하기 때문에 그 혼연일체인 자기인식이야말로 인식의 출발이며 결과라고 다르마키르티는 말한다. 인식의 출발이며 인식의 결과라고 말하는 것은 디그나가에게는 없고, 경량부적 찰나상속의 이론에 입각한 것이다. 다르마팔라가 증자증분을 말했다고 전해지지만 그것은 이 모순을 해소하기 위해 디그나가보다 다르마키르티를 계승하여 말한 것은 아닌가, 라고 우리의 연대론에서 추측해볼 수 있다.

언어이론과 관련해서는 분명히 경량부적 입장에 입각한 것이 된다. 왜냐하면 언어는 아포하의 타자 부정에 의해 표상된, 대상을 외계에 가지지 않는 인식이라고 간주되었다. 이것은 언어와 의미의 결합을 무시이래 영원불변이라 보는 미망사학파적 언어이론과 서로 대치되는 생각이다. 언어를 외계와 구별하는 사고는 경량부적 발상인 인식주체와 인식대상이라는 변별을 전제한다. 더욱이 아포하 이론은 디그나가의 창시로 이루어졌지만 후자는 자상에 대한 공상(sāmānyalakṣaṇa)이라는 차원에서 인식론을 형성했다. 다르마키르티는 나아가 존재론으로까지 그것을 밀고 나아갔다.

이렇게 해서 그 언어이론에서 성전을 논한다. 다르마키르티는 성전을 미망사학파의 사고와 달리 다른 인식근거에 의해서 진리성(prāmāṇya)이 검증되지 않으면 안 되는 것이라 한다. 불전은 그와 같이 논리적인 정합성이 있다는 것을 종교론에서 제시하고 있다. '생기한 것은 모두 무상인 것'이라는 불설의 명제가 논리적 이유와 논리적 귀결의 변충관계(vyāpti)를 표명하는 것이 된다고 말하는 것이다. (이 구절은 실제로는 다섯 비구의 투기의 말)

지각차원에서는 깨달음의 내용인 4개의 성스러운 원리[四聖諦, āryasatyāni]를 종교론의 후반을 할애하여 해설하고 진리성의 증명으로 삼는다. 부처님의 말씀으로 구성되는 성전은 범부가 지각할 수 없는 것을 제시한다. 범부가 그것을 듣고서 논리적으로 사유하고 납득하면 가르침에 따라서 수행한다. 다르마키르티 자신의 그와 같은 이력을 서정시로 암시하였다. 여기서 베다의 성전에 관한 논리적 모순과 무의미를 『프라마나바르띠카』 제1장 후반 5분의 2에서 각종으로 지적하고 있다. 실로 다르마키르티의 재기발랄함이다.

다르마키르티는 화자가 뛰어나기 때문에 그 언어는 진리라고 한다. 쿠마리라는 화자가 과실을 면할 수 없는 인간이기 때문에 그 언어도 과오가 있다고 한다. 여기서 베다가 비인위적(apauruṣeya)인 것이라고 강조한다. 언어를 비인위성과 결부시키게 되면 발생하게 되는 모순을 다르마키르티는 언어의 사회적 약속설에 의해서 지적한다. 언어는 인간의 약속이다. 사회적 계약을 무시한 베다의 언어를 인간은 어떻게 이해할 수 있을까?

다르마키르티는 아울러 인간 과오의 근본을 자아의식에서 찾는다. 오래된 표현으로는 '유신견(satkāya)'이다. 쿠마리라가 『슈로카바르띠카』 제2장에서 논한 인간의 과실과 인위적인 언어의 과오는 『프라마나바르띠카』 종교론의 후반에서 부연한 인간학, 요컨대 자아의식에서 애착을 자기에게 일으켜서 모든 것을 욕망한다는 구조에서 유래한다고 반론한다. 언어와 의미의 결합은 이렇게 해서 무시이래 존재하는 것이 아니라 관념적으로(dhiyā) 개념구상된 것이다. '우르바시' 등과 같은 언어가 그러한 것처럼.

이 성전론의 본 게송 논의를 학계에서 처음으로 해석하고 다르마키르티 언어이론의 심오함을 알 수 있었다. 바르트리하리의 스포타이론이나 샥띠설도 잘 반론하고 있다. 브라흐만이라는 일원론으로 환원하는 바르트리하리의 주장의 모순을 여기서 지적하고 있다. 그리고 만트라, 즉 성구는 인간이 창조한 언어이며 그 예시를 불교의 '효과 있는' 만트라에 의해서 설명하는 것이다. 그것은 만트라 작자의 지식과 서원(samaya)에서 나오는 법력에 의해서 가지(加持)되는 것이라고 다르마키르티는 말한다. 당시는 불교 탄트리즘의 생성기라 보이며(전통적 밀교사는 이 부분에서 탄트리즘의 정통성을 인정하지 않지만) 현재 다라니를 만들고 있다는 사실에서 종교적 언어의 인위성을 자명한 것으로서 제시한 것이다.

제2편에서는 니야야·바이세시카학파에 종교적 영향을 끼친 시바교의 웅파·파슈파타파의 신학을 우선 살펴보았다. 왜냐하면 다르마키르티는 주저 종교론에서 이 학파의 신의 존재증명을 계속해

서 비판하며 세계의 작자를 시바 신으로 간주하는 파슈파타신학을 논박하였기 때문이다. 이 파슈파타파가 논리학파와 결합하여 신의 증명(īśvara-siddhi)을 시도한 것에 대해 다르마키르티는 붓다를 종교적 권위라고 하는 정립(pramāṇa-siddhi)을 전개한 것이다.

파슈파타파는 경과 소(Pañcārthabhāṣya)를 가지고 있다. 먼저 『파슈파타수트라』에서 이 학파의 특이한 실천을 살펴보았다. 죄의 정화를 물 대신에 타고 남은 재를 사용하여 행하는 '도회외도(塗灰外道)'란 현장이 경의를 표하면서 사용한 애칭이다. 고행의 요가를 수행하고 결계(結界, 스님과 속인을 갈라놓은 목책)를 구절하여 홀로 수행한다. 경멸을 부르는 죄를 상대에게 되돌리는 수단이 된다. 개조인 라크리샤는 바라문이었기 때문에 그와 같은 계급주의·바라문주의, 다르마키르티가 말하는 'jātivāda'가 농후하지만 이 파의 신명인 '수주(獸主, Paśupati)'는 인더스문명기의 인장 그림에도 이미 나타나 있다. 요가수행자의 모습을 한 신의 주위에 호랑이 등의 짐승이 배치되어 있다. 청정한 탕크도 모헨조다로에 있다. 지금의 서인도 후로치에서 태어난 개조는 나르마타 강을 거슬러 올라가 웃쟈이니 강가에 포교하여 카야바타라나는 파슈파타파의 본거지가 되었다.

라크리샤는 기도의 언어를 이미 타이티리야파의 아란야카 속에 편입된 기도구문으로부터 5개를 선택하여 경의 5개 장 끝에 배치하여 노래하게 하였다. 그 가운데 가장 유명한 것은 이른바 루드라 가야트리이다. 'tatpuruṣāya vidmahe mahādevāya dhīmahi tan no rudraḥ pracodayāt' 이것은 바라문교의 가야트리 노래, 'tatsavitur vareṇyam bhargo devasya dhīmahi dhiyo yo naḥ pracoday āt'(Ṛgvedaḥ, III, 62, 10)를 본 노래라 한다. '사비트리 신의 뛰어난 저 영광을 얻은 것을'이라는 본 노래가 『마이트라야니상히타』(II, 9, 1.3)에서 위의 루드라 가야트리로 변한다. '저 신격을 인식하라.

위대한 신을 명상하라. 루드라는 이것이 『타이티리야아란야카』 제
10권에서 시바에 대한 기도로 편입되었다.

이와 같이 시바 신앙은 바라문교 속에 뿌리를 내렸다. 그것으로부
터 라크리샤는 파슈파타파를 위한 재료를 수집했다. 『쿠르마프라
나』 중의 파슈파타편은 '루드라 아디야야'를 노래하는 상황도 묘사
하고 있다. '루드라 아디야야'는 『야주르베다』 속의 아그니 차야나
식의 일환으로 'namas te rudra manyava uto ta iṣave nama'이라
고 노래하는 긴 연주를 가리킨다. 시바교가 편입한 것이다.

이와 같은 제사주의와 수도주의 학파에서 신학이 홍기한 까닭은
소의 작자인 카운디냐가 파괴자 시바 신의 세계창조성도 '동력인(ni
mitta-kāraṇa)'이라는 말로서 표출하기 때문이다. 프라샤스타파다
가 이 창조를 바이세시카철학 체계의 유신론화에 의해서 설명하기
때문에 신학적 우주관이 형성되었다. 니야야학파의 중흥을 가져온
조사인 웃또타카라에 의하면 스스로 '파슈파타 스승(Paśupata-ācār
ya)'을 논리학파로서 시바 신(iśvara)이 세계의 작자라는 것을 증명
하려고 하였다.

그러나 그 논리에는 세계라는 소산을 신의 작업이라 보는가, 불교
와 같이 인간의 업에 의한다고 보는가에 의해 달라져야만 하는 것을
공통의 '소산(kārya)이기 때문'이라는 논리적 이유를 사용하여 변증
했다. 유례의 궁전 등이 작자의 소산으로 어떤 것을 인정한다면 곧
바로 산이나 강도 작자 요컨대 신의 소산임을 인정해야 한다. 그런
데 다르마키르티는 그것을 '의사적 논리적 이유(疑似論證因)'로서
비판하였다. 이 테마는 산타라크시타나 즈냐냐슈리미트라의 큰 과
제가 되었다.

그것을 게재한 『프라마나바르띠카』 제2장은 '종교적 권위 정립
의 장'이라는 이름이 붙는다. 디그나가의 '인식근거의 정립을 위하여

산재하는 자설을 집성한다'라는 서시에서 장의 이름을 취한 것이지만 '프라마나(pramāṇa)'를 다르마키르티는 일반적인 '권위'라는 의미에서 종교적 권위인 붓다의 의미에도 전화했다. 그것은 디그나가가 '프라마나부타(pramāṇabhūta)'라는 탓트푸루샤 복합사로 표현하고 있기 때문이다.

이것이 엄밀한 논리학적 의미에서 하는 증명은 아니다. 붓다의 대비(大悲)가 권위성을 증명한다고 그는 말하지만 대비는 붓다에게 고유한 것으로 유례가 없다. 유례가 없다는 것은 다르마키르티가 언제나 요구하는 유례를 얻지 못하는 것이다. 따라서 우리는 '싯디(siddhi)'를 '정립'으로 번역한다. 논리적 이유는 엄밀하지는 않지만 디그나가의 자주에서 붓다의 인과 완성이라는 내포적 근거를 매개로 하여 붓다의 권위성을 이해시키려 하는 것이 다르마키르티의 의도이다. 인과 원만의 인격적 근거란 ①중생구제의 자비자인 분, ②그것을 위해서 연찬한 세간의 사표인 분, ③구제의 지혜를 완성한 지자인 분, ④구제의 사업자인 분이다. ①과 ②가 인행격, ③과 ④가 과행격이다.

이것만으로는 디그나가의 조술이지만 다르마키르티는 이것들을 독자적으로 4개의 성스러운 원리, 고·집·멸·도의 원리로 설명했다. 특히 그 16행상 중에서도 무아인 것을 해탈지견의 근본에 두었다. 그리고 무상인 것을 찰나멸적 세계관으로서 존재론의 중추에 두었다. 무아관은 실천의 목표로서 도를 형성하고 무상관은 오히려 대상의 실재성의 징표라 하여 유효한 작용성과 세트로 삼고 있다. 그리고 전자는 인간관, 후자는 존재론으로서 외교 각파를 비판하는 근거가 되고 있다. 우파니샤드 이래 자아확립을 위한 각 파의 체계를 자아에 대한 집착을 일으켜서 사람을 과실로 인도하는 것이라 비판하는 것이다.

다르마키르티가 단지 철학적 논의뿐만 아니라 실천론의 체계화를 종교론의 후반에서 전개한 것은 종합적인 불교논서가 되는 것을 의미한다. 즉, 바수반두의 『아비다르마코샤』 등 그 실천론의 특징은 4개의 성스러운 원리를 평석하는 테마로 파악한 것으로, 구체적으로는 무아관의 수행이다. 그리고 반대의 자아관에서 과실과 업을 일으켜 사람은 윤회한다고 한다. 윤회의 실상을 심상속의 기술에서 묘사하지만 거기에 나오는 심신의 상호영향(色身互薰)설이나 종자설, 중유의 존재 등은 경량부의 계통에서 이야기되는 것을 가토(加藤純章)의 『경량부의 연구』는 말한다. 붓다에게 귀속된다고 하는 정신은 성전론에도 나타나 있다. 그것은 슈리라타 등의 '경을 프라마나라고 하는 파'로부터 연결하는 정신이다.

본 연구는 다르마키르티의 주저인 『프라마나바르띠카』의 전 4장 가운데 제1장 즉, 추리론 약 340게송의 후반 약 5분의 2와 제2장 즉, 종교론 전 286게송을 다루었고, 그 외에 다르마키르티의 시 12편을 자세하게 살펴보았다. 주테마는 종교이론에 포괄되는 언어와 성전의 인식론적 체계, 종교적 권위의 정립과 다른 파의 종교적 권위에 대한 논리적 반박으로 이루어진다. 다르마키르티는 다른 많은 종교와 철학, 그중에서도 바라문교의 가장 정통파인 미망사학파의 베다 성전·절대인식 근거론과 힌두교 시바계통의 유력파인 파슈파타신학에 대한 비판을 중요한 부분으로 기술하고 있다.

제사의 과보가 미래에 있다는 것을 인식하는 근거는 베다의 교령밖에 없다고 하는 미망사는 베다를 구성하는 언어의 비인위성 이론을 제시했다. 다르마키르티는 그것에 대한 것으로, 언어가 사회적 계약 하에 성립하는 언어이론을 피력한다. 바르트리하리에 이르는 산스크리트 언어학파의 이론 가운데 형이상학적인 언어이론과 대치하는 극히 인간학적인 이론이다. 전자는 언어의 본체를 스포타라든가 브라흐만이라 칭하는 일원론적인 것이라 주장하고 언어의 뜻의 영원성을 주장했다. 이에 대한 다르마키르티는 언어의 상을 사람의 관념과 동일시하여 언어의 사용을 사회적 계약에 근거한 것이라 하였다. 언어의 본체는 음성 혹은 철자이다.

이것들은 보편적인 것이 아니라 무상한 성질이 있고 전적으로 인간에 의존한다. 이렇게 해서 베다를 성전이라고 해도 실상은 언어 그것이며 인간이 창작한 것이기 때문에 어디에나 모순은 있다고 다르마키르티는 지적한다. 반대로 다르마키르티는 붓다의 성전이라고 해도 논리적 검증을 거쳐서 그 진위를 확인하는 것을 전제한다. 뛰어난 직관은 불전의 화자 즉, 붓다였다고 간주되지만 남아 있는 것은 그의 언어이기 때문에 언어는 논리적으로 검증되지 않으면 안 된다. 물론 진리성을 확신하고 있는 것이다.

이 논리학 자체도 디그나가의 논증이론에 근거하여 다르마키르티가 독자적으로 분류한 3종의 논리적 이유, 즉 소위 본질인, 결과인, 비지각인으로 구성된다. 붓다의 언어는 '생기는 것은 모두 소멸하는 성질을 갖는다'라는 무상명제에 관해서는 본질인의 전형이라 하고 신의 논리적 이유는 세계가 '소산'이라고 하는 의사결과인이라고 한다. 다르마키르티는 인간의 소산인가 신의 소산인가 변별하라고 압박한다. 신학자들은 고의로 변별하지 않고서 인위에 있어서 성립한다면 신의 창조라는 것도 곧바로 성립하는 것처럼 각색했다.

일반적으로 인도인은 논리적 사고에 뛰어나다고 하지만 종교라는 일반적으로 비논리적이라고 보이는 체계를 다르마키르티는 이렇게 논리적으로 형성했다. 인도철학에서 탁월한 지견을 과시하는 다르마키르티를 이 글에서 명백하게 할 수 있었다고 생각한다.

Ak : Abhidharmakośaḥ and Bhāṣyam of Vasubandhu, ed. by P. Pradhan (TSWS.8).

ĀSS : Ānandāśrama Sanskrit Series (Ānanda Aśram).

Av. : Atharvaveda-Saṃhitā, ed.by Lindenau.

BB. : Bibliotheca Buddhhica (Petersburg).

BBS. : Bauddha Bharati Series (Vārāṇasī).

BI. : Bibliotheca Indica (Calcutta).

Br. : Bṛhatī of Prabhākara Miśra, ed. by Chinnasvāmī Śāstrī (CSS.391).

CSS. : Chowkhambā Sanskrit Series (Vārāṇasī).

Darpaṇaḥ : Vāsavadattā-vyākhyā pf Śivrāma (BI.30).

Dhp. : Dharmottaradīpaḥ of Durveka Miśra, ed. by D. Malvanya (TSWS.2).

G. : Pramāṇavārttika-vṛttiḥ of Dharmakīrti, ed. by R.Gnoli (SOR.23).

GOS. : Gaekwad's Oriental Series (Baroda).

Hb. : Dharmakīrti's Hetubinduḥ, űbt. von Ernst Steinkellner (Wien).

HSS. : Haridas Sanskrit Series (Vārāṇasī).

HOS. : Havard Oriental Series (Cambridge, USA).

HVNRSS. : Hindu Viśvālaya Nepal Rājya Sanskrit Series (Vārāṇasī).

印佛研 : 印度學佛敎學硏究 (東京).

JAS. : The Journal of the Asiatic Society (Calcuta).

JBORS. : The Journal of the Bihar and Orissa Research Society
(Patna).

JRAS. : The Journal of the Royal Asiatic Society (London).

K.=k. : kārikā.

Kp. : Kūrmapurāṇam. ed. by Rāmaśaṅkara Bhaṭṭācārya (Vārāṇasī).

KSS. : Kashi Sanskrit Series (Vārāṇasī).

Kṭ. : Pramāṇavārttika-ṭīkā of Karṇakagomin, ed. by R.
Sāṅkṛtyāyana (Allahabad).

M. : Pramāṇavārttika-vṛttiḥ of Dharmakīrti, ed. by D. Malvanya
(HVNRSS.2).

Mbh. : Mahābhāratam (Poona).

Ms. : Mīmāṃsāsūtram, ed. by R. Gopal Bhaṭṭa (KSS.42).

Mu. : Muṇḍaka-Upaniṣat (ĀSS.106).

Nb. : Nyāyabinduḥ of Dharmakīrti, ed. by D. Malvanya (TSWS.2).

Nbh. : Nyāyabhāṣyam of Vātsyāyana, ed. by G. Jhā and
Dhuṇḍhirāja Śāstrī (CSS.55).

Nbṭ. : Nyāyabindu-ṭikā of Dharmottara. Nb. 참조.

Nm. : Nyāyamañjarī of Jayanta Bhaṭṭa, ed. by S.N. Śukla (KSS.106).

Ns. : Nyāyasūtram. Nbh. 참조.

Nv. : Nyāyavārttikam of Uddyotakara, ed. by P. Prasad Śāstrī
(KSS.33).

Nvt. : Nyāyavārttika-tātparyaṭīkā of Vācaspatimiśra, ed. by R.
Śāstrī Dravid (KSS.24).

ÒAW. : Òstereichsche Akademie der Wissenschaften (Wien).

Pañc. : Pañcārthabhāṣyam of Kaundinya, ed. by R. Anantakṛṣṇa
Śāstrī (TSS.143).

Pbh. : Pramāṇavārttika-bhāṣyam of Prajñākaragupta, ed. by R.
Sāṅkṛtyāyana (TSWS.1).

POS. : Poona Oriental Series (Pune).

PpT. : Pramāṇavārttika-pañjika of Devendrabuddhi 티베트어 번역
(東北帝大目錄第4217).

Praś. : Parśastapādabhāṣyam, Vaiśeṣikadarśane Praśastapādabhāṣyam
Praśastadevācārya-viracitam (Kāśi Skt. Ser.,1924).

Ps. : Psv. ; Pramānasamuccayaḥ and Vṛttiḥ of Dignāga 티베트어
번역(東北帝大目錄第4204).

Pśs. : Pāśupatasūtram, ed. by A. Anantakṛṣṇa Śāstrī (TSS.143).

PTS. : Pāli Text Society (London).

Pv.=Pvk. : Pramāṇavārttika (-kārikā), ed. by R, Sāṅkṛtyāyana
(JBORS.24,1-2).

(Pv)T. : Pv. 티베트어 번역·東北帝大目錄第4210.

Pvin. : Dharmakīrti's Pramāṇaviniścayaḥ ; 1Kapitel, űbt. von T.
Vetter ; 2Kapitel, űbt von E. Steinkeller (ÒAW.).

Pvv. : Pramāṇavārttika-vṛttiḥ of Manorathanandin, ed. by
Dvarikadas Śāstrī (BBS.3).

Rs. : Ratnabhāratī Series (Vārāṇasī).

Rt. : Ratnaṭīkā to Gaṇakārikā, ed. by C. D. Dalal (GOS.15).

Ṛj. : Ṛjuvimalā of Śālikanāthamiśra, ed. by Chinnasvāmī Śāstrī
(CSS.391).

Ṛv. : Ṛgveda Saṃhitā, ed. by Max-Műller (Reprint KSS.167).

Śbh. : Mīmāṃsāsūtra-bhāṣyam of Śabarasvāmin ed. by R. Gopal

Bhaṭṭa.

SDS. : Sarvadarśanasaṅgrahaḥ of Mādhava, ed. by S. D. Sharma (VSG.113).

詞華集 : Subhāṣitaratnakośaḥ, ed. by D. D. Kosambī and V. V. Gokhale (HOS.).

Sk. : Sāṅkhya-kārikā of Īśvarakṛṣṇa, ed. by T.G.Maṇikar (POS.9).

SOR. : Serie Orientale Roma (Roma).

Śu. : Śvetāśvatara-upaniṣat (ĀSS.17).

Śv. : Ślokavārttikam of Kumārila, ed. by S.D.Śāstrī (RS.3).

T.=Tib. : 東北大學藏데루게版티베트大藏經.

TĀ. : Taittirīya-Āraṇyakam, (ĀSS.36) with the Commentary of Sāyaṇa.

大正藏 : 大正新修大藏經 (東京).

東北帝大目錄 : 東北帝國大學藏版西藏大藏經總目錄 (仙台).

TS. : Tattirīya-Sanhitā, ed. by Albrecht Weber (Indische Studien, Bd.11;12).

Ts. : Tattvasaṅgrahaḥ of Śāntarakṣita, ed. by S. D. Śāstrī (BBS.1).

Tsp. : Tattvasaṅgraha-pañjikā of Kamalaśīla. Ts. 참조.

TSS. : Tribandrum Sanskrit Series (Tribandrum).

TSWS. : Tibetan Sanskrit Work Series (Patna).

Vd. : Vāsavadattā of Subandhu, ed. by F.Hall (BI.30).

Vibhūti. : Pramāṇavārttikavṛtti-pariśiṣṭam of Vibhūticandra, ed. by R. Sāṅkṛtyāyana (JBORS.26,4).

Vp. : Vākyapadīyam of Bhartṛhari, I kāṇḍam, ed. & tr. by M. Biardeau (Bhartṛhari, Vākyapadīya, Brahmakāṇḍa). II kāṇḍam, ed. by K. S. Lyer. III kāṇḍam (Sarasvatī-bhavan Granthamālā

91).

Vs. : Vaiśeṣkasūtram, ed. by Jambuvijaya (GOS.136).

VSG. : Vidyābhavan Saṃskṛta Granthamālā (Vārāṇasī).

WSTB. : Wiener Studien zur Tibetologie und Buddhismuskunde
(Wien).

WZKM. : Wiener Zeitschrift fűr die Kunde des Morgenlandes
(Wien).

WZKS(O). : Wiener Zeitschrift fűr die Kunde Sűd (-und Ost) asians
(Wien).

Yd. : Yuktidīpikā, ed. by Rām Candra Pandeya (Delhi).

　‘과정(process)’의 철학자 화이트헤드(A. N. Whitehead, 白頭, 1861
~1947)에 의하면 “종교는 고독(solitariness)이다. 만약 당신이 결코
고독하지 않다면 당신은 결코 종교적일 수 없다.” 이어서 그는 “집단
적 열광, 신앙부흥운동, 종교기관, 교회당, 예배의식, 그리고 행동규
범들은 지나가는 형식에 속하는 종교의 장식들이다. 그것은 유용할
수도 있고 해로울 수도 있다. 그것들은 권위 있게 제정되었거나 또
는 단순히 임시방편적인 것일 수도 있다. 그러나 종교의 목적은 이
러한 모든 것들 너머에 있다.”(『형성과정에 있는 종교』, 동과서,
31쪽)고 한다. 화이트헤드가 말하는 ‘이러한 모든 것들 너머에’ 있는
종교의 목적은, ‘연기(緣起)’의 철학자 다르마키르티(Dharmakīrti,
法稱, 600~660)에 의하면, 생사윤회의 고통으로부터 벗어나는 해탈
이다.

　다르마키르티는 철학자이면서 동시에 종교인이다. 다르마키르티
의 종교는 ‘해탈’을 목적으로 하며 그의 철학은 ‘지혜’를 지향한다.
해탈은 맹목적 신앙이나 고행으로 성취되는 것이 아니라 지혜 즉
대상과 자기 자신에 대한 올바른 인식이 선행되어야만 가능하다.
이 ‘올바른 인식’이란 일체를 공으로, 무아로 보는 공견(空見) 내지
무아견(無我見)을 의미한다. 이 공견과 무아견에 의해서 종교의 궁
극 목적인 해탈을 성취할 수 있다는 것이 다르마키르티의 주장이다.
이런 측면에서 다르마키르티는 대단히 합리적인 사상가이다.

이 책의 구성을 간략하게 기술하면 다음과 같다. 서론에서는 다르마키르티에 관한 연구사와 그의 연대 책정 그리고 그의 시에 나타난 삶과 사상을 논하고 있다. 본론은 제1편과 제2편으로 구성된다. 먼저 제1편은 다르마키르티의 인식론·언어론·종교론을 다루고 있다. 특히 이 제1편에서는 불교와 비불교의 종교관과 언어관 그리고 인식론의 차이를 정치하게 논하고 있다. 다음으로 제2편은 다르마키르티의 종교적 권위의 변증을 다루고 있다. 제2편은 모두 4장으로 구성되는데, 제1장은 신의 존재증명을 둘러싼 다르마키르티와 비불교도의 논쟁, 제2장은 다르마키르티의 종교론, 제3장은 붓다의 종교적 권위성에 대한 정립, 제4장은 4개의 성스러운 원리[四諦說]을 다루고 있다.

디그나가에 의해 정초되고 다르마키르티에 의해 완성된 불교인식논리학은 우리나라에서는 아직도 전인미답의 영역이다. 다르마키르티의 주저 『프라마나바르띠카』(4장으로 구성) 제1장의 일부인 언어론과 제2장의 종교론을 연구한 키무라 토시히코(木村俊彦)의 이 책이 다르마키르티의 언어론과 종교론에 대해 관심을 가지고 있는 분들의 공부에 도움이 되었으면 한다. 끝으로 이 책을 번역하는 데 도움을 주신 손정권 선생님(일본역사 전공)과 어려운 여건 속에서도 출판을 허락해주신 산지니 출판사에 진정으로 감사를 드린다.

2011년 3월 6일
권서용